Werner Meyer

Da verfiele Basel überall

Das Basler Erdbeben von 1356

Mit einem geologischen Beitrag von Hans Peter Laubscher

184. Neujahrsblatt
Herausgegeben von der Gesellschaft für das Gute und Gemeinnützige Basel

Schwabe Verlag Basel

© 2006 by Schwabe AG, Verlag, Basel
Gesamtherstellung: Schwabe AG, Druckerei, Basel/Muttenz
Gestaltung: Thomas Lutz
Umschlag (v.r.n.l.): Burgruine Pfeffingen (Abb. 50, S. 142),
Ernst Stückelberg (Abb. 58, S. 182), Karl Jauslin (Abb. 1, S. 15)
ISBN 3-7965-2196-7
ISSN 1423-4017

www.schwabe.ch

Inhalt

Was können wir tun? Geleitwort von Regierungsrat Christoph Eymann 9
Grusswort der Präsidentin 11
Vorwort und Dank 13

1. Einleitung

Warum eine Schrift über das Erdbeben von 1356? 15
Fragestellung und Forschungsstand 17
Seismologische Aspekte 19
    Was ist ein Erdbeben? 19
    Das Erdbeben von 1356 und die Seismologie 23
    Erdbeben und Bauwerke 25
Erdbeben am Oberrhein 29
Anmerkungen 33

2. Das Ereignis

Basel und seine Umgebung um 1350 34
    Das Landschaftsbild 34
    Basels Stadtbild 38
    Die städtische und ländliche Gesellschaft 42
    Die herrschaftspolitischen Machtverhältnisse 46
    Die grosse Pest und ihre Folgen 49
Die Verwüstung der Stadt 52
    Was geschah am 18. Oktober 1356? 52
    Erdstösse, Feuersbrunst und Überschwemmung 53
    Die Flucht der Bevölkerung 56
    Das Zerstörungsbild 58
        Kirchen und Klöster 58
        Die Stadtbefestigungen 61
        Wohn- und Wirtschaftsbauten 63
Zerstörungen in der Region 66
    Der Umkreis des Bebens 66
    Die Burgen 68
        Widersprüche in der Überlieferung 68
        Identifizierungsprobleme 71
        Nicht zerstörte Burgen 74

Beobachtungen am aufgehenden Mauerwerk	76
Archäologische Funde und Befunde	81
Dörfer und Städte	88
Kirchen und Klöster	91
Versuch einer Schadensbilanz	93
Anmerkungen	96

3. Die Auswirkungen

Die Verluste	100
Die grosse Quellen- und Forschungslücke	100
Tote und Gerettete	101
Haustiere und Güter der Grundversorgung	104
Hausrat und Kunstwerke	105
Verlorene und gerettete Schriften	108
Die Katastrophe aus der Sicht von Betroffenen	112
Der Bischof und sein Volk	112
Die Bärenfels	114
Die Herren von Eptingen	117
Die Münch	119
Die Schaler	122
Der Wiederaufbau	125
Der Schock und seine Überwindung	125
Die Wiederherstellung der Stadt	126
Das Leben geht weiter	126
Münster, Klöster und Pfarrkirchen	129
Stadtbefestigungen und öffentliche Bauten	133
Die Wohn- und Wirtschaftsbauten	136
Der Wiederaufbau der Burgen in der Umgebung	140
Das Problem der Hilfe von auswärts	145
Basels Finanzkraft	146
Wahrnehmung des Ereignisses	151
Merksprüche	151
Erdbeben in Mythos und Religion	154
Deutungsansätze der Chronisten	156
Religiöse Reaktionen	158
Anmerkungen	161

4. Die Zeit nach 1356

Die Fortsetzung des Alltagslebens	165
Die Stadterweiterung	168

Vorgänge in Basel zwischen 1356 und 1400	170
Die Entwicklung der Regio bis um 1400	174
Anmerkungen	180

5. Ergebnisse ... 181

6. Anhang

Katalog der 1356 zerstörten Burgen	186
Identifizierte und lokalisierte Objekte	186
Nicht oder unsicher identifizierbare Objekte sowie auf	
Missverständnissen oder Verschreibungen beruhende Burgnamen	189
Ausgewählte Quellentexte	191

Literaturverzeichnis ... 200

Abbildungsnachweis ... 205

Hans Peter Laubscher
Zur Geologie des Erdbebens von Basel 1356

Zusammenfassung	207
Vorbemerkung	207
Die Sachlage: die Qualität der Information zum Erdbeben von Basel	208
Das plattentektonische Umfeld des Erdbebens von Basel 1356	211
Plattengrenzen und Schwächestellen (Narben)	212
Die regionale Blockstruktur der gegenwärtigen Afrika-Europa-Plattengrenze	213
Ein Narbengeflecht in der Gegend von Basel	213
Die lokale Blockstruktur: Das Feingewebe von Narben in der regionalen	
Rhein-Rhone-Narbenzone	214
Störungen (Narben), die für das Erdbeben von Basel besonders in Frage	
kommen	214
Denkbare Mechanismen für das Erdbeben von Basel	215
Schlussfolgerungen	217

Literatur ... 229

Dank ... 230

Was können wir tun?

Geleitwort von Regierungsrat Christoph Eymann

Der Bericht von Werner Meyer zeigt eindrücklich, dass wir Nachgeborenen keine Ursache haben, uns gegenüber den Menschen im Spätmittelalter überlegen zu fühlen. Bei der Bewältigung der grössten Katastrophe in der Geschichte der Stadt hatten sich Bürgermeister und Rat hervorragend bewährt. Noch vor Ablauf eines Jahres waren die Verhältnisse normalisiert. Baslerinnen und Basler haben sich nicht entmutigen lassen und die Stadtentwicklung sogar beschleunigt vorangetrieben. Das Menetekel des Lukastags ist unübersehbar. Anders als die Zeitgenossen von 1356 sind wir gewarnt. Wie würden wir uns in einer vergleichbaren Situation bewähren? Wie kann man sich vor den Folgen eines Ereignisses schützen, das in 2000 Jahren Stadtgeschichte nur einmal eingetreten ist – vor 650 Jahren?

Im 17. Jahrhundert hatten Bürgermeister und Rat keine Zweifel, dass zwei Erdstösse, die die Stadt im selben Jahr erschütterten, Zornzeichen des allmächtigen Gottes waren, ausgesendet, um die erschreckten Menschen zur Umkehr zu bewegen. In ihren Mandaten befahlen die Gnädigen Herren, vom Bösen abzusehen und Gott und Obrigkeit Gehorsam zu leisten. Die Erdbebenvorsorge bestand in der Befolgung eines verordneten Fasttages als Zeichen dafür, dass die Menschen die Botschaft verstanden hatten.

Der Regierungsrat des weltlich gewordenen Stadtstaates kennt kein Mittel, Erdbeben zu verhindern. Er muss sich damit begnügen, die Wissenschaft zu befragen und im Rahmen seiner Möglichkeiten für die Bewältigung eines ähnlichen Ereignisses vorzusorgen. Die Erdbebengefahr in Basel, schreibt Hans Peter Laubscher, sei mässig, aber starke Beben können nicht völlig ausgeschlossen werden; und vor allem: Sie sind nicht voraussagbar. Zwar gibt uns der technische Fortschritt im Katastrophenfall viele Mittel in die Hand, über die unsere Vorfahren nicht verfügten, aber dieser Vorteil wäre bei einer Wiederholung auch der grösste Nachteil. Unsere heutige Zivilisation, die hoch entwickelte Infrastruktur mit Verkehrswegen, Kommunikationsmitteln und Energiezufuhr, macht uns auch viel verletzbarer. Der Schaden wäre viel grösser als damals. Durch Bauvorschriften und durch die Ertüchtigung bestehender Bauten lassen sich die Auswirkungen mit vertretbarem Aufwand reduzieren, nicht verhindern. Die Verbesserung des Versicherungsschutzes wird auf nationaler Ebene diskutiert.

Wie organisieren wir die Hilfe, wenn das Unglück eingetreten ist? Die Fernsehbilder mit den verzweifelten Menschen nach Einbruch des gewalttätigen Hurrikans «Katrina» auf das amerikanische Festland haben uns eindrücklich vor Augen geführt, wie hilflos die Bundesregierung und die Rettungskräfte aus dem fernen Washington im Überschwemmungsgebiet lange agierten. Demgegenüber haben sich die flexiblen örtlichen Milizorganisationen bei der Nothilfe in der Überschwemmungskatastrophe, die die Schweiz fast gleichzeitig heimsuchte, hervorragend bewährt. Sie beruhen letztlich auf dem Grundsatz der Nachbarschaftshilfe. Umsichtige organisatorische und technische Vorbereitungen und beherztes Krisenmanagement sind wichtig, so brauchen wir zum Beispiel eine Versicherung gegen die Folgen vor Erdbebenschäden, aber ebenso wichtig sind Gemeinsinn, sozialer Zusammenhalt und Solidarität in der Bevölkerung.

Grusswort der Präsidentin

Schicksalsschläge und Katastrophen ergeben spannende Nachrichten, das war schon vor 650 Jahren so. Wie sich die Betroffenen organisieren, was wieder aufgebaut wird und ob es gelingt, diesen unfreiwilligen Neuanfang positiv zu nutzen, das hingegen war für die Chronisten von gestern wie für die Medienleute von heute weniger interessant. Auch die Historiker haben diesem Aspekt der Ereignisse kaum Beachtung geschenkt.

Nicht so Werner Meyer. Er richtet sein Augenmerk nicht nur auf das Ausmass der Zerstörung, sondern auch auf den Willen zum Wiederaufbau. Wie reagierte die Obrigkeit? Welche Kräfte wurden mobilisiert? Wer half, wer finanzierte? Solche Fragen haben ihre Aktualität angesichts der Bedrohung, die auch heute von Naturgewalten ausgeht, nicht verloren.

Doch wie real ist die Gefährdung? Hans Peter Laubscher betrachtet die geologische Lage Basels und ermöglicht eine Standortbestimmung aus der Sicht der Erdbebenforschung.

Wir danken unseren Autoren für ihre Bereitschaft, die Resultate ihrer jahrelangen Forschungen im Neujahrsblatt für das Jahr 2006 zu veröffentlichen, und wir danken unseren Leserinnen und Lesern für ihre Treue und ihre Offenheit für die Themenvielfalt dieser Publikationsreihe.

Doris Tranter
Präsidentin der Kommission
zum Neujahrsblatt der GGG

Vorwort und Dank

Die vorliegende Arbeit ist das Ergebnis einer jahrzehntelangen Beschäftigung mit dem Basler Erdbeben von 1356. Schon vor sechzig Jahren, in der Primarschule, haben mich die farbigen Erzählungen des Lehrers über das Beben zutiefst beeindruckt, nicht nur im Klassenzimmer, wo uns Kindern das Schulwandbild vorgeführt wurde, sondern auch auf den «Ganztägigen», den Schulwanderungen, an denen wir Burgruinen besuchten und uns beispielsweise der Wohnturm von Pfeffingen als «hohler Backenzahn», zerstört durch das Erdbeben, vorgestellt wurde.

     Am Humanistischen Gymnasium musste ich – ich denke, es war im 3. oder 4. Jahr – vor der Klasse einen Vortrag über das Erdbeben halten, und als ich in der 6. Klasse die Unterkellerung eines Gebäudes im Schulareal aufmerksam verfolgte und dabei erstmals Bekanntschaft mit dem Archäologieprofessor Rudolf Laur-Belart schliessen durfte, war ich sehr enttäuscht, dass bloss Schichten aus gallorömischer Zeit und keinerlei Hinweise auf Erdbebenschutt zum Vorschein kamen. Umso mehr erfüllte es mich mit Stolz, als ich 1954 – noch als Gymnasiast – Mauerreste der im Erdbeben zerstörten, für verschollen gehaltenen Burgstelle Alt-Landskron entdeckte.

     Später, im Laufe des Studiums und bei Ausgrabungen auf Burgen in Basels Umgebung, namentlich auf den Ruinen Sternenberg und Löwenburg, hat mich die Erdbebenproblematik ständig begleitet. Als ich 1962 im 140. Neujahrsblatt der GGG über den mittelalterlichen Adel und seine Burgen im ehemaligen Fürstbistum Basel schreiben durfte, musste ich selbstverständlich auch auf das Erdbeben und seine Auswirkungen eintreten. Im Laufe der Jahre und Jahrzehnte sammelten sich immer mehr Informationen über das Erdbeben und seine Folgen an. Es waren vor allem die kantonalen Dienststellen der Archäologie und Denkmalpflege in Basel-Stadt und Basel-Landschaft, die mit laufend verfeinerten Untersuchungs- und Dokumentationsmethoden Befunde an Häusern, Stadtbefestigungen, Kirchen, Burgen und Ruinen zutage förderten, die ein immer differenzierteres Bild von der Katastrophe vermittelten. Die Aussagen der seit langem bekannten Schriftquellen über das Beben sind so teils bestätigt, teils widerlegt, oft auch präzisiert und relativiert worden. Was heute über das Erdbeben von 1356 und seine Folgen ausgesagt werden kann, ist unvergleichlich mehr, als man im Jubiläumsjahr 1956 zu wissen glaubte.

     Längst nicht alles, was im Zuge einer langfristigen, von vielen Stellen gleichzeitig betriebenen Forschungstätigkeit beobachtet, nachgewiesen, widerlegt oder angedacht wird, findet Eingang in die Fachliteratur, wo über den aktuellen Wissensstand berichtet wird. Viele Überlegungen und Vermutungen werden mündlich ausgetauscht, etwa bei Besichtigungen, an Besprechungen und Konferenzen, oft bloss über Telefonate und neuerdings immer häufiger über Internet und E-Mail. Es ist mir deshalb ein grosses Bedürfnis, mich bei all jenen Kollegen und Kolleginnen zu bedanken, mit denen ich mich im Laufe der Jahre, vor allem aber in der letzten Zeit, als das vorliegende Buch entstand, über das Erdbeben, sei es im allgemeinen, sei es über Detailaspekte, unterhalten durfte. Mit Namen seien genannt Rolf d'Aujourd'hui, Thomas Bitterli, Alex Furger, Christoph Matt, Jakob

Obrecht, Christoph Reding, Dorothee Rippmann, Gabriela Schwarz-Zanetti und Werner Wild. Besonders zahlreiche und wertvolle Hinweise verdanke ich Guido Helmig (Archäologische Bodenforschung Basel-Stadt) und Daniel Reicke (Denkmalpflege Basel-Stadt). Unbefangene und kritische Anregungen durfte ich von auswärtigen Kollegen empfangen, von Thomas Biller (Berlin), John Zimmer (Luxembourg) und Christian Wilsdorf (Colmar).

Ohne tatkräftige, mannigfache Unterstützung wäre dieses Buch nie zustande gekommen. Grössten Dank schulde ich M. Letizia Heyer-Boscardin für die Beschaffung der Abbildungsvorlagen und die Koordinierung der Kontakte zwischen Autor, Verlag und GGG-Kommission. Sehr zu danken habe ich auch Valeria Wyler, die nicht nur die Aufgaben einer Assistentin getreulich erfüllt, sondern mich auch bei den Feldaufnahmen, oft in schwierigem Gelände, begleitet hat. Sabine Rohner darf ich für die sorgfältige Erstellung der Reinschrift danken, und für die kritische Durchsicht des Manuskriptes bin ich Ulrich Barth und Rosmarie Steiner zu Dank verpflichtet.

Zum Gelingen des Werkes haben verschiedene Institutionen beigetragen, so das Historische Museum Basel, das Staatsarchiv, die Denkmalpflege und die Archäologische Bodenforschung Basel-Stadt. In verdankenswerter Weise haben auch das Historische Museum Aargau / Schloss Lenzburg, die Kantonale Denkmalpflege Basel-Landschaft, das Amt für Museen und Archäologie des Kantons Basel-Landschaft, die Burgerbibliothek Bern, das Bundesamt für Landestopographie und der Desertina-Verlag Chur Abbildungsvorlagen zur Verfügung gestellt. Den Mitarbeitern und Mitarbeiterinnen all dieser Institutionen sei für ihre Hilfsbereitschaft verbindlichster Dank ausgesprochen.

Mit grosser Freude danke ich auch Kollegen Hans Peter Laubscher, der sich spontan bereit erklärt hat, einen Betrag über die geologischen Aspekte des Erdbebens zu verfassen.

Der Kommission zum Neujahrsblatt der GGG, insbesondere der Präsidentin, Frau Doris Tranter, danke ich für die vielseitige Förderung des Buchprojektes und die Bereitschaft, das Erdbebenthema in die Reihe des Neujahrsblattes aufzunehmen. Dem Verlag Schwabe sowie dem Verleger Urs Breitenstein sei für die kompetente Betreuung der Buchherstellung besonders gedankt.

Juli 2005   Werner Meyer

1. Einleitung

Warum eine Schrift über das Erdbeben von 1356?

Abb. 1:
Historistische Darstellung des Basler Erdbebens von Karl Jauslin (1842–1904).

Das Basler Erdbeben vom 18. Oktober 1356 gilt unter den Fachleuten, den Seismologen, als eines der stärksten Beben, die sich in historischer Zeit nördlich der Alpen ereignet haben.[1] Im Jahre 2006 liegt diese Katastrophe allerdings weit zurück, 650 Jahre, um genau zu sein, und man kann sich fragen, ob es überhaupt Sinn macht, sich mit einem auch noch so grossen Unglück, von dem uns so viele Jahrhunderte trennen, näher zu befassen.

Einer Katastrophe zu gedenken ist überhaupt problematisch, vor allem, wenn sie nicht durch menschliches Versagen oder menschliche Dummheit und Bosheit ausgelöst worden ist. Für ein Erdbeben kann man niemanden verantwortlich machen, höchstens für Fehlreaktionen im nachhinein. Aber gerade das Verhalten der Überlebenden und der nicht geschädigten Nachbarn ist es wert, genauer untersucht zu werden. Und da bietet das Basler Erdbeben von 1356 ein eindrückliches Beispiel, wie sich die Bevölkerung unter einer entschlossenen Führung nach kurzer Zeit vom Schock erholt hat und wie mutig von allen Betroffenen der Wiederaufbau an die Hand genommen worden ist. Diese Leistung ist der historischen Erinnerung wert.

Bei Gedenkfeiern für Kriegsereignisse, schwere Unglücksfälle und sonstige Katastrophen wird zu Recht an die Todesopfer erinnert, die der betreffende Schicksalsschlag gefordert hat. Auf Gedenkstätten sind oft sogar die Namen der Toten verewigt. 1356 können vergleichsweise nur wenige Menschen ums Leben gekommen sein, mit Namen genannt werden gerade einmal drei Personen. Die für Erdbeben von ähnlicher Stärke überlieferten Opferzahlen liegen jedenfalls weit höher[2], was zweifellos die Frage aufwirft, warum in Basel und Umgebung die allermeisten Menschen mit dem Leben davongekommen sind. Damit stellt sich die nächste, umfassendere Frage nach dem Ablauf des Ereignisses. Was ist in der Nacht vom 18. auf den 19. Oktober 1356 und in den folgenden Tagen genau passiert? In der Geschichtswissenschaft wird heute – nicht zu Unrecht – viel nach Theorien verlangt. Solange aber die Fakten nicht geklärt sind, hängen auch die schönsten Theorien in der Luft.

Runde Jahrzahlen üben eine besondere Faszination aus, selbst wenn sie wie bei der Millenniumsfeier 1999/2000 falsch berechnet sind. Vor allem das 19. Jahrhundert hat uns mit seinen patriotischen Schlachtfeiern – 500 Jahre Sempach, 400 Jahre Murten, St. Jakob an der Birs, Calven und Dornach – eine ganze Reihe von Gedenkanlässen beschert, die nicht nur pompöse Feiern mit ideologisch verzerrten Gedenkreden und Festspielen, sondern auch wissenschaftliche Abhandlungen mit wertvollen Quellensammlungen hervorgebracht haben.[3]

Das Andenken an das Erdbeben von 1356 ist im 19. Jahrhundert durch die grossen patriotischen Feiern etwas an den Rand gedrängt worden, hat sich aber doch im Basler Geschichtsbewusstsein behauptet. 1856 erschien eine breit angelegte, von mehreren Autoren verfasste Gedenkschrift, die zu weiteren Untersuchungen anregte.[4] Auch 1956 sind verschiedene Arbeiten über die Thematik des Erdbebens erschienen.[5] Da im Geschichtsunterricht, zum Teil bereits in der Primarschule, das Erdbeben behandelt wird, darf davon ausgegangen werden, dass das Ereignis noch heute im allgemeinen Geschichtsbewusstsein der Bevölkerung weiterlebt, auch wenn das genaue Datum und die näheren Umstände nicht allen geläufig sind.

Neu ins Gedächtnis gerückt wurde das Basler Beben von 1356 durch die Medienberichte der jüngsten Zeit über die schrecklichen Katastrophen im Nahen Osten und vor allem über das Seebeben im Indischen Ozean mit seiner verheerenden Flutwelle, die auch unter Schweizer Touristen Opfer gefordert hat. Das Basler Beben, an das die Medien im Rahmen ihrer Berichterstattung erinnerten, erlangte so eine erschreckende Aktualität, zumal nun auch eine neue, vom Schweizerischen Erdbebendienst SED herausgegebene Erdbebenkarte vorliegt, die drastisch zeigt, dass die Basler Gegend zusammen mit dem Wallis zu den am meisten gefährdeten Erdbebenregionen der Schweiz zu zählen ist.[6]

So darf davon ausgegangen werden, dass ein Interesse auch einer breiteren Leserschaft am Erdbeben von 1356, an seinen Auswirkungen und an der damaligen Katastrophenbewältigung durchaus besteht, wodurch die Anstrengungen, 650 Jahre nach dem Ereignis eine neue Abhandlung über das Beben und seine Folgen herauszubringen, wohl als gerechtfertigt erscheinen mag.

Fragestellung und Forschungsstand

Mit einer historischen Arbeit über das Basler Erdbeben von 1356 kann heute kaum mehr wissenschaftliches Neuland betreten werden, auch wenn einzelne Aspekte – etwa die Frage nach dem Zerstörungsgrad der Burgen oder der Dörfer in Basels Umgebung – noch wenig erforscht sind.

Das Erdbeben ist nie aus dem Blickfeld der Geschichtsschreiber verschwunden. Gestützt auf zeitgenössische oder zeitnahe Berichte, befassen sich mit ihm im 16. Jahrhundert die Schweizer Chronisten Werner Schodoler, Petermann Etterlin, Johannes Stumpf und Aegidius Tschudi.[7] Eine ausführliche und auch kritische Beschreibung liefert Christian Wurstisen in seiner 1580 gedruckten Basler Chronik.[8] Auch in Sebastian Münsters Cosmographie, einer Art enzyklopädischer Zusammenstellung des gesamten Wissens im 16. Jahrhundert, ist das Ereignis von 1356 aufgeführt.[9] Im 18. Jahrhundert geht Daniel Bruckner auf das Erdbeben ein, vor allem im Hinblick auf die Landschaft Basel[10], während Peter Ochs in seiner Basler Geschichte die Ereignisse erstmals auch unter Berücksichtigung amtlicher Akten schildert.[11]

Im 19. Jahrhundert entstehen monographische Abhandlungen, die sehr ins Detail gehen, Quellentexte vorlegen und das Ereignis in grössere, stadtgeschichtliche Zusammenhänge stellen.[12] Selbstverständlich behandelt auch Rudolf Wackernagel im 1. Band seiner Geschichte der Stadt Basel (1907) das Erdbeben, nicht zu Unrecht im Anschluss an den Abschnitt über die grosse Pest und den Judenmord von 1349, wobei er aus seiner souveränen Sicht zur plausiblen Beurteilung gelangt, dass die Bedeutung des Erdbebens für die Entwicklung der Stadt nicht überschätzt werden dürfe.[13]

Etwa gleichzeitig mit Wackernagels Stadtgeschichte erscheint das vierbändige Monumentalwerk von Walther Merz über die Burgen des Sisgaus, in welchem die einzelnen Burgen monographisch vorgestellt werden, so dass der Autor von jedem Objekt mitteilen kann, ob es durch das Erdbeben zerstört worden ist und ob ein Wiederaufbau stattgefunden hat.[14] Merz geht davon aus, dass erdbebenzerstörte Burgen, die nach 1356 in den Urkunden als «Burgstall» bezeichnet werden, sich nicht mehr aus den Trümmern erhoben haben.

Die Aufsätze, die 1956 aus Anlass des 600. Jahrestages des Erdbebens erschienen sind, bringen wenig Neues über das Ereignis und seine Folgen, sondern fassen im wesentlichen den Wissensstand von Wackernagel und Merz zusammen, und dieser stützt sich weitestgehend auf Schriftquellen, auf Chroniktexte, Urkunden und amtliche Akten, während archäologische und bauanalytische Befunde bis in die 2. Hälfte des 20. Jahrhunderts hinein kaum erarbeitet, geschweige denn berücksichtigt worden sind. Karl Stehlin hat zwar schon 1895 versucht, die 1356 am Basler Münster angerichteten Schäden zu ermitteln.[15] 1937/38 und 1939/40 sind auf den beiden vom Erdbeben zerstörten Burgen Madeln und Bischofstein Grabungen durchgeführt worden, doch sind wissenschaftlich tragfähige Berichte darüber erst 1980 bzw. 1988 erschienen.¹⁶ Das Fehlen gesicherter archäologischer und bauanalytischer Befunde liess langlebige Irrtümer und Fehldeutungen entstehen. So mussten noch um 1960 die Absolventen des Basler Lehrerseminars für das Fach Heimatkunde den völlig unbegründeten Unsinn anhören, grosse Teile der Basler Altstadt stünden auf Erdbebenschutt von mehreren Metern Höhe.

Erst mit dem Aufbau einer leistungsfähigen, auch auf das Mittelalter ausgerichteten Kantonsarchäologie (Archäologische Bodenforschung Basel-Stadt und Kantonsarchäologie Basel-Landschaft) und einer Denkmalpflege, die vor baulichen Sanierungen den Ist-Zustand zu analysieren und zu dokumentieren begann, ergaben sich Befunde, die an Wohn- und Sakralbauten schlüssige Aussagen zum Ereignis von 1356 erlaubten.

Dass in den letzten Jahrzehnten auch von der Geologie her die Frage der Erdbebentätigkeit am Oberrhein intensiver untersucht wird, verspricht für die historisch-archäologische Forschung insofern Gewinn, als genauere Angaben über allfällige Veränderungen des Landschaftsbildes als Folge der Erschütterungen erwartet werden können.

In der Geschichtswissenschaft hat sich neuerdings die Fragestellung erweitert. Ging es anfänglich darum, die Ereignisse während des Bebens und in der folgenden Zeit zu rekonstruieren, verlagert sich nunmehr das Interesse auf die sozialen, wirtschaftlichen und politischen Auswirkungen und auf die Wahrnehmung des Ereignisses, wie der beispielhafte Aufsatz von Gerhard Fouquet (2003) zeigt.¹⁷

In geglückter Weise ist 2002 am Museum der Kulturen in Basel das Erdbeben von Basel aus geologischer und historisch-archäologischer Sicht in einer Ausstellung präsentiert worden.¹⁸ Ein grosses Projekt des Schweizerischen Erdbebendienstes an der ETH Zürich ist gegenwärtig bestrebt, die seismischen Aspekte des Bebens unter Berücksichtigung der historischen und archäologisch/bauanalytischen Zeugnisse aufzuarbeiten. Den Ergebnissen dieser grossangelegten Studie soll mit der vorliegenden Schrift nicht vorgegriffen werden.

An den bisherigen historischen Arbeiten über das Erdbeben von 1356 kann bemängelt werden, dass sie das Ereignis zu wenig aus ganzheitlicher Sicht behandeln. Entweder stehen die angerichteten Schäden in der Stadt Basel im Vordergrund, und die Folgen für die Region werden nur beiläufig erwähnt, oder aber es ist nur von den einzelnen Burgen die Rede, die von den Chronisten als zerstört gemeldet werden. Vor allem konzentriert sich die Betrachtung auf die materiellen Schäden an den Bauwerken, während die Frage nach den betroffenen Menschen, ihrem Schock, ihrem Verhalten, ihrer Anstrengung für den Wiederaufbau, nur kursorisch aufgegriffen wird. Die grosse Leistung der Führungsschicht, die eine allgemeine Destabilisierung verhindert und eine rasche Rückkehr in die Normalität ermöglicht hat, ist deshalb auch nie richtig gewürdigt worden.

Im berechtigten Bemühen, die angerichteten Schäden festzustellen, ist man zu wenig der Frage nachgegangen, was alles heil geblieben ist. Dass viele Gebäude in Basel keine oder nur unbedeutende Schäden davongetragen haben, steht mittlerweile fest. Auch sind längst nicht alle Burgen im Umfeld der Erschütterungen irreparabel beschädigt worden. Zu wenig wurde beachtet, dass in den Dörfern der Region – abgesehen von den Kirchen und allenfalls von repräsentativen Steinhäusern – die Wohn- und Wirtschaftsbauten der bäuerlichen Bevölkerung kaum gelitten haben, eine wichtige Voraussetzung für den

Umstand, dass das Leben im Katastrophengebiet bald wieder seinen gewohnten Gang hat nehmen können.

Die vorliegende Schrift verfolgt nicht das Ziel, neuartige und unerhörte Erkenntnisse vorzulegen. Sie begnügt sich damit, das in der älteren Literatur erarbeitete Wissen kritisch zu würdigen, die publizierten und unpublizierten Schriftquellen auf ihren Aussagewert hin zu überprüfen und mit den Ergebnissen archäologischer und bauanalytischer Untersuchungen der letzten Jahrzehnte zu vergleichen. Die geologische Beurteilung des Ereignisses bleibt einem ausgewiesenen Fachmann vorbehalten.[19]

Aus all diesen Informationen von unterschiedlichem Authentizitätswert und unterschiedlichem Gewicht lässt sich ein Gesamtbild zusammensetzen, das an vielen Stellen noch unfertig ist, vielleicht auch noch korrigiert werden muss, aber doch einen Eindruck vermittelt, was 1356 abgelaufen ist, wie die Menschen mit der Katastrophe umgegangen sind und welche Auswirkungen das Erdbeben auf die Entwicklung Basels und der Regio ausgeübt hat.

Seismologische Aspekte

Was ist ein Erdbeben?

Im Mittelalter, als sich die meisten Menschen gemäss offizieller Kirchenlehre die Erde als flache, vom Weltmeer umschlungene Scheibe vorstellten, hatte man noch keine Ahnung von den Ursachen eines Erdbebens.[20] Mythische und religiöse Vorstellungen bestimmten die Erklärungsversuche, und auch in den ersten Jahrhunderten der erwachenden Naturwissenschaften, im 16. bis 18. Jahrhundert, stellten die Pioniere der Forschung wie etwa der Schweizer Johann Jakob Scheuchzer (1672–1733) Theorien über die Entstehung von Erdbeben auf, die wir heute vielleicht als phantastisch belächeln.[21] Doch sollten wir uns bewusst sein, dass durch die Hinterfragung derartiger Thesen die spätere Forschung ausgelöst worden ist, was erst den Weg zum heutigen Stande des Wissens geebnet hat.

Heute versteht man unter einem Erdbeben eine grossräumige Erschütterung des Erdbodens, hervorgerufen durch geologische Vorgänge in der ca. 100 km dicken Erdkruste, der sogenannten Lithosphäre, die in Form von sogenannten Platten auf dem Erdmantel «schwimmt» und sich konstant in Bewegung befindet.[22] Die Geologie unterscheidet mehrere Arten von Beben, die mit drei Ursachen zusammenhängen:

1. Einsturzbeben, bei denen unterirdische Hohlräume einbrechen.
2. Vulkanische Beben, hervorgerufen durch Vulkanausbrüche und Lavabewegungen.
3. Tektonische Beben, auch Dislokationsbeben, die durch Spannungen, Verschiebungen und Brüche in der Erdkruste erzeugt werden. Diese tektonischen Beben machen rund 90 Prozent aller Erdbeben aus.

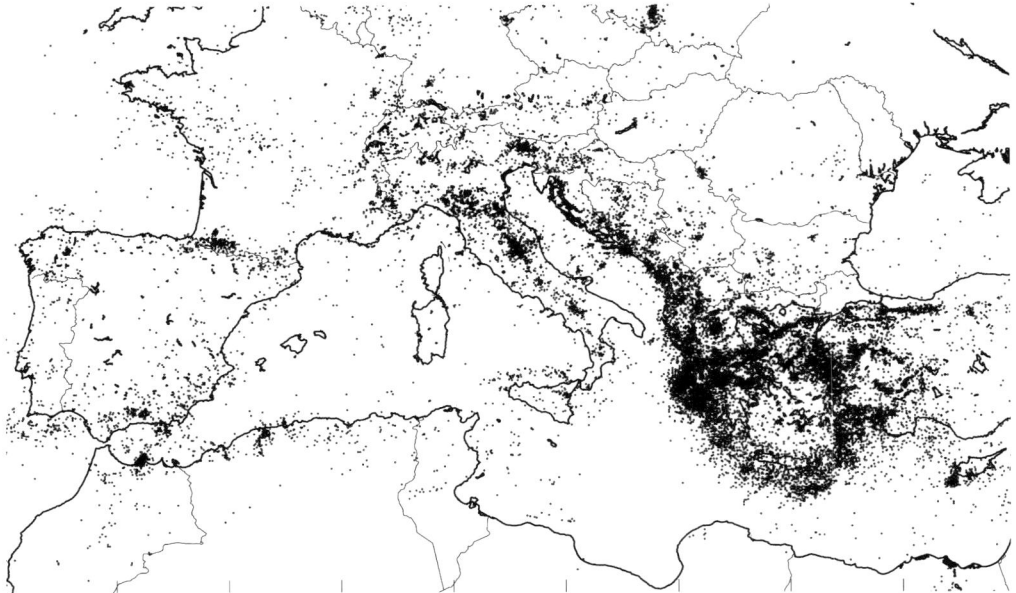

Abb. 2:
Erdbeben im Mittelmeer- und Alpenraum. Die Erdbebenaktivität im Mittelmeer- und im Alpenraum steht in direktem Zusammenhang mit der afrikanisch-eurasischen Plattengrenze. In Ländern wie der Schweiz und Jugoslawien gibt es Erdbeben, weil es im Bereich des apulischen Sporns zur Kollision von kontinentaler Lithosphäre kommt. Im Bereich von Griechenland und dem ägäischen Inselbogen kommt es zu Erdbeben, weil sich dort die ozeanische Lithosphäre der afrikanischen Platte unter die kontinentale Lithosphäre Eurasiens hineinschiebt. Aus: Weidmann, Erdbeben, S. 17. – Die Karte zeigt, dass die Region um Basel nicht zu den häufigsten Erdbebengebieten Europas zählt.

Auch grosse, zum Glück für die Menschheit sehr seltene Meteoreinschläge können erdbebenartige Erschütterungen hervorrufen. Schliesslich gibt es neuerdings auch von Menschen verursachte Erdbeben, die vor allem durch Kernexplosionen oder den Einbruch von Hohlräumen, entstanden durch die Entnahme von Erdöl, erzeugt werden. Terrestrische Beben führen – je nach Intensität – an der Erdoberfläche durch ihre Erschütterungen, die oft von knallartigen Geräuschen begleiteten Erdstösse, an Gebäuden und anderen Einrichtungen zu Schäden unterschiedlichen Ausmasses sowie zu Veränderungen der natürlichen Bodengestalt. Wenn aber der Herd des Bebens unter dem Meeresgrund liegt, d.h. bei einem sogenannten Seebeben, droht eine zusätzliche Gefahr durch die von den Erschütterungen ausgelösten Flutwellen (japan. *Tsunamis*), die verheerende Zerstörungen weit ausserhalb der von den Erdstössen betroffenen Zone anrichten können, wie das jüngste, entsetzliche Beispiel vom 26. Dezember 2004 im Indischen Ozean zeigt.

Tektonische Beben, die uns hier besonders interessieren, nicht nur weil sie am häufigsten auftreten, sondern auch weil das Basler Erdbeben von 1356 dieser Kategorie zuzuweisen ist, haben ihren «Herd» (Hypozentrum) meist in grosser Tiefe. Diese kann im Gebiet der Schweiz bis zu 30 Kilometer betragen, bewegt sich aber – soweit aus der Neuzeit Messdaten vorliegen – mehrheitlich im Bereich von 1 bis 15 km. Die vom Hypozen-

Abb. 4:
Felstrümmer am Fusse der Schauenburgflue. Vermutlich 1356 abgestürzt.

Abb. 3:
Schauenburgflue, vertikale Risse im Fels, eventuell durch das Erdbeben von 1356 verursacht.

trum ausgehenden Wellen treffen die Erdoberfläche natürlicherweise am heftigsten und am schnellsten direkt senkrecht über dem Herd. Diese Stelle bezeichnet man als Epizentrum. Je weiter vom Epizentrum entfernt die seismischen Wellen an die Erdoberfläche gelangen, desto mehr schwächen sie sich ab. Die Erdbebenwellen durchdringen auf ihrem Weg vom Hypozentrum zur Erdoberfläche verschiedene Gesteine und Ablagerungen. Dadurch werden sie – auch kleinräumig – fokussiert, umgelenkt oder abgeschwächt, was erklärt, warum die angerichteten Schäden selbst auf kurze Distanzen ganz unterschiedliche Ausmasse annehmen können. Wenn genaue Angaben und Messwerte vorliegen, können Karten erstellt werden, auf denen Zonen bzw. Linien mit gleicher, von innen nach aussen abnehmender Intensität eingetragen sind, die sogenannten Isoseisten. Anhaltspunkte für die Stärke eines historischen Bebens vermitteln die überlieferten Angaben über das Ausmass und die Verbreitung der angerichteten Schäden.

Heute bedient sich die moderne Seismologie, um die Stärke eines Bebens zu messen, zweier Skalen, die verschiedenartige, aber miteinander zusammenhängende Werte angeben: Die sogenannte Richterskala, benannt nach dem amerikanischen Seismologen Charles Francis Richter, gibt den Wert der im Hypozentrum freigesetzten Energie an, die in sogenannten Magnituden gemessen wird. Die Werte werden in arabischen Zah-

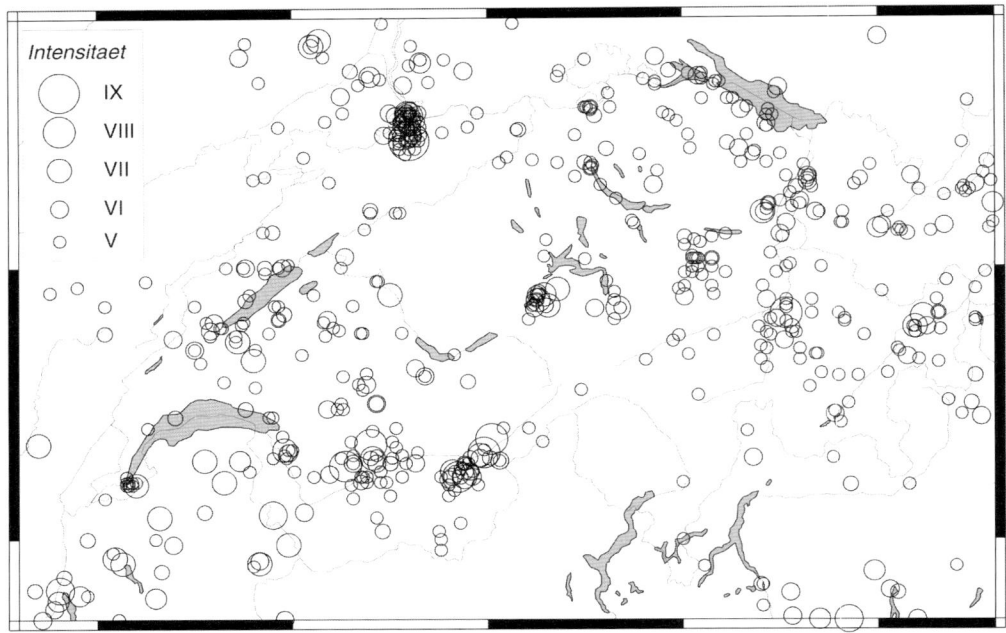

Abb. 5:
Erdbeben in der Schweiz. In dieser Karte sind die bekannten historischen Erdbeben mit Intensität gleich oder grösser V eingetragen, welche sich innerhalb dieses Kartenausschnittes (Schweiz und unmittelbare Umgebung) im Zeitraum von 1000 bis 2001 ereignet haben (629 Ereignisse). Bei fast allen kennt man die Tiefe des Erdbebenherdes (Hypozentrum) nicht. Auch ist der in dieser Karte eingetragene Ort des Epizentrums bei weiter zurückliegenden Erdbeben unsicher. Die wichtigsten erdbebenaktiven Gebiete der Schweiz sind deutlich sichtbar: Wallis, Region Basel, Innerschweiz, St. Galler Rheintal und Raum Mittelbünden/Engadin. Aus: Weidmann, Erdbeben, S. 72.

len und Zehntel-Kommastellen angegeben. Die Skala ist theoretisch nach oben offen, doch sind Werte über 10 wissenschaftlich nicht vorstellbar. (Das Seebeben vom 26. 12. 2004 hatte eine Stärke von 9,0 auf der Richterskala.)

Zur Ermittlung der Werte auf der Richterskala bedarf es instrumentaler Aufzeichnungen während des Bebens, der sogenannten Seismogramme. Da solche aus der Zeit vor der Erfindung des – mittlerweile durch den Seismometer technisch überholten – Seismographen nicht vorliegen, fällt es äusserst schwer, die Magnituden historischer Beben zu bestimmen.

Aus Schriftquellen und archäologischen sowie bauanalytischen Befunden lassen sich jedoch – wie das in der vorliegenden Arbeit für das Beben von 1356 versucht wird – die angerichteten Schäden ermitteln, je nach Authentizitätswert der Belege bald genauer, bald unbestimmter. Diese Angaben erlauben es, ein historisches Erdbeben in die zweite Skala, welche die Intensität angibt, einzuordnen. Für die Intensitätsmessung sind seit dem Beginn des 20. Jahrhunderts verschiedene Skalen vorgeschlagen worden. Heute bedient man sich in Europa der sogenannten *EMS-98-Skala*, die vor allem die Auswirkungen auf Lebewesen, mobile Gegenstände und Gebäude berücksichtigt. (Vgl. die Tabelle auf Seite 24[23].)

Man kann davon ausgehen, dass ein Erdbeben von der Magnitude 5 auf der Richterskala ungefähr einem EMS-98-Wert von VII entspricht.

Das Erdbeben von 1356 und die Seismologie

Da das Erdbeben von Basel unzweifelhaft zu den stärksten Beben nördlich der Alpen gehört, die sich in historischer Zeit ereignet haben, ist es verständlich, dass es auch für die moderne seismologische Forschung ein Untersuchungsthema bildet, obwohl ihm aus naheliegenden Gründen mit den heutigen Methoden der seismischen Messungen nicht mehr beizukommen ist.

Auch für den geologischen Laien, der durch die Medien alljährlich über weltweit verstreute Beben und deren Magnituden unterrichtet wird, wäre es interessant zu erfahren, welche Stärke für das Beben von 1356 angenommen wird.

Grundsätzlich gibt es zwei Möglichkeiten, sich einer wissenschaftlichen Antwort auf diese Frage anzunähern. Die eine besteht in der historisch-archäologischen Überprüfung der schriftlichen Nachrichten und der baulichen Schäden, wobei aber wichtige Störfaktoren, welche die Erhebungsdaten verfälschen, auszuklammern sind. So muss berücksichtigt werden, dass die weitgehende Zerstörung der Stadt Basel nicht zur Hauptsache durch die Erdstösse selbst, sondern durch die vom Beben ausgelösten, überall wütenden Brände verursacht worden ist. Zudem ist davon auszugehen, dass das Epizentrum des Bebens nicht in Basel zu suchen ist, sondern weiter südlich, im Raume des Gempenplateaus und der östlichen Blauenkette.[24] Als weiterer Störfaktor wirken sich die ungenauen Angaben über die tatsächlichen Zerstörungserscheinungen aus. Wann handelte es sich um den kompletten Einsturz eines Gebäudes, wann um Beschädigungen am Oberbau, wann um irreparable Risse, die eine Niederlegung mit Neuaufbau nötig machten? Aus der Sicht der damals Betroffenen mögen solche Unterscheidungen von zweitrangiger Bedeutung gewesen sein. Für die Ermittlung der Erdbebenintensität ist es aber nicht gleichgültig, ob bloss Schäden am Oberbau (EMS-98-Stärke VIII) oder reihenweise Totalzerstörungen (EMS-98-Stärke IX) aufgetreten sind. Hier besteht von den Schriftquellen und von den archäologisch-bauanalytischen Erkenntnismöglichkeiten her eine erhebliche Unsicherheit, die zu Vorsicht vor voreiligen Schlüssen mahnt.

Durch die Kartierung der von den Chronisten als zerstört gemeldeten Burgen lässt sich in groben Zügen eine engere Schadenszone ermitteln, wobei als Unsicherheitsfaktor aber – wie bei den Stadtbauten – die Ungewissheit über das Ausmass der Verwüstungen bestehenbleibt. Bei Zerstörungsmeldungen weit ausserhalb dieser Erschütterungszone ist in jedem Einzelfall zu überprüfen, ob tatsächlich das Basler Erdbeben den Schaden verursacht hat.

Eine zweite Möglichkeit, das Ausmass und die Stärke des Bebens von 1356 zu bestimmen, besteht in der Suche nach Spuren der Erschütterungen im Gelände in Form von Felsstürzen, Verwerfungen oder sonstigen gewaltsamen Veränderungen der Erdober-

Intensitätsskala EMS-98

EMS	Intensität	Beschreibung der maximalen Wirkungen
I	Nicht fühlbar	Nicht fühlbar.
II	Kaum bemerkbar	Nur sehr vereinzelt von ruhenden Personen wahrgenommen.
III	Schwach	Von wenigen Personen in Gebäuden wahrgenommen. Ruhende Personen fühlen ein leichtes Schwingen oder Erschüttern.
IV	Deutlich	Von wenigen Personen in Gebäuden wahrgenommen. Ruhende Personen fühlen ein leichtes Schwingen oder Erschüttern.
V	Stark	Im Freien vereinzelt, in Gebäuden von vielen Personen wahrgenommen. Einige Schlafende erwachen. Geschirr und Fenster klirren, Türen klappern.
VI	Leichte Schäden an Gebäuden	Viele Personen erschrecken und flüchten ins Freie. Einige Gegenstände fallen um. An vielen Häusern, vornehmlich in schlechterem Zustand, entstehen leichte Schäden wie feine Mauerrisse und das Abfallen von kleinen Verputzzeilen.
VII	Schäden an Gebäuden	Die meisten Personen erschrecken und flüchten ins Freie. Möbel werden verschoben. Gegenstände fallen in grossen Mengen aus Regalen. An vielen Häusern solider Bauart treten mässige Schäden auf (kleine Mauerrisse, Abfallen von Putz, Herunterfallen von Schornsteinen). Vornehmlich Gebäude in schlechterem Zustand zeigen grössere Mauerrisse und Einsturz von Zwischenwänden.
VIII	Schwere Schäden an Gebäuden	Viele Personen verlieren das Gleichgewicht. An vielen Gebäuden einfacher Bausubstanz treten schwere Schäden auf, d.h. Giebelteile und Dachgesimse stürzen ein. Einige Gebäude sehr einfacher Bauart stürzen ein.
IX	Zerstörend	Allgemeine Panik unter den Betroffenen. Sogar gut gebaute gewöhnliche Bauten zeigen sehr schwere Schäden und teilweisen Einsturz tragender Bauteile. Viele schwächere Bauten stürzen ein.
X	Sehr zerstörend	Viele gut gebaute Häuser werden zerstört oder erleiden schwere Beschädigungen.
XI	Verwüstend	Die meisten Bauwerke, selbst einige mit gutem, erdbebengerechtem Konstruktionsentwurf und guter Konstruktionsausführung, werden zerstört.
XII	Vollständig verwüstend	Nahezu alle Konstruktionen werden zerstört.

(nach Weidmann, Erdbeben)

fläche. Diese Forschungen sind gegenwärtig erst angelaufen, haben aber bereits zu vielversprechenden Ergebnissen geführt. So konnte der Nachweis erbracht werden, dass die Gesteinstrümmer am Fuss von Juraflühen der Malm- und Doggerformation von senkrechten Abspaltungen herrühren könnten, wie sie durch ein heftiges Erdbeben ausgelöst werden. Hier dürften zukünftige Untersuchungen etwa der Schartenflue, des Bärenfelser Burgfelsens, der Schauenburgerflue oder der Eggflue am Blauen wichtige Informationen liefern, wenn es gelingt, solche Felsstürze schlüssig zu datieren, etwa mit Hilfe der Radiokarbonmethode.[25]

Es liegt auf der Hand, dass mit derartigen Untersuchungen die seismologischen Aspekte des Ereignisses von 1356 – Bestimmung der Stärke und der Intensität – genauer erfasst werden können als mit der Auswertung der historisch-archäologischen Zeugnisse, deren Quellenwert auf anderem Gebiet liegt.

Trotz des noch unbefriedigenden Forschungsstandes und der unsicheren Aussagekraft der Schriftquellen und archäologischen Befunde wagen es die Experten, die Stärke des Bebens abzuschätzen. Seine Magnitude auf der Richterskala wird zwischen 6,2 und 6,7 angegeben, seine Intensität im Epizentralbereich nach der EMS-98-Skala mit IX. Für die Isoseistenzone VIII (leichte bis mittlere Gebäudeschäden) nimmt man ein Oval von etwa 180 auf 70 km an, für die Zone VII (leichte Schäden) ein Oval von etwa 380 auf 190 km, während die äussere Begrenzung der Zone VI (deutlich spürbare Erschütterungen, kaum Schäden) bestimmbar ist, aber einen Umkreis von mindestens 500–600 km umfasst haben muss.[26] Ob diese Angaben auf die Dauer im Zuge weiterer Forschungen aufrechterhalten werden können, bleibt abzuwarten. Jedenfalls sind sich die Seismologen darin einig, dass das Ereignis von 1356 als «Jahrtausendbeben» anzusprechen sei und allenfalls noch mit dem Erdbeben von Kobe in Japan (1995) verglichen werden könne.[27]

Erdbeben und Bauwerke

Die Schwingungen oder Stösse eines auch noch so starken Bebens allein fügen den Menschen kaum Schäden zu, sondern lösen vor allem Erstaunen, Schrecken oder religiöse und abergläubische Wahnvorstellungen aus. Verheerungen können hingegen die von den Erdstössen verursachten Veränderungen an der Erdoberfläche anrichten, namentlich Fels- und Bergstürze, als deren Ursachen aber viel häufiger die durch Frost, Regen- und Schmelzwasser bedingten Erosionsmechanismen zu beobachten sind. Die zerstörerische Wirkung der Seebeben beruht vor allem auf der Wucht der konzentrisch sich ausbreitenden Flutwellen.

Im Hinblick auf das Erdbeben von 1356 interessieren besonders die Auswirkungen von Erderschütterungen auf die von den Menschen errichteten Bauten. Heute ist viel von «erdbebensicherer Bauweise» die Rede, wobei hier offengelassen werden soll, ob und wann bei der Verwendung dieses Begriffes konkrete bautechnische Massnahmen angesprochen werden oder bloss wieder einmal der moderne Machbarkeitswahn die Sinne vernebelt. In einem Punkt sind sich die Experten einig: Eine absolute, quasi hundertprozentig sichere Bauweise gibt es nicht, und heutiges «erdbebensicheres» Bauen ist stets auf eine

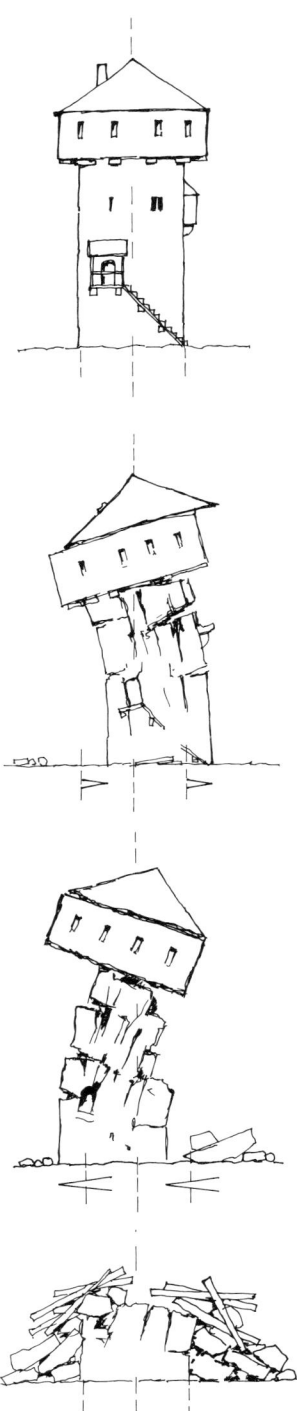

Abb. 6:
Wirkung eines Erdbebens auf einen mittelalterlichen Wohnturm: Die Fundamente des Turmes folgen den Erdbebenwellen. Der Oberbau übernimmt wegen der Trägheit seiner Masse diese Schwingungen nur verlangsamt, wodurch das Mauerwerk Risse erhält, die letztlich zum Einsturz des Gebäudes führen. Zeichnung nach Idee von Weidmann, Erdbeben, S. 152.

bestimmte, von Wahrscheinlichkeitsüberlegungen diktierte Intensität bezogen sowie von Kosten-Nutzen-Berechnungen bestimmt.[28]

Ob und wie in anderen Kulturen und Ländern, die häufig von Beben heimgesucht werden, die traditionelle Bauweise auf reflektierten Erfahrungen mit der Zerstörungskraft von Erdstössen fusst, bliebe noch abzuklären. Im erdbebengefährdeten Japan hat sich die seit Jahrhunderten gepflegte Leichtbauweise aus Holz und Bambus gut bewährt, und auch die mächtigen japanischen Burgen, errichtet in Holz auf massiven, abgeschrägten Steinsockeln, können durch ein Erdbeben kaum zu Fall gebracht werden. Umgekehrt erwies sich in der Antike in Griechenland, das kaum seltener von Erdbeben heimgesucht wird als Japan, die monumentale Bauweise mit ihren aus einzelnen Trommeln zusammengefügten Säulen und ihren mächtigen Steinblöcken als äusserst anfällig auf Erdbeben, wie etwa die eindrücklichen Trümmer des Zeustempels in Olympia zeigen.

Das Problem der erdbebensicheren Bauweise stellte sich auch auf den mittelalterlichen Kreuzfahrerburgen im Heiligen Land. Dass in dieser Region wiederholt schwere Beben gewütet haben, namentlich im 12. und 13. Jahrhundert, ist bekannt. Ein solches Beben hat 1170 u.a. die Johanniterfestung *Hisn el Akrad* (heute Krak des Chevaliers) zerstört.[29] Der in mehreren Phasen realisierte Wiederaufbau zeigt gewaltige Mauermassen, geprägt durch starke, mehrgeschossig übereinander angeordnete Gewölbe, durch schräge, vor den Mauern hochgezogene Verstärkungen und insgesamt äusserst solides, aus sorgfältig behauenen Quadern gefügtes Mauerwerk. Wollten die Johanniter mit dieser aufwendigen Bauweise die Burg bloss vor Beschuss durch Wurfmaschinen und vor Unterminierung schützen, oder dachten sie auch daran, die Burg «erdbebensicher» zu machen? Wir wissen es nicht, müssen aber zugestehen, dass die in der Region aufgetretenen Beben des 13. und 14. Jahrhunderts dem Krak offenbar keine nennenswerten Schäden zugefügt haben.

Nördlich der Alpen hatte man im Mittelalter keine Erfahrungen mit schweren Erdbeben. Es gab für die Baufachleute deshalb auch keine Veranlassung, sich über erdbebensicheres Bauen Gedanken zu machen. Ihre bautechnischen Probleme waren anderer Art. Sie betrafen die Festigkeit des Baugrundes, der bei allzu starker Belastung durch Mauermassen abzurutschen drohte, oder die Probleme der Fundamentierung bei hohem Grundwasserspiegel und der Festigkeit frisch hochgezogener Mauern, die unter ihrem eigenen Gewicht auseinanderbrechen konnten, solange der Kalkmörtel noch nicht hart geworden war. Nach bautechnischen Massnahmen, die bewusst getroffen worden wären, um die Zerstörungskraft von Erdstössen zu mildern, hält man bei den mittelalterlichen Profan- und Sakralbauten am Oberrhein und im Jura vergeblich Ausschau.

Die zerstörerische Wirkung eines Bebens auf ein Gebäude beruht auf den Schwingungen, die, vom Erdbebenherd ausgehend, die Erdoberfläche erreichen und sich auf das Bauwerk übertragen. Jedes Gebäude ist darauf angelegt, Lasten zu tragen, und erweist sich deshalb als relativ unempfindlich gegenüber Bodenbewegungen in der Vertikalen. Horizontale Schwingungen jedoch, die – was bei Beben nicht selten vorkommt – erst noch die Richtung ändern, können einem Gebäude schwer zusetzen, auch wenn es verhältnismässig solide gebaut ist. Da jedes Bauwerk eine eigene Masse besitzt, wirken die Bewegungen des Bodens von unten her auf die Trägheit des Baukörpers, was sich umso heftiger äussert, je höher das Gebäude aufragt. Dadurch kann sich das Konstruk-

Abb. 7:
Moderne Erdbebenschäden im italienischen Dorf Calitri. In Calitri verursacht das Irpinia-Lucania-Erdbeben vom 23. November 1980 keine grösseren baulichen Schäden. Jedoch aktiviert es eine grossräumige Rutschung, welche einige Stunden nach dem Beben einsetzt und mehrere Tage andauert. Fazit: Das auf einem Hügel gelegene Dorf bricht auf seinem haltlosen Untergrund buchstäblich auseinander. Aus: Weidmann, Erdbeben, S. 223.

tionsgefüge in Einzelteile auflösen, was im schlimmsten Fall zum Einsturz des ganzen Baues führt.[30]

Wie sich ein Bauwerk gegenüber diesen Schwingungen verhält, hängt vom Baumaterial und vom Konstruktionsprinzip ab. Wenn die tragenden Teile eines Baues «zerrfest» oder «duktil» sind, das heisst biegsam und elastisch, ohne gleich zu brechen, kann ein Bau auch starke Erdstösse aushalten. Als duktiles Material gilt heute vor allem Beton, der mit Eisen armiert ist. In früherer Zeit besassen Holzbauten die grösste Zerrfestigkeit. Als «spröd» haben Materialien zu gelten, die bei seitlicher Belastung leicht reissen oder brechen, so etwa Mauerwerk aus nicht armiertem Beton, aus Lehm-Kalk-Guss, aus Ziegel- und Natursteinen. Bauteile aus solchen Materialien machen sich umso eher selbständig, je schlechter sie seitlich verstrebt oder abgestützt sind. Es ist deshalb kein Zufall, dass auch bei leichteren Beben Schornsteine, Balustraden, Wimperge und Zinnen abstürzen. Bestätigende Nachrichten zu diesem Sachverhalt liegen auch für das Basler Beben von 1356 vor.[31]

Die Massenträgheit wirkt sich nicht bloss auf hochragendes Mauerwerk aus. Auch schwere Dächer – aus Steinplatten oder Ziegeln – sowie mit Ton- oder Steinfliesen gedeckte Zwischenböden nehmen mit ihrer Masse die vom Boden ausgehenden Schwingungen nicht auf und lösen sich deshalb aus ihrer Verankerung, was sie ganz oder teilweise abstürzen lässt. So können Ziegeldächer zu Schäden an Menschen, Tieren und Bauten führen, auch wenn die Gebäudekonstruktion selbst aus duktilem Material besteht.

1356 ergab sich daraus für Basel eine paradoxe Situation: Da die wenigsten Gebäude mit Ziegeldächern ausgestattet waren und sich auch Tonfliesenböden noch nicht allgemein durchgesetzt hatten, dürften sich Schäden und Unfälle infolge einstürzender Dächer und Zwischenböden eher selten ereignet haben, während die übliche Schindel- und vielleicht auch Strohbedachung die Ausbreitung des Brandes ungemein beschleunigt haben muss. 1417 wiederholte sich das Phänomen beim grossen Stadtbrand, und als anschliessend die Obrigkeit die sukzessive Eindeckung der Wohnhäuser mit Ziegeln anordnete, um die Gefahr eines Flächenbrandes einzuschränken, ahnte sie wohl kaum, dass dadurch das Risiko von Erdbebenschäden erhöht würde.[32]

Seit dem 13. Jahrhundert bediente man sich im Basler Raum des Prinzips der hölzernen Maueranker, um einem hochragenden Bauwerk mehr Festigkeit zu verleihen: Eichenbalken wurden horizontal in den Mauerkern verlegt und an den Enden wie bei Blockbauten miteinander verbunden. Diese Massnahme sollte verhindern, dass beim raschen Hochziehen etwa eines Turmes das Mauergefüge unter seinem eigenen Gewicht auseinanderbrach, bevor der Kalkmörtel seine endgültige Festigkeit erreicht hatte. Heute sind von solchen Maueranker, wie etwa die Beispiele von Gilgenberg und Schalberg zeigen, nur noch die leeren Balkenkanäle erhalten. Um 1356 dürften die Eichenschwellen aber noch intakt gewesen sein und – wie moderne Eisenarmierungen wirkend – grössere Bauschäden verhindert haben.

Erdbeben am Oberrhein

Do men zalte 1289 jor, do kam ein also grosser ertbidem zu dütschen landen, das die sülen in dem münster zu Strosburg so sere wagetent, daz men vorhte, das daz münster und die stat wurdent verfallen.

Diese Nachricht findet sich in der elsässischen Chronik des Jacob Twinger von Königshofen.[33] Entstanden gegen 1400, liegt sie über ein Jahrhundert vom erwähnten Ereignis entfernt, doch findet sich in den um 1300 entstandenen Colmarer Annalen eine Bestätigung, zwar ohne Erwähnung des wankenden Münsters, aber mit dem Hinweis, dass 1289 an einem einzigen Tag fünf Erdstösse erfolgt seien.[34] Das Beben von 1289 dürfte historisch als verbürgt gelten, ebenso jenes von 1279, über welches die Colmarer Annalen berichten, es habe viele Kirchen und Burgen zerstört.[35] Da keine Ortsangabe genannt ist, wie bei all den auswärtigen und fernen Ereignissen, welche sich in den Annalen finden, darf die Meldung aufs Elsass bezogen werden.

So eindeutig wie bei den zwei Beben von 1279 und 1289 liegen die Dinge bei historischen Nachrichten über Erdbeben im mittelalterlichen Elsass bzw. oberrheinischen Raum allerdings nicht überall. Bei der Erwähnung verschiedener Beben handelt es sich offensichtlich um Irrtümer, Verwechslungen, wenn nicht gar um Erfindungen. So hat das Erdbeben von 1020, das erst im 16. Jahrhundert für das Elsass bezeugt wird, in Wirklichkeit in Bayern stattgefunden, dasjenige von 1021 beruht auf einer Verschreibung der Jahreszahl 1020 und das angebliche Erdbeben von 1346, das in Basel die Stützmauer der Pfalzterrasse zum Einsturz gebracht haben soll, beruht auf einer unstatthaften Interpretation der zeitgenössischen Originalquellen, die ohne Angaben von Gründen die Zerstörung der Mauer melden (*anno domini 1346 an sant Katherinen abend do viel die Phallentz ze Basel hinder unser frowen münster*), wofür eine einfach Erklärung – Unterspülung der Fundamente durch den Rhein – gegeben werden kann.[36]

Ein quellenkundlich interessanter Fall liegt bei den Nachrichten über das Erdbeben von 1348 in Kärnten vor, dem die Stadt Villach zum Opfer gefallen ist: In verschiedenen Berichten über das Basler Erdbeben von 1356 wird unter den zerstörten Burgen und Städten auch Villach genannt, was sicher falsch ist, wie der kritische Wurstisen in seiner Basler Chronik von 1580 richtig festhält.[37] Wie aber ist es zu diesem Irrtum gekommen? Der Strassburger Chronist Fritsche Closener, offensichtlich interessiert an Katastrophen aller Art, stellt in seinem um 1360 entstandenen Geschichtswerk eine ganze Liste von Erdbeben zusammen. Über das Kärntner Beben berichtet er wie folgt:[38] «*Do wo man zalt 1348 jor, an sant Paules dage noch winnachten (10. Januar), do kam ein ertbidem, der zu Strosburg merkelich waz und doch nüt schedelich, aber doch in andern landen det er grossen schaden, alse man seite.*»

Das bedeutet nichts anderes, als dass das Kärntner Beben am Oberrhein schwach spürbar war, aber keinen Schaden anrichtete. Die Zusammenlegung der Schäden in Villach und im Basler Raum sowie deren Datierung ins Jahr 1356 scheint erstmals in der anonymen, vom Zürcher Ratsherrn Eberhart Mülner in Auftrag gegebenen Chronik von ca. 1360/70 erfolgt zu sein. Zudem dürfte eine Inschrift in Villach, die im 16. Jahrhundert von Wurstisen zitiert wird und auch die Zerstörung von Basel erwähnt, für Verwirrung gesorgt haben.[39]

Dieses Beispiel zeigt deutlich die Grenzen der Glaubwürdigkeit von historiographischen Zeugnissen auf und sollte uns vorsichtig gegenüber vermeintlich eindeutig überlieferten Erdbeben am Oberrhein machen. Vor allem gilt es zu berücksichtigen, dass die Elsässer Geschichtsschreiber, vielleicht sensibilisiert durch tatsächlich eingetretene Beben, in ihre Texte auch entfernte Ereignisse aufgenommen zu haben scheinen, von denen sie bloss schriftliche oder mündliche Kunde hatten und die am Oberrhein – wenn überhaupt – höchstens schwach bemerkbar waren.

Diese kritischen Vorbehalte gegenüber der Vielzahl überlieferter Beben insgesamt – eine Überprüfung in jedem Einzelfall täte not – können indessen keinen Zweifel darüber aufkommen lassen, dass der Rheintalgraben[40] zwischen Basel und Karlsruhe mitsamt den angrenzenden Randgebieten der Vogesen, des Schwarzwaldes und des Jura im Laufe der Zeit immer wieder Schauplatz von Erdbeben unterschiedlicher Stärke gewesen ist.

Bestimmte Grabungsbefunde in Augusta Raurica haben vor einiger Zeit die Vermutung aufkommen lassen, diese römische Provinzstadt sei um 250 einem Erdbeben zum Opfer gefallen.[41] Diese Auffassung hat sich bei den Fachleuten nicht durchsetzen können.[42] Ein weiteres Beben von 856, das von verschiedenen Autoren in den Basler Raum verlegt wird, hat sich in Griechenland, im Raume um Korinth, ereignet und dürfte am Oberrhein kaum verspürt worden sein. Im Hinblick auf die damals übliche leichte Holz-

Abb. 8:
Schauenburgflue, im Vordergrund Mauerreste eines gallo-römischen Tempels. Ecke vermutlich 1356 mit dem Fels abgestürzt. Im Hintergrund rechts Neu-Schauenburg.

bauweise hätten Erdstösse, ausser allenfalls an Steinkirchen, ohnehin keine nennenswerten Schäden anrichten können.[43]

Ob und wie die für das 11. und 12. Jahrhundert bezeugten Beben am Oberrhein verspürt worden sind, bleibt fraglich. Königshofen berichtet gegen 1400, vermutlich gestützt auf die Chronik Ekkehards von Aura (um 1100), ein grosses Erdbeben sei um 1000 *durch alle Lant* gezogen, das viel Schaden angerichtet habe. Was das für Basel und das Elsass zu bedeuten hat, bleibt offen. Dass das Beben von 1020 bzw. 1021 seinen Herd in Bayern hatte, ist oben bereits erwähnt worden. Auch das Erdbeben von 1117, das in Italien, im Raume Veneto-Emilia, gewütet hat, dürfte am Oberrhein kaum gross verspürt worden sein.[44]

Sichere Nachrichten über Beben zwischen Basel und Strassburg setzen im 13. Jahrhundert ein. Auf die zwei regionalen Ereignisse von 1279 und 1289 haben wir oben bereits hingewiesen. Closener berichtet überdies von einem Beben, das sich am 11. September 1291, *spot an dem obende*, ereignet habe, allerdings ohne Erwähnung von Schäden. Da sich die Colmarer Annalen über dieses Ereignis ausschweigen, dürfte es sich wohl um ein schwaches Beben gehandelt haben.[45]

Ausser dem Kärntner Beben von 1348, das im Elsass als schwaches Fernbeben verspürt worden sein dürfte, ist am Oberrhein bis 1356 kein weiteres Erdbeben mehr bezeugt. Nach 1356 verdichten sich aber die Meldungen in auffälliger Weise. Ist die Historiographie nach 1356 sensibler geworden, oder kam es tatsächlich zu einer Häufung von Beben zwischen dem 14. und dem 16. Jahrhundert? 1357 wurden die Strassburger durch ein Beben erschreckt, 1372 verspürte man Erdstösse in Basel, die so stark waren, dass die Statue des Drachentöters St. Georg am Münster vom Sockel stürzte.[46]

Bemerkenswert dann eine Basler Notiz zu einem Beben von 1416.[47] Die Schlusseintragung der «Grösseren Basler Annalen» endet mit dem Hinweis, 1416 habe sich ein schreckliches Beben ereignet, so dass viele Leute, in Panik versetzt, aus der Stadt eilten und die Nacht auf ihren Gärten und Feldern zubrachten. Dazu findet sich eine ergänzende Bemerkung, dieses Beben sei stärker als alle seit 60 Jahren – sc. 1356! – gewesen, was indirekt auf weitere, aber schwächere Beben hinweist.

Auch nach 1416 ist immer wieder von Beben die Rede, die zwar keine grossen Schäden anrichteten, aber die Leute gehörig in Schrecken versetzten. Belegt sind solche Beben für die Jahre 1428, 1444, 1470, 1492 und 1498.[48] Diese seismischen Aktivitäten hielten am Oberrhein bis zum Bau eines Seismographen bei der Basler Sternwarte im Jahre 1933 an, worauf es möglich wurde, auch die in die Tausende gehenden Kleinsterschütterungen zu registrieren, die es sicher seit jeher gegeben hatte, die aber von den früheren Menschen nicht wahrgenommen werden konnten.

Anmerkungen

1 Weidmann, Erdbeben, S. 78.
2 Lex. MA 3, Sp. 2126.
3 Vgl. etwa zu den Schlachtfeiern von St. Jakob: Werner Geiser (Hg.): Ereignis – Mythos – Deutung, Basel 1994. – Zur Schlacht bei Dornach vgl. Andreas Fankhauser/André Schluchter (Hg.): Gedenkschrift 500 Jahre Schlacht bei Dornach 1499–1999, JsG 72, 1999.
4 Basler Historische Gesellschaft (Hg.): Basel im 14. Jahrhundert, Basel 1856.
5 Suter, Erdbeben. – Ferner Andreas Staehelin: Das Erdbeben von Basel, in: BJ 1956, SD. S. 12–16 und Bider, Erdbebentätigkeit, S. 17–44, sowie die Beiträge in BZ 55, 1956.
6 Die Karte ist der breiten Öffentlichkeit u.a. im Baslerstab vom Dienstag, 9. November 2004, S. 7 vorgestellt worden.
7 W. Wackernagel, Erdbeben, Quellen XVIII, XXI, XXII, XXIV. – Etterlin, Kronica, fol. 42.
8 Wurstisen, Chronik, S. 175–177. – W. Wackernagel, Erdbeben, Quellen XXV, XXVI und XXVII.
9 W. Wackernagel, Erdbeben, Quelle XX.
10 Bruckner, Merkwürdigkeiten, S. 1614, 1690, 2279, 2545, 2844.
11 Ochs, Geschichte 2/1, S. 97–100, 188–192.
12 S. oben Anm. 7, ferner Beiträge zur vaterländischen Geschichte 10, 1875, S. 249–272. – BTB 1862, S. 233–247. – ASG 10, 1879, S. 183–188. – Boos, Geschichte 1, S. 120–121.
13 R. Wackernagel, Basel, 1, S. 270–273.
14 Merz, Sisgau 1–4.
15 Stehlin, Baugeschichte, S. 137–139.
16 Müller, Bischofstein, S. 10. – Marti/Windler, Madeln, S. 13–17.
17 Fouquet, Erdbeben, S. 32–49.
18 Meier/Rippmann, Augenzeugen, S. 32–49.
19 Vgl. den Beitrag von Hans Peter Laubscher im vorliegenden Band.
20 Aaron J. Gurjewitsch: Das Weltbild des mittelalterlichen Menschen, München ⁵1997, S. 72–76.
21 Johann Jakob Scheuchzer: Historische Beschreibung aller Erdbidmen, welche in dem Schweizerlande gespürt worden. In: Naturgeschichte des Schweizer Landes, Zürich 1706–1718.
22 Für das Folgende vgl. Weidmann, Erdbeben, insbes. S. 10–35 und 38–65.
23 Nach Weidmann, Erdbeben, S. 59.
24 Weidmann, Erdbeben, S. 79 (Isoseistenkarte).
25 Zur Radiokarbondatierung wäre organische Substanz erforderlich (auch Kleinstmengen könnten ausreichen), die unter dem Felsschutt, d.h. an der Erdoberfläche unmittelbar vor dem Felssturz, geborgen werden könnten.
26 Isoseisten sind Linien, die auf einer Erdbebenkarte ein Gebiet gleicher Erdbebenintensität umgrenzen. Weidmann, Erdbeben, S. 61.
27 Weidmann, Erdbeben, S. 78 und 264f.
28 Weidmann, Erdbeben, S. 146–208.
29 Das syrische Erdbeben von 1170 war so verheerend und hat so grosses Aufsehen erregt, dass es noch um 1400 in der Strassburger Chronik von Königshofen, S. 864, Erwähnung findet.
30 Weidmann, Erdbeben, S. 148–155.
31 Vgl. Anhang, Quellentext Nr. 8.
32 R. Wackernagel, Basel 2/1, S. 290f.
33 Königshofen, S. 962.
34 Ann. Colm., S. 140.
35 Ann. Colm., S. 80.
36 Vgl. Anhang, Quellentext Nr. 4.
37 Wurstisen, Chronik, S. 176.
38 Closener, S. 136.
39 Wurstisen, Chronik, S. 176. – W. Wackernagel, Erdbeben, Quelle VII.
40 Der Ausdruck «Rheintalgraben» bezeichnet jenen tektonischen Begriff, der in der geographisch-morphologischen Terminologie «Oberrheinische Tiefebene» genannt wird.
41 Weidmann, Erdbeben, S. 100.
42 Freundliche Mitteilung von Alex Furger, Augst.
43 MGH SS 6, S. 176.
44 MGH SS 6, S. 252 und 754.
45 Closener, S. 136.
46 Stehlin, Baugeschichte, S. 109 und 134.
47 BChr. 5, S. 41.
48 Bider, Erdbebentätigkeit, S. 17–44, hier insbes. S. 41.

2. Das Ereignis

Basel und seine Umgebung um 1350

Das Landschaftsbild

Es fällt heute schwer, sich vorzustellen, wie um die Mitte des 14. Jahrhunderts Basel mit seiner näheren Umgebung ausgesehen hat.[1] Das überbaute Gebiet endete an der Stadtmauer und umfasste gerade noch die Vorstädte, die Häuserreihen vor den Toren längs der Ausfallsrouten. Zwischen Basels Stadtbefestigungen und den nächstgelegenen Dörfern Hüningen, Hegenheim, Allschwil, Binningen, Münchenstein, Muttenz, Grenzach, Riehen und Kleinhüningen lagen zwei bis sechs Kilometer offenes Feld mit ganz vereinzelten Häusergruppen. Dieser Zustand hat sich bis in die Mitte des 19. Jahrhunderts kaum verändert und ist beispielsweise noch in den kartographischen Aufnahmen von 1836/39 oder in den beiden grossen, vom Isteiner Klotz und vom Chlosterchöpfli ob Muttenz aus um 1840 gemalten Landschaftsdarstellungen von Peter Birmann festgehalten.

Zwei natürliche Elemente, die heute stark zurückgedrängt und verändert sind, prägten im 14. Jahrhundert das Landschaftsbild um Basel: die Gewässer und die Wälder. Gewiss, der Rhein bildet auch heute ein Wahrzeichen der Stadt und bringt nach wie vor von Zeit zu Zeit wie im Mittelalter Teile der Stützmauern am Grossbasler Prallhang des Stromknies zum Einsturz. Auch Wiese, Birs und Birsig existieren noch; der Birsig in der Innerstadt freilich nur noch überdeckt, Birs und Wiese in schnurgerade gezogener Kanalisation. Um weitere, kleinere Gewässer anzutreffen, muss man sich schon weiter weg von Basel entfernen, in den Jura, in den Schwarzwald oder in das Sundgauer Hügelland, wo aber die alten Dorfbäche mindestens in den Siedlungskernen mittlerweile unter Abdeckungen verschwunden sind. Auch die Basler Gewerbekanäle, die sogenannten Teiche, sind mit Ausnahme des bei Münchenstein/Neue Welt von der Birs abgezweigten St. Albanteiches nicht mehr erhalten.

Im Mittelalter lagen die natürlichen Fluss- und Bachläufe offen, bewegten sich mäandrierend durch Auenwälder, verzweigten sich in viele, oft nur nach längerem Regen wasserführende Arme und bildeten in flachen Senken Sümpfe und kleine Seen, an die heute meist nur noch Strassen- und Flurnamen erinnern. Beim heutigen Eglisee lag ein solcher natürlicher Tümpel, der *Egelsee* hiess, weil er voll von Blutegeln war, die zum Blutschröpfen gebraucht wurden. Verständlich, dass beim Bau des Gartenbades der Name des widerlichen Blutsaugers verschwinden musste.[2]

Nicht nur die Bäche, auch die Flüsse, sogar der Rhein unterhalb Basels hatten noch kein festes Bett, sondern konnten nach grossen Hochwassern ihren Lauf innerhalb der Auenniederungen immer wieder ändern, was wiederholt zu Streitigkeiten über Grenzverläufe und Nutzungsrechte führte.[3] Die Flüsse dienten als Transportwege. Boote mit flachem Boden, den heutigen Weidlingen ähnlich, konnten auch in seichten Gewässern verkehren. Vor allem aber erfolgte auf den Flüssen der Transport von Bauholz, das vom Jura und Schwarzwald her nach Basel und weiter rheinabwärts geflösst wurde.

Die Flüsse waren reich an Fischen aller Art. Diese dienten als Grundnahrung und als Fastenspeise. Manche Klöster in der weiteren Umgebung legten künstlich aufgestaute Weiher an, um stets mit Fischen versorgt zu sein. Auch in den Wassergräben der Niederungsburgen, der sogenannten *Weiherhäuser*, wurden Fische gehalten.

Die Gewässer waren relativ sauber, obwohl man mit der Entsorgung von Haushalt- und Gewerbeabfällen, auch von Fäkalien, recht leichtfertig umging. Dorfbäche, Birsig und Rhein enthielten sicher viele Kolibakterien und andere Erreger, wiesen aber noch keine Schadstoffbelastung durch nicht abbaufähige Industrieabfälle auf.

Dass in der warmen Jahreszeit von den vielen Gewässern, Sümpfen und Tümpeln eine ungeheure Mückenplage ausging, lässt sich gut vorstellen. Man war deshalb froh über die vielen Vögel, die diesen lästigen Insekten nachstellten. Offene Feuerstellen mit beissendem Rauch mögen auf Arbeitsplätzen und in den Behausungen die Mücken und Fliegen etwas vertrieben haben. Nach heftigen und anhaltenden Niederschlägen traten Bäche und Flüsse über die Ufer und richteten allerhand Verheerungen an, auch im 14. Jahrhundert. Einzelne Hochwassermarken, u.a. am Basler Rathaus, erinnern noch an derartige Flutereignisse.[4]

Die Wälder bildeten, wie angedeutet, das zweite landschaftsprägende Naturelement in Basels Umgebung. Seit dem 11. Jahrhundert sind die stadtnahen Wälder im Bereich der heutigen Aussenquartiere Basels durch die fortschreitende Rodungstätigkeit zwar stetig zurückgedrängt worden. Aber noch immer reichten im 14. Jahrhundert grössere Waldflächen bis nahe an die Stadt heran, namentlich in den Flussauen längs der Wiese oder der Birs. Grosse Wälder dehnten sich im Jura und im Schwarzwald aus, wo sie oft die Grenzzonen zwischen den landwirtschaftlichen Nutzungszonen der einzelnen Dörfer oder Einzelgehöfte bildeten. Die Weitläufigkeit und Unübersichtlichkeit der Wälder erschwerten die Orientierung. Wer von den grossen, offenen Landstrassen abkam, lief Gefahr, sich ohne Hilfe von Ortskundigen im urwaldartigen Dickicht zu verirren.

In den Feuchtwäldern längs der Flüsse herrschten Erlen und Weiden vor, letztere waren mit ihren Trieben unverzichtbar für das Flechten von Körben und anderen Traggeräten. In den Trockenwäldern schätzte man Eichen und Buchen wegen ihrer Früchte, von denen sich die Schweine nährten. Das schnellwüchsige Nadelholz blieb zur Hauptsache auf die höheren Lagen im Jura und Schwarzwald beschränkt. Aus Föhren und Kiefern zapfte man das vielseitig verwendete Harz ab. Wichtig nicht nur für die mannigfache Tierwelt, sondern auch für die Menschen waren die vielen Hecken und Buschreihen, welche die Landschaft durchzogen und als Besitz- und Nutzungsgrenzen dienten und empfindliche Kulturpflanzen vor widrigen Winden schützten, ganz abgesehen davon, dass die Beeren und Nüsse der Heckenbüsche ein wesentliches Element der subsidiären Sammelwirtschaft ausmachten. Ausser Holzzäunen umgaben auch Buschhecken umfriedete Nutzungszonen, woran der häufige Flurname *Byfang* (vgl. auch Byfangweg) erinnert.

Im 14. Jahrhundert gab es in den Wäldern rings um Basel zahlreiches Jagdwild, ausser Rehen, Hirschen und Wildschweinen, Füchsen und Dachsen auch Wölfe und Bären, desgleichen Vögel wie den Waldrapp, Auerhahn und – seit dem 13. Jahrhundert – den

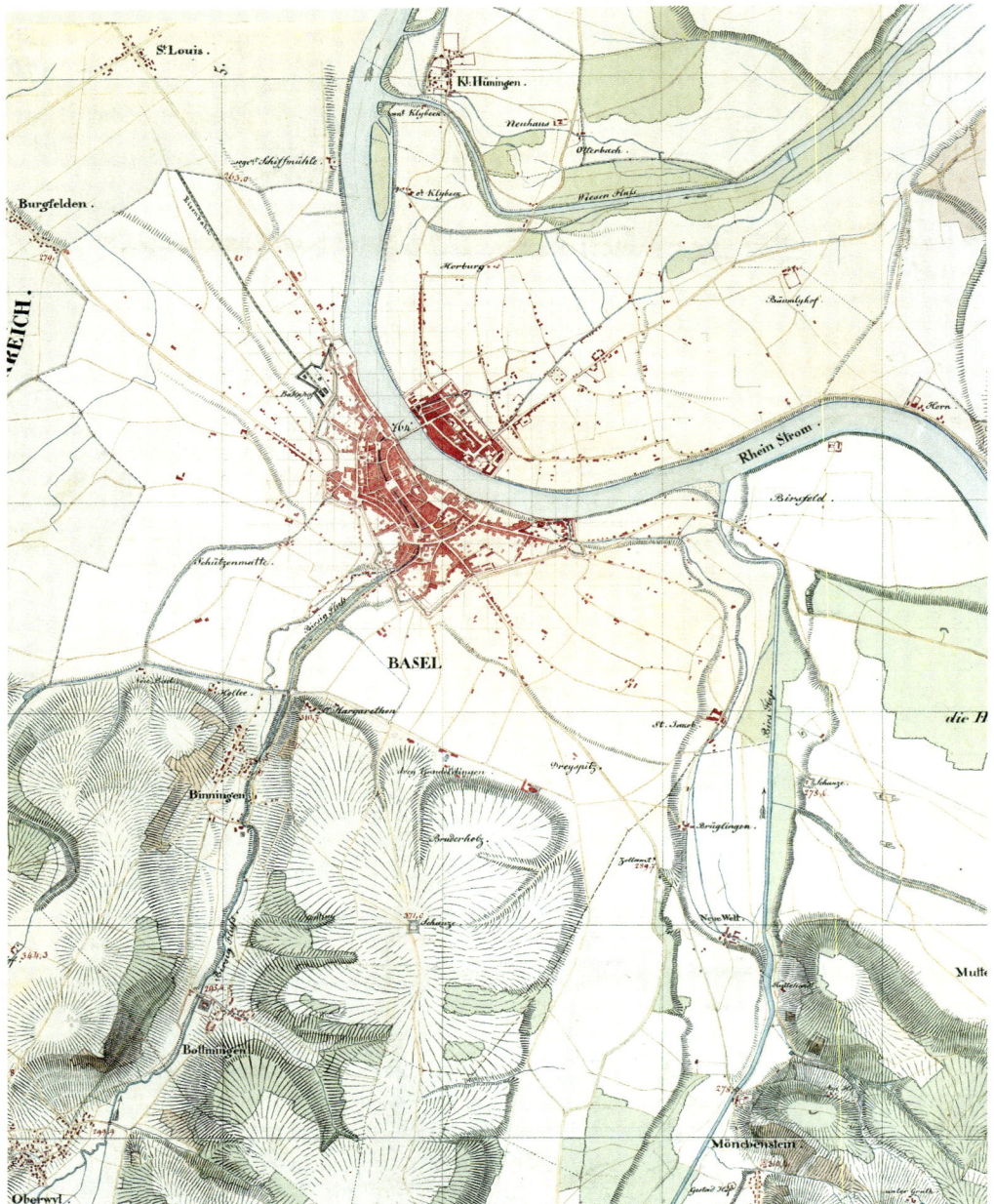

Abb. 9:
Topographische Karte von Basel und Umgebung (Dufourkarte 1836/39). Der Kartenausschnitt zeigt deutlich, wie dünn noch im 19. Jahrhundert das Gebiet ausserhalb der Basler Stadtmauern und der historischen Siedlungskerne besiedelt und überbaut war.

Fasan.⁵ Die Jagd stand wie der Fischfang unter der Kontrolle der adligen und klösterlichen Grundherren. Ob die Stadt Basel schon vor dem Erdbeben im Stadtgraben Hirsche gehalten hat, um jederzeit über Wildbret zu verfügen, ist nicht bekannt.

Landwirtschaftlich genutzte Flächen waren im 14. Jahrhundert viel stärker unterteilt als heute. Getreidebau wurde von den Dörfern und Einzelhöfen aus nach dem Prinzip der Dreizelgenwirtschaft betrieben, so dass immer ein Drittel der Anbaufläche brachlag. Obstbäume und Gemüsegärten hielt man in umzäunten Arealen in Siedlungsnähe. Viel weiter verbreitet als heute war der Rebbau, denn Wein galt neben Getreide, das zu Brei und Brot verarbeitet wurde, als wichtigstes Grundnahrungsmittel. An steilen Hängen, die mittlerweile vielleicht wieder bewaldet sind, weisen Spuren von künstlichen Terrassen noch heute auf ehemaligen Rebbau hin. Äcker und Reben wurden von den einzelnen Bauernbetrieben aus bewirtschaftet, das Vieh liess man gemeinsam auf der Allmend weiden, die aus Weideflächen und Waldstücken bestand.

Die Landstrassen hat man sich als schlechte, holprige Feldwege vorzustellen. Die Orientierung wurde durch Kreuze, Wegmarken, vereinzelt auch durch Kapellen erleichtert. Ausserhalb der Ortschaften gab es Zollstationen, wo die üblichen Gebühren für die Benützung eines bestimmten Wegabschnittes entrichtet werden mussten, die sogenannten Weg-, Strassen- oder Brückenzölle. Solche Zollstätten lagen vor allem an Punkten, die von den Reisenden schwer zu umgehen waren, etwa an Engnissen, an Flussübergängen oder an Umschlagstellen, wo man vom Land- auf den Wasserweg oder umgekehrt wechselte.⁶ Brücken waren um 1350 noch selten. Über die Wiese bei Kleinhüningen und die Birs bei St. Jakob sind erst im 15. Jahrhundert Brücken geschlagen worden.⁷ Vorher musste die Wiese mittels eines Fährbetriebes überquert werden, während man die Birs an seichter Stelle, wo sich eine Furt befand, zu durchwaten hatte. Als zusätzliche Erschwerung des Reisens erwies sich im 14. Jahrhundert die Unsicherheit wegen Strassenräubern und Wegelagerern, die oft mit den Tavernenwirten längs der Reiserouten gemeinsame Sache machten.⁸

Die Dörfer waren klein und zählten selten mehr als hundert Einwohner. Sie passten sich mit ihren einfachen, niederen Wohn- und Wirtschaftsbauten unauffällig ins Landschaftsbild ein. Ein Holzzaun, der sogenannte *Etter*, trennte das Dorf von der Aussenwelt und von den Ackerfluren ab. Er schützte vor Schadwild, vielleicht auch vor Dieben, aber sicher nicht vor kriegerischen Überfällen. Das vom Etter umschlossene Areal bildete einen eigenen Friedens- und Rechtsbezirk. Nicht jedes Dorf besass um 1350 schon eine Kirche, und nicht jede Kirche war mit dem Begräbnisrecht ausgestattet. Manche Dörfer und Felder boten um die Mitte des 14. Jahrhunderts einen erbärmlichen Anblick, wenn sie kurz zuvor im Rahmen einer der häufigen Fehden zwischen Adligen, Landesherren und Städten verwüstet und niedergebrannt worden waren.

An Klöstern war die nähere Umgebung Basels nicht allzu reich. Es gab ein paar hochmittelalterliche Hausklöster adliger Familien, so Feldbach im Sundgau, gestiftet von den Grafen von Pfirt, Beinwil, eine Gründung des Hauses Saugern/Pfeffingen, oder Schönthal bei Langenbruck, ein Hauskloster der Grafen von Frohburg. Von grösserer Bedeutung waren die Niederlassungen des Zisterzienserordens, Lützel im Lützeltal sowie das Zisterzienserinnenkloster Olsberg bei Arisdorf. Schon deutlich ausserhalb des uns hier wegen des Erdbebens interessierenden Raumes lagen Säckingen am Rhein, St. Blasien im Schwarzwald und Murbach bei Guebwiller in den Vogesen. Nicht zu vergessen sind im jurassischen Machtbereich der Basler Bischöfe das Chorherrenstift Moutier-Grandval und das Prämonstratenserkloster Bellelay.

All diese Klöster verfügten ausser über ihre Kirchen und Konventgebäude über Gewerbeanlagen und Landwirtschaftsbetriebe, die das Landschaftsbild nachhaltig prägen. Ausser Schweighöfen mit einem Schwergewicht auf Grossviehhaltung und Käseproduktion unterhielten die Klöster, allen voran wohl die Zisterzienserabtei Lützel, Hammerschmieden, Ziegeleien, Sägewerke, Glashütten, Getreidemühlen und sonstige, zum Teil an eigene Rohstoffgewinnung gebundene Gewerbe.

Neben den kleinen Dörfern und den eher diskret in den Niederungen von Seitentälern angelegten Klöstern beherrschten in Basels Umgebung die Burgen des Stadt- und Landadels das Landschaftsbild. Nur um sich eine Vorstellung machen zu können: Von der bekannten Feste Landskron im Leimental aus hatte man um 1350 freien Blick auf über zwanzig Burgen, angefangen mit den drei Wartenbergen ob Muttenz bis hin zur Feste Pfirt am Jurarand gegen den Sundgau hin, nicht eingerechnet die Weiherhäuser vor Basels Toren und im Sundgauer Hügelland sowie die Burganlagen hinter dem Sundgau am Rande der Vogesen und rechts des Rheins am Rande des Schwarzwaldes.

Um 1350 war allerdings der Prozess des «Burgensterbens» bereits im Gang. Aus gesellschaftlichen und familiären, vor allem aber aus politischen und wirtschaftlichen Gründen waren zahlreiche Burgen in Basels Umgebung bereits verlassen und im Zerfall begriffen. Diejenigen Anlagen, die um 1350 noch bewohnt wurden, gehörten Familien unterschiedlichen Standes. Neben altadligen, ritterbürtigen Familien traten immer häufiger auch reiche Basler Achtburger als Inhaber von Burgen auf, die mit den an den Besitz einer Burg gebundenen Herrschaftsrechten und wohlklingenden Titeln den sozialen Aufstieg anstrebten.

In bescheidenerem Ausmass als die Klöster bildeten auch die Burgen Zentren gewerblicher und landwirtschaftlicher Produktion. Im näheren Umfeld mancher Burgen dehnten sich, oft auf gerodetem Marginalland, Weideflächen für Grossvieh aus. In den Vorburgbezirken grösserer Anlagen waren Handwerksbetriebe angesiedelt, so etwa auf Rötteln.[9] An manche Burgen schlossen sich kleine, ummauerte Burgstädtchen an.

Den wenigen eigentlichen Gründungsstädten, angelegt in Flussniederungen und an wichtigen Verkehrsachsen, kam eine lokale Zentrumsfunktion zu. Von ihrer Grösse her konnten sie sich mit Basel bei weitem nicht messen, weder Mulhouse noch Rheinfelden oder Säckingen, geschweige denn die kleineren Anlagen wie Liestal, Laufen oder Delsberg. Mit ihren turm- und torbewehrten Ringmauern boten sie dennoch einen viel imposanteren Anblick als manche Burg, die nur aus einem Wohnturm und wenigen Nebenbauten bestand.[10]

Basels Stadtbild

Basels Stadtgebiet begann nicht erst bei den Ringmauern und Vorstädten, sondern an den Grenzen des Stadtbannes oder Weichbildes.[11] Innerhalb dieser Zone – sie umschloss in groben Zügen das heutige Kantonsgebiet ohne Riehen, Bettingen und Kleinhüningen –

Abb. 10:
Gotisches Doppelfenster am Zunfthaus zum Schlüssel, Basel (Hauswand am Schlüsselberg).
Einfache oder doppelte Fenster dieser Art sind in Basel typisch für Steinhäuser vor dem Aufkommen der Fensterverglasung.

galt linksrheinisch das Grossbasler, rechtsrheinisch das Kleinbasler Stadtrecht, weshalb Missetäter, die in die Verbannung geschickt wurden, sich für die Dauer ihrer Strafe ausserhalb dieser Zone aufhalten mussten. Sie war mit Steinen markiert, in die ein Kreuz eingehauen war. Die Verbannten hatten demnach so und so lange *vor den crützen ze leisten*.[12] Dieses Gebiet des Stadtbannes war kaum überbaut, aber intensiv landwirtschaftlich genutzt. Die Basler hatten hier ihre Äcker, Gärten, Obstbäume und Reben, woran heute noch verschiedene Strassennamen in den Aussenquartieren erinnern. Für die kirchliche Einteilung bildete der Rhein eine scharfe Grenze. Grossbasel lag in der Diözese Basel, die sich – im Gegensatz zum weltlichen Herrschaftsbereich des Bischofs – nur links des Rheines ausdehnte und der Erzdiözese Besançon unterstellt war, während Kleinbasel zur Diözese Konstanz gehörte, die dem Erzbischof von Mainz unterstand.

Das Innere der Stadt war nur durch eines der Tore in der Stadtbefestigung oder vom Rhein aus über eine der Schifflanden zu betreten. Die Stadtmauern von Grossbasel waren um 1350 mit Flankierungstürmen bewehrt, die vier grossen Stadttore bestanden aus starken Vierecktürmen mit Zugbrücken, über welche der vorgelagerte Graben überquert werden konnte. Da und dort waren in die Stadtmauer kleinere Pforten eingelassen, durch die man über den Graben rasch ins Freie gelangte.[13] Ein solches Türchen befand sich bei der Peterskirche, es führte auf den Petersplatz hinaus. Eine weitere kleine Pforte, das Eseltürlein, befand sich neben der Maueröffnung für den Birsig und verband die Innenstadt mit der Steinenvorstadt, die eine eigene Befestigung mit dem *Hertor* besass. Auch die anderen Vorstädte hatten ihre selbständigen Verteidigungsanlagen; die Gross- und Kleinbasler Rheinseite scheint um die Mitte des 14. Jahrhunderts noch nicht durchgehend befestigt gewesen zu sein. Ob das wehrhafte Rheintor, der wuchtige Torturm am Grossbasler Brückenkopf, um 1350 schon bestanden hat, ist zweifelhaft.[14]

Das Stadtareal Grossbasels war topographisch in den Sporn des Münsterhügels, die Birsigniederung (oder «Talstadt») und den Plateaurand des Heuberges und Nadelberges gegliedert. Abgesehen von der südlichen Peripherie im Bereich des heutigen Barfüsserplatzes und St. Albangrabens, wo der Stadtmauerverlauf erst im 13. Jahrhundert seine endgültige Linienführung erhalten hatte, entsprach um 1350 dieses Gebiet der «Kernstadt» jenem Areal, das bereits am Ende des 11. Jahrhunderts unter Bischof Burkart von Fenis mit einer Mauer umgeben worden war.[15]

Auf der rechten Rheinseite umschloss die Befestigungslinie seit der im 13. Jahrhundert erfolgten Gründung der Stadt Kleinbasel ein annähernd rechteckiges Areal, das lediglich auf der nördlichen Schmalseite beim Bau des Klosters Klingental im späten 13. Jahrhundert eine kleine Erweiterung erfahren hatte. Beide Städte waren seit etwa 1225/26 miteinander durch die Rheinbrücke verbunden, die heutige «Mittlere Brücke». Ihre Joche ruhten auf der Grossbasler Seite auf Holzpfeilern, gefügt aus eingerammten Pfählen, auf der Kleinbasler Seite auf gemauerten Pfeilern. Ob die markante Kapelle in der Mitte der Brücke um 1350 schon bestanden hat, bleibt offen.[16]

Dominiert wurde das Stadtbild, insbesondere seine Silhouette, von den vielen Sakralbauten mit ihren hochragenden Dächern und Glockentürmen, aber auch von den zahlreichen Wohntürmen der vornehmen Oberschicht. Diese verteilten sich in unregelmässiger Streuung über das ganze Stadtgebiet Grossbasels, insgesamt mögen es gegen 25 gewesen sein. Wohl nur vereinzelt erhoben sich welche auch in Kleinbasel. Um die Mitte des 14. Jahrhunderts war die Zeit der unbequemen, finsteren und engen Türme aber vorbei. Die reiche Oberschicht hatte schon im 13. Jahrhundert mit dem Bau repräsentativer, geräumiger Steinhäuser begonnen, die in den Urkunden zusammen mit den umgebenden Wirtschaftsbauten als *Sässhäuser* auftreten. Sie fanden sich vorwiegend auf der Achse Heuberg-Nadelberg-Petersberg und auf dem Münsterhügel. Als gut erhaltenes Beispiel könnte das *Schöne Haus* am Nadelberg genannt werden, das mit seinen Balkenmalereien das Erdbeben überlebt hat. Auch der Zerkindenhof reicht bis ins 13. Jahrhundert zurück.[17]

Die Kirchen, Kapellen und Klöster nahmen mit ihrer Vielzahl einen bedeutenden Teil des Stadtareals ein. Eine Klosteranlage umfasste nicht bloss Kirche, Kreuzgang und Konventgebäude, sondern auch Wirtschaftsbauten und manchmal ganze Gewerbebetriebe. So nahm etwa das Areal des Klosters St. Alban das Quartier des heutigen «Dalbeloch» mit all den von Wasserrädern betriebenen Einrichtungen in Anspruch. Als weitläufige Anlagen dehnten sich auch die Klosterbezirke des Klingentals, der Prediger oder der Reuerinnen an der Steinen aus.[18]

Die Pfarrkirchen und noch mehr die vielen Kapellen waren eng in die städtische Überbauung eingebunden, so dass mit der Zeit der Platz für die Begräbnisse eng wurde. Denn im Mittelalter wurden die Toten in oder unmittelbar neben den Kirchen mit Begräbnisrecht bestattet. Der Name «Totengässlein» erinnert noch daran, dass aus der Talniederung links des Birsigs die Verstorbenen hinauf zum Friedhof von St. Peter getragen werden mussten, sofern sie nicht, wie die Angehörigen der Safranzunft, auf dem engen Friedhof der Andreaskapelle beigesetzt wurden.

Sakrales Zentrum der Stadt war das Münster, die bischöfliche Kathedrale, die alle anderen Gebäude Basels überragte. In ihrer Umgebung lagen die Wohnhäuser der Domherren und Kapläne sowie die Amtssitze der bischöflichen Beamten. Auffallend wenig weiss man über die Bischofsresidenz selbst. Die hochmittelalterliche Pfalz, in der die Kaiser abzusteigen pflegten, ist von den Baslern 1247 zerstört worden, an ihre Existenz erinnert nur noch der Name der Terrasse hinter dem Münster.[19] Der «Bischofshof» an der Rittergasse ist ein Bauwerk aus dem 15. Jahrhundert.[20] Die Stadtarchäologie ist uns nähere Aufschlüsse über die Bischofsresidenz des 13. und 14. Jahrhunderts noch schuldig.

Basel war seit dem 13. Jahrhundert ein einziger, ewiger Bauplatz. Beständig wurden Häuser umgebaut oder erweitert und freie Flächen überbaut. Von einem planmässigen Vorgehen ist nichts zu erkennen. Sicher hatte die Zunft der Bauleute Hochkonjunktur, zumal mit dem Aufkommen der Gotik in der Sakralarchitektur auch die Kirchen baulichen Umgestaltungen unterzogen wurden.

Soweit archäologische und bauanalytische Befunde vorliegen, lässt sich erkennen, dass im 13. und 14. Jahrhundert die oft noch freistehenden Häuser durch Anbauten und Erweiterungen zu geschlossenen Häuserzeilen zusammenwuchsen, wobei auch die gassenseitige Baulinie vorverlegt wurde.

Der profane Steinbau, im Hochmittelalter weitgehend der Oberschicht vorbehalten, setzte sich im 14. Jahrhundert immer mehr durch, aber die oberen Geschosse mehrstöckiger Häuser wurden meistens noch immer in Fachwerk ausgeführt. Um 1350 gab es in Basel kaum Ziegeldächer. Der Basler Ziegeleibetrieb stellte hauptsächlich Bodenfliesen her. Die Häuser waren mit Schindeln gedeckt, teilweise vielleicht auch mit Stroh. Die Fenster ganzjährig bewohnter Räume mussten klein gehalten werden, denn die Butzenscheibenverglasung war noch weitgehend unbekannt. Das Innere der Wohnhäuser war, abgesehen von einfachen Hütten der randständigen Unterschicht, funktionell unterteilt in Küche, Wohnstube und Kammern zum Schlafen und Aufbewahren beweglichen Gutes aller Art. Die Küchen enthielten bodenebene oder nur leicht erhöhte Herdfeuerstellen, die Wohnstuben wurden um 1350 allgemein mit Kachelöfen geheizt. Viele, wenn auch nicht alle Häuser waren unterkellert. Die Verbindung zwischen den Stockwerken stellten steile Treppen in der Mitte der Häuser her. Auf den Dachböden wurden Brennholz und andere Güter gelagert, die trocken gehalten werden mussten.[21] Die Arbeitsräume der zünftigen Gewerbe lagen im Erdgeschoss, aber manche Handwerker zogen es vor, vor dem Haus im Freien unter einem schützenden Vordach zu arbeiten und die Produkte feilzubieten. Nicht zuletzt deshalb, weil das Innere der Häuser finster war und sich die künstliche Beleuchtung mittels Kienspan oder Talglampe (Wachskerzen blieben mehrheitlich dem Kult vorbehalten) für manche Verrichtung als zu schwach erwies.

Die Gassen und Plätze hatten um die Mitte des 14. Jahrhunderts noch keine Pflästerung und verwandelten sich bei Regen und Schneeschmelze in tiefen Morast, vermischt mit allerlei Unrat, der bedenkenlos ins Freie entsorgt wurde. Mindestens die besseren Häuser verfügten auf dem Wohngeschoss über Aborterker, die seitlich in schmale Baulücken mündeten, wo die Fäkalien von den *Eegräben* aufgenommen wurden.[22] Diese zu reinigen, wenn es nicht der Regen tat, war Aufgabe einer Gruppe von Randständigen, den sogenannten *Friheiten*, die in den Quellen allerdings erst nach dem Erdbeben deutlich in Erscheinung treten.[23]

Durch Gross- und Kleinbasel flossen mehrere künstlich angelegte Kanäle, die sogenannten *Teiche*.[24] Sie trieben Wasserräder für verschiedene Gewerbe an, dienten aber auch, wie der Birsig und der Rhein, der Entsorgung von allerlei Abfall, weshalb bestimmte

Handwerker wie etwa die Metzger, Färber und Gerber ihre Arbeitsplätze direkt an diesen fliessenden Gewässern hatten. In langen Trockenperioden muss der Gestank, der vom mehrheitlich noch nicht überdeckten Birsig, von den Gewerbekanälen und von den Eegräben und Müllgruben ausging, auch für unempfindliche Nasen entsetzlich gewesen sein.

Sauberes Wasser bezog man aus Quellen, die gefasst waren und ihr Nass in öffentliche Stockbrunnen leiteten. Fliessendes Frischwasser gab es in den einzelnen Haushalten nicht. Gelegentlich besass die eine oder andere Liegenschaft einen Sodbrunnen. Die tägliche Versorgung jedes Haushaltes mit Frischwasser beanspruchte viel Zeit, desgleichen das Zurüsten von Brennholz, woraus sich der grosse Bedarf an Mägden und Knechten erklärt.

Auf breiten Gassen und auf den grossen Plätzen fanden die Märkte statt, wo sich die Bevölkerung mit allem Nötigen versorgte. Der Standort des Fischmarktes – mit seiner Nähe zur Schifflände und zum Rhein – ist uns noch heute bekannt. Der Getreidemarkt befand sich beim heutigen Marktplatz, der mittelalterliche *Kornmarkt* nahm aber noch eine kleinere Fläche als der heutige Platz ein und war um 1350 erst noch vom Lauf des Birsigs durchschnitten. Wegen der Nähe zum Rathaus bildete der Kornmarkt auch den Ort, wo Bürgermeister und Rat ihre amtlichen Bekanntmachungen öffentlich ausrufen liessen. Der Schweinemarkt wurde auf dem heutigen Barfüsserplatz abgehalten, während die Rinder auf der unteren Gerbergasse feilgeboten wurden, wo sich auch die Fleischbänke der Metzger befanden. Hier, nahe der heutigen Hauptpost, lag auch die *School*, der Schlachthof. Auf dem Münsterplatz und dem Kirchplatz von St. Leonhard fanden im 14. Jahrhundert längst keine Märkte mehr statt, der Münsterplatz diente dem ritterlichen Adel aber nach wie vor als Turnierstätte, namentlich zur Fastnachtszeit und am 8. September. Für die Vergnügungen der breiten Bevölkerung – Tanz, Wettlauf, Steinstossen, Ringen und Armbrustschiessen – stand der Petersplatz zur Verfügung.[25]

Heute ist es der Verkehrs- und Baulärm, der uns zusammen mit allen möglichen Giftemissionen den Alltag vergällt. Im Mittelalter war es der Gestank, der den Menschen zu schaffen machte. Das häufige Geläute und Gebimmel der vielen Kirchenglocken zwischen Sonnenaufgang und -untergang wird man kaum als störend empfunden haben.

Die städtische und ländliche Gesellschaft

Anno 1317 was ein gross thure zu Basel; galt ein viertel[26] *roggen 5 lb und 1 viertzel korn 3 lb, 1 viertzel habren 1 lb 10 s; sturben viel lüten, das sy allerley ossen (assen).*

Diesem Bericht in den grösseren Basler Annalen über eine Teuerung und Hungersnot weiss der Chronist Christian Wurstisen im 16. Jahrhundert noch hinzuzufügen, dass die Leute, um nicht zu verhungern, Misteln von den Bäumen gegessen hätten.[27]

Derartige Nachrichten erinnern uns daran, dass im Mittelalter, namentlich im 14. Jahrhundert mit seinen vielen Schlechtwetterperioden, die Versorgung der Bevölkerung mit Grundnahrungsmitteln keineswegs gesichert war. Verwüstende Kriege, Viehseuchen, Heuschreckenschwärme, lange Dürreperioden und verregnete Sommer führten immer wieder zu Engpässen in der Ernährung, was zwangsläufig die Anfälligkeit gegenüber Seuchen erhöhte und Teuerungen zur Folge hatte, unter denen vor allem die ärmeren Stadtbewohner zu leiden hatten. Eine Stadt wie Basel war für ihre Lebensmittelversorgung im 14. Jahrhundert allerdings nicht vollständig von Zulieferungen aus den Dörfern der Umgebung abhängig. Viele Stadtbewohner hielten Haustiere und besassen ausserhalb der Stadtmauern ein Stück Land. Dazu kam die Möglichkeit, auf den Fischreichtum des Rheins zurückzugreifen. Aber all diese Ressourcen der Selbstversorgung reichten nicht annähernd aus, um den Lebensmittelbedarf Basels zu decken.[28]

Wöchentlich, ja täglich gelangten die Landwirtschaftsprodukte in saisonaler Abfolge aus den Dörfern der Umgebung, vor allem aus dem Sundgau, auf die Märkte der Stadt. Teils waren es die Bauern selbst, die ihre Waren feilboten, teils waren es grundherrliche Vertrauensleute, welche die von den bäuerlichen Untertanen abgelieferten Naturalsteuern, namentlich Wein und Getreide, aber auch Hühner, Eier und Schweine, zum Verkauf anboten. Zwischen den Bauern auf dem Lande und den Stadtbewohnern bestand ein Beziehungsnetz, das über reine Kontakte zwischen Anbietern und Kunden hinausging und beispielsweise auch die Vermittlung von Dienstboten ermöglichte oder im Kriegsfall die Aufnahme von Flüchtlingen in den städtischen Haushalten erleichterte.[29]

Die Bauernbevölkerung auf dem Lande lebte im Stande von Untertanen, das heisst sie waren als Hörige (Unfreie) dem Schutz und Schirm weltlicher oder geistlicher Grundherren unterworfen, denen sie gemäss Eidschwur zu Gehorsam verpflichtet waren.[30] Sie hatten Steuern zu entrichten, im 14. Jahrhundert noch mehrheitlich in Naturalien, sie mussten ein paar Tage pro Jahr Frondienste leisten und waren an die Scholle gebunden, was bedeutet, dass sie ohne Erlaubnis des Grundherrn nicht wegziehen durften. Sie mussten ferner ihr Korn in den von der Herrschaft vorgeschriebenen «Twingmühlen» mahlen lassen und durften ohne grundherrliche Erlaubnis nicht jagen oder fischen. Als Vertraute und Stellvertreter der Grundherren amtierten in den Dörfern die Meier, die in den Fron- oder Dinghöfen sassen, die Steuern einzogen und im Dorfgericht über die kleineren Streitigkeiten und sonstigen Rechtsfälle der Untertanen urteilten.[31]

Das Zusammenleben zwischen dem burgsässigen Grundherrn bzw. der Klosterverwaltung und den bäuerlichen Untertanen, die in die grundherrliche Rechts- und Friedensordnung eingebunden waren, verlief im 14. Jahrhundert in der Regel einvernehmlich. Schwierigkeiten ergaben sich, wenn wegen Missernten oder Kriegselend die Bauern ihre Naturalsteuern nicht zu entrichten vermochten und sich verschulden mussten. Um den Konsequenzen zu entgehen, zogen es dann manche Bauern vor, ihren Hof im Stich zu lassen und sich in die Stadt abzusetzen, wo immer Arbeitskräfte gesucht wurden und sie sich dank dem von der Stadt beanspruchten Recht des freien Zuges vor grundherrlicher Verfolgung sicher fühlen konnten. Wegen des Wegzuges von Bauern in die Stadt kam es wiederholt zu Streitigkeiten zwischen Basel und adligen Grundherren.

Die in den Dörfern und Einzelhöfen ansässigen Bauern bildeten die ländliche Ehrbarkeit und standen unter dem Schutz und Schirm nicht nur ihres Grundherrn, sondern auch des Landesherrn sowie der Kirche, wenn sie Güter bestellten, die einer geistlichen Institution gehörten. Anders die ohne festen Wohnsitz herumstreifenden Elemente, die in den Wäldern, in Höhlen, gelegentlich auch in verlassenen Burgen hausten und sich mit Betteln, Mundraub, Wegelagerei und Gelegenheitsarbeiten durchschlugen. Über diese ländlichen Randgruppen weiss man aus dem 14. Jahrhundert noch wenig. Zu ihnen zählten ebenso Bettler, Behinderte und Aussätzige *(Feldsiechen)* wie vergammelte Pilger, entlaufene Söldner, Verbannte und Prostituierte *(fahrende Töchter)*. Zur Erinnerung: Zigeuner tauchten am Oberrhein erst im frühen 15. Jahrhundert auf.

Solche Randgruppen gab es auch in Basel. Sie sind in den Schriftquellen allerdings erst vom späten 14. Jahrhundert an deutlicher fassbar, müssen aber schon um 1350 die Stadt bevölkert haben. Sie hausten wohl von Anfang an auf dem Kohlenberg, der zunächst noch ausserhalb der Stadt lag und bis weit in die Neuzeit hinein als verrufenes Quartier galt, wo der Henker regierte, die Dirnen herumstreiften und die *Friheiten* ihr seltsames Gericht abhielten.[32] Die städtischen Randständigen galten zwar als verrufen, waren aber aus dem öffentlichen Leben nicht wegzudenken, denn ihre Tätigkeiten und Dienstleistungen waren für die «ehrbare», bürgerlich-zünftische Gesellschaft unentbehrlich. Dies gilt sowohl für den Henker und den Abdecker, der gefallenes Vieh zu verscharren und streunende Hunde einzufangen hatte, als auch für die Prostituierten und die *Friheiten*, die allerlei unverzichtbare Arbeiten mit niedrigstem Sozialprestige – z.B. Entleeren der Kloaken und Eegräben – verrichteten und im Krieg für besonders gefährliche Aufgaben zur Verfügung standen.[33]

Den grössten Teil der insgesamt an die 7000 Menschen zählenden Einwohnerschaft machten die Angehörigen der zünftigen Berufe aus, doch betrug der Anteil der Geistlichkeit, eingeschlossen die Domherren und klerikalen Beamten des Bischofs, die Mönche und Klosterfrauen, die Konversen und Beginen, schliesslich die Leutpriester und sonstigen Weltgeistlichen, alles in allem gut 10 Prozent der Stadtbevölkerung. Noch grösser war mit gegen 30 Prozent der Anteil kirchlichen Liegenschaftsbesitzes im gesamten Basler Stadtgebiet.[34]

Die Zünfte hatten sich im Laufe des 13. und 14. Jahrhunderts unter der bischöflichen Schirmherrschaft konstituiert. Jede einzelne Zunft war für mehrere, einander meist, aber nicht immer ähnliche Berufe zuständig. Mit der Erteilung eines Zunftbriefes an die Schiffleute und Fischer durch den Bischof im Jahre 1354 war die Zahl von 15 Zünften erreicht. Im Kern bestanden die Zünfte aus den jeweiligen Handwerksmeistern bzw. Kaufherren, d.h. den Leitern der einzelnen Gewerbebetriebe. Um 1350 konnten auch die Frauen einer Zunft angehören, wenn sie das Handwerk beherrschten. Der Kontrolle durch die Zünfte unterstanden die unselbständig, aber mit Fachausbildung arbeitenden Gesellen, die ihre Interessen als Lohnabhängige in eigenen Gesellschaften verfolgten. Die Zünfte waren nicht nur Gemeinschaften, welche die Angehörigen der gleichen Berufe oder Berufsgruppen vereinigten, sondern auch religiöse Bruderschaften, weshalb die Juden ihnen nicht beitreten konnten.[35]

An der Spitze jeder Zunft stand ein Zunftmeister, der vor allem über die gewerblichen Aufgaben der Zunft, die Preis- und Qualitätskontrolle, zu wachen hatte. Der Kontakt zur Obrigkeit lief über den Oberstzunftmeister, der meistens den Achtburgern angehörte. Wer versuchte, ein Gewerbe auszuüben, das dem Zunftzwang unterstand, aber der zuständigen Zunft nicht beitrat, galt als *Pfuscher* und musste mit harten Repressalien rechnen. Um die Mitte des 14. Jahrhunderts gab es in Basel nicht mehr viele Berufe, die keiner Zunft zugewiesen waren. Keine Zünftigkeit war vorgesehen für Ärzte, Hausierer (die von den Krämern deshalb bedrängt wurden) und Geldverleiher, die sogenannten

«Wucherer», weshalb diese Berufe bis zum Pogrom von 1349 auch von Juden ausgeübt werden konnten. Auch die Söldner, die Basel nach Bedarf in Dienst nahm, oft unter der Führung eines Adligen, gehörten keiner Zunft an.

Ähnlich den Zünften hatte sich auch die Basler Oberschicht zu Gesellschaften zusammengeschlossen. Nach ihren Versammlungslokalen wurden sie als *Stuben* bezeichnet. Die Stube der Ritter war im Haus zur Mücke am Münsterplatz untergebracht, die Stube der Achtburger befand sich am Petersberg. Eine weitere Stube, genannt zum Seufzen, entstanden als Folge des Parteihaders in der städtischen Führungsschicht, lag am Fischmarkt. Die Angehörigen dieser drei Stuben bildeten um die Mitte des 14. Jahrhunderts die Basler Führungsschicht. Wohl hatten im Rat seit 1337 auch 15 Vertreter der Zünfte Einsitz. Den Ton aber gaben die vier Ritter an, aus deren Mitte alljährlich der Bürgermeister bestimmt wurde, oft lange Zeit in alternierendem Turnus. Zunehmenden Einfluss auf die städtische Politik nahmen die acht Vertreter der *Burger* – in anderen Städten würde man sie als «Patrizier» bezeichnen –, deren Lebensstil sich immer mehr dem des Adels anpasste, die aber dank ihrer Finanzkraft über weitläufige Beziehungen verfügten und Schlüsselpositionen kontrollierten. Wegen ihrer acht Sitze im Rat hiessen die Angehörigen dieses Standes die *Achtburger.*[36]

Für die Administration standen dem Bürgermeister und Rat geradezu lächerlich wenig Leute zur Verfügung. Die Kanzlei umfasste einen Schreiber mit einem Gehilfen. Ratsknechte, Stadtknechte und Wachtmeister, insgesamt etwa 12 Mann, übten den polizeilichen Ordnungsdienst aus. Über ihnen stand der *Oberstknecht*, ein besonderer Vertrauensmann von Bürgermeister und Rat, dem die Kompetenz zustand, eigenständig die obrigkeitliche *potestas*, die gewaltsame Durchsetzung von Recht und Ordnung, zu handhaben. Die Anwendung der Gesetze und der durch Sitte und Brauch geregelten Rechtsnormen war Sache der Gerichte, der Schultheissengerichte in Grossbasel, in Kleinbasel und in St. Alban, sowie des dem kaiserlichen Vogt unterstellten Blutgerichtes, in dem über Leben und Tod entschieden wurde. Für kirchliche Angelegenheiten, zu denen auch Ehesachen zählten, war der bischöfliche Offizial zuständig, der oft auch Notariatsfunktionen versah. Höchste Rechtsinstanz war in Basel indessen der Rat, weshalb das Rathaus noch im 14. Jahrhundert auch als Richthaus bezeichnet wurde.[37]

Der Bürgermeister vertrat die Stadt gegen aussen – deshalb auch sein ritterlicher Stand –, und im Krieg führte er den Oberbefehl. Um die Mitte des 14. Jahrhunderts begannen die Zünfte, als militärische Einheiten mit eigenen Bannern in Erscheinung zu treten. In der Stadt kam es im 14. Jahrhundert immer wieder zu Streit und tätlichen Auseinandersetzungen. 1342 versuchten die Kleinbasler einen Aufstand gegen den Bischof, als sich dieser gerade in seinem Hof an der Stelle des heutigen Waisenhauses aufhielt.[38] Geräuschvolle, blutige Tumulte, Strassenschlachten und Parteikämpfe, wie sie noch zu Beginn des 14. Jahrhunderts das Tagesgeschehen geprägt hatten, scheinen um 1350 in Basel seltener geworden zu sein. Vielleicht hing das mit dem Verhalten der Bischöfe zusammen, die sich seit Jahren vorwiegend in Delsberg oder Pruntrut aufhielten und ihre Angelegenheiten in Basel durch ihren Stellvertreter, den Erzpriester oder Archidiakon, verwalten liessen, der dem Basler Stadtadel angehörte.[39]

Die herrschaftspolitischen Machtverhältnisse

Anno 1354 zu uszgandem meyen, am sunnentag ze nacht, branten die von Basel Durmlach, als sy dorfur zogen waren.

Was es mit dieser Notiz in den «Grösseren Basler Annalen» für eine Bewandtnis hat, bleibt rätselhaft.[40] Warum sind die Basler nach Dürmenach im Sundgau gezogen, um das Dorf und das Weiherhaus einzuäschern? Derartige Aktionen sind typisch für die Mitte des 14. Jahrhunderts, als immer wieder aus nicht näher ersichtlichen Konfliktursachen Fehden ausbrachen, die mit der Verwüstung von Burgen und Dörfern endeten, ohne dass eine dauerhafte Friedensordnung diesem Treiben hätte Einhalt gebieten können.[41]

Gewiss gab es um 1350 am Oberrhein politische Kräfte, die sich um die Wahrung des Landfriedens bemühten, allerdings nicht aus pazifistischen Gründen, sondern aus monopolistischen. Denn mit der Bekämpfung des Fehdewesens, der vom Adel gehandhabten Rechtsinstitution der gewaltsamen Selbsthilfe, sollte die Kompetenz, Kriege zu führen, auf die landesherrlichen Machthaber und auf die autonomen Städte beschränkt werden. So wurden am Oberrhein seit dem Beginn des 14. Jahrhunderts immer wieder Städtebünde ins Leben gerufen, stets befristet, aber nach Ablauf meistens verlängert. Basel war mit Strassburg und Freiburg i.Br. seit 1326 verbündet. Solche Vertragswerke schlossen nicht nur rechtliche Verpflichtungen bei der Wahrung des Landfriedens bzw. bei der Bestrafung von Friedensbrechern ein, sondern auch freundnachbarliche Beziehungen ausserhalb des formellen Wortlauts. Das Basler Bündnis mit Strassburg und Freiburg bestand auch noch im Katastrophenjahr 1356. Es wurde im März 1356 erneuert, wobei auch Breisach und Neuenburg a.Rh. in den Vertrag einbezogen wurden.[42] Schon 1352 hatten sich die vereinigten oberrheinischen Städte, auch die kleineren, mit dem Abt von Murbach und mehreren Landesherren wie den Freiherren von Rappoltstein zu einem fünfjährigen Landfriedensbündnis zusammengeschlossen, und seit 1347 war die Stadt Basel mit Johanna von Österreich, einer geborenen Gräfin von Pfirt, für fünf Jahre verbündet.[43]

In all diesen Bündnisverträgen blieben bereits bestehende Vertragsverpflichtungen und ältere Abhängigkeitsverhältnisse ausgenommen. Basel behielt sich stets den Bischof vor, so dass die Stadt im *casus foederis* nicht gegen ihren eigenen Stadtherrn hätte aufgeboten werden können.[44]

Der Oberrhein war im 14. Jahrhundert ein Land der Landfriedensbündnisse, was als symptomatisch für das Fehlen einer starken, landesfürstlichen Territorialmacht zu interpretieren ist. Denn es waren die Städte, welche die Wahrung des Landfriedens mittels Verträgen, die zu gegenseitiger Hilfe verpflichteten, zu erreichen trachteten, während die Landesherren, namentlich die Herzöge von Österreich, die Bischöfe von Basel oder die Markgrafen von Hachberg-Sausenberg-Rötteln, dies mit dem Aufbau geschlossener, durch Vögte verwalteter Territorien zu erwirken versuchten, in denen der Handlungsspielraum des fehdelustigen, grundherrlichen Kleinadels möglichst eingeschränkt werden sollte. Um die Mitte des 14. Jahrhunderts steckte dieser Prozess allerdings noch in den Anfängen. Es war den Landesherren seit dem späten 13. Jahrhundert zwar gelungen, kleinere und grössere Herrschaftskomplexe in ihre Lehnsabhängigkeit zu bringen, so dass die Zahl der allodialen Adelsherrschaften bis um 1350 stark zurückgegangen war. Burggestütztes, lehnsfreies Gut bildeten um die Mitte des 14. Jahrhunderts noch die Grundherrschaften

Schauenburg, Eptingen, Sternenberg und vor allem Rotberg mit den sieben reichsunmittelbaren Dörfern Metzerlen, Hofstetten, Witterswil, Blauen, Dittingen, Nenzlingen und Brislach. Auch der Güterkomplex der Burg Neu-Thierstein im Lüsseltal mit der Kastvogtei über das Kloster Beinwil galt als Allod, d.h. als lehnsunabhängiges, herrschaftlich autonomes Gut.[45] Die Haltung dieser auf ihre Selbständigkeit bedachten Grundherren spiegelt sich im Ausspruch der Herren von Rocourt in der Ajoie, sie seien nur von Gott und ihrem guten Schwert abhängig.[46]

Mehrheitlich befanden sich all die vielen Burgen in Basels Umgebung in der Lehnsabhängigkeit des Bischofs, der Markgrafen oder des Hauses Habsburg-Österreich. Oft handelte es sich um eine doppelte Lehnsabhängigkeit, indem der Grundherr seine Burg zum Beispiel von den Grafen von Thierstein zu Lehen trug, diese aber ihren Besitz dem Bischof von Basel als Lehen aufgegeben hatten. Manche adlige Herren hatten für ihren oft weit zerstreuten Besitz mehrere Lehnsherren. Eine eigenartige Stellung nahm die Herrschaft Pfirt ein, die sich vom Delsberger Becken im Jura über den Sundgau bis an den Vogesenrand erstreckte. Seit 1271 Lehen des Bischofs von Basel, war sie 1324 nach dem Aussterben der Grafen von Pfirt über die Erbtochter Johanna an die Herzöge von Habsburg-Österreich gefallen, so dass diese nun als Inhaber dieser Herrschaft zu Vasallen des Bischofs wurden.[47]

Für die Landesherren bedeutete der Besitz all dieser grossen und kleinen Lehen keine politische Verfügungsgewalt über die Burgen und Herrschaften. Die Lehnsträger, die Vasallen, genossen den Rechtsschutz, den ihnen die Lehnsabhängigkeit garantierte, im übrigen aber erfreuten sie sich auf ihren Gütern grosser Unabhängigkeit und geboten von ihren Burgen aus über ihre Untertanen, die zu Abgaben und Leistungen verpflichtet waren, zwar gemäss Brauch und Herkommen, aber nach ihrem Belieben. Die politische Macht der Landesherren über ihre Vasallen und deren Herrschaftskomplexe war also eingeschränkt, auch wenn die Option bestand, dass beim Aussterben einer Vasallenfamilie das Lehen als *heimgefallen* eingezogen und der direkten landesherrlichen Verwaltung unterstellt werden konnte.

Unter den landesherrlichen Machthabern am Oberrhein verfügte das Haus Habsburg-Österreich im konkurrenzbelasteten Prozess der Territorialbildung zweifellos über die besten Karten. Der Bischof von Basel, seit Jahrzehnten in Finanznöten, auch hin- und hergerissen zwischen seinen Verpflichtungen gegenüber dem Kaiser als weltlichem Oberherrn und dem Gehorsam gegenüber dem Papst in Avignon, musste froh sein, wenn er seine bescheidene Machtstellung zwischen Biel, Laufen, Pruntrut und den Freibergen behaupten konnte. Die Markgrafen von Hachberg-Sausenberg, die nach 1316 die Güter der Freiherren von Rötteln im Wiesental geerbt hatten, befanden sich um 1350 als Inhaber wichtiger habsburgischer Lehen im Schlepptau Österreichs.[48]

Das Haus Österreich, von dem sich um die Mitte des 13. Jahrhunderts die Linie Habsburg-Laufenburg, begütert im Fricktal und in Unterwalden, abgespalten hatte, stand im 14. Jahrhundert vor der Entscheidung, wo es die Schwerpunkte seiner Territorialpolitik setzen sollte. Nach der Ermordung König Albrechts I. 1308 der Krone des Heiligen Römischen Reiches bis auf weiteres beraubt, musste das Geschlecht seine Hausmachtpolitik je nach Konstellation in Anlehnung oder in Gegnerschaft zum kaiserlichen Herrscherhaus der Luxemburger verfolgen. Im Südosten des Reiches waren den Habsburgern die riesigen Territorien des durch König Rudolf I. ausgeschalteten Ottokar von Böhmen zugefallen, und schon zeichnete sich um 1350 der Anschluss der Grafschaft Tirol mit der Brennerroute an diesen Länderkomplex ab. Welche Rolle konnten angesichts dieser politischen Perspektiven im Südosten des Reiches die alten Stammlande im Elsass, im Breisgau und im Aargau noch spielen?[49] Um die Mitte des 14. Jahrhunderts war noch keine Entscheidung in dem Sinne gefallen, dass Habsburg-Österreich diese Gebiete – später sollten sie als die *Vorlande* bezeichnet werden – territorialpolitisch abgeschrieben hätte. Geduldig, in kleinen Schritten bauten die Herzöge ihre Stellung am Oberrhein in der Umgebung Basels aus. Sie erwarben beispielsweise 1330 Rheinfelden als Reichspfand, sie nahmen diese und jene Burg oder Herrschaft als Lehen in Empfang und erschienen immer wieder in Basel, um Hochzeiten und andere höfische Feste zu feiern.

Dem Hause Habsburg-Österreich darf gewiss unterstellt werden, im 14. Jahrhundert am Oberrhein den Plan, eine geschlossene, in Amtsbezirke eingeteilte Territorialherrschaft aufzubauen, ernsthaft verfolgt zu haben. Allerdings mussten sich alle Schritte als unzureichend erweisen, wenn es den Herzögen nicht gelang, inmitten der alten Stammlande eine städtische Residenz zu schaffen, wo sich eine fürstliche Hofhaltung, getragen von ritterlichem Gesellschaftsleben, entfalten konnte. Basel, die Bischofsstadt, seit dem frühen 13. Jahrhundert ein Zentrum der ritterlich-höfischen Kultur, mit idealer Lage mitten im habsburgischen Machtbereich, hätte eine solche Residenz abgeben können, wenn es dem Hause Habsburg gelungen wäre, sich dauerhaft der Herrschaft über die Stadt zu versichern.[50]

Seit den Tagen König Rudolfs I. waren die Habsburger bemüht, Basel in ihre Hand zu bekommen, und ebenso hartnäckig wussten das die Gegner zu verhindern. Wer waren diese? Man macht sich die Antwort zu leicht, wenn man den Basler Adel als grundsätzlich habsburgfreundlich und das zünftige Handwerkertum als grundsätzlich habsburgfeindlich bezeichnet und so das Problem auf die Optik der republikanisch-bürgerlichen Ideologie des 19. Jahrhunderts reduziert. Die Handwerker, seit 1337 im Rat vertreten, waren an der Politik insoweit interessiert, als ihre Gewerbe betroffen waren. Ein Fürstenhof in Basel hätte dem Handwerkerstand sicher zu Wachstum verholfen, und es bestand um 1350 für die Basler Zünfte kein Anlass, sich grundsätzlich gegen eine Übernahme der bischöflichen Herrschaftsrechte durch die Herzöge von Österreich zu stemmen. Anders sah es bei der adligen Oberschicht aus, die neben vier Ratsmitgliedern auch den Bürgermeister stellte. Die im Rat vertretenen Rittergeschlechter, die Münch, Schaler, Ramstein, Reich, Eptingen, Bärenfels und wie sie alle hiessen, besassen rund um Basel Burgen und Herrschaften, teils als Lehen, teils als Eigen, und sie waren die Betroffenen, wenn sich am Oberrhein eine geschlossene Territorialherrschaft mit Basel als landesfürstliche Residenz herauszubilden begann. In dieser Oberschicht waren die Meinungen aber geteilt. Es gab eine pro-habsburgische Partei, die den Anschluss begrüsst hätte und auch Anhänger unter den Zünften hatte. Es gab aber auch Parteigänger des Bischofs, die dessen ins Wanken geratene Herrschaft zu erhalten gedachten und fürchten mussten, unter habsburgischer Hoheit um Ämter und Einfluss, auch um ihre autonome Stellung ausserhalb der Stadt gebracht zu werden. Eine dritte politische Kraft, der Adlige, Achtburger und Zünftler angehörten und die für Basel den Status der freien Reichsstadt anstrebte, scheint sich um 1350 noch nicht konstituiert zu haben.

Welche Entwicklung die herrschaftspolitischen Verhältnisse am Oberrhein nach der Mitte des 14. Jahrhunderts nehmen würden, war um 1350 noch nicht klar. Ob das Erdbeben von 1356 mit seinen weiträumigen, riesigen Schäden, deren Behebung gerade die politische Führungsschicht wirtschaftlich aufs schwerste belastete, das herrschaftliche Kräftespiel nachhaltig beeinflusst hat, bleibt abzuklären.

Die grosse Pest und ihre Folgen

1349 ist Basel von einem Unglück heimgesucht worden, das europäische Dimensionen hatte und grösste Betroffenheit auslöste, so dass irrationale Reaktionen, die zeitweise ausser Kontrolle gerieten, nicht ausbleiben konnten. Die Rede ist vom «Schwarzen Tod», von der ersten grossen Pestepidemie, die sich ab 1347 von den Mittelmeerhäfen aus über das ganze Abendland ausbreitete, nachdem sie vorher ein letztes Mal im 6. Jahrhundert gewütet hatte. (Im östlichen Mittelmeerraum war sie immer wieder aufgetreten, und auch die abendländischen Kreuzritter hatten im Heiligen Land mit ihr schreckliche Erfahrungen gemacht.)[51]

Als markanteste Folgeerscheinungen der Pestepidemie im Abendland gelten die Judenmorde und die Geisslerzüge, wobei aber zu beachten ist, dass manchenorts die Judenverfolgungen dem Ausbruch der Seuche vorausgegangen sind. So auch in Basel, wo als Datum einer gezielten Vernichtungsaktion, bei welcher die Basler Juden verbrannt wurden, der 16. Januar 1349 überliefert ist, während die Pest offenbar erst im Laufe des Sommers 1349 nach Basel gelangte.[52]

Wie es zu diesem schrecklichen Pogrom gekommen ist, lässt sich nicht mehr mit völliger Sicherheit rekonstruieren. In Basel gab es seit etwa 1200 eine Judengemeinde, die fest in das städtische Wirtschaftsleben integriert war und deren Angehörige in der Talstadt inmitten von zünftigen Handwerkern lebten. An Verfolgungen, wie sie im 13. und 14. Jahrhundert im Elsass wiederholt vorgekommen waren, hatte sich Basel, wo die Juden unter dem Schutz und Schirm des Kaisers standen, nie beteiligt. Gegen die Mitte des 14. Jahrhunderts scheint sich vor allem in Kreisen der politischen Machthaber, der Ritter und Achtburger, eine antijüdische Stimmung aufgebaut zu haben; bei den Achtburgern, weil diese in den Juden eine lästige Konkurrenz für ihre Kreditgeschäfte erblickten, bei den Rittern, weil diese bei den Juden verschuldet waren.

Sicher wusste man in Basel von der herannahenden Pest und empfand entsprechend Angst. Die Juden zu beschuldigen, als anerkannte Feinde der Christenheit durch Vergiftung der Brunnen die Seuche zu verbreiten, entsprach der damaligen Mentalität und dürfte durch Hetzprediger aus Kreisen der Bettelorden wiederholt propagiert worden sein. So tauchten nun ab 1348 allenthalben Nachrichten über angebliche Geständnisse und angeblich gefundenes Gift auf, was den absurden Vorwurf zu bestätigen schien. Es kam zu Folterprozessen, die Städte hielten Beratungen ab und tauschten auf Konferenzen und auf dem Korrespondenzweg Schauergeschichten aus.[53] Diese aufgeheizte Stimmung entlud sich im Winter 1348/49 am Oberrhein in einer ganzen Reihe von blutigen Pogromen. In Basel soll es nach der Darstellung des Matthias von Neuenburg das niedere Volk gewesen sein, das tumultuarisch die Vernichtung der Judengemeinde gefordert habe, was allerdings kaum glaubwürdig erscheint.[54] Es waren wohl eher die oben genannten, gehobenen Kreise, die aus eigenen Interessen das Volk aufhetzten und die Verbrennung der Juden organisierten, soweit man ihrer habhaft werden konnte. Insgesamt mögen es ein paar Dutzend Menschen gewesen sein, die auf diese schreckliche Weise ermordet wurden, denn die ganze Judengemeinde zählte damals etwa 100 bis 150 Angehörige.

Ob man in Basel gedacht hat, mit der Verbrennung von Juden, von vermeintlichen Feinden der Christenheit, Gottes Zorn besänftigt zu haben und damit die näherrückende Pest abwenden zu können, ist nicht überliefert, hätte sich aber als Fehlspekulation erwiesen, denn die Pest überfiel die Stadt im Laufe des Sommers 1349, wahrscheinlich eingeschleppt über die alte Handelsroute von Marseille über Avignon und durch die Burgunderpforte.

Die unhygienischen Lebensbedingungen in mittelalterlichen Städten bildeten eine entscheidend wichtige Voraussetzung für die Ausbreitung der Pest.[55] Denn bekanntlich wird die Krankheit durch Flöhe übertragen, wobei Ratten und andere Nagetiere die Rolle des «Zwischenwirts» übernehmen. Wie eng die Symbiose zwischen Menschen und Ungeziefer im Mittelalter gewesen sein muss, zeigt etwa das Sprichwort: «Als Gott Adam schuf, meinte der Floh, er habe es seinetwegen getan».

Bei den durch Flohbisse infizierten Menschen begannen die Lymphknoten anzuschwellen, die man als «Pestbeulen» wahrnahm. Wenn die Erreger auch die Atemwege befielen, konnte die Krankheit in der Form der «Lungenpest» via Tröpfcheninfektion auch direkt von Mensch zu Mensch übertragen werden. Wegen des dunkelblutigen Auswurfs und der dunkelblauen Hautverfärbungen, welche die Krankheit begleiten, hat man im Mittelalter die Pest auch als den «Schwarzen Tod» bezeichnet.

An sich war man im Mittelalter an vielerlei Seuchen und sonstige Plagen sowie chronische Leiden gewöhnt. Die Pestepidemie von 1347–1349 stellte mit dem jähen Krankheitsverlauf und dessen hoher Mortalität jedoch etwas Neues und Unerhörtes dar, dessen Schrecken durch das Gefühl der Hilflosigkeit gegenüber dem Unberechenbaren noch gesteigert wurde. Wie immer in solchen Fällen – und im Mittelalter, im «Zeitalter des Glaubens», ganz besonders – suchten die Menschen Schutz und Schirm bei überirdischen Mächten, bei Gott und den Heiligen, sie nahmen die Hilfe der Kirche in Anspruch (wovon diese ganz ordentlich profitierte), oder sie flüchteten sich in reinigende Rituale und masslose Bussübungen.

Die Bewegung der Geissler oder Flagellanten, die in der Zeit der Pestepidemie von 1347–49 um sich griff, gehört zu den bekanntesten Erscheinungen fanatischer Bussfertigkeit jener Jahre. Die Vorstellung, eine Versöhnung mit Gott erfordere eine schmerzhafte Selbstpeinigung, lässt sich freilich weit zurückverfolgen. Jetzt, in den Jahren des Schwarzen Todes, fand sie weite Verbreitung und erfasste alle sozialen Schichten. Die Geissler, in bruderschaftsartigen Gruppen zusammengeschlossen, liessen ihr bisheriges Leben hinter sich, durchzogen die Lande und vollführten ihre Bussübungen in aller Öffentlichkeit, wobei sie immer wieder neue Anhänger fanden, die sich ihnen anschlossen. Die Bussgesänge der Geissler überliefert uns der Strassburger Chronist Fritsche Closener.[56] Über den Auftritt der Geissler in Basel liegen nur knappe Aufzeichnungen vor. So wissen die Grösseren Basler Annalen lediglich zu berichten:[57]

Anno 1349 ginghent die eirste gheiseleren, und was die grosze sterbet.

Nach einer weiteren Notiz sollen etwa hundert Vornehme *(de melioribus)* als Flagellantengruppe zum Papst nach Avignon gezogen sein. Dieser aber – er hatte sich wegen der Pest von der Aussenwelt abgeschlossen – liess sie als Häretiker ins Gefängnis werfen. Dank der Fürbitte von Kardinälen kamen sie wieder frei und kehrten unverrichteter Dinge nach Hause zurück.

Tatsächlich drohte die Geisslerbewegung der Kontrolle durch die Kirche zu entgleiten, weshalb ihre Bruderschaften untersagt und ihre Tätigkeiten als Ketzerei verdammt wurden. Nach einiger Zeit verschwanden die Flagellanten, wohl nicht nur wegen der Unterdrückung durch die Kirche, sondern auch, weil nach dem Erlöschen der Pest die Panik gewichen und die Busspsychose abgeklungen war. Christian Wurstisen widmet im 16. Jahrhundert den Geisslern einen boshaften Nachruf:[58]

Letstlich wurden sie nicht mehr in die Stette gelassen, ihre Färte verbotten, und musste sie ein jeder Bischoff in seinem Bistumbe abschaffen. Seind fürwahr widrig gewesen, das man sie als die Wölf zerstöubet, oder auff die Galeen geschmidet hette, damit sie der Riemen gnügsam entpfunden.

Dass 1349 die Pest für viele Infizierte tödlich verlaufen sein muss, gilt als unbestritten. Die überlieferten Zahlen sind aber mit Vorsicht aufzunehmen, sowohl im gesamteuropäischen Kontext als auch in bezug auf Basel. Eine Nachricht aus dem beginnenden 15. Jahrhundert behauptet, es seien 1349 in Basel so viele Menschen gestorben, dass vom Aeschenschwibbogen bis an das Rheintor (also auf der Achse Freiestrasse – Kornmarkt/Marktplatz – Eisengasse) nur drei Ehen intakt geblieben seien, und Wurstisen behauptet sogar, es seien 14 000 Menschen durch die Seuche umgekommen.[59]

Diese Zahl ist allein schon deshalb absurd, weil um 1350 die Stadt Basel nicht mehr als 6000–7000 Einwohner gezählt hat. Wenn wir aber Berichten aus anderen Städten Glauben schenken, wonach 30 bis 50 Prozent der Menschen an der Pest gestorben seien, würde das für Basel immer noch einen Verlust von 2000–3000 Einwohnern bedeuten; eine Zahl, die im Hinblick auf die Entwicklung der Stadt in den folgenden Jahren keinesfalls zutreffen kann.

Wir wissen, dass nach Epidemien mit hoher Sterblichkeitsquote die demographischen Lücken durch hohe Geburtenziffern und einen markanten Rückgang der Kindersterblichkeit nach kurzer Zeit wieder geschlossen werden. Aber 1356, knapp sieben Jahre nach der Pest, müsste eine solche Lücke in Basel noch immer spürbar gewesen sein, wenn sie wirklich so gross gewesen wäre, wie es die angeblichen Mortalitätsziffern behaupten.

Wir stehen hier wieder einmal vor dem Problem des quellenkritischen Umganges mit überlieferten Zahlen und Grössenordnungen. Der aufgrund zweifelhafter Analogieschlüsse aus unüberprüften, anderweitig festgehaltenen Zahlen postulierte Tod von 2000–3000 Menschen in einer Stadt von höchstens 7000 Einwohnern müsste in den Schriftquellen und in den archäologischen Zeugnissen deutliche, bestätigende Spuren hinterlassen haben. Davon kann aber keine Rede sein. Wir haben keine Hinweise auf Massengräber oder Notfriedhöfe, und in den Personennamen der Urkunden zeichnet sich kein auffallender Wechsel für die Jahre vor und nach 1349 ab. Dazu kommt, dass vermutlich beim Ausbruch der Pest viele Menschen die Stadt verlassen haben, um erst wieder zurückzukehren, wenn die Seuche erloschen war. So mag im Strassenbild ein Eindruck von Leere entstanden sein, der zu einer Überschätzung der Todeszahlen geführt haben könnte. Schliesslich fehlen uns auch Angaben zur Verteilung der Mortalität über die Altersklassen und sozialen Schichten. Hat die Seuche vor allem Alte und Gebrechliche hinweggerafft, die ohnehin, von Siechtum geschwächt, nicht mehr lange gelebt hätten? Oder Kinder ärmerer Schichten, von denen so oder so nur jedes dritte das Erwachsenenalter zu erreichen vermochte? Wir können diese Fragen für die Epidemie von 1349 nicht beantworten. Im Hinblick auf die wirtschaftliche und bauliche Entwicklung Basels in den Jahren nach dem Erdbeben besteht aber keine Veranlassung, die Zahl der Pesttoten aus dem Jahr 1349 höher als etwa 500–700 zu beziffern, was immer noch gegen 10 Prozent der Gesamtbevölkerung ausmacht.

Die Verwüstung der Stadt

Was geschah am 18. Oktober 1356?

Der bekannte Holzschnitt in der Basler Chronik des Christian Wurstisen, gedruckt 1580, stellt das Erdbeben von 1356 wie den Zusammensturz eines Kartenhauses dar: Mauern, Türme und Häuser kippen als kompakte Baukörper in gleicher Richtung um, so dass der Eindruck entsteht, dass am Schluss nur noch ein einziger Schutthaufen übriggeblieben sei. Eine nur in geringfügigen Details (Wolken, Menschen im Vordergrund) abweichende Darstellung findet sich bereits in der französischen Ausgabe von Sebastian Münsters Cosmographie, die 1556 – gleich wie Wurstisens Chronik – bei Henric Petri in Basel erschienen ist. Woher die Anregung für diese apokalyptische Szene stammt, bleibt noch abzuklären.[60] Sicher ist nur, dass sich 1356 das Erdbeben anders ausgewirkt hat.

Die schriftlichen Nachrichten über das Erdbeben aus dem 14. bis 16. Jahrhundert stimmen, was den Ablauf der Katastrophe betrifft, in den Hauptzügen miteinander überein, weisen aber in den Angaben über die angerichteten Schäden und Verluste mancherlei Ungereimtheiten und Widersprüche auf, die umso deutlicher hervortreten, wenn noch die Befunde von Ausgrabungen und Bauuntersuchungen vergleichsweise herangezogen werden. So könnte etwa der Wortlaut jener Urkunde vom 26. November 1356[61], in welcher die Generalvikare (Verweser) des Bistums Konstanz einen Spendenaufruf zum Wiederaufbau des Basler Münsters erlassen, zum Fehlschluss verleiten, dieses sei durch das Erdbeben komplett zerstört worden, was – wie der heutige Baubestand zeigt – in keiner Weise zutrifft. Zu den Widersprüchen kommen Überlieferungslücken, für deren Interpretation eigene Überlegungen erforderlich sind. So liegen zwar chronikalische Nachrichten über Schäden an verschiedenen Klöstern und an der Stadtbefestigung vor, nirgends aber ist von der Brücke über den Rhein die Rede. Zerstörungen an öffentlichen Profanbauten, namentlich an den Rat- und Richthäusern von Gross- und Kleinbasel, sind nur indirekt bezeugt.[62] Die Bauuntersuchungen der letzten Jahre haben für zahlreiche Altstadtliegenschaften, auch Kirchen, verschiedenartige Bauaktivitäten aus dem 3. Viertel des

Abb. 11:
Erdbeben von Basel, Darstellung in der Basler Chronik von Christian Wurstisen, 1580.

14. Jahrhunderts nachgewiesen. Diese mit dem Erdbeben in Verbindung zu bringen liegt nahe, ein schlüssiger Beweis ist aber schwer zu erbringen, da es bis jetzt trotz intensiver und sorgfältiger Suche nicht gelungen ist, innerhalb der Stadt Basel im Boden eindeutige Zerstörungsschichten vom 18. Oktober 1356 zu finden.

Für Kleinbasel besteht noch ein weiteres Problem: Grosse Teile der «Minderen Stadt» sind 1354, also nur zwei Jahre vor der Erdbebenkatastrophe, durch eine Feuersbrunst zerstört worden.[63] Allfällige dendrochronologisch genau datierbare Bauaktivitäten aus der Zeit um 1360 könnten deshalb in Kleinbasel auch als Instandstellungsmassnahmen nach diesem Stadtbrand gedeutet werden.

Welche Gebäude in Basel 1356 durch das Erdbeben in welchem Ausmass Schaden genommen haben, lässt sich nur noch in Einzelfällen genauer feststellen. Wie die Katastrophe aber abgelaufen ist, gewissermassen die Chronologie der Ereignisse, kann aufgrund der Übereinstimmungen in den Schriftquellen recht zuverlässig rekonstruiert werden.

Erdstösse, Feuersbrunst und Überschwemmung

An Brand- und Überschwemmungskatastrophen war Basel, wie jede mittelalterliche Stadt, gewöhnt. 1354 hatte eine Feuersbrunst Kleinbasel verwüstet, 1340 war die Rheinbrücke durch ein Hochwasser zerstört worden, nachdem 1339 der wild gewordene Birsig einen Turm der Stadtbefestigung zum Einsturz, die Kirche des Steinenklosters überflutet und den Friedhof der Barfüsser mitsamt den Bestattungen weggeschwemmt hatte.[64] Auch Erdbe-

Abb. 12:
Grosser Brand von Bern 1405 nach der Amtlichen Chronik von Diebold Schilling, um 1480. Die Darstellung zeigt modellhaft das Verhalten einer städtischen Bevölkerung im Katastrophenfall: Die Männer sind mit Lösch- und Rettungsarbeiten beschäftigt, die Frauen beten unter geistlicher Leitung und die Kinder sind zusammen mit der geretteten Habe an sicherer Stelle versammelt.

ben waren nicht unbekannt. 1289 und 1348 hatte man Beben im Elsass verspürt, während der Einsturz der Pfalzmauer hinter dem Münster im Jahre 1346 wohl eher auf die Unterspülung der Fundamente durch den Rhein als durch ein Erdbeben verursacht worden ist.

       Musste man also in einer Stadt immer mit dem Ausbruch eines Brandes und nach heftigen Regenfällen mit Hochwasser rechnen, deutete im Oktober 1356 am Oberrhein nichts auf ein Erdbeben hin. Am späten Nachmittag des Lukastages nahm das Leben in Basel seinen gewohnten Gang. In den Wohnhäusern brannte auf den offenen Herdstellen das Feuer für das Nachtessen, vielleicht waren in den Stuben auch schon einige Kachelöfen angeheizt, und vermutlich hatte man noch nicht alle gewerblichen Feuerstellen, wie sie von den Schmieden, Schlossern oder Hafnern unterhalten wurden, für den Feierabend gelöscht. An den vielen Altären in den verschiedenen Kirchen der Stadt brannten sicher, wie jeden Tag, zahlreiche Kerzen. Um das folgende Geschehen verstehen zu können, muss man sich die unzähligen Feuerplätze und ungeschützten Flammen vergegenwärtigen, die sich damals über die ganze Stadt, bis in die kleinsten Haushalte hinein, verteilten.

Was nun folgte, ist aus den Schriftquellen und den Ergebnissen bauarchäologischer Untersuchungen recht zuverlässig zu erschliessen, mindestens hinsichtlich des Ablaufs der Ereignisse:[65] Um die Vesperzeit, d.h. etwa gegen 6 Uhr abends, wird die Stadt von einem oder mehreren Erdstössen erschüttert, so heftig, dass viele Leute erschrocken ins Freie eilen. Kleinere Stösse folgen, bis in der Nacht das Hauptbeben einsetzt, das die Aufbauten der Dächer, vor allem die Kamine und Zierzinnen, herunterstürzen lässt. Die Kirchtürme schwingen, wenn sie nicht zusammenbrechen, so heftig, dass die Glocken von alleine zu läuten beginnen. Die oberen Fassadenteile ganzer Häuserfluchten, Teile der Stadtbefestigungen, des Münsters und anderer Kirchen stürzen ein. Nachfolgende Beben – in der verhängnisvollen Nacht sollen noch mindestens zehn Erdstösse unterschiedlicher Stärke die Stadt heimgesucht haben – setzen das Zerstörungswerk fort, vor allem aber beginnen nun Brände zu wüten, die alle Rettungsversuche illusorisch machen. Es ist nicht anzunehmen, dass ein einziger Brandherd das Feuer ausgelöst hat. Plausibler erscheint, dass viele der offenen Herdstellen und angeheizten Öfen, von den Leuten im Stich gelassen, umgekippt sind und ungehindert Brände entzündet haben, so wie in den Kirchen umgefallene Kerzen und heruntergestürzte Öllampen Altartücher und andere, leicht brennbare Materialien angesteckt haben dürften. Durch Feuer verwüstet wird ausser der Innerstadt auch die St. Albanvorstadt, während die übrigen Vorstädte von den Bränden verschont bleiben. In einzelnen Berichten wird ausdrücklich betont, dass die Stadt stärker unter dem Feuer als unter dem Erdbeben gelitten habe.

Wegen der Unmöglichkeit, das Feuer zu bekämpfen, brennt die Stadt noch mehrere Tage lang, bis die Flammen im Mauer- und Brandschutt erstickt sind. Wenn der Berner Chronist Conrad Justinger zu Beginn des 15. Jahrhunderts berichtet, das Feuer habe ein halbes Jahr gebrannt, mag das übertrieben erscheinen.[66] Es ist aber nicht auszuschliessen, dass noch lange Zeit unter dem Schutt Gluthherde begraben lagen, die beim Aufräumen, von frischer Luft berührt, wieder in offene Flammen ausschlagen konnten.

Am 19. Oktober, am Morgen nach der Katastrophennacht, brennt und qualmt die Stadt jedenfalls noch immer, und es folgen auch weitere Erdstösse. Übereinstimmend berichten die Quellen, dass es ein ganzes Jahr lang wiederholt zu Nachbeben gekommen sei. Besonders heftig wirkt sich ein solches am Abend des 14. Mai 1357 im nördlichen Elsass aus, das in Strassburg Schäden an den Gebäuden anrichtet und die Leute in Panik versetzt.[67]

Neben den Erdstössen und Bränden, die am Lukastag 1356 Basel verwüsten, mutet ein weiteres Unglück, das Basel heimsucht, wie ein Randereignis an, es wird deshalb auch nur in einer einzigen, wenn auch zuverlässigen Quelle erwähnt. Nach den Aufzeichnungen des Predigermönchs Konrad von Waldighofen versperren herabstürzende Brand- und Erdbebentrümmer dem Wasser des Birsigs den Lauf, was zu Überschwemmungen von Kellern und zur Vernichtung der dort eingelagerten Güter führt.[68]

Wenn der Birsig nicht gerade Hochwasser wegen heftiger Regenfälle in seinem Quellgebiet führt, bleibt er ein harmloses Flüsschen, zumal spätestens seit dem 13. Jahr-

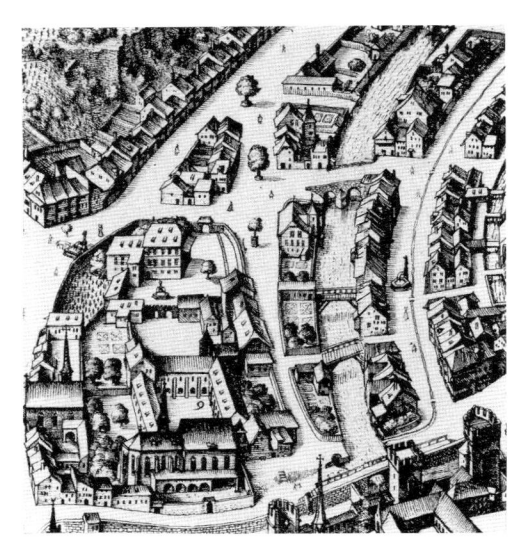

Abb. 13:
Kloster Maria Magdalena und Steinenvorstadt nach Matthäus Merian, 1617. Das Kloster wird 1356 schwer mitgenommen, der Birsig, durch Trümmer aufgestaut, richtet zusätzliche Schäden an.

hundert zwei Gewerbekanäle, der Rümelinbach und der Mühlenbach des Steinenklosters, dem Hauptlauf beträchtliche Wassermengen entziehen. Ob 1356 die Restwassermenge des Birsigs einen solchen Pegelstand erreicht hat, dass grössere Hochwasserschäden auftreten konnten, bleibt unsicher, es sei denn, es hätte sich in der Nacht vom 18. auf den 19. Oktober ausser dem Erdbeben und dem Stadtbrand ein schreckliches Gewitter im hinteren Leimental ereignet, das den Birsig – wie so oft – hoch hätte anschwellen und sperriges Schwemmgut mit sich hätte reissen lassen. Von einem solchen Unwetter wissen die Quellen allerdings nichts zu berichten. Wasserschäden dürften in der Nähe des Birsigs aufgetreten sein, sie blieben aber im Vergleich zu den durch Brände und Erdstösse verursachten Verheerungen marginal und finden sich deshalb auch nur im Bericht des Konrad von Waldighofen erwähnt.

Die Flucht der Bevölkerung

Übereinstimmend berichten verschiedene Quellen, dass die Bevölkerung Basels beim Beginn des Bebens ins Freie geflohen sei, was einer natürlichen Reaktion entspräche und kaum in Zweifel gezogen werden muss. Der späte, aber in manchen Einzelheiten zuverlässige Felix Faber weiss überdies zu erzählen, dass sich nach einer gewissen Weile viele Leute wieder in die Stadt gewagt hätten, um Hab und Gut zu retten und nach Vermissten zu suchen. Die erneuten, starken Erdstösse und inzwischen flächenhaft wütenden Brände hätten sie aber wieder unverrichteter Dinge ins Freie getrieben.[69]

Ausserhalb der Stadt richteten sich die Obdachlosen notdürftig ein. Viele fanden Zuflucht unter den Bäumen auf dem Petersplatz, auf den man von der Innerstadt aus durch das innere Spalentor und eine kleine Maueröffnung bei St. Peter gelangen konnte.[70] Hier kam einer der Flüchtigen zu Tode, ein Bruder des amtierenden Bürgermeisters Konrad von Bärenfels, als er von einer herunterstürzenden Zinne erschlagen wurde.[71]

Ausserhalb der Stadtmauern und der Vorstädte war Basel von Äckern, Obst-, Wein- und Gemüsegärten sowie Weideflächen umgeben, die von der Stadt aus bewirtschaftet wurden und mit vielen kleinen Häuschen, Schuppen und sonstigen Hütten ausgestattet waren. In diesen suchten die Leute fürs erste Schutz vor den Unbilden der Witterung und warteten darauf, die Stadt wieder betreten zu können. Konrad von Waldighofen erwähnt neben solchen Hütten auch *Villas*, die man aufgesucht habe, was sowohl «Landhäuser» als auch «Dörfer» bedeuten kann. Der gleiche, gut informierte Autor berichtet auch, dass die Schwestern des Steinenklosters in einem Garten ausserhalb der Stadt Zuflucht gefunden hätten, wo sie viele Tage in Hütten verbracht hätten, und zwar zusammen mit anderen Leuten beiderlei Geschlechts. Was die Klosterfrauen des Reuerinnen- oder Magdalerinnenordens, dessen Hauptanliegen die Rettung von Sünderinnen war, empfunden haben mögen, als sie viele Tage und Nächte zusammen mit Männern in den Gartenhütten verbringen mussten, verschweigt der Chronist, der möglicherweise der Beichtvater des Steinenklosters war.[72]

Wie sich die Flucht der Menschen ins Freie abgespielt hat – Basel zählte immerhin um die 7000 Einwohner – ist nicht überliefert. Viele mögen zuerst auf die offenen Areale innerhalb der Stadt, auf den Münsterplatz, auf die verschiedenen Marktplätze, die Kleinbasler auch auf das breite, flache Rheinufer gerannt sein, bevor sie versuchten, durch ein Stadttor oder eine Öffnung in der Stadtmauer ins freie Feld zu gelangen. Auch wenn die Chronisten nicht ausdrücklich von panikartigen Szenen berichten, können sich solche in schmalen Gassen und vor den rettenden, aber engen Toröffnungen abgespielt haben.

Schwere Güter wie Möbel werden die Flüchtenden kaum mitgenommen haben, wohl eher leicht transportable Wertsachen, aber wenig Lebensmittel, denn übereinstimmend berichten mehrere Quellen, die Leute hätten Hunger leiden müssen, was aber sicher nur für die allererste Zeit zutreffen kann. Denn um Mitte Oktober war in den Dörfern rund um Basel die Ernte eingebracht und hatte das Beben ohne nennenswerte Schäden überstanden. Wir dürfen davon ausgehen, dass schon nach kurzer Zeit – am 19. oder 20. Oktober – die ersten Lebensmittellieferungen bei den Obdachlosen vor der Stadt eintrafen. Durst mussten die Leute überhaupt nicht leiden, gab es doch überall um Basel herum sauberes Quell- und Bachwasser.

Eine angespannte Lage drohte sich jedoch hinsichtlich der Unterbringung der Geflüchteten zu entwickeln. Der Winter stand vor der Tür, an ein Überwintern in den improvisierten Hütten, die kaum eine Heizung besassen, war nicht zu denken. Hier musste, wenn eine Katastrophe vermieden werden sollte, noch vor Einbruch der Frostnächte eine Lösung gefunden werden, und diese konnte nur in einer raschen Wiederherstellung der Bewohnbarkeit Basels bestehen, auch wenn man zunächst allerlei improvisieren und sich mit Zwischenlösungen behelfen musste.

Das Zerstörungsbild

Kirchen und Klöster

Dass die Erschütterungen eines Erdbebens vor allem hochragende Steinbauten zum Einsturz bringen, ist allgemein bekannt, und wenn der Berner Chronist Conrad Justinger zu Beginn des 15. Jahrhunderts über das Ereignis von 1356 berichtet:[73] *kam ze Basel ein grosser erdbidem und wart daruf den abende so stark, daz er die grossen stat basel mit dem münster, mit allen kilchen und klöstern und türnen, und alle hüser niderwarf,* klingt das durchaus plausibel, zumal der Aufruf der Diözese Konstanz vom 26. November 1356, in welchem für Spenden zum Wiederaufbau des Basler Münsters geworben wird, die Totalzerstörung der Kirche beklagt.[74] Dass alle Pfarrkirchen, Kapellen und Klöster in der Stadt Schäden erlitten haben, ist wohl kaum zu bezweifeln. Das Ausmass der Zerstörungen sah aber gemäss Schriftquellen und bauanalytischen Befunden sehr unterschiedlich aus. Die Ermittlung der effektiven, am 18. Oktober 1356 durch Beben und Brand angerichteten Verheerungen wird durch den Umstand erschwert, dass im 14. Jahrhundert an den Basler Gotteshäusern ohnehin viel gebaut worden ist, so dass nicht jede Bauaktivität, die sich in die Jahrzehnte nach 1356 datieren lässt, zwingend als Behebung von Erdbebenschäden gedeutet werden darf. Die schriftlichen Nachrichten sind übrigens auch nicht immer genau beziehungsweise vollständig. So weiss der Dominikanermönch Konrad von Waldighofen zwar zu berichten, dass in seinem Predigerkloster die Erdstösse die Glocke zum Läuten gebracht hätten, aber er verschweigt uns den archäologisch nachgewiesenen Einsturz des Kirchenschiffs, während ein Jahrhundert später Felix Faber diesen Sachverhalt richtig schildert.[75]

Dendrodaten, dem Dachgebälk entnommen, vermitteln wichtige Informationen, vermögen aber auch nicht alle Fragen bezüglich Erdbebenschäden zu beantworten. So bleibt im Falle der Pfarrkirche St. Theodor und der Klosterkirche zu St. Clara unsicher, ob die durch Jahrring-Analyse festgestellte Erneuerung der Dachstühle in der Zeit zwischen 1358 und 1368 durch das Erdbeben oder den Kleinbasler Stadtbrand von 1354 veranlasst worden ist.[76] (Eine päpstliche Bulle von 1402 erwähnt zwar Erdbebenschäden an der Theodorskirche. Die im Rahmen eines Rechtsstreites entstandene Urkunde strotzt aber dermassen von dreisten Lügen, die vom Basler Domkapitel ausgestreut worden sind, dass der Aussage nicht unbedingt zu trauen ist.)[77]

Bei manchen Basler Gotteshäusern, namentlich bei denjenigen, die nicht mehr erhalten sind und in den Schriftquellen nur spärlich auftreten, lassen sich die Erdbebenschäden kaum mehr bestimmen.[78] Wie sehr etwa die Kirchen und sonstigen Gebäude des Augustinerklosters und des Klosters Gnadental oder die St. Niklauskapelle in Kleinbasel gelitten haben, muss offenbleiben. Auch über die Zunftkapelle St. Andreas (einst auf dem gleichnamigen Platz) schweigen sich die Quellen aus. Die Ausgrabungen haben die Fundamente einer romanischen, halbrunden Apsis zutage gefördert, während der Stich von Matthäus Merian aus der Mitte des 17. Jahrhunderts den Ostteil der Kirche mit einem gotischen Polygonchor zeigt. Ist durch das Erdbeben der romanische Bau so schadhaft geworden, dass man über den Fundamenten der Apsis einen Neubau errichten musste (der beim Abbruch der Kirche 1892 vollständig verschwunden wäre)?

In Einzelfällen liegen konkrete Informationen vor, die als Belege für geringe oder gar keine Schäden zu interpretieren sind. Unversehrt ist offensichtlich die Kapelle

Abb. 14:
Rekonstruktion des Basler Münsters vor dem Erdbeben. Entwurf von Emanuel LaRoche, 1885. Nicht ausgeführt ist der Oberbau der vier Türme, über deren Aussehen nichts bekannt ist.

des Johanniterordens geblieben, und in Kleinbasel hat die Kirche des Klingentalklosters den Stadtbrand und das Erdbeben heil überstanden, stammen doch die Dachbalken – übrigens auch diejenigen des Refektoriums – noch aus der Zeit um 1280. Mittlere Schäden scheint die Barfüsserkirche davongetragen zu haben – im Unterschied zu den Klosterbauten, die ganz schwer verwüstet worden sein müssen.

Die Martinskirche war im Unglücksjahr 1356 noch gar nicht fertiggestellt, aber doch funktionstauglich. Die Erdbebenschäden hielten sich wohl in Grenzen, denn schon 1357 konnten im Chor wieder Messen gelesen werden.

Schwer verwüstet wurden offenbar die Gebäude des St. Albanklosters mitsamt der Kirche, ferner die Ulrichskirche in der Rittergasse, die Peterskirche und das Stift St. Leonhard mit der Kirche. Auch das Frauenkloster Maria-Magdalena in der Steinen muss heftig gelitten haben, denn als die geflüchteten Nonnen nach einiger Zeit wieder ins Kloster zurückkehren wollten, mussten sie sich zunächst in der Scheune einquartieren.

Widersprüchliche Informationen liegen über die Schäden am Münster vor.[79] Die Totalzerstörung, die der Text des Konstanzer Bettelbriefes vorspiegelt, hat sicher nicht stattgefunden, denn die spätromanische Bausubstanz aus dem 12./13. Jahrhundert ist zu einem grossen Teil erhalten geblieben. Sicher ist das Chorgewölbe eingestürzt und hat den Hauptaltar zerstört. Auch die Gewölbe des Querhauses müssen gelitten haben. Vierungs- und Chorflankentürme erlitten – soweit sie fertiggestellt waren – so grosse Schäden, dass sie abgetragen werden mussten, und durch den Einsturz der Westtürme scheinen zwei Gewöl-

Abb. 15:
Kleines Klingental, Basel. Das Klostergebäude hat sowohl den Stadtbrand von 1354 als auch das Erdbeben von 1356 unbeschadet überstanden.

Abb. 16:
Basler Münster, nördliches Querschiff. Verklammerte Risse unterhalb des Glücksrades, vermutlich beim Erdbeben entstanden.

bejoche des Hauptschiffs zerschmettert worden zu sein. Konrad von Waldighofen berichtet überdies, dass der Turm mit der grossen Glocke (wohl der nachmalige Martinsturm) ausgebrannt und auch die Orgel zerstört worden sei. Offenbar unbeschädigt blieben indessen nebst der Krypta die Seitenkapellen. Als Ganzes hat das Münster so schwer Schaden genommen, dass es für sakrale Zwecke einstweilen kaum genutzt werden konnte. Dass verschobene Mauerteile am romanischen Bau sowie die mit Eisenklammern fixierten Risse im Quadermauerwerk rechts unterhalb des Glücksrades am nördlichen Querhaus dem Erdbeben von 1356 zuzuschreiben sind, ist schwer zu beweisen, klingt aber plausibel.

Das Gesamtbild der durch Erdbeben und Stadtbrand an den Kirchen und Kapellen angerichteten Verheerungen zeigt unterschiedliche Befunde, die von eher leichten Beschädigungen (z.B. St. Johann) bis zu Schwerstverwüstungen (z.B. St. Alban) reichen. Damit stellt sich die Frage, wo, wie und ob überhaupt nach der Katastrophe eine Weiterführung des Kultes und des sakralen Lebens möglich gewesen ist. Die grösstenteils der Katastrophe entronnene Bevölkerung musste kirchlich versorgt werden: Taufe, Trauung, Begräbnis, Messe und Beichte konnten nicht einfach auf unbestimmte Zeit unterbleiben. Das Schadensbild deutet darauf hin, dass die kirchlich-religiöse Grundversorgung keinen nennenswerten Unterbruch hatte erleiden müssen: Einzelne Kirchen waren so wenig beschädigt, dass sie den Gläubigen – war einmal der Zugang freigeschaufelt – unverzüglich wieder zur Verfügung standen. Bei anderen mussten improvisierte Notlösungen gefunden werden. Das Schweigen der Quellen scheint zu belegen, dass in den Wochen und Monaten nach dem Beben die Verstorbenen regulär in den Kirchen und Friedhöfen bestattet werden konnten. Somit dürfte feststehen, dass trotz erheblichen Schäden an der Bausubstanz der kirchliche Kult und die religiösen Lebensformen keine entscheidenden Beeinträchtigungen erfahren haben, auch wenn wichtige Altäre für lange Zeit zerstört worden sind und zum Teil nach Jahren neu geweiht werden mussten.

Die Stadtbefestigungen

Wenn die Schriftquellen berichten, das Erdbeben habe Türme zu Fall gebracht, kann sich das sowohl auf Wohntürme vornehmer Herren und Familien innerhalb der Stadt als auch auf hochragende Bauten der Stadtbefestigung beziehen.

Um die Mitte des 14. Jahrhunderts war Grossbasel von dem gegen 1250 errichteten, später als «Innere Mauer» bezeichneten Bering umgeben, der auf der Linie Blumenrain – Petersgraben – Leonhardsgraben – Kohlenberg – Steinenberg – St. Alban-Graben verlief.[80]

Einzelne Vorstädte hatten eigene Befestigungen, und auch die rechtsrheinische Gründungsstadt Kleinbasel verfügte über einen starken Mauerring. All diese Befestigungen waren mit Toren, Flankierungstürmen und vorgelagerten Gräben ausgestattet.

An diesen Befestigungsanlagen muss das Erdbeben ganz gehörig gerüttelt haben, auch wenn die Mauern nicht vollständig eingestürzt sind, wie angeblich seinerzeit die Mauern von Jericho. Da vom inneren Grossbasler Mauerring und von den Vorstadtbefestigungen nur sehr wenige Reste erhalten sind, lässt sich das volle Ausmass der Schäden am Mauerwerk nicht mehr ablesen. Dasselbe gilt auch für die Stadtmauer Kleinbasels. In der Klosteranlage des Kleinen Klingentals, genauer in der Nordwand des Refektoriums, findet sich noch ein Stück Stadtbefestigung, das bis zum einstigen Zinnenkranz hinaufreicht. Dieses Teilstück ist aber gegen 1280 durch den nördlich angrenzenden Bau des Grossen Klingentals ausser Funktion gesetzt worden und hat 1354, integriert in den Refektoriumsbau der Klingentaler Klosterfrauen, den Kleinbasler Stadtbrand und 1356 das Erdbeben heil überstanden.[81]

Die zeitgenössische Aufzeichnung des «Roten Buches» enthält die Aussage: *ouch viel der Burggrabe an vil stetten in,* was wohl heissen dürfte, dass der Graben, welcher der Stadtmauer vorgelagert war, an vielen Stellen verschüttet worden sei.[82] Dies ist vermutlich sowohl auf die herunterstürzenden Teile der Ringmauer, die in den Graben fielen, als auch auf einen Zerfall der äusseren Grabenfuttermauer zurückzuführen. Dass die oberen Partien der Stadtmauer und der Wehrtürme starke Beschädigungen erlitten haben, wird ausdrücklich bezeugt. Genauere topographische Angaben über die Zerstörung bestimmter Befestigungsbauten liegen aber nicht vor. Die Stadttore des inneren Mauerrings und der Kleinbasler Ringmauer scheinen in den unteren Partien nicht nennenswert beschädigt worden zu sein.

Einen gesicherten archäologischen Befund haben wir im südlichen Eckturm des Lohnhofareals vor uns.[83] Die Anfänge des Turmes reichen in die Zeit der ältesten, unter Bischof Burkart im ausgehenden 11. Jahrhundert errichteten Stadtmauer zurück. Wie die auf Dendrodaten gestützten Bauuntersuchungen ergeben haben, ist der Turm vom Sockelgeschoss an 1358 neu aufgeführt worden, was den Schluss erlaubt, er sei beim Erdbeben eingestürzt oder mindestens so schadhaft geworden, dass er abgetragen und neu hochgezogen werden musste.

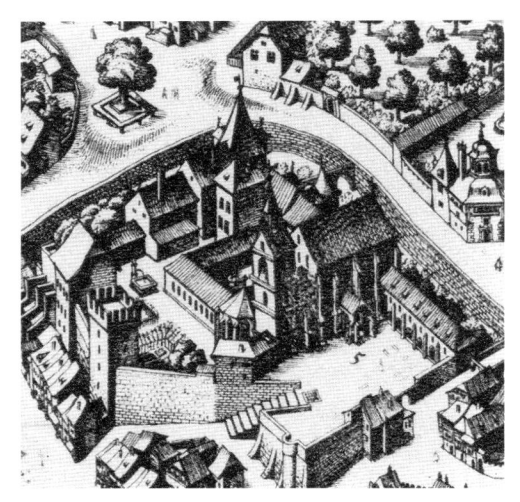

Abb. 17:
Lohnhof und Leonhardskirche nach Matthäus Merian, 1617. Der hintere Eckturm (nur Dach sichtbar) stammt noch aus der Zeit der ältesten Stadtmauer (Ende 11. Jahrhundert), ist 1356 teilweise eingestürzt und musste neu aufgeführt werden.

Abb. 18:
Kleines Klingental, Basel. Nordfassade des ersten Klostergebäudes. Der untere dunkel gerasterte Teil zeigt die ältere Kleinbasler Stadtmauer, der obere gehört zum Klosterbau von 1274.

Ähnliche Befunde liegen von einem Viereckturm in der Nordecke des Seidenhofes (Blumenrain 34) vor, wo Dendrodaten auf Reparaturen in die Zeit um 1361 hinweisen, und von einem weiteren Turm auf der Parzelle Petersgraben 33, wo die Bildquellen des 17. Jahrhunderts einen spätmittelalterlichen Umbau verraten, der ebenfalls mit Erdbebenschäden in Verbindung gebracht werden könnte.[84]

Wie viele Türme der Stadtbefestigung das Schicksal des Lohnhof- und Seidenhofturmes geteilt haben, bleibt ungewiss. Wir müssen aber annehmen, dass 1356 durch die Erdstösse und den Stadtbrand die Befestigungsanlagen Basels so stark gelitten haben, dass sie kaum mehr einen Verteidigungswert besassen. Das Fälldatum 1358 der Balken im Eckturm des Lohnhofes zeigt deutlich, wie schnell man sich bemüht hat, diese fortifikatorische Schwäche zu überwinden.

Wohn- und Wirtschaftsbauten

Der Passus im «Roten Buch» von 1357, *man sol wissen, daz dise stat von dem Ertpidem zerstöret und zerbrochen wart, und beleib enhein kilche, turne noch steinin hus weder in der stat noch in den vorstetten gantz und wurdent grösseclich zerstöret*, scheint anzudeuten, das Erdbeben von 1356 habe die Stadt in einen einzigen Trümmerhaufen verwandelt. Dass jedoch viele Gebäude mehr oder weniger unversehrt geblieben sind, ergibt sich allein schon aus der schriftlichen Überlieferung, namentlich aus den Urkunden, aber auch aus den Bauuntersuchungen in der Basler Altstadt, die laufend immer wieder neue Nachweise für aufrechterhaltene Bausubstanz aus der Zeit vor 1356 zutage fördern.[85]

Entgegen allen Erwartungen vermögen archäologische Grabungen keinen nennenswerten Beitrag zur Katastrophe von 1356 zu erbringen. Auf keinem einzigen Grabungsplatz ist es bis jetzt gelungen, eindeutige Spuren des Erdbebens etwa in Form von Brand- oder Mauerschutt festzustellen, auch wenn immer wieder eng begrenzte Zerstörungsspuren zum Vorschein kommen, die mit der Katastrophe von 1356 zusammenhängen könnten. Aufgrund der bisherigen Befunde müsste die Archäologie zum abwegigen Schluss gelangen, das Erdbeben von 1356 habe gar nicht stattgefunden. Die frühere Vorstellung, Basels Altstadt sei auf planiertem Erdbebenschutt errichtet, ist jedenfalls aufzugeben.

Wichtige Aufschlüsse ergeben sich dagegen aus den Analysen aufgehender Bausubstanz über dem Boden, namentlich in Verbindung mit dendrochronologischen Untersuchungen am Holzwerk bis hinauf zu den Dachkonstruktionen. Die bisherigen Ergebnisse verteilen sich allerdings punktuell über die Stadt und werden im Hinblick auf die vielen Strassenzüge der Innerstadt, wo die mittelalterliche Bausubstanz modernen Gebäuden des 19. und 20. Jahrhunderts hat weichen müssen, nie ein flächendeckendes Bild ergeben.[86]

Ähnlich verhält es sich mit den bereits angesprochenen Schriftquellen. Die Basler Urkunden aus den Jahren unmittelbar nach dem Erdbeben beziehen sich zwar oft auf einzelne, mehrheitlich sogar identifizierbare Liegenschaften, sprechen aber das Erdbeben beziehungsweise dessen zerstörerische Auswirkungen nur ausnahmsweise an.

Zwischen dem 13. und dem 15. Jahrhundert hat in Basel wie in vielen anderen Städten eine rege Bautätigkeit geherrscht, teils als Folge vermehrten Raumbedarfs, teils wegen gesteigerter Ansprüche an den Wohnkomfort oder zwecks Behebung von Schäden irgendwelchen Ursprungs. Wenn wir nun in den Schriftquellen der Zeit etwa zwischen 1357 und 1400 auf Nachrichten über Bauaktivitäten stossen, brauchen diese keineswegs zwingend vom Erdbeben ausgelöst worden zu sein. Wahrscheinlich hat in Basel das Ereignis von 1356 die allgemeine Bautätigkeit beschleunigt und intensiviert, indem in den Jahren nach 1356 die unumgängliche Behebung von Brand- und Erdbebenschäden in Verbindung mit ohnehin vorgesehenen Umbauten, Aufstockungen oder sonstigen Veränderungen vorgenommen wurde.[87]

Einige Nachrichten enthalten wertvolle Hinweise über das allgemeine Zerstörungswerk des Bebens. Die oben zitierte Stelle im «Roten Buch» weist ausdrücklich auf die Schäden an Türmen und Steinhäusern durch die Erdstösse hin und betont dann aber die verheerenden Folgen des Brandes für die Vielzahl der Häuser. Dass durch das achttägige Feuer grösseres Unheil angerichtet worden sei als durch das Beben, wird auch anderweitig überliefert. Eine aufschlussreiche Detailinformation liefern uns die sogenannten «Kleineren Basler Annalen», deren Text zum Jahr 1356 hervorhebt, dass die oberen Partien mehrgeschossiger Häuser strassenweise gegeneinandergestürzt seien, während die unteren Teile unversehrt blieben.[88]

Einzelnachrichten über zerstörte Gebäude liegen nur wenige vor, und sie lassen offen, ob die Flammen oder die Erdstösse die Verwüstung verursacht haben. Sicher bezeugt sind schwere Schäden am bischöflichen Hofe in Kleinbasel, am Standort des späteren Kartäuserklosters. Ferner wird der Einsturz eines Turmes beim Kloster St. Alban erwähnt, desgleichen die Zerstörung jenes Hauses an der Rittergasse, das Jahre zuvor Königin Agnes, der Witwe des ermordeten Königs Albrecht I., gehört hatte. Die Urkunden lassen noch auf schwere Schäden an einigen weiteren Häusern schliessen, so müssen etwa der Hof der Schaler am Rheinsprung, das Basler Kaufhaus, ein Haus in der Vorstadt St. Johann oder der Weisse Turm am unteren Ende der Freien Strasse mehr oder weniger gelitten haben.[89]

Die Gesamtheit all dieser urkundlichen Hinweise auf Erdbebenschäden ergibt noch kein klares Bild über das Ausmass der Katastrophe. Einige Bauuntersuchungen liefern wertvolle Ergänzungen. So lassen sich Spuren von Erdbebenschäden am Stiftsgebäude von St. Leonhard (heute Lohnhof) und vor allem in der Häusergruppe Gerbergasse 71, 73 und 75 nachweisen, wo die mehrphasige Bausubstanz eindeutig auf Instandstellungsarbeiten um 1360 schliessen lässt.[90]

Ähnlich verhält es sich mit einem Befund in Kleinbasel, von der Liegenschaft Greifengasse 4.[91] Hier erbrachten die Bauuntersuchungen den Nachweis der Wiederherstellung nach einem Brand, die Dendrodaten der Balken gehören aber in den Winter 1354/55, was beweist, dass hier die Schäden des Kleinbasler Stadtbrandes von 1354 und nicht des Erdbebens von 1356 behoben werden sollten. Hier schliesst sich die generelle Feststellung an, dass in Kleinbasel schriftliche Nachrichten und bauanalytische Untersuchungsergebnisse über Baumassnahmen in der Zeit um 1360 sowohl mit dem Stadtbrand als auch mit dem Erdbeben in Verbindung gebracht werden können. Die Frage, in welchem Zustand sich dies brandversehrte «Mindere Basel» im Erdbebenjahr 1356 befunden hat, ist wohl kaum zu beantworten.

Als sicher kann indessen gelten, dass in Kleinbasel manche Gebäude sowohl den Brand als auch das Erdbeben heil überstanden haben. Dies gilt, wie die Dendrodaten der

Abb. 19:
Schönes Haus, Basel (Nadelberg 6). Das repräsentative Gebäude stammt aus der Zeit um 1270 und hat das Erdbeben weitgehend überstanden.

Dachstühle beweisen, für die Kirche und das Refektorium des Klosters Klingental. Auch in Grossbasel müssen viele Wohn- und Wirtschaftsbauten vom Erdbeben weitgehend verschont worden sein. Dies trifft etwa auf das Schöne Haus am Nadelberg zu, dessen repräsentative Innenausstattung aus dem 13. Jahrhundert noch heute erhalten ist, ferner auf die – wohl in Fachwerk errichtete – Scheune des Steinenklosters sowie auf die alte Synagoge der ersten, 1349 vernichteten Judengemeinde.[92] Bei manchen Häusern dürfte nur der Dachstock ausgebrannt sein, während die steinernen Mauern standhielten. Mindestens bis ins erste Obergeschoss hinauf ist das Seraphinshaus (Heuberg 20) erhalten geblieben, zeigen seine Innenwände doch Malereien aus der Zeit um 1300.[93]

Obgleich insgesamt manche Häuser und Wirtschaftsbauten höchstens leichte Schäden davongetragen zu haben scheinen, war die Stadt nach dem Beben und dem Brand zunächst unbewohnbar. Auf den Gassen türmte sich Schutt und versperrte den Zugang zu minder beschädigten Gebäuden. Die Wasserversorgung war gestört, jeden Moment konnten beschädigte Mauern einstürzen, gewaltbereite Plünderer machten die rauchende Stadt unsicher.[94]

Fast wie ein Wunder mutet es an, dass die Basler Rheinbrücke mit ihren teils hölzernen, teils aus Stein gemauerten Jochen offenbar nichts abbekommen hatte, enthalten doch sämtliche Schriftquellen nicht die geringsten Hinweise auf eine Beschädigung.[95] Diese schicksalshafte Verschonung der Rheinbrücke bildet zweifelsfrei eine wichtige Voraussetzung für den Wiederaufbau der Stadt in den folgenden Jahren.

Zerstörungen in der Region

Der Umkreis des Bebens

Die Chroniktexte äussern sich über die Ausdehnung des Bebens nur ungenau. Das Rote Buch von Basel nennt einen Umkreis von *vier milen* (gegen 30 km), in dem alle Kirchen und Burgen zerfallen seien.[96] In der Klingenberger Chronik wird der Zerfall aller Kirchen zwischen Basel und Neuenburg am Rhein gemeldet. Spätere Autoren äussern sich noch unbestimmter. Erst der gründlich arbeitende Wurstisen kommt in seiner Basler Chronik wieder auf die Zahl von vier Meilen zurück.

Auch wenn, wie noch genauer auszuführen ist, die Identifizierung und Lokalisierung der von mehreren Chronisten als zerstört gemeldeten Burgen in Einzelfällen unsicher bleibt, lässt sich die Ausdehnung des Bebens doch am sichersten durch die Kartierung der namentlich aufgeführten Burgen ermitteln. Das demnach gebildete Oval misst in der von Westen nach Osten ausgerichteten Längsachse ungefähr 85 km und wird begrenzt durch Münstral im Westen und Kienberg im Osten, während die kürzere Querachse mit einer Länge von 45 km durch Landser im Norden und Delémont/Delsberg im Süden bestimmt wird. Basel – dies sei hier nebenbei vermerkt – befindet sich weder in den Brennpunkten noch im Zentrum des Ovals. Seine Fläche liegt aber innerhalb der Isoseisten, die von den Experten mit der Intensität IX und VIII angegeben werden.[97]

Diese Region, genaugenommen eine verzogene Ellipse, entspricht in ihrer Ausdehnung allerdings nicht dem vollständigen Verbreitungsbereich der Erdbebenschäden. Der Berner Chronist Conrad Justinger hält um 1420 fest, das Basler Beben habe in Bern die Gewölbe und die Wendeltreppe der Pfarrkirche zum Einsturz und die Häuser ins Wanken gebracht.[98] Nach einer isolierten Nachricht sollen in Solothurn die zwei Glockentürme der St. Ursenkirche eingestürzt sein.[99] Welche Bauschäden, die aus den Jahren nach 1356 überliefert oder nachgewiesen sind, tatsächlich mit dem Erdbeben von Basel in Verbindung gebracht werden dürfen, bleibt der genauen Überprüfung in jedem Einzelfall vorbehalten. Die Nachricht, dass auch Villach in Kärnten zerstört worden sei, beruht jedenfalls auf einem Irrtum. Villach ist bereits 1348 durch ein Erdbeben heimgesucht worden. Möglicherweise reichten die Schäden tatsächlich bis nach Dijon und Beaune in Burgund sowie nach Rothenburg ob der Tauber und ins Moseltal bis nach Trier. Wie vorsichtig man mit Einzelnachrichten und mit nicht genau datierten Befunden umzugehen hat, zeigt das Beispiel der Grasburg im Berner Schwarzenburgerland:[100] Für die Zeit um 1360 werden zwar umfangreiche Bauarbeiten vermerkt, die teilweise durch einen Sturmwind verursacht worden sind, von Erdbebenschäden ist aber erst 1363/65 die Rede, so dass ein Zusammenhang mit dem grossen Basler Beben nicht als erwiesen gelten kann, denn kleinere, lokale Beben, die am Oberbau einer Burg Schaden anrichten, gibt es bekanntlich im Voralpengebiet immer wieder. Man wird sich jedenfalls davor hüten müssen, alle Reparaturen und Baumassnahmen, die sich in einem grösseren Umkreis um Basel für die Zeit von 1360 feststellen lassen, gleich auf das Erdbeben um 1356 zurückzuführen und womöglich noch aufgrund solcher unsicheren Angaben die Stärke des Bebens nach einer modernen Skala berechnen zu wollen.

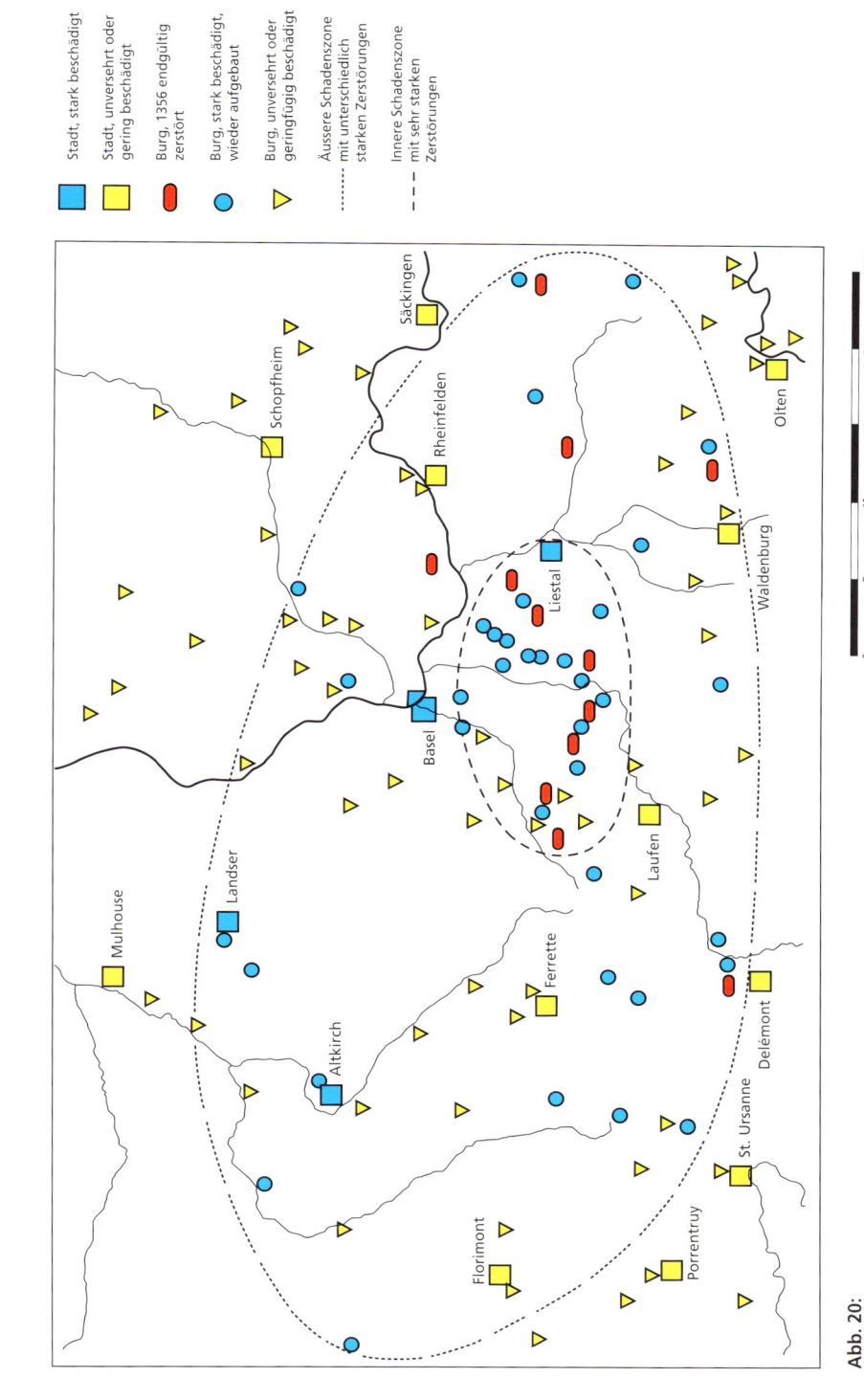

Abb. 20:
Karte der Erdbebenschäden in der Region Basel, zusammengestellt nach schriftlichen und archäologischen Zeugnissen.

Ein Blick auf die Karte mit den Burgen in der Region zeigt nicht nur das erwähnte Oval auf, sondern lässt auch einen besonders intensiven Zerstörungsgrad im Raume des Gempenplateaus und des östlichen Blauennordfusses erkennen. In diesem Bereich von etwa 15 km Durchmesser sind nach den Angaben der Chronisten sämtliche Burgen, die um die Mitte des 14. Jahrhunderts existierten, zerstört worden, während sich in den anderen Zonen des Ovals die als zerfallen gemeldeten Festen mit unbeschädigten Anlagen abwechseln. Die Annahme, dass das eigentliche Zentrum des Bebens in diesem Raum zu suchen ist, der durch Muttenz, Liestal, Büren, Grellingen und Therwil begrenzt wird, liegt wohl auf der Hand.

Während uns die beschädigten Burgen – einschliesslich kleiner Städte wie Liestal oder Altkirch – mit Namen bekannt sind, fehlen uns genaue Angaben über die Schäden an Kirchen, Klöstern und bäuerlichen Siedlungen. Im Hinblick auf die Vielzahl von Dörfern, Weilern und Einzelhöfen in der Region fällt es sehr schwer, den vom Erdbeben angerichteten Schaden in seinem vollen Ausmass abzuschätzen.

Die Burgen

Widersprüche in der Überlieferung

Leider bleiben uns die von den Chronisten zusammengestellten Listen der erdbebenzerstörten Burgen zwei wesentliche Informationen schuldig: Einmal schweigen sie sich über die Frage aus, welche Burgen wieder aufgebaut worden sind (worauf später ausführlicher einzutreten ist), und zweitens übermitteln sie uns keine Angaben über das tatsächliche Ausmass der angerichteten Schäden.

Der bekannte Holzschnitt in Wurstisens Basler Chronik suggeriert uns, die Stadt sei 1356 wie ein Kartenhaus zusammengestürzt, was analoge Vorstellungen über die Zerstörung der Burgen in Basels Umgebung wecken könnte. So weiss im 19. Jahrhundert Pfarrer Lenggenhager über Pfeffingen zu berichten:[101] *Unter schrecklichem Knallen borsteten die Mauern.*

Allen hinterher erdachten, sagenhaft ausgeschmückten Schreckenszenarien zum Trotz haben wir anzunehmen, dass sich die Erdstösse auf den einzelnen Burgen sehr unterschiedlich ausgewirkt haben. Viele Anlagen, deren Zerstörung schriftlich überliefert und deren Wiederherstellung und Weiterbenützung erwiesen ist, weisen einen Baubestand auf, der jedenfalls vor 1356 zurückreicht, erinnert sei hier bloss an Binningen, Birseck, Landskron, Reichenstein, Neu-Schauenburg oder Wildenstein. Diese Burgen können 1356 nicht völlig zerfallen sein.[102]

Es gibt auch manche Burganlagen, die im Erdbeben schwerste Schäden erlitten haben, anschliessend wieder aufgebaut worden sind und sich heute trotzdem nur noch als Burgstellen mit geringen oder gar keinen Mauerresten präsentieren.[103] Deren Zerstörung beziehungsweise Abtragung muss im Zuge späterer Ereignisse erfolgt sein: Fürstenstein wurde 1411 und Blochmont 1448 von den Baslern geschleift. Kienberg wurde im 16. Jahrhundert aufgegeben und als Steinbruch ausgebeutet, das gleiche widerfuhr der Feste Münchenstein im 19. Jahrhundert, und die Ruinen der bis ins 17. Jahrhundert bewohnten Burg

Abb. 21:
Burgstelle Hertenberg, Gemeinde Herten D, südliche Anlage. Abgestürzter Mauerblock. Die Stellung des Massstabes entspricht der ursprünglichen, horizontalen Lagerung des Mauerwerks.

von Altkirch fielen im 19. Jahrhundert dem Bau einer Kirche zum Opfer. Vom heutigen Erhaltungs- beziehungsweise Zerfallszustand einer Burg her lässt sich somit kaum direkt auf die Auswirkungen des Erdbebens von 1356 schliessen. Der irrige Gedanke, die in der Umgebung Basels sichtbaren Burgruinen seien samt und sonders im Erdbeben zerfallen, scheint schon am Ausgang des Mittelalters verbreitet gewesen zu sein. So hält im späten 15. Jahrhundert Felix Faber in seiner *Descriptio Sueviae* fest, im Erdbeben seien in der Diözese Basel 46 Burgen zerfallen, von denen der grössere Teil noch immer in Trümmern liege *(quarum maior pars adhuc in ruinis est)*.[104] Dieser Aussage liegt ein Missverständnis zugrunde, denn im Laufe des späteren 14. und 15. Jahrhunderts sind verschiedene Burgen preisgegeben und dem Zerfall überlassen oder – wie Fürstenstein, Blauenstein, Neuenstein und Istein – in Kriegen zerstört worden, nachdem sie das Erdbeben überstanden hatten.

Auf einzelnen Anlagen ist ersichtlich, dass das Erdbeben fürchterlich gewütet und ganze Gebäude zum Einsturz gebracht haben muss. Dies trifft etwa – wie später noch eingehender zu behandeln ist – auf Hertenberg und Madeln zu. Im Falle von Aesch/Bärenfels hat sich sogar der Fels, auf dem sich die Burg erhob, vertikal gespalten und in Sturzblöcke aufgelöst, so dass die ganze, gegen Südwesten ausgerichtete Längsseite der Anlage wegbrach und abstürzte.

Derart spektakuläre Zerstörungen haben freilich eher als Ausnahmen zu gelten. Mehrheitlich dürften die oberen Partien hochragender Mauern und Türme gelitten haben, vor allem werden Zinnen und Erker abgestürzt sein. Vielleicht sind – wie etwa im Falle

Abb. 22:
Burgruine Vorder-Wartenberg, östliche Ringmauer. Rechts grosse Flickstelle aus kleineren Steinen, vermutlich nach 1356. Weitere Flickstellen modern.

von Angenstein – ganze Wände und Ecken von Gebäuden weggebrochen, auch Dächer mögen nachgegeben haben. Keinesfalls müssen die Erdstösse überall den Einsturz von Bauten oder Gebäudeteilen bewirkt haben. Manche Mauern oder Türme standen nach dem Abklingen der Erdstösse vielleicht noch aufrecht, waren aber so beschädigt, dass sie wegen Einsturzgefahr aufgegeben oder – wenn man sie weiterhin benötigte – abgetragen und neu aufgeführt werden mussten. Über Brände, wie sie für die Stadt Basel als Folge des Bebens bezeugt sind, ist bei den Burgen nichts bekannt.

Zu vermuten bleibt, dass in manchen Fällen die Burgsassen noch Zeit fanden, die wertvollste Habe ins Freie zu retten, oder dass sie hinterher in die einsturzgefährdeten Räume vordrangen, um möglichst viel bewegliches Gut zu bergen. Vielleicht hat man auf Burgen, die aufgegeben wurden, zu einem späteren Zeitpunkt den Schutt nach wertvollen Gegenständen durchwühlt, woran sich sowohl die Burgbesitzer mit ihrem Gesinde als auch unberechtigte Plünderer beteiligt haben mögen. Es fällt jedenfalls auf, wie noch zu zeigen ist, dass bei Grabungen auf erdbebenzerstörten Burgen keinesfalls der komplette ritterliche Hausrat zum Vorschein kommen muss.

Identifizierungsprobleme

Die Nachrichten über die Zerstörung von Burgen in Basels Umgebung durch das Erdbeben von 1356 entstammen fast ausschliesslich den bereits angesprochenen Namenslisten, die in mehreren Chronikwerken überliefert sind.[105] Bemerkenswert, dass auch in Texten, die unabhängig voneinander entstanden sein dürften, übereinstimmend die Zahl von insgesamt 60 zerstörten Burgen genannt wird und dass diese Zahl – sie entspricht dem Fünffachen des im Mittelalter geläufigen Mengenbegriffs des Dutzends – in etwa dem Total der von den Chronisten mit Namen aufgeführten Anlagen entspricht. Wir dürfen deshalb davon ausgehen, dass alle erdbebenzerstörten Burgen durch die Schriftquellen erfasst sind und dass jene Anlagen, die in den Listen nicht enthalten sind, keine oder bloss unbedeutende Schäden erlitten haben.[106]

Dieser vermeintlich einfachen Sachlage zum Trotz erheben sich in konkreten Einzelfällen aber doch erhebliche Probleme bezüglich der Lokalisierung und Identifizierung. Auffallenderweise lassen sich die Zerstörungslisten in den Chroniken nicht vollständig zur Deckung bringen. Dass beispielsweise auch die Burg Ramstein 1356 zerfallen sei, wird erst im 16. Jahrhundert durch den Chronisten Christian Wurstisen überliefert. Wie glaubhaft ist eine so späte, isolierte Nachricht? Oder ein anderes Beispiel: Übereinstimmend finden sich in den Listen, die Vollständigkeit anstreben, die Burgnamen Homberg und Thierstein. Es besteht kein Anlass, an der Zerstörung zweier Burgen dieses Namens durch das Erdbeben zu zweifeln. Welche Anlagen waren aber gemeint? Die beiden Festen Alt-Thierstein und Alt-Homberg im Fricktal oder Neu-Homberg bei Läufelfingen und Neu-Thierstein bei Büsserach? Solange diese und ähnliche Fragen nicht sicher geklärt sind, können wir keine komplette, hieb- und stichfeste Liste der erdbebenzerstörten Burgen zusammenstellen.

Gewiss liegen die Dinge im allgemeinen einfach. An der Identifizierung und Lokalisierung der Löwenburg, der Farnsburg, der drei Burgen auf dem Wartenberg oder der Burgen Angenstein, Birseck und Reichenstein, um nur ein paar Beispiele zu nennen, gibt es nichts zu rütteln. Wie aber sieht es mit den Standorten der zwei Landskronburgen aus? Die eine Anlage, eine imposante Ruine mit viel Mauerwerk aus dem 16. und 17. Jahrhundert, ist allgemein bekannt. Von der zweiten Anlage, die nach 1356 offenbar nicht mehr aufgebaut worden ist, sind nur ganz wenige, schwer zugängliche Reste erhalten, weshalb über den Standort lange Zeit gerätselt und Unsinn verbreitet worden ist.[107]

Ähnlich verhält es sich mit den beiden Festen Schauenburg. Während sich die eine Anlage noch heute als malerische Ruine darbietet, galt die andere Anlage als verschollen und wurde an allen denkbaren Stellen vermutet, nur nicht an ihrem wirklichen Standort, auf dem «Chleiflüeli» südwestlich der Schauenburgfluh. Ausgrabungen haben in diesem Fall die umstrittene Frage der Lokalisierung gelöst. Archäologische Funde und Befunde (auf die später zurückzukommen ist) haben auch die bereits angedeutete Frage nach der Identifizierung der erdbebenzerstörten Festen Thierstein und Homberg zu Gunsten der beiden Anlagen im Fricktal beantwortet.

Während in diesen Fällen die Bodenforschung Unklarheiten in der schriftlichen Überlieferung zu beseitigen vermochte, hat im folgenden Beispiel die Archäologie einem vermeintlich klaren Sachverhalt die Grundlage entzogen: Es galt lange Zeit als unbestritten, dass mit der in fast allen Listen aufgeführten Feste Frohburg der Stammsitz des gleich-

Abb. 23:
Burgruine Frohberg (Tschöpperli), Gemeinde Aesch,
Haupttrakt, mit Erdbebenschutt gefüllt.

namigen Grafengeschlechtes am Erlimoos ob Trimbach gemeint sei. Die zwischen 1973 und 1977 durchgeführten Ausgrabungen haben aber den schlüssigen Nachweis erbracht, dass die Burg spätestens um 1320 verlassen war und das Erdbeben höchstens noch eine Ruine hätte zu Fall bringen können. Dieser archäologische Befund zwingt uns, die Frohburg anderswo zu suchen.[108] Da die fragliche Anlage in der Liste der gut informierten Basler Chronik aus dem frühen 15. Jahrhundert zusammen mit Schalberg und Fürstenstein genannt wird, drängt es sich auf, sie mit der heute unter dem nachmittelalterlichen Namen *Tschäpperli* oder *Tschöpperli* bekannten Burgstelle zu identifizieren. Denn bei dieser Anlage muss es sich um jene Burg Frohberg handeln, die im 13. und 14. Jahrhundert einem Zweig der Familie Schaler gehörte, deren Hauptsitz, die Burg Schalberg, sich nur 500 m weiter südöstlich erhob.[109]

Einfachere Identifizierungsprobleme liegen vor, wenn sich in einzelne Listen offensichtliche Lese- oder Schreibfehler eingeschlichen haben. Eine Basler Chronik aus dem frühen 15. Jahrhundert macht aus Löwenberg ein Landenberg, bei Schodoler (um 1525) wird Reichenstein zu Achenstein, bei Eberhard Müller Binningen zu Bünningen. Das wiederholt genannte, fremdartig klingende Sengür ist wohl mit Saugern/*Sogron* (franz. Soyhières) bei Delémont zu identifizieren. Leicht aufzuhebende Schreibfehler finden sich vor allem in den späten Aufzeichnungen von Schodoler, Stumpf und Tschudi.

Abb. 24:
Burgstelle Alt-Landskron, Gemeinden Leymen F/ Hofstetten, letzte Mauerreste der 1356 endgültig zerstörten Burg.

Abb. 25:
Burgruine Alt-Schauenburg, Gemeinde Frenkendorf, Blick durch einen schon vor 1356 bestehenden Felsspalt auf die Burgruine Neu-Schauenburg.

Letzterer nennt zudem als einziger zwei Schönenberg. Nun gab es tatsächlich eine Burg dieses Namens, nämlich eine sehr ausgedehnte Anlage auf dem Felsgrat westlich Biederthal/Burg. Da Tschudi aber von zwei Burgen dieses Namens spricht und die beiden Festen Schauenburg nicht erwähnt, ist anzunehmen, dass wir in seinen beiden Schönenberg eine Verschreibung aus Schauenburg vor uns haben.

Was haben wir uns unter den beiden Burgen Delsberg vorzustellen, die in fast allen Listen genannt werden? Dass die beiden Anlagen, die heute unter dem Namen Vorburg/Vorbourg bekannt sind, im Mittelalter Delsberg hiessen, ist bekannt.[110] Die Frage ist nur, ob die beiden, einander unmittelbar benachbarten Baukörper als zwei Burgen gegolten haben. Denkbar ist auch, dass mit der einen Anlage die Bergfeste mit einem oberen und einem unteren Teil gemeint war, mit der zweiten jedoch die Burg, die mit dem Städtchen Delsberg verbunden war. Wurstisen scheint diese Interpretation in Betracht gezogen zu haben. Denn er ersetzt in seiner Liste die zwei Delsberg durch *Telschberg* und Vorburg.[111] Solange keine archäologischen Befunde über das Baukonzept der Wehranlage auf dem Felsgrat von Vorbourg vorliegen, ist die Frage nicht endgültig zu entscheiden.

Ähnliches trifft auf den Burgnamen Bärenfels zu, der erst in den späten Listen von Stumpf, Tschudi und Wurstisen auftritt. Letzterem war offensichtlich bekannt, dass die drei Aeschburgen, die 1356 zerstört worden waren, später nach den neuen Besitzern

Bärenfels genannt wurden, weshalb er aus seiner Liste den Namen *Dry Esche* folgerichtig gestrichen und durch Bärenfels ersetzt hat. Die beiden anderen Autoren nennen aber sowohl die Aeschburgen als auch Bärenfels, was aber wohl auf deren Unkenntnis zurückzuführen ist, denn die andere, in Betracht fallende Burg Bärenfels im oberen Wehratal, am Rande des Hotzenwaldes, lag deutlich ausserhalb des Schadensareals.[112]

Unklar bleibt schliesslich auch, welche zwei Burgen bei Eptingen vom Erdbeben zerstört worden sind. Nach unserem derzeitigen Kenntnisstand erhoben sich um Eptingen sechs Burganlagen von unterschiedlichem Gründungs- und Abgangsdatum. Archäologisch genau untersucht ist nur die Grottenburg Riedfluh, die bereits um 1200 verlassen worden ist. Sondierungen auf der nordöstlichen Renggenburg belegen eine kurze Benützungszeit im 3. Viertel des 13. Jahrhunderts. Diese beiden Anlagen fallen für eine Erdbebenzerstörung somit ausser Betracht. Es bleiben noch die mittlere Renggenburg sowie Alt- und Neu-Wildeptingen auf der rechten Talseite übrig. Ohne archäologische Abklärung ist eine sichere Zuweisung nicht möglich. Als gewiss kann lediglich gelten, dass Neu-Wildeptingen, auch Witwald genannt, noch bis ins 15. Jahrhundert hinein bewohnt war. Dies lässt den Schluss zu, dass diese Anlage, falls sie mit einer der beiden erdbebenzerstörten Burgen zu identifizieren ist, sich wieder aus den Trümmern erhoben hat.[113]

Schliesslich bleiben noch ein paar Meldungen über angeblich zerstörte Burgen übrig, die sich nicht lokalisieren lassen, da die betreffenden Burgnamen gänzlich unbekannt sind und sich auch bei grosszügiger Auslegung der Orthographie mit keiner bekannten Burg in Beziehung setzen lassen. Allenfalls könnte Hertwiler als Verschreibung aus Heidwiller gedeutet werden, woran schon Wurstisen gedacht zu haben scheint. Die Namen Büttingen, Bietikon und Waldkirch bleiben gänzlich rätselhaft. Es fällt immerhin auf, dass sie keine typischen Burgnamen auf -eck, -stein, -fels oder -berg/-burg verkörpern, sondern eher dem Bildungsprinzip früh- und hochmittelalterlicher Dorf- oder Hofsiedlungen folgen. Dies lässt die Vermutung zu, es handle sich bei den betreffenden Anlagen um dorfnahe Weiherhäuser, die zu abgegangenen Siedlungen gehörten, von denen es im Sundgau bekanntlich eine ansehnliche Zahl gab.

Zusammenfassend könnten wir festhalten, dass die meisten der in den Zerstörungslisten der Chronisten genannten Burganlagen identifizierbar und lokalisierbar sind und für die unklaren Fälle wenigstens plausible Deutungsvorschläge gemacht werden können.

Nicht zerstörte Burgen

Innerhalb des rund auf 85 auf 45 km messenden Ovals, in dem die 1356 durch das Erdbeben zerstörten Burgen liegen – soweit sie lokalisierbar sind –, erhoben sich im Mittelalter zahlreiche weitere Festen, von denen keinerlei Erdbebenschäden gemeldet werden. Nicht wenige von diesen waren gemäss der schriftlichen Überlieferung, in bestimmten Fällen auch laut Aussage der archäologischen Befunde, schon längst vor 1300 verlassen und im Zerfall begriffen; genannt seien etwa Altenberg, Ödenburg, Riedfluh, Mittel-Birseck, Zunzgen, Bännlifels oder die Burgmotten[114] im Sundgau. Bei einigen Anlagen ist erwiesen oder wenigstens zu vermuten, dass sie zu Beginn des 14. Jahrhunderts, im Zuge des in der Regio einsetzenden «Burgensterbens» verlassen worden sind und 1356 bereits im Zerfall begriffen waren. Dies gilt etwa für Scheidegg, Frohburg, Gutenfels, Hilsenstein, Rifenstein oder Schönenberg. Auf all diese Burganlagen, die um 1350 nicht mehr bewohnt

Abb. 26:
Burg Reichenstein, Gemeinde Arlesheim, Ausschnitt aus dem Dornacher Schlachtholzschnitt von 1499. Die obere Burg zeigt deutlich Spuren der Verwahrlosung.

waren, braucht im Rahmen dieser Untersuchung über das Erdbeben nicht eingegangen zu werden, so wenig wie über die erst um 1400 errichteten Weiherhäuser wie Klybeck, Inzlingen oder Fröschenegg.

Nach Ausklammerung der Burgen und Schlösser, die 1356 nicht mehr bestanden oder noch gar nicht erbaut waren, bleiben aber immer noch recht viele Anlagen übrig, die zum Zeitpunkt der Katastrophe mit Sicherheit bewohnt waren, jedoch offenbar kaum oder überhaupt nicht beschädigt worden sind, so dass sie in den historiographischen Aufzeichnungen keine Aufnahme fanden. Es fehlen in den Namenslisten der Chronisten wichtige Anlagen wie Pfirt/Ferrette, Rötteln oder der Stein zu Rheinfelden, die als Herrschaftszentren so bedeutend waren, dass die Vermutung, die betreffenden Burgen seien übersehen worden oder die Chronisten hätten keine Nachricht erhalten, als abwegig zu verwerfen ist. Es fällt auch auf, dass manche Anlagen nicht als zerstört gemeldet werden, in deren unmittelbarer Umgebung sich Burgen erhoben, die vom Erdbeben offenbar stark mitgenommen worden sind. So zerfielen auf dem Höhenzug südlich Leymen die zwei Landskronburgen, von der am westlichen Ende des gleichen Felsgrates gelegenen Feste Rinegg liegen jedoch keine Schadensmeldungen vor. Desgleichen vernehmen wir, dass Hasenburg/Asuel zerstört worden sei, über Folgen auf der nahen Burg Pleujouse schweigen sich die Chronisten aus. Im unteren Leimental wird Binningen als zerstört gemeldet, vom nahen Weiherhaus Bottmingen erfahren wir nichts. Seltsam auch, dass – wie erwähnt – von der Grossburg Rötteln nicht die Rede ist, wohl aber die Zerstörung des benachbarten Weiherhauses zu Brombach bezeugt wird.

Weitere Burganlagen, die im Falle einer Zerstörung von den Chronisten kaum übersehen worden wären, erhoben sich im Umfeld des Blauens, so etwa die Inselburg Zwingen in der Birsniederung, ferner Blauenstein, Rotberg und Sternenberg. Der Zerstörung dürften auch Ramstein und Neuenstein entgangen sein, erscheinen die Namen dieser beiden Burgen doch erst sehr spät in stark überarbeiteten und kaum mehr authentischen Listen.

Wenn wir, wie oben ausgeführt, die von den Chronisten als zerstört gemeldete Burg Thierstein mit Alt-Thierstein im Fricktal identifizieren, muss auch (Neu-)Thierstein bei Büsserach, ursprünglich Bello geheissen, vom Erdbeben verschont geblieben sein. Auf rechtsrheinischem Gebiet ist in der Rheinebene das Weiherhaus Ötlingen[115] zerfallen, die Doppelburg Istein auf schmalem Felsgrat über der Rheinebene hat dagegen keine nennenswerten Schäden erlitten.

Schwierig ist es, die Zahl der beschädigten bzw. unversehrt gebliebenen Weiherhäuser im Sundgau abzuschätzen, da wir über deren Erbauungszeit – vor oder nach 1356? – nur sehr mangelhaft orientiert sind.

Wenn wir davon ausgehen, dass auch jene innerhalb des «Schadensovals» gelegenen Burgen, die von den Chronisten nicht als zerstört gemeldet werden, einige Schäden abbekommen haben, die Reparaturarbeiten erforderlich machten, dürfen wir vermuten, dass durch das Beben auch Burgen in der weiteren Umgebung, ausserhalb des Schadensovals, einiges abgekriegt haben, so etwa Neu-Homberg, Waldenburg, Alt- und Neu-Falkenstein, Alt- und Neu-Bechburg, St. Ursanne, Florimont/Blumenberg oder Sausenberg.

Auch wenn wegen Lücken in der schriftlichen Überlieferung und Unzulänglichkeiten im archäologischen Forschungsstand die genaue Zahl der 1356 unversehrt gebliebenen oder nur wenig beschädigten Burgen nicht ermittelt werden kann, lässt sich doch grob abschätzen, dass den etwa 60 zerstörten Burgen rund 35 stehengebliebene Anlagen entgegengestellt werden können. Die Frage allerdings, unter welchen Voraussetzungen und Kriterien die einen Burgen zerstört worden und die anderen – vielleicht unmittelbar benachbarten – verschont geblieben sind, lässt sich kaum beantworten. In Einzelfällen könnte eine äusserst massive Bauweise den Einsturz verhindert haben. Dies mag beispielsweise für den Stein von Rheinfelden zutreffen, dessen Donjon so massiv gemauert war, dass er 1445 von der Basler Belagerungsartillerie kaum zu Fall gebracht werden konnte.[116]

Ob und inwiefern sich am 18. Oktober 1356 der geologische Untergrund so unterschiedlich bewegt hat, dass die einen Burgen zerfallen und die anderen verschont geblieben sind, müsste in jedem Einzelfall abgeklärt werden.

Beobachtungen am aufgehenden Mauerwerk

Man könnte erwarten, die Erdstösse des Bebens von 1356 hätten am Mauerwerk der rund 60 als zerstört gemeldeten Burgen gut sichtbare Spuren hinterlassen. Solche nachzuweisen fällt indessen gar nicht leicht. Manche Anlagen – wir erinnern etwa an Büren/Sternenfels, an die Eptinger Burgen, an Alt-Landskron, Münchsberg oder Waldeck – sind derart stark zerfallen und abgetragen, dass aus dem Boden nur noch wenige Mauern ragen,

Abb. 27:
Burgstelle Aesch-Bärenfels, ältester Teil. Reste einer in den Fels gehauenen Treppe. Rechts Felsabbruch, vermutlich durch das Erdbeben verursacht.

die kaum die baulichen Zusammenhänge erahnen, geschweige denn schlüssig Erdbebenschäden erkennen lassen. Andere Burgen, deren Zerstörung durch das Beben bezeugt ist, die man aber wiederhergestellt hat, weisen weder Flickstellen noch neu aufgeführte Bauten auf, die mit dem Erdbeben in Zusammenhang gebracht werden können. Dies gilt beispielsweise für Binningen, Burg/Biederthal oder Wildenstein sowie für die gut erhaltenen Ruinen von Vorbourg oder Gilgenberg und für den Hauptturm von Landskron. Bei Gilgenberg ist denkbar, dass der auf einer isolierten Felszinne südlich der Hauptburg errichtete, urkundlich im 14. und 15. Jahrhundert wiederholt bezeugte Turm 1356 zerfallen und aufgegeben worden ist.[117]

Insgesamt bleibt von den 60 erdbebenzerstörten Burgen nur eine kleine Gruppe von zehn Anlagen übrig, an deren Baubestand mögliche Hinweise auf Schäden von 1356 festgestellt werden können. (Auf die archäologischen, durch Grabungen ermittelten Befunde ist erst im nächsten Abschnitt einzutreten.)

Eindeutig ist die verheerende Wirkung des Bebens auf der Burgstelle Hertenberg zu erkennen.[118] Die Anlage besteht aus zwei Teilen, die durch einen mächtigen Halsgraben voneinander getrennt sind. Im Burgareal südlich dieses Grabens liegen kreuz und quer umgekippte Mauerblöcke herum, die auf den kompletten Einsturz des Gebäudekomplexes als Folge der Erdstösse schliessen lassen. Sondierungen auf dem nördlichen Areal haben den Nachweis erbracht, dass im Mauerschutt ebenfalls solche abgestürzte Blöcke liegen. Es unterliegt keinem Zweifel, dass diese Burg durch das Erdbeben gründlich und endgültig zerstört worden ist.

Ebenso eindeutige, wenn auch anders geartete Spuren des Bebens finden sich auf Aesch/Bärenfels.[119] Die Anlage bestand, wie die Schriftquellen bezeugen und die erhaltenen Mauerreste bestätigen, aus drei Baukomplexen, der «alten, mittleren und neuen Burg» *(castrum antiquum, medium et novum)*. Hier scheint als Folge des Bebens die ganze Südfront der Anlage abgestürzt zu sein, weil sich offenbar der Fels, auf dem die Burg stand, vertikal gespalten hat und weggebrochen ist. Besonders deutlich ist dieser Vorgang auf dem Areal der Alten Burg zu beobachten, wo die künstlich in den Fels gehauenen Stufen der Mauerfundamente und einer Treppe gegen Süden über dem Abgrund ins Leere laufen. Hier dürfte sich 1356 etwas Ähnliches abgespielt haben wie auf der Schauenburgflue, wo durch das Wegbrechen des Felsens die Ecke einer römischen Tempelanlage in die Tiefe gerissen wurde.[120]

Gleichermassen deutliche Spuren des Bebens sind sonst auf den Burgen in Basels Umgebung nicht zu beobachten. Auf Schalberg liegen widersprüchliche Befunde vor.[121] Einerseits stecken im Mauerschutt der Hauptburg ähnliche, wenn auch kleinere Mauerblöcke wie auf Hertenberg, andererseits zeigen sich in der südlichen Ringmauer Hinweise auf einen vermauerten Austritt und eine reparierte Bresche, was auf eine Wiederherstellung der Burg nach dem Beben hindeuten könnte. Aber hat man im Areal einer noch beziehungsweise wieder bewohnten Burg derartige hinderliche Mauerblöcke einfach liegengelassen? Ohne gründliche Grabungen ist die Frage nicht zu beantworten. Zumal auch die Schriftquellen nicht eindeutig zu erkennen geben, ob Schalberg nach 1356 wieder aufgebaut worden ist.

Noch grössere Deutungsschwierigkeiten liegen auf den Wartenbergburgen ob Muttenz vor, vor allem weil im 20. Jahrhundert diese drei imposanten Ruinen ohne archäologische Dokumentation und bauanalytische Untersuchung «restauriert» worden sind, wodurch der originale Mauerbestand auf der mittleren und hinteren Burg vollständig, auf der vorderen Burg grossenteils dermassen verfremdet worden ist, dass heute wissenschaftlich tragfähige Beobachtungen höchstens noch an wenigen Stellen möglich sind.[122] So zum Beispiel an der noch hoch aufragenden südöstlichen Ringmauer der vorderen Burg. Hier zeichnet sich – obgleich durch moderne Eingriffe verwischt – eine grössere, nachträglich in ganz anderer Mauertechnik geschlossene Bresche ab, die mit aller Vorsicht als Reparaturmassnahme nach erdbebenbedingten Schäden gedeutet werden kann. Unsystematisch gesammelte Keramikfragmente belegen, dass die Burg Vorder-Wartenberg, oder mindestens ein Teil der weitläufigen Anlage, bis in die 1. Hälfte des 15. Jahrhunderts bewohnt worden ist.

Am Mauerwerk der beiden anderen Wartenbergburgen sind überhaupt keine Beobachtungen mehr möglich. Vom mächtigen Wohnturm der mittleren Burg existieren aber noch einige Photographien, die den Bau im unverfälschten Zustand der Zeit um 1900 zeigen. Das Mauerwerk weist schwere Schäden in Form von schrägen und vertikalen Rissen auf, die als Folge des Erdbebens von 1356 gedeutet werden. Nun liegen aber einige Keramikfunde vor, die eindeutig beweisen, dass der Wohnturm noch bis nach 1400 benützt worden ist, was allerdings schwer mit den um 1900 noch sichtbaren Rissen im Mauerwerk vereinbar ist. Vielleicht sind diese erst später, nach der Auflassung der Burg entstanden, möglicherweise als Folge der Zerstörung des Eckverbandes zur Gewinnung von Sandsteinquadern.

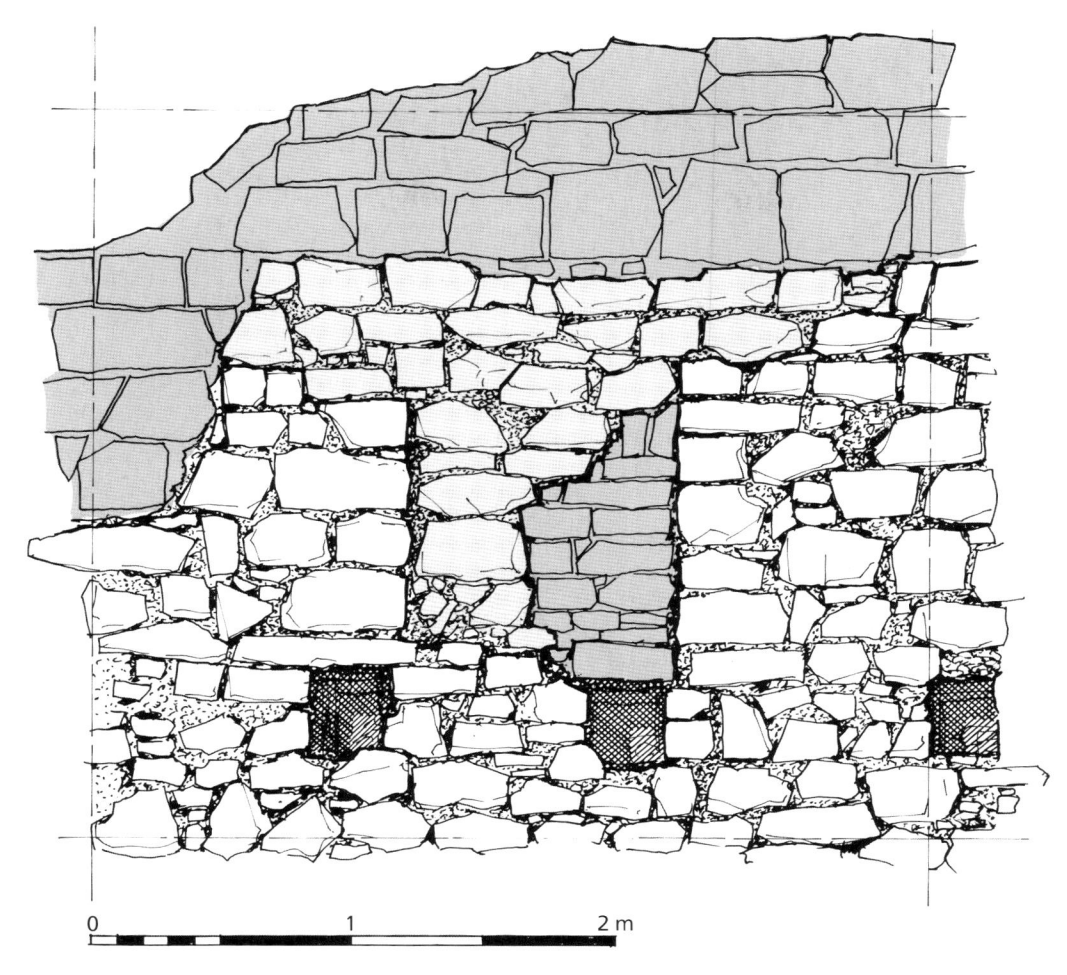

Abb. 28:
Burgruine Schalberg, Gemeinde Pfeffingen, steingerechte Zeichnung einer Flickstelle in der südlichen Ringmauer. Vermauerung eines Austrittes, vermutlich nach dem Erdbeben. Weiss: Mauerwerk 13. Jahrhundert; heller Raster: Ausflickarbeiten nach 1356; dunkler Raster: Ruinensanierung 1975.

Ebenfalls auf unsicherem Boden bewegen wir uns auf der ehemaligen Ruine Reichenstein, die um 1932/33 in späthistoristischer Manier mit viel Geld und wenig Sachverstand neu aufgebaut worden ist.[123] Die vom Erdbeben angerichteten Schäden – in den Schriftquellen ebenso sicher bezeugt wie die Wiederherstellung und Weiterbenützung – lassen sich nicht mehr bestimmen. Eine realistische Abbildung aus dem Spätmittelalter, der sogenannte Dornacher Schlachtholzschnitt von 1499, zeigt die Burg in unterschiedlichem Zustand. Der obere Bau weist deutliche Spuren des Verfalls auf, während sich der

Abb. 29:
Klusertal bei Aesch, alte Terrassenmauer im Rebgelände, aufgeführt aus Steinen der nahen, im Erdbeben zerfallenen Burgen.

untere, jüngere Trakt in gutem, bewohnbarem Zustand befindet. Es stellt sich die Frage, ob dieser jüngere Bau nach 1356 errichtet worden sein könnte, als komfortabler Ersatz für den erdbebengeschädigten Altbau. Dass hochmittelalterliche Wohntürme im Spätmittelalter als Behausung aufgegeben und der Verwahrlosung überlassen werden, ist freilich auch anderweitig, ausserhalb der Erdbebenproblematik, belegt. Leider ist die hier für Reichenstein nur als Hypothese vorgetragene Frage nicht mehr zu beantworten, da die unseligen Baumassnahmen von 1932/33 alle archäologisch aufschlussreichen Spuren zerstört haben.

Neueste Bauuntersuchungen im Zuge einer Ruinensanierung haben auf Birseck den Nachweis von ausgeflickten, vertikalen Rissen im Mauerwerk erbracht, die durch das Erdbeben von 1356 entstanden sein könnten.[124]

Ein interessantes Problem bietet sich auf der Burgruine Pfeffingen dar.[125] Der gewaltige Wohnturm mit seinem unregelmässig-bizarren Grundriss wird allgemein ins 13. Jahrhundert datiert, was zu den typologisch vergleichbaren Bauten von Reichenstein, Rifenstein, Hilsenstein, Pfirt oder Gilgenberg passt. Das Mauerwerk am Pfeffinger Wohnturm enthält, vor allem in den unteren Partien der Nordwand, schön gearbeitete Buckelquader als Spolien in Zweit- (oder Dritt-?)Verwendung. Die Datierung des markanten Baues ins 13. Jahrhundert kann nicht fallengelassen werden, doch ist die Möglichkeit auch nicht auszuschliessen, dass wir einen – allenfalls nur teilweisen – Neubau aus der Zeit nach

1356 vor uns haben. Vielleicht könnten Dendroproben (nach denen in den oberen Geschossen noch gesucht werden müsste) genauere Angaben vermitteln.

Auf Angenstein haben Bauuntersuchungen den Nachweis erbracht, dass die ganze Westfassade des imposanten viereckigen Wohnturms 1356 eingestürzt oder so beschädigt worden ist, dass sie niedergelegt werden musste.[126] Sie wurde im Zuge der Wiederherstellung der Burg komplett neu aufgebaut, wobei der Baukörper seine ursprüngliche Form beibehielt.

Der Befund von Angenstein, dem eine sorgfältige und gründliche Bauanalyse (als Vorbereitung einer denkmalpflegerischen Sanierung) zugrunde liegt, zeigt deutlich auf, dass es für schlüssige Aussagen über Erdbebenschäden sowie deren Behebung einer genauen archäologischen Untersuchung am Einzelobjekt bedarf, deren Dokumentation die Ausgangsbasis für weiterführende Überlegungen bildet.

Archäologische Funde und Befunde

Eigentlich könnte erwartet werden, dass in der burgenarchäologisch sehr dicht untersuchten Umgebung Basels massenhaft Spuren des Erdbebens von 1356 zum Vorschein gekommen sein müssten. Die in Form von Altfundbeständen, Grabungsdokumentationen und publizierten Forschungsberichten vorliegenden Belege für die zerstörerische Wirkung des Erdbebens sind in ihrer Gesamtheit aber gar nicht so zahlreich und vor allem nicht unbedingt signifikant.

Dies zeigt sich etwa am Beispiel der kleinen, sorgfältig untersuchten und dokumentierten Anlage von Engenstein, gelegen auf einem schmalen Felskopf, ca. 150 m östlich der Ruine Schalberg.[127] Für diese Burg ist die Zerstörung durch das Erdbeben schriftlich eindeutig bezeugt. Die reichlich geborgene Keramikreihe bricht aber schon gegen 1300 ab, so dass angenommen werden muss, das Beben habe fünfzig Jahre später eine noch aufrechte, aber kaum mehr benützte Anlage zu Fall gebracht. Im Grabungsbefund fällt überdies auf, dass keine Reste von schlagartig eingestürzten Mauern beobachtet worden sind. Dies könnte mit der These erklärt werden, die Trümmer seien später – möglicherweise für den Wiederaufbau von Schalberg – abtransportiert worden. Auch die vielen Stützmauern der Rebberge im Klusertal sind offensichtlich grossenteils aus Steinen der benachbarten Burgruinen aufgeführt. Man kann diese Vermutung akzeptieren oder auch nicht, jedenfalls lassen Funde und Befunde von Engenstein keine Erdbebenzerstörung erkennen. Eine solche muss aus den Schriftquellen erschlossen werden.

Etwas deutlicher zeichnen sich die Umrisse der Erdbebenwirkung auf Alt-Schauenburg ab.[128] Auch für diese kleine Burganlage ist die Zerstörung von 1356 schriftlich überliefert. Tatsächlich bricht die Fundreihe – vorwiegend Ofen- und Geschirrkeramik – um 1350 ab. Allerdings fehlen kostbare, für Archäologen besonders attraktive Metallobjekte, wie sie nach einem plötzlichen Einsturz der Mauern unter den Schuttmassen zum Vorschein hätten kommen müssen. Auch am erhalten gebliebenen, allerdings stark abgetragenen Mauerwerk liessen sich keine signifikanten Erdbebenschäden feststellen. Die markante, tiefe Spalte, die den Burgfelsen der Länge nach zerteilt, bestand, wie die ihn überspannenden Mauern verraten, schon vor dem Bau der Burg.

Dieser Befund ist vermutlich so zu interpretieren, dass die Burganlage 1356 so schwer beschädigt worden ist, dass sie aufgegeben werden musste. Doch stand der Bau

Abb. 30:
Burgruine Löwenburg, Gemeinde Pleigne,
Inneres der Hauptburg. Spuren der Umgestaltung
nach 1356.
Rechts erneuerter Backofen, links stehengelassener
Teil des runden Hauptturmes.

Abb. 31:
Burgstelle Waldeck, Gemeinde Leymen F,
in den Fels gehauener Raum, um 1880 freigelegt.
Unter dem Schutt kamen zahlreiche Funde aus
der Zeit vor 1356 zum Vorschein.

Abb. 32:
Zinnkanne aus der 1. Hälfte des 14. Jahrhunderts, gefunden um 1880 auf der Burgstelle Alt-Homberg im Fricktal, Gemeinde Wittnau.

noch aufrecht, und man konnte, bevor er endgültig einstürzte, die wertvollste Habe ins Freie retten.

Ähnliches ist vermutlich auch für Bischofstein anzunehmen.[129] Die Burg ist in mehreren Grabungsperioden zwischen 1891 und 1938 freigelegt worden, wobei man – wenigstens zeitweise – sorgfältig auf die Funde achtete, der Dokumentation von Stratigraphie und Mauerwerk aber nicht jene Beachtung schenkte, die dem heutigen Standard entspricht. Von Bischofstein liegen zahlreiche Kleinfunde vor: Ofen- und Geschirrkeramik, Bein, Glas, Eisen- und Buntmetallobjekte bilden eine breite Palette. Die Objekte verteilen sich auf die gesamte Benützungszeit der Burg, also auf die anderthalb Jahrhunderte zwischen ca. 1200 und 1350. Das Erdbeben von 1356 kann somit als zeitlicher Endpunkt der Bewohnung gelten, obwohl sich ein signifikanter Zerstörungshorizont weder im Fundspektrum noch in der Stratigraphie abzeichnet. Immerhin sieht es danach aus, als ob 1356 zwei Kachelöfen, von denen der eine erst kurz zuvor erbaut worden war, zerstört worden seien.

Trotz der Reichhaltigkeit der Bischofsteiner Funde, welche diejenige von Alt-Schauenburg weit übertrifft, vermisst man doch hervorragende, kostbare Einzelstücke, einmal abgesehen von einer komplett erhaltenen Saufeder, einer eher seltenen Messingpfanne oder einem hübschen Vorhängeschloss. Die Vermutung, man habe auf Bischofstein – wie auf Alt-Schauenburg – den wertvollsten Hausrat noch vor dem Einsturz der Burg in Sicherheit bringen können, oder aber man habe hinterher den Schutthaufen nach Wertobjekten durchwühlt, ist nicht von der Hand zu weisen.

Abb. 33

Abb. 34

Abb. 35

Abb. 37

Abb. 36

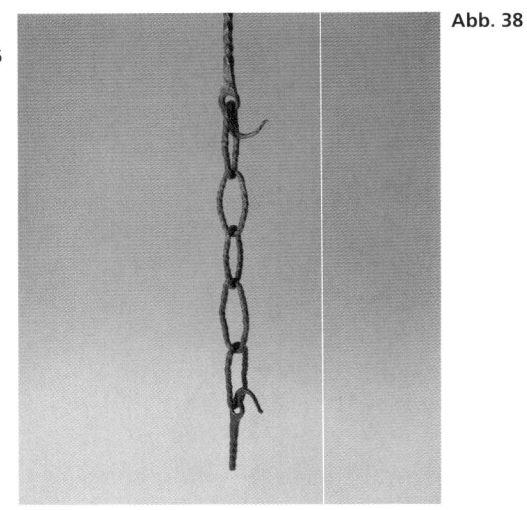

Abb. 38

Abb. 33–38:
Funde aus der 1356 zerstörten Burg Waldeck. Gemeinde Leymen F. 33: Kochkessel aus getriebenem Kupfer, Durchmesser ca. 50 cm (Bügel moderne Ergänzung). 34: Kleines Zinngefäss, vielleicht Hohlmass, mit eingraviertem Wappen der Familie Vitztum von Basel, die 1356 Inhaber der Burg waren. 35: Turnierkrönlein, Höhe ca. 9 cm (dreizackige Spitze einer Turnierlanze). 36: Schlüssel. 37: Fragmente eines aus Bronze gegossenen Kochgefässes (Grapen). 38: Herdkette mit Hakenstange zum Verstellen der Länge (Häli).

In den von den Chronisten überlieferten Aufzählungen der vom Erdbeben zerstörten Burgen figuriert auch – wenngleich zum Teil in entstellter Schreibweise – die *Löwenburg* im Lützeltal.[130] Von dieser Burg ist allerdings bekannt, dass sie nach 1356 wiederhergestellt und erst 1526 dem Zerfall überlassen worden ist. Die Ausgrabungen erbrachten den überraschenden Nachweis einer ins späte 13. Jahrhundert zu datierenden, in der schriftlichen Überlieferung nicht erwähnten Brandkatastrophe. Man hat damals, so der Grabungsbefund, den gesamten Brandschutt durch das Tor der Hauptburg ins Freie geschafft und die nordöstliche Flanke des Burghügels hinuntergekippt. Über diesem Brandhorizont lagerte sich in den Halden rund um die Burg herum eine kompakte Müllschicht mit reichem Fundmaterial aus der Zeit zwischen dem späten 13. Jahrhundert und dem frühen 16. Jahrhundert. Also keine Spur von einer Erdbebenzerstörung aus dem Jahr 1356! Auch im Innern der Burg konnte kein Zerstörungshorizont aus der Mitte des 14. Jahrhunderts beobachtet werden. Die Analyse des aufgehenden Mauerwerks führte aber zur Feststellung, dass um 1350 der runde Hauptturm mit seinen drei Meter dicken Mauern schadhaft geworden, vielleicht sogar eingestürzt war, so dass man ihn abtragen musste und nur noch die mit dem Ringmauerverlauf bündige, äussere Hälfte stehen liess. Herabstürzende Trümmer mögen die nahe Zisterne beschädigt haben, so dass man sich zu deren Erneuerung entschloss. Diese beiden Baumassnahmen, Abtragung des offenbar einsturzgefährdeten Rundturms und Neukonstruktion der Zisterne, sind die einzigen Beobachtungen, die auf der Löwenburg mit dem Erdbeben in Verbindung gebracht werden können. Allerdings kann nicht ausgeschlossen werden, dass auch der monumentale Wohnbau in seinen obersten Partien Schaden genommen hat, doch sind diese Teile nicht mehr erhalten.

In den Listen der vom Erdbeben zerstörten Burgen finden sich auch die Namen Thierstein und Homberg. Es kann sich dabei nur um die Burgen dieses Namens im Fricktal handeln, nicht um Neu-Thierstein bei Büsserach und Neu-Homberg bei Läufelfingen. *Thierstein*, oder genauer *Alt-Thierstein* ob Gipf-Oberfrick, ist 1934/35 gründlich ausgegraben worden.[131] Das Fundspektrum reicht vom frühen 11. bis ins 15. Jahrhundert, ein in die Mitte des 14. Jahrhunderts zu datierender Zerstörungshorizont konnte nicht beobachtet werden. Das über mehrere Felsstufen verteilte, in vielen Bauphasen erstellte Mauerwerk liess keine Bautätigkeit erkennen, die zwingend mit dem Erdbeben in Verbindung gebracht werden musste. Allerdings haben sich auf Alt-Thierstein nur die Fundamente und untersten zwei bis drei Meter des aufgehenden Mauerwerks erhalten, wo Spuren einer Erdbebenwirkung am wenigsten zu erwarten sind. Wir können deshalb davon ausgehen, dass auf Alt-Thierstein die Erdstösse nur Schäden am Oberbau angerichtet haben, die aber umgehend behoben worden sind – so mussten offensichtlich neue Öfen erstellt werden –, und dass kein archäologisch fassbarer Benützungsunterbruch eingetreten ist.

Von der benachbarten Feste Alt-Homberg ob Wittnau liegen weit dürftigere Informationen über Grabungsaktivitäten vor.[132] 1882–84 sind Teile des weitläufigen Burgareals freigeschaufelt und grob vermessen worden, wobei eine Reihe höchst spektakulärer Funde gemacht worden ist. Ausser Bruchstücken von romanischer und gotischer Repräsentationsarchitektur fanden sich Schwerter und Schwertfragmente, komplett erhaltene Radsporen, mehrere Platten und Kannen aus Zinn sowie weitere Eisenobjekte. Solche Gegenstände – sie zählen bei Burggrabungen zu den Raritäten – müssen beim Einsturz

Abb. 39:
Topfhelm, gefunden im Erdbebenschutt der Burg
Madeln, Gemeinde Pratteln, Mitte 14. Jahrhundert.

der Burg im Stich gelassen und unter dem Schutt begraben worden sein. Offenbar ist man auch in späterer Zeit, als die Burg partiell noch benützt wurde und man wohl wiederholt den Schutt umlagerte, nicht auf sie gestossen. Objekte wie Schwerter oder Zinnkannen dürfen als Zeugen einer plötzlich eingetretenen Katastrophe gedeutet werden.

Als Relikte des Erdbebens von 1356 sind deshalb auch die im Historischen Museum Basel eingelagerten, 1881 erworbenen Funde von der Burg Waldeck im Leimental zu deuten.[133] Über die näheren Fundumstände fehlen Dokumente. Wir wissen auch nicht, ob sich im angebotenen Material ausser den Metallobjekten noch Gegenstände aus anderem Material – man denke an Keramik, Bein oder Glas – befunden haben und das Museum nur an den spektakulären Metallobjekten Interesse gezeigt hat oder ob die Ausgräber von vornherein nur auf die attraktiv scheinenden Stücke geachtet haben. Wie dem auch sei, trotz des Fehlens einer Grabungsdokumentation kann vor Ort die ungefähre Fundstelle noch bestimmt werden: In der nordöstlichen Partie der insgesamt vom Mauerschutt überdeckten Hauptburg liegen zwei Räume bis auf den Felsgrund hinunter frei. Diese müssen von den Ausgräbern bei deren Suche nach Fundstücken leer geräumt worden sein. Die bei diesem Vorgehen – von archäologischer Wissenschaftlichkeit kann natürlich keine Rede sein – geborgenen Objekte bilden trotz ihrer Beschränkung auf Metallgegenstände einen erstaunlichen Fundkomplex. Dieser umfasst u.a. einen mächtigen, komplett erhaltenen Kupferkessel, zwei Turnierkrönlein, das Fragment eines Schwertes, um die 70 Pfeileisen und Armbrustbolzenspitzen, mehrere Radsporen, ein ganzes Sortiment von Schlüsseln, mehrere Zinngefässe, von denen eines, vielleicht ein kleines Hohlmass mit Deckel, das Wappen der Vitztum von Basel trägt, die im Unglücksjahr 1356 auf der Burg sassen. Weiter besteht der Fundkomplex aus Bruchstücken eines in Bronze gegossenen Dreifusstopfes, einer mächtigen Herdkette (Häli), diversen Gerätschaften wie

Messern, Sicheln, Scheren oder Bohrern sowie weiteren, zum Teil nicht eindeutig identifizierbaren Eisenobjekten.

Wenn man bedenkt, dass dieser über 100 Nummern umfassende Komplex auf wenigen Quadratmetern zum Vorschein gekommen ist, lässt sich leicht ermessen, wie viel Material auf Waldeck noch unter dem bis anhin unberührten Schutt liegen muss. Es ist nur zu hoffen, dass sich keine kriminellen Raubgräber mit Metalldetektoren über die Ruine hermachen.

Die Funde von Waldeck entstammen sicher einem dem Erdbeben zuzuschreibenden Zerstörungshorizont, denn alle Objekte gehören, soweit sie typologisch bestimmbar sind, in die 1. Hälfte des 14. Jahrhunderts.

Dies gilt auch für die teilweise sensationellen Funde, die 1939/40 auf der Burg Madeln ob Pratteln gemacht worden sind.[134] Die Freilegung der Anlage wurde, wie das Datum verrät, durch Feldbefestigungsarbeiten ausgelöst, welche wegen des 2. Weltkrieges von einer militärischen Einheit auf dem Gipfel des Adlerberges, wo sich die Burgstelle befindet, ausgeführt werden mussten. Ohne wissenschaftliche Betreuung vor Ort haben die Soldaten in ihrer Freizeit auf dem Burgareal gegraben, zahlreiche Funde geborgen, doch keine ausreichende Dokumentation erstellt. Diese besteht aus «einigen flüchtigen Skizzen mit beschränktem Aussagewert», einem eher summarischen Gesamtplan (der nicht überprüft werden kann, da die freigelegten Flächen wieder zugeschüttet worden sind) sowie etwa 40 Photographien, deren Standorte dank eines Plans identifizierbar sind. Schmerzlich vermisst man das Fehlen steingerechter Zeichnungen und stratigraphischer Aufzeichnungen. Die Dürftigkeit dieser Dokumentation schränkt den wissenschaftlichen Aussagewert des Fundmaterials zwangsläufig ein, was umso bedauerlicher ist, als dieses eine ganze Anzahl hervorragender Stücke enthält. An erster Stelle sind die beiden Topfhelme zu nennen, die Madeln zu internationalem Ruf verholfen haben. Der eine stammt aus der Zeit etwa um 1300, der andere wohl aus der Zeit um 1320/30. Der Fundkomplex von Madeln enthält indessen noch weitere, eher seltene Objekte, so beispielsweise zwei Fuss- und Handschellen, zwei Spannhaken für Armbrüste, Spiesseisen, mehrere Steigbügel- und Trensenfragmente, mancherlei Eisengerät und vor allem einen prächtigen Zinnteller, auf dessen Boden das Wappentier der Burgherren, ein fliegender Adler, eingraviert ist. Geschirr- und Ofenkeramik ist im Fundgut eher untervertreten, dürfte aber während der Ausgrabungen auch kaum so sorgfältig gesammelt worden sein wie die spektakulären Metallobjekte.

Der Fundkomplex dürfte, auch wenn keine stratigraphische Bestätigung vorliegt, einem Zerstörungshorizont entstammen, über dem sich die Schuttmassen der eingestürzten Burganlage getürmt hatten. Unter den Grabungsphotos findet sich die Aufnahme eines hangabwärts gekippten, kompakten Mauerverbandes, was im Falle von Madeln klar auf die Zerstörung durch das Erdbeben hinweist. Im Unterschied zu den oben angesprochenen Befunden etwa von Alt-Schauenburg oder Bischofstein ist auf Madeln tatsächlich eine durch die Erdstösse zum Einsturz gebrachte Burganlage zum Vorschein gekommen. Schade nur, dass die Spuren dieses Zerstörungswerkes nur ungenügend dokumentiert worden sind.

Mit dieser Feststellung wird ein Forschungsdesiderat angesprochen. Es entspräche wirklich einem dringenden Forschungsbedürfnis, eine nachweislich durch das Erdbe-

Abb. 40:
Burgstelle Madeln, Gemeinde Pratteln,
verstürzter Mauerblock während der Ausgrabung.

ben von 1356 zerstörte, nachher nicht wieder aufgebaute Burganlage nach allen Regeln der Kunst, sprich gemäss dem derzeitigen Stand der Grabungs- und Dokumentationstechnik, archäologisch zu untersuchen. Gedacht werden könnte an Anlagen wie Aesch/Bärenfels, Münchsberg, Frohberg oder Waldeck. Dabei ginge es gar nicht in erster Linie um die zu erwartenden Funde im Zerstörungshorizont, sondern viel eher um die Dokumentation einer durch ein Erdbeben verursachten Zerstörung mit all ihren Auswirkungen auf das Mauerwerk, den Baugrund und das Umgelände.

Dörfer und Städte

Weder in den zeitgenössischen noch in den späteren Berichten über das Erdbeben finden sich Hinweise auf die Zerstörung von Dörfern und anderen ländlich-bäuerlichen Siedlungen. Als Erklärung für dieses auffallende Schweigen der Quellen könnte man ins Feld führen, die dem gehobenen Stadtbürgertum oder dem Adel nahestehenden Chronisten hätten sich kaum um das Los der von ihnen verachteten Bauern gekümmert und deshalb die Zerstörung von Dörfern nicht zur Kenntnis genommen. Doch ist dieser Erklärungsversuch kaum tragfähig. Denn abgesehen davon, dass durch die Vernichtung ganzer Dörfer auch der Adel und die Klöster, deren Ökonomie auf die Ablieferung der an Martini (11. November) fälligen Naturalsteuern angewiesen war, empfindlich geschädigt worden wären, hätte die Wiederherstellung der bäuerlichen Wohn- und Wirtschaftsbauten zu einem grossen Teil von den geistlichen und weltlichen Grundherren, in deren Schutz und Schirm die ländliche Untertanenbevölkerung stand, nachhaltig getragen werden müssen. Nennenswerte Schäden in den Dörfern hätten somit den adligen und geistlichen Grundherren empfindliche Einbussen gebracht und wären deshalb von den Chronisten sicher, wenn auch vielleicht nur pauschal, registriert worden. Deren Schweigen kann nur bedeuten, dass die bäuerlichen Heimstätten auf dem Lande, die Dörfer, Weiler und Einzelgehöfte, vom Erdbeben weitestgehend verschont geblieben sind.

Diese generelle Feststellung wird durch einen bemerkenswerten, offenbar anderslautenden archäologischen Befund im Gemeindebann von Arisdorf nur scheinbar in Frage gestellt.[135] In Schöffleten, einem Seitentälchen ca. 1,5 km südlich des Ortskerns von Arisdorf, erhob sich um 1300 ein gemauertes Haus, wohl zu einem herrschaftlichen Einzelgehöft gehörig. Dieses fand – nach Ausweis der datierbaren Kleinfunde, namentlich der Geschirr- und Ofenkeramik – bald nach 1350 seinen Untergang. Die Grabungsbefunde weisen aber auf eine Feuersbrunst hin, nicht auf ein Erdbeben. Da über die Siedlung keine Schriftquellen vorliegen, sind genauere Angaben über den Siedlungsplatz nicht möglich, als Beleg für ein erdbebenzerstörtes Anwesen kann der Grabungsbefund nicht gelten, auch wenn die brandbedingte Auflassung in die Zeit um 1356 fällt. Von Feuersbrünsten, die auf dem Lande in den Dörfern durch das Erdbeben hätten ausgelöst werden können, ist in den Schriftquellen nicht die Rede.

Dass 1356 die Erdstösse den bäuerlichen Wohnstätten in der Regio kaum geschadet haben, lässt sich leicht aus der damaligen Bauweise der Häuser auf dem Lande erklären. Wie wir von Abbildungen aus dem 16. und 17. Jahrhundert wissen, bildeten die erdbebenanfälligen Steinbauten in den Dörfern bis weit in die Neuzeit hinein die Ausnahme.[136] Üblich waren eher kleine Holz- und Fachwerkbauten, die als ausgesprochen erdbebensicher zu gelten haben, zumal wir uns die damaligen Bedachungen aus Stroh, allenfalls aus Schindeln, aber noch nicht aus Ziegeln vorzustellen haben, die beim Herunterfallen allerlei Unheil hätten anrichten können.

Dass die bäuerliche Bevölkerung in Basels Umgebung durch das Erdbeben kaum Schaden erlitten hat, dürfte als wesentliche Voraussetzung für die rasche Normalisierung der Tage und Wochen nach dem 18. Oktober zu betrachten sein. Denn da die ländlichen Bauten vom Erdbeben weitgehend verschont wurden, sind auch die Ernten der Vernichtung entgangen, so dass die Basler Bevölkerung, obgleich obdachlos geworden, doch nach kurzer Zeit mit den nötigsten Lebensmitteln versorgt werden konnte.

Wenig berichten die Schriftquellen über Zerstörungen in den Städtchen der Regio. Die Erwähnung von Villach in Kärnten beruht, wie schon erläutert, auf einem Missverständnis und ist hier nicht weiter zu untersuchen. Übereinstimmend erwähnt die historiographische Überlieferung Liestal jeweils am Anfang der namentlichen Aufzählung zerfallener Burgen. Die Nachricht über die Zerstörung Liestals ist als glaubwürdig zu akzeptieren, doch lässt sich über das Ausmass der Schäden kaum etwas Genaueres in Erfahrung bringen, nicht zuletzt deshalb, weil 1381 das Städtchen bei der Eroberung durch Herzog Leopold von Österreich durch eine Feuersbrunst zerstört worden ist.[137]

Spuren von Reparaturen am Oberbau – etwa der Stadtbefestigung – wären somit schwer zu identifizieren und nur unter Vorbehalt dem Erdbeben zuzuschreiben. Erhaltene Bausubstanz aus der Zeit von 1356 zeigt aber, dass die Erdstösse keineswegs die ganze Stadt zum Einsturz gebracht haben können. So ist beispielsweise der sogenannte Wasserturm in der Südwestecke des Stadtareals, der aus dem 13. Jahrhundert stammt, erhalten geblieben und erst 1897 abgebrochen worden. Auch die Stadtkirche von Liestal dürfte 1356 nur Schäden am Oberbau erlitten haben. Eine archäologisch festgestellte Brandschicht scheint eher mit dem Kriegsereignis von 1381 als mit dem Erdbeben zusammenzuhängen, und das aufgehende Mauerwerk der Kirche enthält vorwiegend Bausubstanz aus der Zeit vor 1350.[138]

Dass die bischöfliche Gründungsstadt Laufen durch das Erdbeben verwüstet worden sei, wird erst um 1525 von Werner Schodoler behauptet, offensichtlich handelt es sich um einen Lesefehler. Wie dem auch sei, die Nachricht verdient wenig Glauben, auch wenn Ausgrabungen den Nachweis erbracht haben, dass die Stadt – oder ein grosser Teil von ihr – um 1360 einer Brandkatastrophe zum Opfer gefallen ist. Die archäologischen Befunde sind eindeutig. Sie belegen für das Areal des nachmaligen Rathausplatzes die Zerstörung einer in Fachwerk errichteten Häuserzeile durch eine Feuersbrunst sowie den unmittelbar anschliessenden parzellenidentischen Wiederaufbau im 3. Viertel des 14. Jahrhunderts.[139]

Im Hinblick auf die Häufigkeit von Stadtbränden im Mittelalter und deren vielfältige Ursachen lässt sich kein Zusammenhang zwischen der Laufener Feuersbrunst und dem Erdbeben nachweisen. Dies schliesst freilich die Möglichkeit nicht aus, dass 1356 Teile der Stadtmauer oder der ausserhalb der Stadt gelegenen Pfarrkirche Schaden genommen haben.

Im Bereich des Zerstörungsovals von 1356, d.h. innerhalb der Intensitätszone VIII und IX, liegen ausser Liestal und Laufen noch weitere Städte oder besser Städtchen, die durch das Erdbeben möglicherweise Schaden genommen haben. Direkte Aussagen fehlen allerdings. Immerhin ist denkbar, dass bei jenen Anlagen, die im Vorburgbereich einer als zerstört gemeldeten Burg angesiedelt waren, man denke etwa an Altkirch, Delsberg, Hasenburg oder Landser, auch die städtische Überbauung Schaden genommen hat, ohne dass dies von den Chronisten eigens vermerkt worden wäre. Immerhin fällt auf, dass nach 1356 die Siedlung Landser in den Schriftquellen nur noch als Dorf erscheint.[140] In diese Überlegungen ist auch Münchenstein einzubeziehen. Zur Burg, für 1356 als zerfallen überliefert, gehörte ein ummauertes Vorburgareal, in dem sich die alte Dorfsiedlung Geckingen ausdehnte. Erstmals wird diese Vorburg – sie umfasste eine Ringmauer mit zwei Tortürmen – 1360 urkundlich bezeugt.[141] Ein Stadtrecht hat die ummauerte Dorfsiedlung Münchenstein nie erhalten, und ob die Vorburgbefestigung 1356 bereits bestanden hat, bleibt unsicher, auch wenn ein gewichtiges Argument dafür spricht: Die Burgherren, die Münch von Münchenstein, hatten nach dem Erdbeben enorme Leistungen für den Wiederaufbau ihrer Häuser in Basel, ihrer Kirchen und Burgen zu erbringen. Dass sie in dieser äusserst angespannten Situation auch noch eine zusätzliche Ringmauer um das Dorf herum errichtet haben könnten, bleibt doch sehr zweifelhaft. Die Vorburgbefestigung dürfte somit 1356 bereits bestanden haben und, falls sie beschädigt worden ist, anschliessend wie die Burg wieder repariert worden sein.

Schwer zu deuten ist das Fehlen von chronikalischen Nachrichten über allfällige Erdbebenschäden in Städten und Städtchen wie Mulhouse/Mülhausen, Rheinfelden und Säckingen, aber auch von Pfirt/Ferrette, Schopfheim, Florimont, Porrentruy, St. Ursanne und Waldenburg, die alle im Zerstörungsoval oder in dessen unmittelbarem Umfeld liegen. Für Mulhouse sind – ohne direkten Bezug zum Beben – erhöhte Bauaktivitäten für die Zeit nach 1356 überliefert.[142] Grössere Zerstörungen, wie sie für Liestal bezeugt sind, scheinen in diesen städtischen Siedlungen nicht angerichtet worden zu sein, auch wenn davon ausgegangen werden muss, dass die Bewohner das Beben verspürt haben und kleinere Schäden an den Befestigungsanlagen und sonstigen anfälligen Bauten aufgetreten sind.

Kirchen und Klöster

Nach Aussage der Klingenberger Chronik sollen im Erdbeben von 1356 *alle die Kilchen, die zwüschent basel und nüwenburg warent*, zerfallen sein. Das «Rote Buch» von Basel meldet, *alle kilchen, bürge und vestinen, die umb diese stat bi vier meilen gelegent waren*, seien zerstört worden.[143] Während aber die beschädigten oder eingestürzten Burgen, wie oben dargelegt, von verschiedenen Chronisten namentlich aufgezählt werden, fehlen von den Kirchen und Klöstern rund um Basel entsprechende Listen. Lediglich für das Kloster Moutiers-Grandval/Münster-Granfelden wird eine Zerstörung ausdrücklich bezeugt, wobei sich die Quelle über das Ausmass der Schäden ausschweigt.[144]

Die pauschale Nachricht, alle Kirchen «zwischen Basel und Neuenburg am Rhein» beziehungsweise in einem Umkreis von gut 30 km um Basel seien 1356 eingestürzt, ist jedenfalls mit Vorsicht aufzunehmen. Denn im Zerstörungsoval, wie es durch die Standorte der zerfallenen Burgen markiert wird, sowie an dessen äusserer Peripherie liegen mehrere Klosterkirchen, die ihre romanische Bausubstanz bis heute bewahrt haben und deshalb unmöglich 1356 eingestürzt sein können. Es handelt sich um die Anlagen von Feldbach, Ottmarsheim, Schöntal und St. Ursanne. Von anderen Klöstern, genannt seien etwa Olsberg, Säckingen, die Deutschordenskommende Beuggen, ferner Lützel, Kleinlützel, Bellelay und Beinwil, berichten die Schriftquellen – die mittelalterliche Bausubstanz ist höchstens in Resten erhalten – nichts über nennenswerte Schäden. Das bedeutet allerdings nicht, dass alle Kirchen in Basels Umgebung unversehrt geblieben seien und die Nachricht der Chronisten über die Zerstörung von Gotteshäusern reines Geflunker sei.

Was 1356 in vielen Fällen passiert sein könnte, zeigen die Befunde in der Pfarrkirche St. Arbogast in Muttenz.[145] Diese Kirche – die wehrhafte Ummauerung stammt erst aus dem frühen 15. Jahrhundert – ist durch die Erdstösse so stark beschädigt worden, dass Teile des Schiffes sowie die Gewölbe des Chores neu aufgeführt werden mussten. Dass diese Instandstellungsarbeiten nach dem Erdbeben erfolgt sein müssen, ergibt sich aus dem Schlussstein des erneuerten Chorgewölbes, auf dem das Allianzwappen Münch-Löwenberg zu sehen ist, was auf den mit Katharina von Löwenberg verheirateten Konrad Münch von Münchenstein genannt Hape (gest. 1378) als Bauherrn hinweist. Ob im Erdbeben auch der Glockenturm Schaden genommen hat, bleibt unsicher, denn dieser ist bis auf das Fun-

Abb. 41:
Pfarrkirche St. Arbogast in Muttenz, Schlussstein im Chorgewölbe. Allianzwappen Münch – Löwenberg, angebracht um 1365 bei der Wiederherstellung der Kirche nach der Zerstörung durch das Erdbeben.

dament abgetragen, da er im frühen 15. Jahrhundert einem Neubau mit erweitertem Grundriss weichen musste.

Damit ist ein Problem angesprochen, das bei vielen Kirchen innerhalb der Zerstörungszone von 1356 auftritt: Erdbebenschäden sind schlüssig nur am aufgehenden Mauerwerk nachzuweisen. Wenn bei Ausgrabungen in Kirchen Mauern zutage treten – erhalten sind jeweils nur die Fundamente –, die ins 14. Jahrhundert zu datieren sind oder vielleicht noch genauer ins 3. Viertel des 14. Jahrhunderts, ist damit noch kein schlüssiger Zusammenhang mit dem Erdbeben erwiesen. Die Zeit zwischen etwa 1250 und 1500 bedeutete in der Basler Region ganz allgemein eine Periode intensiver Bautätigkeit an Kirchen. Meistens ging es um die Erweiterung des Schiffes, um die Neugestaltung des Chores und um die Errichtung eines Glockenturms. Bezeichnenderweise brachten die Instandstellungsarbeiten in der Arbogastkirche von Muttenz keine Veränderung des Grundrisses, sie wären demnach, wenn vom spätromanischen Bau nur noch archäologisch fassbare Fundamente erhalten geblieben wären, gar nicht mehr feststellbar.

Wenn also, wie etwa in Binningen, Münchenstein, Oltingen oder Wintersingen, um diese Baselbieter Beispiele zu nennen, für die 2. Hälfte des 14. Jahrhunderts Grabungen zum Nachweis von Kirchenerweiterungen geführt haben, lassen solche Befunde nicht zwingend auf Zerstörungen durch das Erdbeben schliessen.[146] Freilich bleibt stets die Möglichkeit bestehen, dass die Erdstösse Schäden am Oberbau angerichtet haben, deren Behebung dann zum Anlass genommen wurde, eine ohnehin vorgesehene Vergrösserung oder sonstige Grundrissänderung vorzunehmen.

Gewisse Befunde bleiben noch zu diskutieren. In der Kirche von Sissach haben die Ausgräber im Altarfundament eingemauerte Spolien eines Vorgängeraltars entdeckt und die damit verbundene Umbauphase in die 2. Hälfte des 14. Jahrhunderts datiert.[147] Einen sicheren Schluss auf Erdbebenschäden lässt dieser Befund allerdings nicht zu. In der Stadtkirche von Liestal ist eine Brandschicht festgestellt worden, die in die 2. Hälfte des 14. Jahrhunderts gehört. Sie ist aber eher mit dem kriegsbedingten Brand von 1381 als mit dem Erdbeben von 1356 in Verbindung zu bringen.[148] Eine in der Kirche von Ziefen entdeckte Brandschicht stammt eindeutig noch aus der Zeit vor dem Erdbeben, denn die Wandmalereien an den Wänden der wiederhergestellten Kirche sind bereits in die Zeit um 1340/50 zu datieren.[149]

Im Jahrzeitenbuch von Bubendorf, in welchem die kirchlichen Feiertage vermerkt sind, ist für den Lukastag die Erinnerung an das Erdbeben festgehalten. Dieser Eintrag könnte auf eine Anordnung des Basler Domkapitels zurückgehen, dem die Kirche von Bubendorf seit 1401 inkorporiert war. Eine schlüssige Aussage über Erdbebenschäden am Bubendorfer Gotteshaus ergibt sich aber aus der Textstelle im Jahrzeitenbuch nicht.[150]

Noch eine weitere Bemerkung: Aus der 2. Hälfte des 14. Jahrhunderts sind verschiedentlich Altarweihen für Kirchen in der Basler Region überliefert. Ob solche Nachrichten als Belege für Erdbebenschäden gedeutet werden dürfen, bleibt zweifelhaft. Gewiss ist einzuräumen, dass beim Einsturz der Decke oder des Gewölbes über dem Chor oder in einer Seitenkapelle ein Altar so schwer getroffen werden kann, dass er erneuert und neu geweiht werden muss. Bevor übereilte Schlüsse gezogen werden, ist aber zu bedenken, dass Altarweihen laufend vorgenommen worden sind, urkundlich überliefert vom 11./12. Jahrhundert bis über den Ausgang des Mittelalters hinaus. Sie sind Zeugen einer auf Repräsentation ausgerichteten Laienfrömmigkeit. Eine besondere Häufung von Altarweihen für die Jahre etwa zwischen 1356 und 1370, die für eine Erneuerung erdbebengeschädigter Altäre spräche, ist quellenmässig nicht zu belegen.

So bleibt zum Schluss die Feststellung, dass für die Kirchen und Klöster in Basels Umgebung generell zahlreiche Erdbebenschäden angenommen werden müssen, besonders am Oberbau, dass sich deren Nachweis im konkreten Einzelfall aber als sehr schwierig erweist, so dass das tatsächliche Ausmass der an den Sakralbauten angerichteten Zerstörungen kaum abschätzbar ist.

Versuch einer Schadensbilanz

Auch wenn die genaue Überprüfung der authentischen Schriftquellen sowie der archäologischen und bauanalytischen Befunde zum Schluss führt, dass im Erdbeben von 1356 weder die Stadt Basel noch Liestal noch die rund sechzig mit Namen aufgeführten Burgen in der Umgebung komplett dem Erdboden gleichgemacht worden sind, sondern viel Bausubstanz erhalten geblieben ist und verhältnismässig wenig Menschen ums Leben gekommen sind, ergibt sich dennoch aus den vielen Einzelinformationen das Bild einer entsetzlichen Katastrophe.

Dass die Erdstösse auch Schäden in einem Umkreis weit ausserhalb der eigentlichen Verwüstungszone von 85 auf 45 km Durchmesser angerichtet haben, braucht hier nicht noch einmal erörtert zu werden. In Bern, Strassburg und anderen Städten wog der Schrecken wohl stärker als das effektive Zerstörungswerk. Was aber innerhalb des erschliessbaren Verwüstungsareals vernichtet worden ist oder irreparable Schäden davongetragen hat, übersteigt alles, was vorher und nachher im mitteleuropäischem Raum an Erdbebenzerstörungen überliefert ist. Bezeichnenderweise findet sich in der Liste «katastrophaler Erdbeben», die das Lexikon des Mittelalters bietet und die vom 5. bis zum ausgehenden 15. Jahrhundert reicht, für das Festland nördlich der Alpen nur gerade das Basler Ereignis von 1356 verzeichnet, während alle anderen Beben von vergleichbarer Stärke in Italien – mit Einschluss des Alpenraumes –, in Griechenland, im vorderen Orient sowie mit einem Beleg von 811 in Schottland lokalisiert werden.[151]

Keine Frage, 1356 sind in der Zerstörungszone des Bebens ungezählte Menschen um ihre Behausung und um ihre bewegliche Habe gekommen. Am glimpflichsten kam die bäuerliche Bevölkerung in den Dörfern und Höfen davon, weil die ländliche Holz- und Fachwerkbauweise die einfachen, eingeschossigen Wohn- und Wirtschaftsbauten vor grösseren Schäden zu schützen vermochte. Vielleicht wären auch die Wohn- und Gewerbequartiere Basels, wo grossenteils noch der Fachwerkbau vorherrschte, vor dem Schlimmsten bewahrt worden, wenn nicht der Brandausbruch das Zerstörungswerk der Erdstösse fortgesetzt und grosse Teile der Stadt in Schutt und Asche gelegt hätte.

Sicher haben in Basel unter dem Beben vor allem die hochragenden Steinbauten gelitten, das Münster, die Kirchen und Klöster, die Wohntürme und Sässhäuser des Adels, die Stadtbefestigungen mit ihren Gräben, Türmen und Toren. Verheerend wirkte sich aber auch aus, dass durch Mauereinsturz und Brandschutt die Infrastruktur weitgehend lahmgelegt war. Die gewerblichen Kanäle, die «Teiche» funktionierten kaum mehr, der Birsig hatte sogar weite Teile der Talstadt unter Wasser gesetzt. Die engen Gassen waren kaum passierbar, so dass die offenen Plätze gar nicht oder nur unter Lebensgefahr erreicht werden konnten. Auch wenn manche Gebäude, profane Wohn- und Wirtschaftsbauten oder auch Kirchen, nicht oder nur unwesentlich beschädigt waren, das Stadtareal innerhalb der Ringmauern war jedenfalls unbewohnbar gemacht. Das betraf nicht nur die Wohnhäuser, es galt auch für die Kirchen mit ihren Taufsteinen und Begräbnisplätzen, die der aus der Stadt geflüchteten Bevölkerung bis auf weiteres unerreichbar blieben.

Wie angesichts eines derartigen Ausmasses an Verwüstung ein Wiederaufbau erfolgen sollte, konnte in den ersten Tagen nach der Katastrophe wohl niemand voraussagen. Auch der Adel der Umgebung befand sich in einer wenig komfortablen Lage. Wir wissen zwar, dass viele der sechzig als zerstört gemeldeten Burgen nur Teilschäden erlitten haben, doch bleibt offen, ob die angeschlagenen Gebäude fürs erste, wenn auch nur in notdürftig provisorischer Herrichtung, überhaupt bewohnbar waren. Manche Adelsfamilien hatten das Glück, über mehrere Burgen zu verfügen, von denen die eine oder andere unbeschädigt geblieben war. So konnten die Herrn von Ramstein auf ihrer Stammburg oder auf Zwingen residieren, bis ihre Feste Gilgenberg wiederhergestellt war. Anderen war das Schicksal nicht so hold, zumal auch die Sässhäuser und Wohntürme kaum benutzbar waren. Wie beispielsweise die Herren von Schauenburg, deren zwei Burgen zerfallen waren, wie die Münzmeister zu Binningen oder die Reich von Reichenstein die Zeit bis zur Wiederherstellung wenigstens eines ihrer Wohnsitze überbrückt haben, wissen wir nicht. Dazu kam, dass viele erdbebengeschädigte Adelsfamilien als Schirmherren von Pfarrkirchen auch für deren Wiederherstellung zu sorgen hatten. Der Gesamtschaden, von dem der Adel in Basel betroffen war, hatte ein Ausmass, das die Gefahr einer sozialen und herrschaftlichen Destabilisierung in den ländlichen Grundherrschaften in den Bereich des Möglichen rückte und auch die Machtstellung des Ritterstandes in Basel zu erschüttern drohte.

   Zunächst aber ergaben sich aus der Erdbebenkatastrophe ganz andere Gefahren, welche die Gesamtbevölkerung betrafen. In den improvisierten Zelten und Hütten vor der Stadt musste mit dem Ausbruch von Seuchen als Folge der selbst für mittelalterliche Verhältnisse unhygienischen Zustände gerechnet werden. Zudem war fraglich, ob und wie man in den bevorstehenden Wintermonaten die Kälte überstehen konnte.

   Es musste in den Tagen nach dem Beben und dem Brand allen Betroffenen klar werden, dass die Zukunft der Stadt von energischen Massnahmen, von der Autorität und Flexibilität der politischen Führung, vielleicht auch von einer nachbarschaftlichen Hilfe aus der näheren und weiteren Umgebung abhing.

Anmerkungen

1 R. Wackernagel, Basel 1, S. 53. – Ann. Colm. S. 215–240.

2 UBB 9, Nr. 240 (1499): Erste urkundliche Erwähnung des Egelsees.

3 Die grosse Rheinkorrektur unterhalb Basel erfolgte ab 1817 unter der Leitung von J.G. Tulla.

4 Zu den Hochwassern im 14. Jahrhundert vgl. Anhang, Quellentexte Nrn. 3 und 4.

5 Ann. Colm. S. 230.

6 Basler Zollstätten befanden sich auf der Rheinbrücke, unter den Stadttoren, am Übergang der Wiese und auf der Birsbrücke bei Münchenstein. Harms 1, S. 8ff.

7 Zum Bau der Wiesenbrücke bei Kleinhüningen vgl. UBB 6, Nrn. 298, 341, 352. – Für den Bau der Birsbrücke bei St. Jakob waren seit dem späteren 14. Jahrhundert mehrere Anläufe erforderlich.

8 BChr. 4, S. 32 (Räuberunwesen im Elsass).

9 Teppichwirker auf Rötteln: Anna Rapp Buri / Monica Stucky-Schürer: Zahm und wild, Basler und Strassburger Bildteppiche des 15. Jahrhunderts. Mainz 1990, S. 29.

10 Zu Laufen vgl. Daniel Hagmann / Peter Hellinger: 700 Jahre Stadt Laufen, Basel 1995, S. 19–34.

11 Zum Stadtbild generell immer noch unverzichtbar Fechter, Topographie, S. 1–146.

12 Zu den Kreuzsteinen und zur Bannmeile vgl. Fechter, Topographie, S. 144–146 und R. Wackernagel, Basel 2/1, S. 260–262.

13 Zusammenfassung des derzeitigen Forschungsstandes über Basels Stadtbefestigungen bei Matt, Befestigungen, S. 40–49.

14 Aus der Ersterwähnung des Rheintores in der Jahrrechnung von 1363/64 geht nicht eindeutig hervor, ob der Bau damals neu errichtet oder bloss umgestaltet bzw. erneuert worden ist. Vgl. Harms 2, S. 4: *Item so hand wir geben an den thurne ze Rine ze buwende 103 Pfund 2 Schilling*. Die Summe spricht jedenfalls für ein grösseres Bauvorhaben.

15 Urkundliche Erwähnung der ältesten Stadtmauer: UBB 1, Nr. 14 (1101/03).

16 Ersterwähnung der Kapelle auf der Brücke bei Fechter, Topographie, S. 132, Anm. 5.

17 Schönes Haus: Nadelberg 6/8. – Sommerer, Balkenmalereien, S. 15–33. – Zerkinhof: Nadelberg 10. – Dächer Basel, S. 160–166.

18 Überblick über die Baugeschichte der Basler Sakralbauten: KDM BS, Bde 3–5. Mit dem Erscheinen des Münsterbandes ist einstweilen nicht zu rechnen. Noch immer gültig: Stehlin, Baugeschichte.

19 Zerstörung der Pfalz: UBB 1, Nrn. 195 (1247), 201 und 103 (1248). – ABBS 1994, 113–122.

20 Heute Rittergasse 3.

21 Zu den Dachformen und zum Aufkommen der Ziegelbedachung vgl. Dächer Basel, S. 225–238, 283 und 386–395. – Unsicher ist, ob um 1350 die mehrgeschossigen Häuser schon mit Aussenaufzügen im Dachhimmel ausgestattet waren, wie sie sich noch heute bei manchen Altstadthäusern finden.

22 Zu den Eegräben vgl. Werner Meyer: Sprachhaus und Scheisskübel. Bemerkungen zu mittelalterlichen Abtritten, in: Fundgruben, Basel 1996 (Publikation zu Ausstellung «Stille Örtchen ausgeschöpft» im Historischen Museum Basel), S. 24–33.

23 Zu den *Friheiten* vgl. Fechter, Topographie, S. 122/113, ferner R. Wackernagel, Basel 2/1, S. 364.

24 Zu den Teichen vgl. Eduard Golder: St. Alban-Teich, Basel 1986. – Ders., Die Wiese, Basel 1991. – Ders., Der Birsig und seine Nebengewässer, Basel 1995. – Schweizer: Gewerbe.

25 Fechter, Topographie, S. 119.

26 Ein Viertel (oder *viertzel, vierntzal* und dgl.) bildete den vierten Teil von einem Mütt und umfasste ca. 25 Liter. (Im Mittelalter wurde das Getreide nicht nach Gewicht, sondern nach Volumen mittels Hohlmassen gemessen.)

27 Wurstisen, Chronik, S. 156.

28 R. Wackernagel, Basel 2/1, S. 425–427.

29 Dorothee Rippmann: Bauern und Städter, Stadt-Land-Beziehungen im 15. Jahrhundert, Basel 1990 (BBG 159).

30 Rippmann, Dorf, S. 123–138.

31 Vgl. etwa die Verhältnisse in Münchenstein und Muttenz unter den Münch, bei Meyer, Löwenburg, S. 111–190. – Ferner Rippmann, Wirtschaft, S. 139–164.

32 Fechter, Topographie, S. 115f.

33 R. Wackernagel, Basel 2/1, S. 243 und 364–378.

34 Für Detailuntersuchungen über die Rechts- und Besitzverhältnisse der Basler Liegenschaften sei auf das nach Strassen und Häusern geordnete Historische Grundbuch im StABS verwiesen.

35 R. Wackernagel, Basel 2/1, S. 406–530. – Zum Basler Zunftwesen vgl. überdies Ulrich Barth: Zünftiges Basel, Basel 1986. – Katharina Simon-Muscheid: Gewalt

und Ehre im spätmittelalterlichen Handwerk am Beispiel Basels, in: Zeitschrift für Historische Forschung 8/1, Berlin 1991. – Egger, Zünfte, S. 13–42.

36 R. Wackernagel, Basel 2/1, S. 380–386.
37 R. Wackernagel, Basel 2/1, S. 230–238.
38 UBB 43, Nr. 156 (1342, Dez. 19).
39 Wackernagel, Basel 2/2, S. 657f.
40 BChr. 5, S. 23.
41 Eine befriedigende, grenzüberschreitende Darstellung der Geschichte des «Dreilandes» zwischen Jura, Schwarzwald und Vogesen fehlt einstweilen. Aus Basler Sicht für das 14. Jahrhundert noch immer wertvoll R. Wackernagel, Basel 1, S. 228–331.
42 Bündnisverträge im Wortlaut: UBB 4, u.a. Nrn. 59, 61, 62, 223, 224, 225.
43 UBB 4, Nrn. 173, 201.
44 Im Basler Bundesbrief mit den zehn Orten der Eidgenossenschaft vom 9. Juni 1501 behält sich Basel ausser den Papst und das Heilige Römische Reich auch *unsern herren, den bischoff zu Basel, so zu zitten ist, und sin gotzhuss, wa wir von im nit unbillich beschwert werden,* vor. UBB 9, Nr. 272.
45 Zur Rechtsstellung der Burgen und Adelsherrschaften in der Regio vgl. Merz, Sisgau 1–4 und Meyer, Burgenlexikon.
46 Trouillat 5, S. 885–889.
47 Zu den genealogischen Zusammenhängen zwischen den Häusern Pfirt und Habsburg vgl. Merz, Sisgau 1, Stammtafel 1.
48 Heinz Heimgartner: Die Burg Rötteln, Schopfheim 1964, S. 15f.
49 Zur Lage und Streuung des Habsburger Besitzes in den «Vorlanden» vgl. P. Schweizer / W. Glättli (Hg.): Das Habsburgische Urbar, Bd. 2/2, Basel 1904, Kartenbeilagen 1 und 2 (QSG 15/2).
50 Zum Verhältnis zwischen Basel und dem Hause Habsburg im 13. und 14. Jahrhundert vgl. Meyer, Beziehungen, S. 21–41.
51 Allgemein zur Katastrophenwahrnehmung in der Pestzeit von 1347–1349 vgl. Franticek Graus: Pest-Geissler-Judenmorde. Das 14. Jahrhundert als Krisenzeit. Göttingen ²1988.
52 Zu den Juden im mittelalterlichen Basel vgl. Meyer, Geschichte der Juden, S. 15–56.
53 Reinhard Schneider: Der Tag von Benfeld im Januar 1349, in: Susanne Burghartz u.a. (Hg.): Spannungen und Widersprüche, Gedenkschrift für F. Graus, Sigmaringen 1992, S. 255–272.
54 Math. Neob., S. 159–163.
55 Stefan Winkle: Geisseln der Menschheit, Düsseldorf/Zürich ²1997, S. 422–515. – Heinrich Buess: Die Pest in Basel im 14. und 15. Jahrhundert, in: BJ 55, 1956, S. 45–71.
56 Closener, S. 106–111.
57 BChr. 5, S. 21.
58 Wurstisen, Chronik, S. 173.
59 BChr. 4, S. 373. – Wurstisen, Chronik, S. 169.
60 Wurstisen, Chronik, S. 175. – Sebastian Münster: La Cosmographie universelle etc., Basel 1566, S. 448. – Die späteren deutschen Ausgaben der Cosmographie (1598, 1628) übernehmen die Version von Wurstisen.
61 W. Wackernagel, Erdbeben, Quelle I.
62 Den Brand des Grossbasler Rathauses belegt die Notiz aus dem frühen 15. Jahrhundert, wonach die Stadt 1356 um alle ihre schriftlichen Dokumente gekommen sei. Vgl. unten Anhang, Quellentext Nr. 1.2.
63 BChr. 5, S. 23 und 56. – Zur Bausubstanz der Kleinbasler Häuser vgl. nun KDM BS 6. – Zur Datierung von Dachkonstruktionen siehe Dächer Basel, S. 160–166.
64 Vgl. Anhang, Quellentexte Nrn. 3 und 4.
65 Zusammenstellung und Würdigung der wichtigsten Quellentexte bei Fouquet, Erdbeben, S. 35–39.
66 Vgl. Anhang, Quellentext Nr. 10.
67 Nach Closener, vgl. Anhang, Quellentext Nr. 8.
68 Vgl. Anhang, Quellentext Nr. 7.
69 Faber, Descriptio, S. 171f.
70 Das innere Spalentor, später «Spalenschwibbogen» genannt, erhob sich am oberen Ende des Spalenberges.
71 Vgl. Anhang, Quellentext Nr. 9.
72 Vgl. Anhang, Quellentext Nr. 7.
73 Vgl. Anhang, Quellentext Nr. 10.
74 W. Wackernagel, Quellentext I. – Original: StABS, Klosterarchiv, Urk. Domstift Nr. 99. – Der Aufruf wurde am 10. Juli 1364 erneuert. StABS, Klosterarchiv, Urk. Domstift Nr. 130.
75 Siehe Anhang, Quellentext Nr. 7. – Faber, Descriptio, S. 172.
76 Reicke, Erdbeben, S. 29. – Dächer Basel, S. 143f., 160–166.
77 BChr. 1, S. 499–501, dazu ferner S. 263, Anm. 2.
78 Wechsler, Erdbeben, S. 18–58. – Zur St. Johanneskapelle auf dem Münsterplatz vgl. ABBS 2002, S. 80–95.
79 Wechsler, Erdbeben, S. 59–65. – Stehlin, Baugeschichte, S. 137–139.
80 Wechsler, Erdbeben, S. 5f. – Matt, Befestigungen, S. 42–44.
81 Matt, Befestigungen, S. 47.
82 Anhang, Quellentext Nr. 1.1.
83 ABBS 2001, S. 209–264.
84 ABBS 2002, S. 140f.
85 S. Anhang, Quellentext Nr. 1.1. – Für die stetig zunehmenden archäologischen und bauanalytischen Befunde in der Basler Altstadt vgl. ABBS, Jahresberichte ab 1988.
86 Vgl. etwa den Befund Fischmarkt 3/4. Dazu Tauber, Herd und Ofen, S. 146–148. – Ferner Imbergässlein 26. ABBS 2002, S. 47f.
87 Überblick bei Reicke, Erdbeben S. 227–28 und Wechsler, Erdbeben, S. 12–15.

88 Siehe Anhang, Quellentext Nr. 4.
89 Wechsler, Erdbeben, S. 13f.
90 Reicke, Erdbeben, S. 27. – Zum Lohnhof vgl. oben Anm. 83.
91 Reicke, Erdbeben, S. 28f. – Zur Situation in Kleinbasel vgl. KDM BS 6.
92 Standort der ersten Synagoge: Gerbergasse 14. Dass die Synagoge 1356 nicht wesentlich gelitten hat, ergibt sich aus ihrer Verwendung als Lagerhalle anstelle des zerstörten Kaufhauses. Meyer, Geschichte der Juden, S. 28.
93 Gutscher/Reicke, Wandmalereien, S. 129–138.
94 Bestrafung von Plünderern: Siehe Anhang, Quellentext Nr. 1.3.
95 Wechsler, Erdbeben, S. 11f.
96 Das mittelalterliche Längenmass der Meile *(mîle)* ist im Abendland nicht allgemein genormt. Im Durchschnitt beträgt die Meile umgerechnet 7,5 Kilometer. Helmut Kahnt / Bernd Knorr: Alte Masse, Münzen und Gewichte. Mannheim/Wien/Zürich 1986, S. 183.
97 Isoseisten sind Linien, die – wie oben schon erläutert – Zonen gleicher Erdbebenintensität eingrenzen. Weidmann, Erdbeben, S. 61 und 79.
98 Siehe Anhang, Quellentext Nr. 10.
99 Johann R. Rahr: Die mittelalterlichen Kunstdenkmäler des Kantons Solothurn, Zürich 1893, S. 198.
100 Reparaturen auf der Grasburg: Friedrich Burri: Die einstige Reichsfeste Grasburg, Bern 1935, S. 233 und 244.
101 Zitiert nach Merz, Sisgau 3, S. 130, Anm. 24.
102 Vgl. Anhang, Katalog der 1356 als zerstört gemeldeten Burgen.
103 Zu den im vorliegenden Text genannten Burgen vgl. die entsprechenden Artikel in Meyer, Burgenlexikon. – Zu den Standorten ferner Burgenkarte der Schweiz und des angrenzenden Auslandes, Blatt 1, Wabern-Bern, 1976.
104 Faber, Descriptio S. 172.
105 Zusammengestellt bei W. Wackernagel, Erdbeben, Quellen VII, X, XVIII, XX, XXI, XXIV, XXVII. – Ferner Klingenberger Chronik, S. 99.
106 Die in den Verzeichnissen der Chronisten genannten Burgen liegen im mutmasslichen Intensitätsbereich VIII und IX. – Welche Bauschäden in den viel weitläufigeren Intensitätsbereichen VI und VII schlüssig auf das Erdbeben von 1356 zurückzuführen sind, lässt sich nur über Einzelnachrichten und Einzelbefunde abklären. Vgl. die Isoseistenkarte bei Weidmann, Erdbeben, S. 79.
107 Vgl. Christian A. Müller: Die Burgen in der Umgebung von Basel und das Erdbeben von 1356, in: BZ 55, 1956, S. 25–73 (weitgehend unbrauchbar).
108 Werner Meyer: Die Frohburg, Ausgrabungen, 1973–77. Zürich 1989, S. 100/101 (SBKAM 16).
109 Meyer, Burgenlexikon, S. 87f.
110 Meyer, Burgenlexikon, S. 186f.
111 Wurstisen, Chronik, S. 176.
112 Meyer, Burgenlexikon, S. 9/10.
113 Meyer, Burgenlexikon, S. 118f. – Merz, Sisgau 1, S. 308–318. – Tauber, Herd und Ofen, S. 66–69.
114 «Motte» oder «Burgmotte»: Burganlage mit meist hölzernen Kernbauten, die auf einem künstlich aufgeschütteten oder hergerichteten Hügel errichtet sind.
115 Das mittelalterliche Weiherhaus Ötlingen erhob sich an der Stelle des um 1650 errichteten Schlosses Friedlingen. Meyer, Burgenlexikon, S. 23.
116 Möglicherweise ist auch der runde Hauptturm von Pruntrut dank seiner festen Bauweise vor Erdbebenschäden bewahrt worden. – Zum «Stein» von Rheinfelden vgl. Merz, Aargau 2, S. 431–435.
117 Merz, Sisgau 2, S. 124. – Meyer, Burgenlexikon, S. 202–205.
118 Meyer, Burgenlexikon, S. 16f.
119 Meyer, Burgenlexikon, S. 152f. – Merz, Sisgau 1, S. 65–68.
120 Ob der Felssturz bei der Schauenburgflue durch das Erdbeben von 1356 ausgelöst worden ist, steht einstweilen noch nicht fest.
121 Meyer, Burgenlexikon, S. 126f.
122 Tauber, Herd und Ofen, S. 87–100. – Meyer, Burgenlexikon, S. 134–137.
123 Meyer, Burgenlexikon, S. 122f.
124 Zu den Befunden auf Birseck vgl. die Internet-Meldung von Reto Marti: Arlesheim: Wenn Steine reden – Bauuntersuchung auf Schloss Birseck: http://www.baselland.ch/docs/kultur/archaeologie/Pages/News/news_0024.html [21.6.2005].
125 Meyer, Burgenlexikon, S. 113–117.
126 Gutscher, Ereignis, S. 11. – AKB 3A, 1994, S. 208.
127 Tauber, Herd und Ofen, S. 100–104.
128 Tauber, Herd und Ofen, S. 69–77.
129 Müller, Bischofstein, S. 13–16 und 80.
130 Meyer, Löwenburg, S. 29. – NSBV 1963, Nr. 6.
131 Tauber, Herd und Ofen, S. 22–28. – Hans Erb: Ausgrabungen Thierstein 1934, in: Argovia 47, 1935.
132 Tauber, Herd und Ofen, S. 51. – Merz, Aargau 1, S. 250–261.
133 Meyer, Burgenlexikon, S. 66f.
134 Windler/Marti, Madeln, S. 61–149.
135 Tauber, Herd und Ofen, S. 56–60. – Alex R. Furger: Eine mittelalterliche Wüstung bei Arisdorf BL, in: BHB 13, 1977.
136 Vgl. etwa die Bildbelege in Merz, Sisgau 2, Taf. 3 oder 4, Taf. 12. – Aussagekräftig auch die ländlichen Bauten auf dem Dornacher Schlachtholzschnitt von 1499. Werner Meyer: Die Schweiz in der Geschichte 1, Zürich 1995, Abb. auf S. 100–103.
137 BChr. 5, S. 32.
138 KDM BL 2, S. 183, 197–200.
139 Pfrommer/Gutscher, Laufen, S. 25.
140 Meyer, Burgenlexikon, S. 54.

141 ULB 1, Nr. 379.
142 Xavier Mossmann (Hg.): Cartulaire de Mulhouse 1, Strasbourg 1883, Nr. 269 vom 13. Dezember 1356: Steuerbefreiung durch Kaiser Karl IV. für zwei Jahre, um die Stadt zu *bezzern und böwen*.
143 Klingenberger Chronik, S. 99.
144 Trouillat 4, S. 105.
145 KDM BL 1, S. 327ff.
146 KDM BL 1, S. 214, 280ff. und 3, S. 164, 384ff.
147 KDM BL 3, S. 289.
148 KDM BL 2, S. 199.
149 KDM BL 2, S. 404.
150 KDM BL 2, S. 46.
151 Lex. MA 3, Sp. 2126.

3. Die Auswirkungen

Die Verluste

Die grosse Quellen- und Forschungslücke

In den noch ins Jahr 1357 fallenden Eintragungen des Roten Buches findet sich ein aufschlussreicher Passus über die Auszahlung von Guthaben durch den Rat:[1]

Man sol wissen, daz wernher Paulers seligen kinden geben sint M guldin minus X flor. (990 Gulden), und weri, daz dehein brief funden wurde dar über, daz der nut gelten sol enhein kraft hat. Item dem Goltsmit sind ouch geben CV Guldin, die er uf der stat hatte, der ouch sin brief verlor, und verbran in dem Ertpidem.

Demnach hat die Basler Obrigkeit beim Verlust von Schuldscheinen im Erdbeben schnell und unbürokratisch reagiert. Die Gläubiger, die Nachkommen des Werner Pauler und des Goldschmieds, hatten Bargeld dringend nötig, und da sie trotz des Verlustes ihrer Schuldscheine glaubhaft ihre Ansprüche belegen konnten, bezahlte die Stadt die Guthaben anstandslos aus, allerdings mit dem Vorbehalt, dass die Schuldbriefe, falls sie doch noch zum Vorschein kommen sollten, ungültig seien.

Mit diesem Quellenstück wird das zentrale Problem des Schicksals der Fahrhabe angesprochen. Was mag in der Katastrophennacht mit dem Hausrat, dem Handwerkszeug, den Vorräten, den Haustieren und den Schriften passiert sein? Bilder von Menschen, die nach einem Erdbeben verzweifelt versuchen, aus den Trümmern das noch Brauchbare zu bergen, sind uns von heutigen Katastrophen aus den Medien zur Genüge bekannt.[2] Es braucht nicht viel Phantasie, um sich analoge Szenen auch für das Erdbeben von 1356 vorzustellen. Aber auffallenderweise schweigen sich die Schriftquellen, abgesehen von wenigen Ausnahmen wie dem oben zitierten Aktenstück, weitgehend aus. Es gab auch – eine triviale Feststellung – keine Anlaufstelle, an die man sich, etwa im Sinne einer Mobiliarversicherung, um Ersatz hätte wenden können. Nach der Vernichtung ihrer Fahrhabe blieben die Menschen allein ihrem Schicksal ausgeliefert. Das Schweigen der Quellen verbietet es uns, die tatsächlich eingetretenen Verluste einigermassen zuverlässig hochzurechnen. Immerhin ist davon auszugehen, dass viele Gegenstände aus widerstandsfähigem Material oder in robuster Ausführung dem Brand und den Erdstössen widerstanden haben, so dass sie mehr oder weniger unversehrt aus dem Schutt geborgen werden konnten. Da im Boden Basels keine zusammenhängende Zerstörungsschicht erhalten ist – man hat die ganze Trümmermasse im Zuge der Aufräumarbeiten in den Rhein entsorgt – besteht auch keine Aussicht, die Überlieferungslücke der Schriftquellen durch archäologische Befunde schliessen zu können.

Wegen des Fehlens von ausreichenden und aussagekräftigen Informationen ist das Problem der Fahrhabe in der historischen Forschung über das Erdbeben von 1356 kaum beachtet worden. Die Untersuchungen und Überlegungen konzentrieren sich im wesentlichen auf die vom Erdbeben und vom Brand beschädigten Gebäude und deren Wiederaufbau.

Nun entspricht es einer Binsenwahrheit, dass es ohne Berücksichtigung der jeweils zur Verfügung stehenden Fahrhabe ein Ding der Unmöglichkeit ist, ein historisch korrektes Bild des Alltagslebens zu entwerfen. Wenn demnach bei einer Untersuchung über das Erdbeben von Basel auch das Schicksal der Bevölkerung nach der Katastrophe, die Wiederherstellung eines «Normalzustandes» und die wirtschaftlichen Grundlagen für all die Instandsetzungsmassnahmen ausgeleuchtet werden sollen, muss auch die Frage nach dem Schicksal der Fahrhabe gestellt werden. Die folgenden Abschnitte stellen deshalb den Versuch dar, anhand der spärlichen Schriftquellen und der noch kärglicheren Befunde der Bodenforschung einige Überlegungen anzustellen, was in der Erdbebennacht vom 18. auf den 19. Oktober und in den folgenden Tagen mit all den Menschen, dem Hausrat, den Schriften, den Haustieren und der sonstigen Fahrhabe passiert sein könnte. Auch wenn vieles im dunkeln bleibt, ist es doch notwendig, wenigstens die überfälligen Fragen zu stellen, auch wenn letztlich vor allem die Umrisse eines ungeheuren Forschungsdefizits sichtbar werden.

Tote und Gerettete

Bei der Untersuchung einer grösseren Naturkatastrophe gehört die Frage nach den Verlusten an Menschenleben, nach der Zahl der Toten und Verletzten, zu den zentralen Bereichen der Ermittlungen. Medienberichte über heutige Erdbeben mit ihren erschreckend hohen Quoten von Verschütteten könnten vermuten lassen, das Erdbeben von 1356 habe Tausende von Opfern gefordert.

Die schriftlichen Nachrichten über die Zahl der 1356 vom Erdbeben getöteten Menschen sind allerdings dürftig und vor allem widersprüchlich. Das Rote Buch, das bekanntlich mit einem knappen, aber sehr zuverlässigen Bericht über das Erdbeben beginnt, erwähnt überhaupt keine Verluste an Menschenleben.[3] Heinrich von Diessenhofen berichtet von Verschütteten, ohne sich auf eine Zahl oder eine Grössenordnung festzulegen.[4] In dem kurzen, wohl um 1357 entstandenen Eintrag im Bürgerbuch von Luzern und in der Beschreibung des Bebens in der um 1370 verfassten anonymen Fortsetzung der Chronik des Matthias von Neuenburg finden sich keine Hinweise auf Opfer.[5] Konrad von Waldighofen, ein weiterer Zeitgenosse, berichtet freilich, es seien viele Menschen *(multi homines)* verschüttet worden[6], und auch der Strassburger Fritsche Closener – dem ein paar Jahrzehnte später Jakob Twinger vom Königshofen folgt – schreibt um 1360:[7] *Do verdarb ouch vil lutes und vihes vom brande unde vor verfallende.* Ähnlich unbestimmte Äusserungen sind in der anonymen Chronik der Stadt Zürich und in der Klingenberger Chronik enthalten.[8]

Konkrete Zahlen tauchen erst nach 1400 in der historiographischen Überlieferung auf. Ein Chroniktext aus dem beginnenden 15. Jahrhundert nennt die Zahl von 300 Toten[9], die im 16. Jahrhundert von Christian Wurstisen aufgegriffen wird.[10] Um 1420 berichtet der Berner Conrad Justinger von 1000 Toten, was im 16. Jahrhundert von Werner

Schodoler übernommen wird.[11] Die von den Ereignissen weit entfernte Chronik der Römischen Kaiser von 1542 nennt sogar 2000 Tote, während Sebastian Münster, Johannes Stumpf und Aegidius Tschudi im 16. Jahrhundert bloss von 100 Getöteten sprechen und sich damit auf eine Zahl festlegen, die in der älteren Historiographie nicht überliefert ist.[12] Nicht auszuschliessen ist die Möglichkeit, dass die drei Geschichtsschreiber die vage Angabe von «vielen Leuten» als numerische Grössenordnung 100 aufgefasst haben. Wir können uns vorstellen, wie die Getöteten zwecks Identifizierung im Freien nebeneinander gelegt worden sind, so dass eine Reihe von 60, 80 oder 100 Leichen nebeneinander auf den Betrachter bereits den Eindruck von «vielen Toten» erweckt haben muss. Wie dem auch sei, aus den unterschiedlichen Zahlen, die uns die historische Überlieferung meldet, lässt sich die Höhe der Verluste an Menschenleben nicht errechnen. So müssen weitere Überlegungen und Quellen herangezogen werden.

Zurückhaltend äussert sich Rudolf Wackernagel: «Die Zahl der Getöteten ist auch annähernd nicht zu bestimmen». Immerhin hält er die «Überlieferung vom Untergang vieler Menschen» für glaubhaft, auch wenn er eingestehen muss, dass insgesamt nur von drei Getöteten die Namen bekannt sind, vom Domherrn Johann Christiani, vom Geistlichen Peter Münch von Münchsberg sowie von einem genealogisch nicht eindeutig identifizierbaren Herrn von Bärenfels, der auf der Flucht aus der Stadt von einer herabstürzenden Zinne erschlagen wurde.[13]

Der Tod des Johann Christiani ist im Jahrzeitenbuch des Basler Münsters mit ausdrücklichem Hinweis auf das Erdbeben vermerkt.[14] Damit ist eine Quellenkategorie angesprochen, die wie kaum eine andere schlüssige Informationen über die Opfer des Erdbebens vermitteln könnte. Die Jahrzeitenbücher verzeichnen bekanntlich Tag für Tag die für verstorbene Angehörige zur Sicherung des ewigen Seelenheils gestifteten Totenmessen, die unbefristet Jahr für Jahr gelesen werden müssen. Die Annahme liegt nahe, dass eine ungewöhnlich hohe Zahl von Erdbebenopfern in den Basler Jahrzeitenbüchern für den 18. Oktober oder die nächstfolgenden Tage eine entsprechend grosse Häufung von Stiftungen zur Folge haben müsste, sei es in Form von Seelenmessen für Einzelpersonen oder gemeinsam umgekommene Familienmitglieder, sei es in Form von Gruppen- oder Pauschaljahrzeiten, wie sie aus dem Spätmittelalter für die Gefallenen einer Schlacht bezeugt sind. Nun finden sich aber in den erhaltenen Jahrzeitenbücher der Basler Kirchen und Klöster mit Ausnahme der Seelenmesse für den Domherrn Johann Christiani überhaupt keine Eintragungen, die vermutungsweise oder gar zwingend mit dem Erdbeben in Verbindung gebracht werden können. Dies trifft auf die Jahrzeitenbücher des Münsters, der Martins-, Peters- und Theodorskirche sowie des Klingental- und Predigerklosters zu. Auch wenn wegen des Fehlens weiterer Jahrzeitenbücher, etwa derjenigen des St. Leonhards-Stifts oder des Barfüsser- und St. Albanklosters eine Überlieferungslücke beachtet werden muss, bleibt das Schweigen der erhaltenen Jahrzeitenbücher doch sehr auffällig, zumal sich in diesen nicht nur keine Hinweise auf das Erdbeben feststellen lassen, sondern sich nicht einmal – von der Zahl der Eintragungen her – eine erhöhte Sterblichkeit für den Lukastag abzeichnet.

Dieser Negativbefund in den Basler Jahrzeitenbüchern sollte zusammen mit dem Schweigen über Erdbebenopfer in den ältesten Berichten zur Vorsicht gegenüber hochgegriffenen Opferzahlen mahnen. Auch der oben bereits beschriebene Ablauf der

Katastrophe, soweit er sich rekonstruieren lässt, spricht für eine relativ geringe Zahl von Opfern. Wenn noch nach Jahrzehnten vom Tod jenes Herrn von Bärenfels auf dem St. Petersbrücklein erzählt wird, lässt das doch eher auf ein spektakuläres Einzelereignis schliessen.[15]

Zu diesen Überlegungen passen die personengeschichtlichen Befunde. Unter den Angehörigen der Basler Oberschicht, Adligen, Achtburgern und Geistlichen, die den Grossteil der in den Urkunden mit Namen genannten Personen ausmachen, ist für das Jahr 1356 in keiner Weise ein prosopographischer Bruch festzustellen, etwa in dem Sinne, dass mit dem Katastrophenjahr eine auffallend grosse Zahl von Personen aus der Überlieferung verschwände und ab 1357 ebenso auffallend viele neue Namen auftauchten. Die personelle Zusammensetzung der politisch-herrschaftlichen und wirtschaftlichen Führungsschicht in Basel und Umgebung hat 1356 keine nennenswerte Veränderung erfahren.

Freilich, allzu harmlos sollte man sich das Erdbeben nicht vorstellen. Mehr oder weniger stark oder sogar tödlich Verletzte dürfte es im Gedränge bei der Flucht ins Freie, beim nächtlichen Versuch, die bewegliche Habe zu retten, und bei den späteren Aufräumarbeiten zwischen einsturzgefährdeten Mauern gegeben haben. Weniger prominente Leute mögen das Schicksal des von den Trümmern erschlagenen Domherren geteilt haben, aber keinesfalls in einer Grössenordnung, die sich demographisch auf Basels Bevölkerung ausgewirkt hätte. Dies gilt in noch stärkerem Masse für die bäuerliche Bevölkerung auf dem Lande, die wohl mehrheitlich mit dem Schrecken davonkam.

Die von den späten Chronisten geschätzte Zahl von 100 Toten kommt der Realität vermutlich am nächsten, bewegt sich aber immer noch am obersten Rande des Wahrscheinlichen. Das Beben dürfte insgesamt kaum mehr als einige Dutzend Menschenleben gekostet haben. Gestützt wird diese Vermutung durch die Nachricht, dass 1354 beim Brand von Kleinbasel etwa 30 Menschen ums Leben gekommen seien.[16]

Das Überleben des allergrössten Teils der Basler Bevölkerung – die um die Mitte des 14. Jahrhunderts etwa 7000 Menschen umfasst haben dürfte – wurde durch die relative Schwäche der ersten Erdstösse ermöglicht. Die Leute erschraken zwar, fanden aber doch Gelegenheit, sich ins Freie zu retten. Genaueres ist nicht überliefert. Was wir uns unter der Bewertung des anonymen Schreibers aus dem beginnenden 15. Jahrhundert vorzustellen haben, *ouch beschach vil wunders ze basel*, bleibt völlig offen.[17] Nicht auszuschliessen ist, dass er an spektakuläre Rettungsaktionen denkt, denn er überliefert uns auch die beiden Erzählungen über die Bergung eines Kleinkindes aus den Trümmern der Burg Pfeffingen und die glückhafte Rettung einer Frau von Frick, die beim Einsturz der Burg Aesch/Bärenfels als Kindsbetterin zusammen mit ihrem Neugeborenen und einer Magd mit dem Schrecken davonkam.

Bei diesen beiden Berichten erhebt sich sofort die Frage nach der Glaubwürdigkeit. Bemerkenswerterweise enthalten die Erzählungen genaue Einzelheiten, sie sind aber sachlich und nüchtern abgefasst, ohne legendenhafte Ausschmückungen und wundergläubige Kommentare. Sie unterscheiden sich damit deutlich von jener frommen Sage aus dem Leimental, wonach ein Kind aus den Häusern Reich oder Rotberg vor dem Sturz in den Abgrund durch die Heilige Jungfrau Maria gerettet worden sei, worauf die dankbaren Eltern am Ort des Wunders eine Kapelle (das nachmalige Kloster Mariastein) gestiftet hätten.[18]

Zur Zeit, als die anonyme Chronik verfasst wurde, waren die nächsten Angehörigen der Geretteten, die zur Basler Oberschicht zählten, noch am Leben, und die Geschichte dürfte noch allgemein bekannt gewesen sein. Dass beim Einsturz der beiden Burgen die erwähnten Personen nicht verschüttet und erdrückt, sondern irgendwie zwischen den Trümmern überlebt haben sollen, entspricht durchaus den Erfahrungen, die bei modernen Beben gemacht werden. Es besteht somit keine Veranlassung, die zwei Erzählungen von Pfeffingen und Aesch/Bärenfels als Produkte nachträglicher Sagenbildung ins Reich der Fabel zu verweisen. Ob auf anderen Burgen, die von den Chronisten als zerstört gemeldet werden, Menschen verschüttet worden sind, wird nicht überliefert, die Frage ist aber eher zu verneinen, denn wenn adlige Burgherren oder deren Angehörige – Frauen und Kinder – unter den Trümmern geblieben wären, hätte das in irgendeiner Weise in den Schriftquellen eine Niederschlag finden müssen. Wir haben anzunehmen, dass beim Beginn des Bebens die Burgbewohner – ähnlich wie die Basler Bevölkerung – ins Freie geeilt sind und so ihre Haut gerettet haben.

Die durch die Überlieferung plausibel gemachte Feststellung, dass das Erdbeben von Basel nur geringe, statistisch und demographisch irrelevante Verluste an Menschenleben gefordert hat, bildet eine wichtige Voraussetzung für die Deutung und das Verständnis der Jahre nach 1356, die – wie unten zu zeigen ist – durch einen allgemeinen, vor allem auch wirtschaftlichen Aufschwung geprägt sind.

Haustiere und Güter der Grundversorgung

Um 1360 hält der Strassburger Chronist Fritsche Closener in seiner Schilderung des Erdbebens von Basel fest:[19] *... mustent die lüte in den garten unde zuo velde ligen under gezelten, und littent die wile grossen gebresten unde hunger, wand in ire spise unde ir gut vervallen unde verbrant waz. Do verdarb ouch vil lutes und vihes vom brande und vor vervallende.*

Hinter diesen knappen Sätzen ahnen wir einen dramatischen Verlust an Gütern der Grundversorgung, der vorübergehend einen gefährlichen Engpass erzeugt haben muss. Es war den aus der Stadt flüchtenden Leuten – wohl so wenig wie den ins Freie eilenden Burgbewohnern in der Umgebung – kaum möglich, ausreichende Lebensmittelmengen mitzunehmen, von denen man in den nächsten Tagen hätte zehren können.

Was aber geschah mit all den Vorräten, die man im Hinblick auf den bevorstehenden Winter in den Kellern, Dachböden, Speichern und Lagerräumen für den Eigengebrauch und den Verkauf auf den Märkten gehortet hatte?

Ohne dass genaue Ziffern oder Prozentzahlen ermittelt werden können, ist davon auszugehen, dass sehr viel von dieser Ware vernichtet worden ist. An diesem Zerstörungswerk war auch das Wasser des Birsigs in der Talstadt beteiligt, das – durch Schutt aufgestaut – in viele Keller eindrang und die dort eingelagerten Lebensmittel unbrauchbar machte.[20]

Allerdings sollte man nicht von der Annahme einer Totalvernichtung ausgehen. In vielen Häusern, die nur teilweise, wenig oder gar nicht beschädigt wurden, weder vom Brand noch von den Erdstössen, dürften sich ansehnliche Mengen an Lebensmitteln, namentlich an Wein und Korn, erhalten haben und für den Verbrauch oder Verkauf zugänglich gemacht worden sein, sobald die Brände erloschen und die Gassen geräumt waren. Bezeichnenderweise erwähnen die Erdbebenberichte denn auch bloss den Versorgungsengpass für die ins Freie Geflüchteten, wissen aber nichts von einer längerfristigen Lebensmittelknappheit oder gar Hungersnot zu vermelden. Dies hängt vermutlich auch mit dem bereits angesprochenen Umstand zusammen, dass die Ernten des Herbstes 1356 in den Dörfern der Umgebung Mitte Oktober eingefahren waren, im Erdbeben aber kaum Schaden gelitten hatten und wenige Tage nach der Katastrophe auf den Markt gebracht werden konnten.

Closeners Bemerkung, es sei auch viel Vieh zugrunde gegangen, bedarf einer Überprüfung. Es ist bekannt, dass in Basel wie in anderen spätmittelalterlichen Städten vielerlei Haustiere gehalten worden sind, Rinder, Schweine, Schafe und Geflügel. Alle Tiere dienten zur Selbstversorgung der Bewohner mit Fleisch, die Rinder schätzte man auch wegen der Milch, die Schafe wegen der Wolle. Tagsüber wurden die Tiere in Herden eingeteilt und auf die Weidegründe ausserhalb der Stadt getrieben, wofür obrigkeitliche oder von Zünften bestellte Hirten zuständig waren. Auch Federvieh wurde gehalten, Hühner, Enten, Gänse. Vor allem ist auch an die vielen Trag-, Zug- und Reittiere zu denken, die Pferde, Esel und Maultiere, ohne die kaum ein gewerblicher Haushalt auskommen konnte. Die Zahl der in der Stadt lebenden, teils einem Besitzer zugehörigen, teils frei streunenden Hunde und Katzen lässt sich überhaupt nicht abschätzen.[21]

Das Erdbeben und der Stadtbrand haben zweifelsohne auch diese vermutlich Tausende von Haustieren überfallen, und es ist schwer vorstellbar, dass sich die in Panik geratene, auf Flucht bedachte Bevölkerung noch gross um die Rettung ihrer Vierbeiner gekümmert hätte. Immerhin ist nicht auszuschliessen, dass viele Leute, um möglichst viel Hab und Gut zu bewahren, ihre Trag- und Reittiere beladen haben und mit diesen ins Freie gelangt sind.

Wie viele der in Hinterhöfen, Pferchen und Ställen eingesperrten Rinder, Schweine und Schafe vor dem Brand und vor herabstürzenden Trümmern gerettet worden sind, lässt sich schwer abschätzen. Es ist aber denkbar, dass nur ein kleiner Teil dieser Nutztiere der Katastrophe zum Opfer gefallen ist. Denn wie wir wissen, setzte das Beben am späten Nachmittag ein, also zu einem Zeitpunkt, da die vor der Stadt weidenden Herden vielleicht gar noch nicht zurückgetrieben waren und so von den vernichtenden Bränden und Erdstössen verschont geblieben sind. Für diese Überlegung gibt es weder Quellenzeugnisse noch sonstige Beweise. Man muss sich aber doch fragen, ob eine komplette Vernichtung des Basler Haustierbestandes – wenn eine solche eingetreten wäre – in den zeitgenössischen Nachrichten über das Beben nicht irgendeinen deutlichen Niederschlag hätte finden müssen.

Hausrat und Kunstwerke

Wo die Erdstösse und Brände an den Gebäuden der Stadt ihr Zerstörungswerk verrichteten, muss auch viel Hab und Gut, also Hausrat und gewerbliche Ausrüstung, verlorengegangen sein, so wie in den Kirchen beim Einsturz von Mauern und Gewölben sakrale Kunstwerke beschädigt oder gar zerstört worden sind. Das tatsächliche Ausmass all dieser Verluste ist allerdings schwer abzuschätzen. Doch ist in der Unglücksnacht sicher nicht die ganze Fahrhabe der Basler Bevölkerung untergegangen; die Vorstellung, die Leute hätten nur gerade «ihr nacktes Leben» retten können, ist jedenfalls falsch. Es gab Häuser, die weitgehend unversehrt blieben, viele Gegenstände pflegte man in geschützten Wandnischen aufzubewahren, auch massive Truhen konnten sich mitsamt ihrem Inhalt unter heruntergestürztem Mauerschutt erhalten, und grössere Geldmengen pflegte man in Behältern an sicherer Stelle zu vergraben, wo sie nicht nur vor Dieben, sondern auch vor Feuer und Beben geschützt waren. Schliesslich ist auch damit zu rechnen, dass in den ersten Stunden des Bebens, bevor das Feuer und die immer stärkeren Erdstösse das Betreten der Stadt verunmöglichten, noch viel Hab und Gut ins Freie gerettet worden ist.

Dennoch muss viel vernichtet worden sein, allein schon deshalb, weil sich um die Mitte des 14. Jahrhunderts in Basel auch in den breiten Bevölkerungsschichten ein Wohnkomfort entwickelt hatte, der sich auf einen reichhaltigen, auf Repräsentation ausgerichteten Hausrat stützte, und es ist undenkbar, dass in der kurzen Zeit, die zur Verfügung stand, aus den mehrräumigen und mehrgeschossigen Häusern all die vielen Gegenstände gerettet werden konnten, die zum täglichen Leben gehörten. Allerdings ist auch zu berücksichtigen, dass viele Gegenstände – namentlich solche aus Metall – unter den Trümmern zwar begraben wurden, hinterher aber in mehr oder weniger unversehrtem Zustand wieder ausgegraben werden konnten – nicht nur von ihren rechtmässigen Besitzern, sondern auch von Plünderern.[22]

Was für Gegenstände des täglichen Lebens um die Mitte des 14. Jahrhunderts zu einem Basler Haushalt gehört haben können, ist nicht mehr vollumfänglich zu bestimmen. Fundschichten aus dem 14. Jahrhundert geben – auch bei sorgfältigster Bergung – nur Ausschnitte des ursprünglichen Haushaltspektrums wieder. Überrepräsentiert ist die Geschirrkeramik, die vorwiegend von Kochtöpfen stammt und seit der Mitte des 14. Jahrhunderts auch glasierte Ware und neue Formen wie Dreifusspfannen umfasst. Die Häufigkeit von Ofenkachelfunden zeigt deutlich, dass um 1350 die Kachelofenheizung in praktisch allen Basler Haushalten vorhanden gewesen ist.[23] Auch Talglämpchen und Spinnwirtel zählen zu den regelmässig auftretenden keramischen Funden.

Für hölzerne Objekte – Möbelteile und gedrechselte oder geküferte Gefässe – bietet der Basler Boden nur ausnahmsweise günstige Erhaltungsbedingungen, vor allem nur in tieferen Schichten, die lange vor dem Erdbeben abgelagert worden sind.[24] Die Seltenheit von Glasfragmenten (Fenster-, Spiegel- und Hohlglas) scheint zu belegen, dass um die Mitte des 14. Jahrhunderts in Basel Glas zwar bekannt und in Gebrauch war, aber noch nicht jene allgemeine Verbreitung gefunden hat, wie sie dann für das 15. Jahrhundert festgestellt werden kann.

Für Objekte aus Leder und Textilien bestehen in Basel ähnlich schlechte Erhaltungsbedingungen im Boden wie für Holz. Die im Vergleich mit Fundkomplexen von Burgen eher spärlich auftretenden Metallgegenstände (Bauteile, Geräte, Waffen, Trachtenteile, Schmuck etc.) erklären sich aus den städtischen Ablagerungsprozessen, denn bei den zutage tretenden, fundhaltigen Schichten handelt es sich zumeist um Auffüll- und Planierungsmaterial und selten um eigentliche Müllschichten wie auf den Burgen, wo einfach alles, was nicht mehr benötigt wurde, in den Burggraben oder den Abhang hinunter entsorgt worden ist.

Lässt sich also aus den Bodenfunden allein die Zusammensetzung eines Basler Haushaltes um 1350 nicht umfassend rekonstruieren, können die amtlichen Inventare der sogenannten «Beschreibbüchlein» diese Lücke mindestens teilweise schliessen.[25] Freilich setzen diese Aufzeichnungen erst zu Beginn des 15. Jahrhunderts ein, doch darf davon ausgegangen werden, dass sich in den rund fünfzig Jahren zwischen 1356 und den ersten Inventaraufnahmen um 1408/10 im Basler Wohnkomfort nicht allzuviel verändert hat. In diesen Verzeichnissen stösst man regelmässig auf das Standardmobiliar, auf Betten mit Strohsäcken, Decken und Kissen (auch seidenen), auf Tische und Tischtücher, auf Bänke und Truhen. Differenziert erscheint die Küchenausrüstung, da werden vielerlei Häfen, Pfannen und Töpfe (wohl vorwiegend bronzene Dreifusstöpfe) sowie Essigfässer, Bratspiesse, Häliketten, Kessel, Körbe, Pfeffermörser, Kochlöffel, Hackmesser und Vorratsgefässe genannt.

Zur Tischausstattung sind Becher und Kannen aus Silber und Zinn, silberbeschlagene «Köpfe» (Trinkgefässe mit Deckel) aus Holz, Schüsseln und Teller zu zählen. Zahlreich treten die Textilien auf, Handtücher, Wirkteppiche *(Heidnischwerk)* und vor allem Kleider wie Männer- und Frauenröcke, Wämser *(Joppen)*, aber auch *vil alter hudlen, beltz und ander ding.*

Unter den Waffen dominieren Griffwaffen wie Dolche, Schwerter und Mordäxte. Gelegentlich verrät das Inventar das im betreffenden Haus betriebene Gewerbe, so gehören Schermesser *(Scharsach)*, Scheren, Wetzsteine und eine Zahnzange zum Handwerksgerät eines Bartscherers, der auch als «Zahnbrecher» wirkte. Hämmer, Feilen, Zangen und Amboss verraten eine Schmiede, und in der Werkstatt eines Schwertfegers finden sich nicht nur die erforderlichen Geräte, sondern auch die charakteristischen Halb- und Fertigfabrikate wie Schwerter, Klingen aus Passau, Schwertknäufe, *Gehilze*[26] und sonstige Waffenteile.

Viele Gegenstände von geringem Wert, die im Haushalt aber unentbehrlich sind, wie z.B. Feuerstahl, Flintstein und Zunder zum Feueranfachen, werden in den Inventaren nicht eigens aufgeführt, sondern figurieren unter Sammelposten, wie *mengerhand klein dings, so nit ze schribende sint.* Wir gehen sicher nicht fehl, wenn wir in den Basler Haushalten von 1356 analoge Ausstattungen vermuten, wie sie uns die um ein halbes Jahrhundert jüngeren «Beschreibbüchlein» überliefern.

Wie die Balkenmalereien aus dem 13. Jahrhundert im «Schönen Haus» am Nadelberg sowie weitere Reste von Wandmalereien verraten, waren um 1350 viele Wohngebäude – in erster Linie diejenigen der Oberschicht – mit repräsentativem Schmuck ausgestattet, wohl nicht nur inwendig, sondern auch an den Fassaden.[27] Sprechende Fassadenmalereien (Pflanzen, Tiere, figürliche Szenen) verliehen vielen Häusern ihren Namen. Vieles davon, wenn auch nicht alles, hat das Erdbeben zusammen mit dem Stadtbrand vernichtet. Der Verlust an Kunstwerken traf allerdings in weit höherem Masse die Kirchen mit all ihren Altarausstattungen, ihren Grabmälern, ihrem figürlichen und ornamentalen Schmuck sowie ihrem kostbaren Kultgerät. Hier lassen sich die Zerstörungen nur grob abschätzen.

Wenn Altäre durch Feuer und herunterstürzende Trümmer so beschädigt wurden, dass sie als «entweiht» galten, mussten sie erneuert und in feierlichem Ritual neu geweiht werden.[28] Dies geschah mit dem Hochaltar des Münsters und mit Altären etwa in

St. Alban, St. Leonhard, St. Peter. Auch Chorgestühl war zu ersetzen, so in St. Peter, im Münster und in St. Leonhard. Ein Heiliges Grab aus der Zeit um 1340 ist in St. Leonhard zerstört worden, nur einzelne Bruchstücke haben sich erhalten. Aus der St. Ulrichskirche stammt ein Statuenfragment, ein Frauenkopf aus dem frühen 14. Jahrhundert, wohl das Bruchstück eines 1356 zerstörten Kunstwerks.[29] Wie ein Erdbeben dem plastischen Schmuck einer Kirche zusetzen kann, zeigt das Beispiel der Reiterstatue St. Georgs am Münster, die 1372 durch ein Beben heruntergestürzt worden ist.[30]

Schwer einzuschätzen sind die durch das Erdbeben verursachten Zerstörungen der in den Kirchen verwahrten Kultgeräte. Wenn sich von diesen Gold- und Silberschätzen aus dem Mittelalter ausser dem Münsterschatz nichts erhalten hat, hängt das aber nicht mit dem Erdbeben zusammen, auch nicht mit dem Stadtbrand von 1417, sondern mit der Reformation um 1528/30. Damals wurden von der Obrigkeit die kirchlichen Kultgeräte beschlagnahmt, inventarisiert und teils verhökert, teils eingeschmolzen.[31] Aus den erhaltenen Inventaren geht leider nicht hervor, welche Objekte noch aus der Zeit vor 1356 stammten. Wie wir aus schriftlichen Nachrichten wissen, sind viele Kultgeräte – Messkelche, Monstranzen etc. – im späten 14. und im 15. Jahrhundert gestiftet worden. Einiges davon mag als Ersatz für verlorengegangenes Gerät in Auftrag gegeben worden sein. Wenn wir aber berücksichtigen, dass die Kloster- und Stiftsarchive ihre Urkunden praktisch unversehrt haben retten können, dürfen wir annehmen, dass auch die wertvollen Kultgeräte an sicheren Orten verwahrt waren, wo ihnen weder Erdstösse noch Brände etwas anzuhaben vermochten. Dies trifft jedenfalls auf den Münsterschatz zu, der über die Reformationszeit hinaus bis 1827 in der gewölbten «Sakristei», im Winkel zwischen nördlichem Querhaus und Chorumgang untergebracht war.[32]

Wenig wissen wir über das Schicksal der Glocken. Es ist nicht bekannt, wie viele Glocken, die beim Einsturz der Türme niedergekracht sind, hinterher noch verwendungsfähig waren oder umgegossen werden mussten. Eine Glocke von St. Leonhard, gegossen 1324, ist erst 1867 eingeschmolzen worden. Zwei Glocken von St. Peter datieren aus dem 14. Jahrhundert. Vermutlich zerstört wurden die im Martinsturm des Münsters aufgehängten Glocken.[33]

Man mag den 1356 untergegangenen Kunstwerken von unbekannter Grössenordnung nachtrauern, sollte aber nicht übersehen, dass das Zerstörte in der Folgezeit durch Arbeiten in neuem Stil ersetzt worden ist, da der Bedarf an liturgischem Gerät, an religiösen Bildern sowie an sakraler und profaner Repräsentationskunst ungebrochen weiterbestand und dank des Wohlstands zahlreicher Stifter und Auftraggeber auch gestillt werden konnte. Die ersatzlosen Verluste an mittelalterlichen Kunstwerken sind erst in späterer Zeit eingetreten.

Verlorene und gerettete Schriften

Diss buch ist angefangen anno domini XIII^c LVI° umb sant martins tage, als der ertbidem da vor eynem jare uff sant lucas tag gewesen und die stat Basel verfallen, verbrennt und um alle ir bucher und briefe kommen was.

Diese oft zitierten Zeilen finden sich am Anfang des «Roten Buches», des einen von zwei im Jahre 1357 begonnenen Basler Ratsbüchern.[34] Der Eintrag stammt indessen nicht aus dem Jahre 1357, sondern – wie das Schriftbild verrät – erst aus dem frühen 15. Jahrhundert, als die Erinnerung an das Erdbeben zwar noch wach war, aber allfällige Augenzeugen, die als Kinder den Unglückstag erlebt hatten, bereits hoch in die Jahre gekommen waren und Einzelheiten kaum mehr im Bewusstsein der Bevölkerung hafteten.

Als Verfasser der Zeilen kommt am ehesten ein auf der Ratskanzlei tätiger, nicht eindeutig identifizierbarer Schreiber in Betracht. Die jüngste, von seiner Hand stammende Eintragung datiert aus dem Jahre 1424.[35] Mit der knappen Notiz über den Verlust der Schriften wollte er kaum den kompletten Verlust sämtlicher Schriften dokumentieren – der in dieser absoluten Form gar nicht eingetreten war –, sondern es ging ihm wohl eher darum, eine Erklärung dafür zu liefern, warum im Herbst 1357 ein neues Ratsbuch angelegt worden sei. Die Frage, wie viele Urkunden *(briefe)* und sonstige Schriften durch das Beben und den anschliessenden Brand tatsächlich zugrunde gegangen sind, wird durch die pauschale Bemerkung im «Roten Buch» jedenfalls nicht beantwortet.

Allgemein ist über die Schriftquellen in und um Basel für die Zeit vor 1356 festzuhalten, dass die urkundliche Überlieferung bis ins 11. Jahrhundert zurückreicht und für das Fehlen von Nachrichten über bestimmte Sachverhalte keinesfalls generell das Erdbeben verantwortlich gemacht werden kann. Manche Schriftstücke, deren Inhalt ihre Rechtsgültigkeit verloren hatten, sind weggeworfen worden, andere hat man vielleicht im Hinblick auf den Materialwert guten Pergamentes zum Zweck der Wiederverwendung aufbewahrt. Überdies ist keineswegs gesichert, dass über alle Vorgänge und Zustände, für die sich die heutige Geschichtsforschung interessiert, jemals Schriftstücke angefertigt worden sind. Ausserdem läuft Geschriebenes immer und überall Gefahr, vernichtet zu werden, sei es durch Brand, unsachgemässe Lagerung, Mäusefrass oder kriegerischen Vandalismus. Da sich somit nur schwer abschätzen lässt, wie umfangreich das um 1350 in und um Basel aufbewahrte Schrifttum tatsächlich gewesen ist, bleibt es ein aussichtsloses Unterfangen, die Zahl der im Erdbeben zugrunde gegangenen Schriften hochrechnen zu wollen.

Dass viele Dokumente verlorengegangen sind, steht ebenso fest wie die Tatsache, dass zahlreiche Schriftstücke gerettet worden sind. In der Stadt Basel selbst dürfte sich der Brand verheerender ausgewirkt haben als die Erdstösse. Denn in Flammen und Glut wird Pergament unweigerlich zu Asche, während Schriftstücke, in soliden Holzkisten verwahrt, unter Bauschutt unversehrt bleiben können, so lange ihnen keine Feuchtigkeit zusetzt.

Wo und wie in Basel um 1350 die vielen Urkunden, Bücher, Akten und sonstigen Aufzeichnungen archiviert waren, ist nicht überliefert. Erdstösse und Flammen dürften den unterschiedlichen Aufbewahrungsorten – Bischofsresidenz, Klöster, Rathaus, Adelshöfe, Privathäuser – mit ungleicher Heftigkeit zugesetzt haben. Am schlimmsten traf es offenbar die städtische Kanzlei des Rates, die im Haus «zum Angen», einer im Areal des heutigen Rathauses integrierten Liegenschaft, untergebracht war. 1356 ist dieses Gebäude, vielleicht nur aus Fachwerk errichtet, niedergebrannt, wobei der grösste Teil des städtischen Archivs vernichtet wurde.[36] Wie viele Bücher, Urkunden und sonstige Dokumente damals verlorengegangen sind, ist allerdings schwer abzuschätzen. Das 14. Jahrhundert war eine Periode zunehmender Schriftlichkeit, namentlich im Bereich der obrigkeitlich-weltlichen Verwaltungstätigkeit. Die Gesamtzahl der Basler Urkunden, Protokollbücher und Aktenstücke, die sich aus der Zeit zwischen 1356 und 1400 erhalten haben, kann nicht einfach dem am 18. Oktober 1356 vernichteten Schriftenbestand aus der 1. Hälfte des 14. Jahrhunderts gleichgesetzt werden. Um 1350 umfasste das Archiv des Basler Rates sicher viel weniger Schriftstücke, als innerhalb des folgenden halben Jahrhunderts produziert worden sind. So sind zwischen 1357 und 1400 nicht weniger als acht neue Ratsbücher mit differenziertem Inhalt (vor allem Ratsbeschlüsse, Gerichtsurteile, Rechnungssachen) angelegt worden, während vor 1356 offenbar nur ein einziges Buch, das im «Roten Buch» wiederholt genannte *erren buch*, geführt worden war.

Nach den sorgfältigen Untersuchungen Albert Bruckners sind 1356 aus dem Archiv des Basler Rates nur etwa ein Dutzend Urkunden aus der Zeit vor dem Erdbeben gerettet worden, einzelne Stücke mit deutlichen Brandspuren an den Rändern.[37] Eine grössere Zahl von erhaltenen Dokumenten aus dem 13. und frühen 14. Jahrhundert, die sich auf Kleinbasel beziehen, lag 1356 noch nicht im Basler Rathaus, sondern im Archiv der «Minderen Stadt» auf der rechten Rheinseite, das offenbar im Erdbeben kaum Schaden genommen hat. Diese Urkunden sind erst nach 1392 beim Kauf von Kleinbasel ins Archiv des Basler Rates gelangt.

Ausser den genannten, ganz wenigen Dokumenten, die den Brand des Rathauses unversehrt überstanden haben, konnten einige wichtige Texte inhaltlich rekonstruiert und im «Roten Buch» festgehalten werden. Es war wohl der seit 1342 amtierende Stadtschreiber Werner von Birkendorf, der aus eigener Erinnerung, vielleicht auch gestützt auf erhalten gebliebene Notizen, in Einzelfällen aber auch mit Hilfe von Zeugenaussagen alter Leute, eine ganze Reihe von Dokumenten erneuerte und ins «Rote Buch» übertrug. Dazu gehörten etwa das Schwurritual beim Empfang des Königs und nachmaligen Kaisers Karls IV., das Verfahren bei Klagen um Geldschulden, der Zunftbrief der Fischer und Schiffleute oder die Urkunde von 1262 über die Erwerbung des Hornfelsens durch die Stadt.

Trotz diesen Bemühungen bedeutete der Rathausbrand von 1356 für die Verwaltungstätigkeit der Stadt Basel einen schweren Rückschlag, und bis sich wieder ein Grundstock von Dokumenten gebildet hatte, auf den die Obrigkeit im Bedarfsfalle zurückgreifen konnte, blieb man wohl auf die mündliche Befragung von Zeugen angewiesen, um sich über die Zustände, Regeln und Beschlüsse der Zeit vor 1356 zu informieren.

Wie bereits angedeutet, scheint das vermutlich im Richthaus der «Minderen Stadt» aufbewahrte Archiv Kleinbasels weder im Stadtbrand von 1354 noch im Erdbeben von 1356 nennenswert gelitten zu haben. Diese Feststellung trifft auch auf die Basler Frauen- und Männerklöster zu. Deren Archive waren offenbar in feuer- und einsturzsicheren Gewölben untergebracht, so dass insgesamt nur sehr geringe Verluste eingetreten sind. Die aus der Zeit vor 1356 stammenden, bis in die jeweilige Gründungszeit der einzelnen Klöster zurückreichenden Urkundenbestände umfassen insgesamt weit über 3000 Stücke, wobei die Löwenanteile auf das Klingentalkloster (ca. 970 Urkunden vor 1356), die Stifte St. Peter und St. Leonhard sowie das Predigerkloster mit je 450 Urkunden entfallen. Wesentlich geringer sind die Bestände an sonstigen Archivalien, Temporalia wie Spiritualia, was aber kaum auf das Erdbeben zurückzuführen ist, sondern eher auf die rege Schreibtätigkeit der Klöster in Verwaltungsangelegenheiten, indem die Aktualisierung der Administrationsunterlagen, namentlich der Güter- und Einkünfterödel, laufend zur Entsorgung älterer, nicht mehr benötigter Schriften führte. Die Verluste an Texten religiösen Inhalts – was erhalten geblieben ist, landete in der Handschriftenabteilung der Basler Universitätsbibliothek – sind wohl zum kleinsten Teil im Erdbeben eingetreten, sondern vor allem in den Reformationswirren des frühen 16. Jahrhunderts.

Ohne grössere Schäden haben auch die Archive des Domstifts und des bischöflichen Offizialates sowie des Bischofs selbst (heute hauptsächlich in Pruntrut aufbewahrt) das Erdbeben überstanden. Ob 1356 all diese Schriften in einem geschützten Raum des Münsters eingelagert waren, wie Albert Bruckner vermutet, bleibe dahingestellt.

Schwer abzuschätzen ist der Umfang verlorener Schriften, die in den Adelshöfen und Bürgerhäusern der Stadt aufbewahrt wurden. Auch wenn manche Leute vor ihrer hastigen Flucht ins Freie wichtige Verträge, Schuldscheine und sonstige Besitztitel an sich genommen haben mögen, muss die Zahl der vernichteten Dokumente doch so gross gewesen sein, dass sich die Obrigkeit genötigt sah, beim bischöflichen Offizial Rat einzuholen, wie Gesuche um die Ersetzung verlorengegangener Urkunden zu behandeln seien. Des Offizials Empfehlung wurde dann ins «Rote Buch» aufgenommen, was darauf schliessen lässt, dass man tatsächlich nach ihr verfahren ist. Nach dem Wortlaut der Empfehlung musste der Gesuchsteller als «Kläger» auftreten und schwören, eine Urkunde dieses oder jenes Inhaltes verloren zu haben. Wenn die Vertragspartner des «Klägers» als Zeugen den Rechtsinhalt bestätigten, konnte die Urkunde erneuert werden. Falls keine Bestätigung beizubringen war, weil die Befragten keine Kenntnis vom Inhalt zu haben vorgaben, musste der Kläger sonstige Beweise oder Aussagen vorlegen, wobei er zwei Zeugen aufzubieten hatte. Zu erneuern war auch eine verlorene Urkunde, wenn sich der Schultheiss oder dessen Schreiber an das Rechtsgeschäft erinnerte oder wenn das Gericht noch über Aufzeichnungen verfügte, die den Fall betrafen.

Nach diesem Verfahren sind tatsächlich in den Jahren nach 1356 mehrere Urkunden erneuert worden, wobei es gelegentlich merkwürdig lange dauerte, bis die Leute auf die Idee kamen, eine verlorene Urkunde ersetzen zu lassen. Die Zunft der Scherer, Maler, Sattler und Sporer (später Zunft zum Himmel genannt), die ihre Stiftungsurkunde des *ertpidems* und *füres wegen* verloren hatte, erhielt ihren neuen, vom Bürgermeister und Rat ausgestellten Zunftbrief erst am 6. Mai 1361.[38] Vielleicht hat man sich mit dem Ersatz verlorener Urkunden, deren Inhalt unbestritten war, nicht sonderlich beeilt, vielleicht hat man in Einzelfällen viel Zeit benötigt, um mittels Zeugenaussagen den Rechtsinhalt zu rekonstruieren. Dass dieses nicht immer einfach war, belegt eine Urkunde vom 29. November 1357, nach der die Erneuerung einer Urkunde auf Schwierigkeiten stiess, weil der aufgebotene Zeuge *nit in der vernunft was, daz er es veriehen mochte*. In dieser Urkunde wird überdies beiläufig erwähnt, dass das im Erdbeben verlorengegangene Schultheissensiegel ersetzt worden sei.[39]

Familienarchive burgsässiger Adelsgeschlechter haben sich nicht erhalten, so dass wir nicht wissen, was aus diesen geworden ist. Immerhin liegt ein Urkundenverzeichnis der Münchenstein-Löwenberg aus der Mitte des 15. Jahrhunderts vor, das Urkunden aufzählt, die bis ins 13. Jahrhundert zurückreichen.[40] Wo 1356 dieses Familienarchiv lag, ist unbekannt, doch wird überliefert, dass alle Burgen der Münch durch das Erdbeben schwer beschädigt worden sind. Offenbar ist es aber gelungen, den grössten Teil des

Archivs zu bergen Ähnliches trifft auf die Herren von Eptingen-Prattelns zu. Deren «Hausbuch», entstanden um 1480, enthält Nachrichten, die teilweise aus dem 13. Jahrhundert stammen, obwohl deren Wohnsitz, die Burg Madeln, 1356 durch die Erdstösse zum Einsturz gebracht worden ist.[41]

Alles in allem kann festgehalten werden, dass trotz der weitgehenden Vernichtung des städtischen Archivs und vieler Urkunden in den einzelnen Haushalten die meisten klösterlichen Dokumente aus der Zeit vor 1356 das Erdbeben unbeschädigt überstanden haben, so dass weder die Erdstösse noch die Feuersbrünste eine grössere Überlieferungslücke aufzureissen vermochten.

Die Katastrophe aus der Sicht von Betroffenen

Der Bischof und sein Volk

Als das Erdbeben 1356 Basel heimsuchte, sass seit 1335 Johann II. Senn von Münsingen auf dem bischöflichen Stuhl. Nach dem auf Münsterbücher gestützten Zeugnis des Nikolaus Gerung von Blauenstein (um 1460) galt er als *Homo mansuetus, pius, ac zelator pacis, amator cleri et populi ac totius Episcopatus, fortalitiorumque reformator et augustus* (ein Mensch, sanftmütig, fromm, Freund des Klerus, des Volkes und Erneuerer des ganzen Bistums und der Befestigungen und erhabener Herrscher).[42]

Diese rühmenden Worte decken sich teilweise mit dem Eintrag vom 30. Juni, dem Todestag des Bischofs, im Anniversarbuch des Basler Domstiftes, wo überdies vermerkt wird, dass er vor dem von ihm gestifteten Altar des St. Himerius begraben liege.[43]

Uns interessieren hier vor allem die Aktivitäten Johanns im Zusammenhang mit der Erdbebenkatastrophe. Denn trotz der ihm nachgesagten Milde und Friedfertigkeit war sein Verhältnis zur Stadt Basel wenn nicht gespannt, so doch distanziert. Er residierte meistens in Delsberg, St. Ursanne oder Pruntrut, seine politischen Machtmittel waren angesichts des Schuldenberges, den sein Vorgänger, Johann I. von Châlon, hinterlassen hatte, begrenzt. Als 1351 das Domkapitel gegen die neue, von Bürgermeister und Rat verhängte Weinsteuer protestierte, hielt sich der Bischof heraus, hatte er doch ein Jahr zuvor den Weinbann, die Verfügungsgewalt über den Weinverkauf einschliesslich dessen Besteuerung, an die Stadt verkauft.[44]

Auch in Kleinbasel schien der Bischof die Kontrolle über die Einwohnerschaft zu verlieren. Als es 1342 aus ungeklärten Gründen zu einem Aufruhr kam, *eine missetat frevenlich an unsern hof und umbe das gelöufe, so dü gemeinde ze unser stat zer minren Basel an uns und an unser stift begangen hant, da wir ze gegeni warent*, ist im Sühnebrief, den Johann ein halbes Jahr später ausstellte, nirgends von Strafmassnahmen die Rede.[45] Der Bischof sah sich offenbar genötigt, von Repressalien abzusehen, in einen Frieden einzuwilligen und die städtischen Freiheiten zu bestätigen.

Anfang Mai 1354 wurde Kleinbasel bekanntlich ein Raub der Flammen, was Bischof Johann bewog, den Kleinbaslern die Steuern für zehn Jahre zu erlassen. Diese Steuerbefreiung erfolgte aber erst im Juli 1355, was den Verdacht aufkommen lässt, der Bischof habe nicht spontan aus Milde und Mitleid gehandelt, sondern, dass ihm nichts anderes übriggeblieben ist, als einer von den brandgeschädigten Bürgern Kleinbasels erhobenen Forderung, vielleicht sogar einer offenen Steuerverweigerung, zögerlich nachzugeben.[46]

War also bereits um die Mitte des 14. Jahrhunderts, d.h. lange vor dem grossen Ausverkauf der wichtigen stadtherrlichen Rechte im letzten Drittel des Jahrhunderts, die politische Autorität des Bischofs in Basel de facto in Frage gestellt, zeigte sich Johann Senn von Münsingen umso eifriger bemüht, dem Münster, seiner Kathedrale, grösstmögliche Aufmerksamkeit zu schenken. Er trieb den Umbau in gotischem Stil voran, stiftete 1347 eine Glocke und liess eine neue Mitra anfertigen (die später von seinem Nachfolger versetzt werden sollte).[47]

Unmittelbar vor der Katastrophennacht 1356 dürfte sich Bischof Johann in Delsberg oder St. Ursanne aufgehalten haben. Nach dem bereits mehrfach zitierten Bericht aus dem frühen 15. Jahrhundert, an dessen Glaubwürdigkeit nicht gezweifelt werden muss, kam Johann am Morgen des 19. Oktober nach Basel geritten. Als er an der schwer beschädigten Burg Pfeffingen vorbeikam, trug sich die Episode mit der Bergung seines Patenkindes zu.[48]

Wir erfahren also aus der kurzen Nachricht nur, dass sich der Bischof am 19. Oktober nach Basel begeben wollte und bei der Burg Pfeffingen eine erfolgreiche Rettungsaktion veranlasste. Nachher verliert sich seine Spur für längere Zeit. Eher zufällig erfahren wir, dass er am 23. Juli 1357 dem Kaplan des Marienaltars im Münster gestattet hat, ein durch das Erdbeben zerstörtes Haus wieder aufzubauen, und dass er am 28. Oktober 1357 in Delsberg mit Werner und Götschin von Eptingen-Pratteln einen Tausch von Eigenleuten vorgenommen hat.[49] Was er innerhalb der Zeit zwischen dem 19. Oktober 1356 und dem Juli 1357 getrieben hat und wo er gewesen ist, bleibt unbekannt. Wir können nur Vermutungen anstellen, die recht spekulativ anmuten.

Dass er am 19. Oktober 1356 nach seinem Zwischenhalt auf Pfeffingen nach Basel weitergereist ist, dürfte einleuchten. Hier stiess er vor der Stadt auf die geflüchtete Bevölkerung, die sich eben vom ersten Schock zu erholen und in improvisierten Unterkünften einzurichten begann. Dass er mit seinem Gefolge achtlos an diesen Leuten vorbeigeritten wäre, ist kaum anzunehmen. In irgendeiner Weise wird er ihnen Trost zugesprochen und Mut gemacht haben; ob er Almosen in grösserem Umfang verteilt hat, ist angesichts seiner gespannten Finanzlage zweifelhaft.

Höchstwahrscheinlich wollte er das schwer beschädigte Münster in Augenschein nehmen, doch wird in den ersten Tagen nach dem Beben der Zugang durch die verschütteten Gassen kaum möglich gewesen sein. Wenn er auch die Absicht hatte, Kleinbasel zu besuchen, hätte er in einem Boot den Rhein überqueren müssen, denn die Rheinbrücke, obgleich unbeschädigt, war nicht zu erreichen. Viel konnte der Bischof also nicht ausrichten. Es gab für ihn in der nächsten Umgebung, geschweige denn in der Stadt selbst, auch keine geeignete Unterkunft – Birseck war kaum mehr bewohnbar –, und dass er unter dem Volk in einer Hütte oder einem Zelt hätte logieren wollen, wirkt kaum glaubhaft. Am plausibelsten erscheint deshalb wohl die Annahme, dass er nach seinem Besuch noch am gleichen Tag die Stätte verliess und sich nach Pruntrut oder St. Ursanne begab, wo er über zwei unversehrt gebliebene Burgen verfügte.

Von irgendwelchen Vergünstigungen oder Spenden, die Johann II. der Basler Bevölkerung hätte zukommen lassen, ist nichts bekannt. Die 1355 den Kleinbaslern gewährte Steuerbefreiung war noch immer in Kraft und brauchte nicht erneuert zu werden. Wohl kümmerte sich der Bischof in der Folgezeit um die Wiederherstellung des Münsters und der übrigen Kirchen in Basel, wie ausser dem Spendenaufruf von 1360 etwa die Übertragung der Kirche St. Agathe in Hüningen und deren Einkünfte an das vom Erdbeben schwer geschädigte Kloster St. Alban 1362 zeigt.[50] Der Wiederaufbau der Stadt mit ihren Wehrbauten und Wohnhäusern blieb Sache der Einwohnerschaft und der weltlichen Obrigkeit. Jene Fünferkommission zur Überwachung und Leitung der Bautätigkeit, deren Bestehen bereits 1358 bezeugt ist, scheint ohne den bischöflichen Segen eingesetzt worden zu sein, auch wenn 1360 für die Neubestellung der «Fünfer» das Einverständnis des Bischofs und der Domherren eingeholt wurde.[51] Als besonders aufschlussreich kann die Urkunde vom 6. Mai 1361 gelten, durch welche der Zunft der Scherer, Maler, Sattler und Sporer (später Zunft zum Himmel bzw. zum Sternen) der alte, im Erdbeben verlorengegangene Stiftungsbrief ersetzt wird: Seit dem frühen 13. Jahrhundert, als sich die Zünfte mit schriftlichen Ordnungen konstituierten, war es stets der jeweilige Bischof gewesen, der den Zunftbrief ausgestellt hatte, zuletzt noch 1354, also kurz vor dem Erdbeben, als Bischof Johann den Fischern und Schiffleuten eine Stiftungsurkunde übergab.[52] Jetzt, 1361, hielt man es nicht mehr für nötig, an den Bischof zu gelangen. Die Erneuerungsurkunde für die Zunft der Scherer, Maler, Sattler und Sporer wurde von Bürgermeister Conrad von Bärenfels und vom Rat ausgefertigt und besiegelt. In diesem Rechtsakt zeichnet sich die Verdrängung des Bischofs aus seinen weltlichen Herrschaftsrechten über die Stadt schon deutlich ab.[53]

Die Bärenfels

Wie Basels Bevölkerung auf die Katastrophe vom Lukastag 1356 reagieren würde, hing zweifelsohne vom Verhalten der Obrigkeit ab, vom Rat, vom Oberstzunftmeister (dessen Person unbekannt ist) und vor allem vom Bürgermeister. Es bedeutete einen enormen Glücksfall für Basel, dass 1356 Bürgermeister Konrad von Bärenfels auch das Schultheissenamt in Grossbasel innehatte, während sein ältester Sohn Werner II. als Schultheiss in Kleinbasel fungierte. So verfügte Konrad 1356 über jene Macht- und Entscheidungskompetenz, die erforderlich war, um Basel aus dem Elend zu reissen.[54]

Das Basler Volk hätte sich für das Bürgermeisteramt keinen Besseren als Konrad von Bärenfels wünschen können. Er entstammte einer ritterbürtigen Familie, die urkundlich seit der Mitte des 13. Jahrhunderts im unteren Wiesental, in Brombach, fassbar ist und die vom dortigen Wasserschloss aus herrschaftliche Rechte ausübte. Wohl gegen 1300 errichtete die Familie auf neu gerodetem Land im oberen Wehratal die Burg Bärenfels – heute eine eindrückliche Ruine –, nach der sie sich in der Folgezeit nannte und ein redendes Wappen führte, einen schwarzen, schreitenden Bären auf grünem Dreiberg vor gelb/goldenem Grund.[55]

Der urkundlich seit 1299 bezeugte Johans I. von Bärenfels trat in die Dienste des Bischofs. Er erhielt um 1305 das Kleinbasler Schultheissenamt übertragen, führte 1309 in

Abb. 42:
Burgruine Aesch-Bärenfels, Steintrümmer am Fusse des Burgfelsens. Vermutlich 1356 abgestürzt.

den Wirren um die Nachfolge auf dem Bischofsstuhl stellvertretend die weltlichen Geschäfte des Fürstbistums und trat durch seine Heirat mit Margarita von Hertenberg in engen Kontakt mit dem Basler Stadtadel.

Konrad von Bärenfels war sein Enkel. Er dürfte um 1305 zur Welt gekommen sein, muss also seinen Grossvater, der gegen 1314 starb, noch gekannt haben. Als Konrad 1356 als Bürgermeister amtierte, zählte er etwa 50 Jahre und verfügte über eine reiche Erfahrung in politischen und diplomatischen Angelegenheiten. Von seinem Vater und Grossvater hatte er das Kleinbasler Schultheissenamt quasi als Erbe übernommen. Als er 1334 erstmals Basler Bürgermeister wurde, war er knapp 30 Jahre alt, er sollte dieses Amt bis 1364 ausüben, jeweils in den geraden Jahren, alternierend mit Vertretern der Familien Reich, Münch und Schaler, die in den ungeraden Jahren als Bürgermeister fungierten.

In all den Jahren nach 1335 begegnen wir Konrad von Bärenfels in wichtigen Sachgeschäften, er vermittelt als Schiedsrichter in Streitfällen, er stellt sich als Bürge zur Verfügung, er leitet die Reform der Ratsverfassung um 1337, er überwacht den Handel mit städtischen Liegenschaften und nimmt den Vorsitz bei Rechtsakten wahr, die einer Beglaubigung oder Besiegelung durch den Bürgermeister beziehungsweise den Schultheissen bedurften.

1356 gilt Konrad, der älteste von vier Brüdern (von Schwestern ist nichts bekannt), wohl unangefochten als Familienoberhaupt. Er ist verheiratet, den Namen seiner

Gattin kennen wir freilich nicht. Werner, sein ältester Sohn, amtiert als Schultheiss von Kleinbasel. Seine drei jüngeren Brüder sind 1356 offenbar noch minderjährig, Arnold II. und Adelberg vermutlich sogar noch im Kleinkindesalter.

Über Konrads drei Brüder ist wenig bekannt. Erni/Arnold lebt als Kleriker in Basel, auch Werner I., Edelknecht, ist in Basel anzutreffen. Johans III. amtiert um 1356 als Ratsknecht, er ist damit die bewaffnete Hand seines Bruders Konrad, üben im Spätmittelalter doch die Ratsknechte in der Stadt die Polizeigewalt aus.

Wo um die Mitte des 14. Jahrhunderts die Familie von Bärenfels in Basel ihren Wohnsitz hatte, ist nicht bekannt. (Die beiden Liegenschaften am Petersgraben und an der Martinsgasse, als «Bärenfelser Höfe» bekannt, befanden sich im 14. Jahrhundert noch nicht in der Hand der Familie.) Möglicherweise stand ihnen als Wohnsitz der bischöfliche Hof in Kleinbasel zur Verfügung. Wegen der städtischen Ämter dürften sich die Bärenfels jedenfalls mehrheitlich in Basel selbst aufgehalten haben. Auf ihren Burgen Brombach und Bärenfels waren sie wohl nur gelegentlich anzutreffen. (Die dreigeteilte Burg Bärenfels ob Aesch befand sich 1356 noch nicht im Besitz der Herren von Bärenfels und trug deshalb noch die vom Dorfnamen abgeleitete Bezeichnung *Dry Esche*.)[56]

Die Katastrophe vom Lukastag 1356 traf die Familie von Bärenfels hart. Werner I. wurde beim Versuch, durch das Törlein bei St. Peter ins Freie zu gelangen, durch eine herabstürzende Zinne der Stadtmauer erschlagen.[57] Bürgermeister Konrad und sein Bruder Johans, der Ratsknecht, hatten alle Hände voll zu tun, Panik zu verhindern, die Flucht der Bevölkerung möglichst in geordnete Bahnen zu leiten und – letztlich freilich erfolglos – die Brandbekämpfung zu organisieren. Werner II., Konrads Sohn, kümmerte sich wohl um die Leute in Kleinbasel, während Konrads Gattin versuchte, sich und ihre drei unmündigen Kinder in Sicherheit zu bringen.

Als einige Tage nach der Katastrophe das Schlimmste vorüber war, konnte die Familie traurige Bilanz ziehen: Der Bruder Konrads getötet, die Burg Brombach zerstört, die Höfe in Basel mehr oder weniger zerfallen oder ein Raub der Flammen, und von Konrad, dem Bürgermeister, erwarteten alle Leute, dass er sich um das Schicksal der Stadt und ihrer geflüchteten Bewohner kümmere. Er hatte aber auch für ein standesgemässes Begräbnis seines umgekommenen Bruders zu sorgen und seine überlebenden Angehörigen, namentlich seine kleinen Kinder, irgendwie unterzubringen. Ob jener schweren Zeit die entlegene Burg Bärenfels vorübergehend als Aufenthaltsort gedient hat, bis sich in Basel die Verhältnisse wieder normalisiert hatten, wissen wir nicht. Desgleichen ist schwer abzuschätzen, wie hart die finanziellen Schläge gewesen sind, welche die Familie wegen des Erdbebens einzustecken hatte. Allerdings zeigt die kauf- oder pfandweise Erwerbung verschiedener Herrschaftsrechte und Ehrenämter – so etwa des bischöflichen Schenkenamtes –, dass die Bärenfels trotz des Verlustes eines Angehörigen den Schicksalsschlag von 1356 haben verkraften können. Dazu gehörte sicher ein gehöriges Mass an Lebenswillen und Optimismus. Ob die Familie nach 1356 eine solche Kraft hätte entwickeln können, wenn sie damals gewusst hätte, dass 1386 in der Schlacht von Sempach drei der vier Söhne Konrads umkommen würden, bleibt offen.

Die Herren von Eptingen

Die weitverzweigten Herren von Eptingen, ursprünglich im Raume Rheinfelden begütert und vielleicht edelfreien Standes, zählten im 13. Jahrhundert zu den einflussreichsten Familien ritterlichen Standes in Basel.[58] Im Gegensatz zu den Münch und den Schalern entstammten sie nicht dem städtischen Dienstadel, sondern gehörten zum sisgauischen Landadel. Ins Gefolge des Bischofs traten sie im frühen 13. Jahrhundert ein, was etwa durch die Stiftung des bekannten goldenen Messkelches an das Münster belegt wird. In Basel, an dessen ritterlich-gesellschaftlichem Leben sie rege teilnahmen, gehörten sie zur Gesellschaft der Sterner, die zur Zeit Rudolfs von Habsburg in scharfem Gegensatz zu den von den Münch und den Schalern geführten Psittichern stand.

Obgleich die Eptinger in Basel an der Rittergasse ein Sässhaus innehatten[59], hielten sie sich doch wohl mehrheitlich auf ihren Burgen auf, die sie im Laufe des 13. Jahrhunderts teils auf gerodetem Eigengut errichtet, teils von verschiedenen landesherrlichen Machthabern zu Lehen genommen hatten.

Gemessen an der Grösse der Familie, an der Zahl der Angehörigen, waren die Eptinger in der städtischen Führungsschicht eher schwach vertreten. Um 1350 finden wir lediglich Johans III. aus dem Blochmonter Zweig, Heinzmann VI. aus der Wildensteiner Linie und den jüngeren Hartmann II., Mitherrn von Bischofstein, im Basler Rat vertreten. Johans IX. von Blochmont, 1356 noch jung an Jahren, sollte erst 1367 in den Rat eintreten, als Bürgermeister amtierte er in den Jahren zwischen 1375 und 1397. Häufig begegnen wir Eptingern in bischöflichen Diensten; Gottfried war Vogt auf Waldenburg, sein Onkel Heinrich III. Meier zu Biel, als Inhaber des Freihofes zu Liestal übten die Eptinger bischöfliche Herrschaftsrechte im Städtchen aus. Einzelne Angehörige sind im Gefolge Österreichs anzutreffen, sieben von ihnen sollten 1386 in der Schlacht bei Sempach ihr Leben lassen.

Neben dem Sässhaus in Basel und dem Freihof in Liestal hatten die Herren von Eptingen um 1350 eine beachtliche Zahl von Burgen inne. Bei Eptingen standen zwei Festen, von denen Neu-Wildeptingen/Witwald sicher identifizierbar ist. Ob Sissach erhob sich Bischofstein, bei Bubendorf Wildenstein; die nahe gelegene, um 1350 bereits verlassene Anlage Gutenfels befand sich nicht mehr in eptingischer Hand, wohl aber ob Muttenz der Hintere Wartenberg. Bei Pratteln sassen die Eptinger auf der Burg Madeln und einem wohl schon vor 1356 burgartig gestalteten Fronhof. Im hinteren Leimental, am Übergang ins Lützeltal, gehörte ihnen als pfirtisch-habsburgisches Lehen die Burg Blochmont. Im Sundgau finden wir um 1350 die Weiherhäuser zu Krutenau und Waldighofen in den Händen der Eptinger. Möglicherweise ist diese Liste von zehn Anlagen noch um weitere Weiherhäuser zu erweitern, deren Entstehungszeit unbekannt ist, die sich aber ab dem Beginn des 15. Jahrhunderts in eptingischem Besitz nachweisen lassen, nämlich die Anlagen von Bisel, Blotzheim und Niederhagenthal.[60]

Das Erdbeben von 1356 hat unter diesen Eptinger Burgen fürchterlich gewütet. Als zerstört gemeldet werden die zwei Festen bei Eptingen, Bischofstein, Wildenstein, Madeln, Hinter-Wartenberg und Blochmont. Auch der Freihof von Liestal dürfte Schaden genommen haben, und vielleicht ist auch das Weiherhaus Krutenau, im späteren 14. Jahrhundert als Ruine bezeichnet, von den Erdstössen in Mitleidenschaft gezogen worden, auch wenn sein Name in den Listen der Chronisten nicht auftaucht. Über das Schicksal des Sässhauses an der Rittergasse liegen keine direkten Nachrichten vor. In Anbetracht der weitgehenden Zerstörung der nahen Kirche St. Ulrich muss aber mit massiven Erdbebenschäden gerechnet werden. Der Buckelquaderverband an der Ecke Bäumleingasse – Rittergasse 12 könnte vom Mauerzahn eines turmartigen Baues stammen, der zum Eptinger Sässhaus gehört haben und das Beben überstanden haben mag.

Von dem guten Dutzend Burgen und Sässhäuser der Eptinger befanden sich nach dem Abklingen der Erdstösse und dem Erlöschen des Stadtbrandes nur noch Waldighofen und der Prattler Fronhof in bewohnbarem Zustand. Insgesamt zählte die Familie im Katastrophenjahr, aufgeteilt auf die verschiedenen Linien, um die 40 Angehörige, worunter mindestens zwölf zum Teil noch sehr kleine Kinder. Etwa ein Dutzend Familienmitglieder waren geistlichen Standes, wir finden um 1360 Klosterfrauen zu Schöntal, Olsberg – wo sich auch eine Familiengrablege befand –, St. Clara, Blotzheim und Klingental. Eptinger besetzten in Basel und Umgebung kirchliche Ämter als Domherren, Kirchherren und Leutpriester. Werner VIII., aus dem Blochmonter Zweig, brachte es zum Komtur des Johanniterordens, wir begegnen ihm in Basel, Mulhouse, Sulz und Rheinfelden. Wo er sich am Unglückstag des 18. Oktobers 1356 aufgehalten hat, ist freilich unbekannt. Auch von allen anderen Familienmitgliedern wissen wir nicht, ob sie am Lukastag im Sässhaus zu Basel oder in einer ihrer Burgen geweilt haben.

Schwer verletzt oder gar getötet wurde offenbar niemand. Im Familienbuch der Herren von Eptingen-Prattelen, dessen Kernteile um 1480 verfasst worden sind, tritt die Erdbebenkatastrophe von 1356 auffallend wenig in Erscheinung.[61] In den prosopographischen Teilen der Schrift werden zwar viele Familienangehörige aus der Zeit um 1350 erwähnt. Mitgeteilt werden Angaben über Verschwägerungen, die Teilnahme an Turnieren, über die Wappen sowie über geistliche und weltliche Ämter und Titel. Ausführlich beschrieben findet sich ein verheerendes Hagelunwetter von 1487, das in Basel die Dächer zertrümmerte, so dass für die Reparatur der Eptinger Häuser in Basel 5000 Ziegel notwendig waren und das Barfüsserkloster für seine zerstörten Dächer sogar 100 000 Ziegel anschaffen musste.

Über das Erdbeben von Basel enthält das Hausbuch nur knappe, nüchterne Hinweise. Sie bezeugen die Zerstörung der Burgen Madeln, Wildenstein und Schauenburg sowie des Weiherhauses Prattelen. Über das Schicksal von Bischofstein, Blochmont und Hinter-Wartenberg schweigt sich der Text aus. Vor allem aber – und das ist hier wichtig – erweckt die beiläufige Erwähnung der zerstörten Burgen in keiner Weise den Eindruck, das Erdbeben von 1356 habe in der Familientradition der Herren von Eptingen die Rolle eines traumatischen Ereignisses gespielt, welches im Bewusstsein des Geschlechtes nachhaltig und unheilvoll haftengeblieben wäre.

Gewiss musste der Familienrat nach der Katastrophe eine Reihe von Entscheidungen treffen. Als Wortführer dürften vor allem Gottfried VIII. von Madeln, Johans IX. Puliant, der Ratsherr und spätere Bürgermeister, sowie Hartmann II., Mitherr zu Bischofstein und ebenfalls des Rats, aufgetreten sein. Offenbar wurde beschlossen, Bischofstein nicht mehr aufzubauen, in Eptingen nur eine der beiden zerstörten Anlagen wiederherzustellen, Hinter-Wartenberg instand zu setzen, aber baldmöglichst zu veräussern. Madeln sollte Ruine bleiben, dafür wollte man das bescheidene, ebenfalls beschädigte

Weiherhaus in Pratteln nicht bloss reparieren, sondern durch einen Neubau in erweiterten Dimensionen ersetzen.[62] Auch der Wiederaufbau von Blochmont wurde beschlossen, während man das Weiherhaus zu Krutenau dem Zerfall überliess. Wildenstein, vermutlich nicht allzusehr beschädigt, wurde wiederhergestellt, desgleichen der wohl schwer mitgenommene Freihof zu Liestal.

Der Wiederaufbau des Eptinger Sässhauses zu Basel an der Rittergasse galt im Familienrat wohl als unbestritten. Um in Basel noch fester verankert zu sein, erwarben die Eptinger an der Martinsgasse einen Teil des den Schalern gehörenden Gartens und errichteten darauf ein zweites Sässhaus.[63] (Heute erhebt sich an der Stelle dieses jüngeren Eptingerhofes das Staatsarchiv.) Vielleicht ist der Plan, im Sundgau weitere Güter und Burgsitze zu erwerben oder neu anzulegen – genannt seien Bisel, Blotzheim und Nieder-Hagenthal –, schon in den Jahren nach 1356 gefasst worden.

Dass die Herren von Eptingen für ihr Wiederaufbau- und Umstrukturierungsprogramm erhebliche Mittel haben flüssig machen können, steht ausser Frage. Ob sie Geld bei den seit 1360 wieder in Basel ansässigen Juden oder bei finanzstarken Achtburgern aufgenommen haben, bleibt unklar. Jedenfalls waren sie nicht bloss in der Lage, den Wiederaufbau ihrer Burgen und Sässhäuser zu finanzieren, sondern auch, kirchliche Stiftungen vorzunehmen. So gab etwa um 1360 Gottfried X. von Eptingen-Pratteln für die Barfüsserkirche, wo viele Familienangehörige bestattet waren, bemalte Glasfenster mit seinem und seiner Gemahlin Katharina von Büttikon Wappen in Auftrag.[64]

Auffallenderweise finden wir unter den elf Kindern des Johans IX. Puliant von Eptingen fünf Schwestern als Klosterfrauen im Klingental. Beruht diese ungewöhnliche Häufung von Klostereintritten in den Jahren nach dem Erdbeben darauf, dass es dem Adel schwerfiel, standesgemässe Heiraten mit ausreichend Morgengaben, Witwengut und Aussteuer zu vereinbaren? Der politische und ökonomische Druck, dem sich das Haus Eptingen gegen 1400 ausgesetzt sah, beruhte jedenfalls nicht nur auf den vom Erdbeben verursachten Einbussen, sondern auch auf dem Blutzoll, den die Familie mit insgesamt sieben Gefallenen 1386 in der Schlacht bei Sempach für das Haus Habsburg-Österreich entrichtete.[65]

Die Münch

Die Münch, urkundlich seit dem späten 12. Jahrhundert als Dienstleute der Basler Bischöfe bezeugt, bilden in der 1. Hälfte des 14. Jahrhunderts eine mehrfach verzweigte Sippe, mit angesehenen Geschlechtern verschwägert, ausgestattet mit hohen Ämtern in der Stadt und am bischöflichen Hof.[66] Zusammen mit den Schalern (s. unten) führen sie die Adelspartei der Psitticher an und sind in den Konflikten des frühen 14. Jahrhunderts um die Vormachtstellung in Basel an vorderster Stelle anzutreffen. Am Petersberg besitzen die Münch einen burgartigen Hof, einen mehrteiligen Gebäudekomplex, der so reich ausgestattet ist, dass er wiederholt den Herrschern des Heiligen Römischen Reiches, wenn diese in Basel Station machen, als Absteige dient. Die Seitenkapelle in der Nordwestecke des Münsters, nördlich bündig an den St. Georgsturm anschliessend, ist um 1300 vom Domherrn und

Abb. 43:
Burgruine Mittel-Wartenberg, Gemeinde Muttenz.
Wohnturm vor der Restaurierung. Deutlich erkennbar sind vertikale Risse, die möglicherweise vom Erdbeben verursacht sind.

nachmaligen Bischof Hartung Münch gestiftet worden. Ihr heraldischer Schmuck zeigt deshalb mehrfach den Wappenschild der Münch, den schwarzen, aufrechten Mönch auf weissem Grund.[67]

Wie eng um die Mitte des 14. Jahrhunderts die Beziehungen der einzelnen Linien untereinander gewesen sind – die Teilung war drei Generationen früher erfolgt –, ist von der Quellenlage her schwer zu beurteilen, namentlich im Hinblick auf allfällige güter- oder erbrechtliche Vereinbarungen.[68] Nach wie vor finden wir Angehörige in der städtischen Führungsschicht. Konrad VIII. Münch von Münchenstein sowie sein Sohn Johans IV. sitzen in den schicksalsschweren Jahren um 1356 als Ritter im Rat, ebenso Konrad IX. und Burkart III. Münch von Landskron, die wiederholt das Bürgermeisteramt besetzen. Zahlreiche Familienangehörige sind in geistlichen Ämtern und Würden nachzuweisen, als Domherren zu Basel, als Kirchherren, Hugo VIII. von Münchenstein als Prior des Predigerklosters, Johans II. von Landskron als Propst von St. Ursanne. Die weiblichen Familienangehörigen sind mehrheitlich gut verheiratet, vorwiegend mit Basler und Elsässer Adligen. Nur eine Steseln Münchin lebt als Klosterfrau im Klingental.

Ausser dem Hof am Petersberg nebst weiteren Liegenschaften in Basel verfügen die Münch um die Mitte des 14. Jahrhunderts in der näheren Umgebung der Stadt über mehrere Burgen, die sie teils selbst errichtet, teils als Lehen oder Pfand in ihre Hand gebracht haben und nach denen sich einzelne Zweige seit etwa 1300 nennen. Die Münch von Münchenstein besitzen rechts des Rheins bei Friedlingen die Wasserburg Ötlingen, eine Nebenlinie nennt sich nach Büren im Oristal, wo die auch unter dem Namen Sternenfels bekannte Burg den Herrschaftsmittelpunkt bildet. Ein weiterer Zweig der Familie sitzt auf der Feste Münchsberg im Klusertal bei Aesch, während die Münch von Landskron ausser ihren beiden Burgen auf dem Landskronberg als bischöfliche Lehen auch Angenstein bei Aesch und die Doppelburg Istein auf der rechten Rheinseite innehaben.[69]

Die genaue Zahl der 1356 lebenden Familienangehörigen ist nicht mit Sicherheit zu ermitteln. Die Münch von Münchenstein und von Büren dürften um die 15–20 Mitglieder gezählt haben, einschliesslich ein halbes Dutzend Kinder. Der Zweig der Münch von Landskron umfasst um 1356 etwa 10–15 Angehörige, worunter etwa 5 Kinder. Von den Münch von Münchsberg lebt 1356 nur noch der Kleriker Peter, und dieser kommt im Erdbeben um.

Dieser Peter Münch von Münchsberg scheint sich am 18. Oktober 1356 in Basel aufgehalten zu haben, wo ihn sein Schicksal ereilte.[70] Wo alle anderen Familienangehörigen geweilt und wie sie die Katastrophe erlebt bzw. überlebt haben, wissen wir nicht, aber sicher hat nicht jedes Mitglied der Sippe das Beben aus nächster Nähe mitbekommen. Die nach auswärts verheirateten Töchter befanden sich wohl in Sicherheit, vielleicht auch geistliche Angehörige mit kirchlichen Ämtern ausserhalb der Katastrophenzone. Jedenfalls scheint ausser Peter Münch von Münchsberg niemand getötet oder ernstlich verletzt worden zu sein.

Umso verheerender bietet sich für die Sippe das Bild der vom Erdbeben verursachten Schäden dar. Wie sehr der Hof am Petersberg unter den Erdstössen und dem Stadtbrand gelitten hat, ist unbekannt. Völlig unversehrt wird er – im Hinblick auf die in seiner nächsten Nähe nachgewiesenen Verwüstungen – kaum geblieben sein.

Nun mussten, nach einer würdigen Beisetzung Peters, die Familienangelegenheiten geregelt werden. Was sollte mit der zerstörten und verwaisten Burg Münchsberg geschehen? Welche Burgen müssen wieder aufgebaut werden? Wie sind die Besitz-, Lehns- und Pfandrechte zu regeln? Wie sollen die geistlichen Familienangehörigen in die Entscheidungen einbezogen werden? Und schliesslich, wie sollen die Entscheide mit Kostenfolgen finanziert werden?

Bei den Münch von Münchenstein scheint Konrad VIII., als Mitglied des Basler Rates auch am Wiederaufbau der Stadt beteiligt, die entscheidenden Verfügungen getroffen zu haben: Münchenstein wird wiederhergestellt, die Burg ob Büren bleibt wahrscheinlich Ruine, Ötlingen (an der Stelle des späteren Schlosses Friedlingen) wird aufgebaut, soll dann aber verkauft werden. In die familienpolitischen Überlegungen wird auch Heinrich von Löwenberg, der Schwiegervater Konrads, einbezogen. Bereits Ende November 1356 reist Heinrich mit seinem Enkel, Konrads wohl noch minderjährigem Sohn Johans, an den Hof Herzog Albrechts von Österreich, um von diesem die urkundliche Bestätigung des Lehens Löwenberg für sich und seinen Enkel zu erlangen. Zur wirtschaftlichen Absicherung der kleinen Herrschaft Münchenstein soll – so Konrads Plan – mittelfristig die angrenzende Herrschaft Muttenz mit den Wartenburgen erworben werden. Wie die folgenden Jahre und Jahrzehnte zeigen werden, hat sich dieses Sanierungskonzept der Münch von Münchenstein bewährt. So war Konrad VIII. bereits um 1365 in der Lage, die vom Erdbeben schwer beschädigte Kirche St. Arbogast in Muttenz wiederherzustellen, woran sein Allianzwappen Münch-Löwenberg auf dem Schlussstein im Chorgewölbe erinnert.[71]

Den Münch von Landskron verbleibt nach dem 18. Oktober 1356 nur Istein als unbeschädigter Burgsitz. Burkhart II., ein enger Vertrauter Kaiser Karls IV. und von diesem mit wichtiger Aufgaben betraut, trifft mit seinem gleichnamigen Vetter und seinem Bruder, dem Domherrn Johans, den Entscheid, von den beiden zerstörten Burgen auf dem Landskronberg nur die eine, die westliche, wieder aufzubauen. Ebenso muss Angenstein, nur teilzerstört, wiederhergestellt werden. Münchsberg als herrschaftlicher Güterverband, seit 1300 bischöfliches Lehen, soll in den Besitz der Münch von Landskron übergehen. Diese, Burkart der Ältere und sein jüngerer Neffe, verlieren keine Zeit: Bereits am 27. Oktober 1356, also nur 10 Tage nach der Katastrophe, lassen sie sich vom Bischof – wohl um anderweitigen Ansprüchen zuvorzukommen – mit der erdbebenzerstörten Feste Münchsberg belehnen.[72] Somit gelingt es auch den Münch von Landskron, für ihren angeschlagenen Familienbesitz eine ökonomisch tragfähige Lösung zu finden – um den Preis des Verzichts auf die Wiederherstellung zweier Burgen.

Über das Schicksal des als gemeinsames Familiengut geltenden Hofes am Petersberg liegen keine direkten Nachrichten vor. Seine Wiederherstellung dürfte von allen Familienangehörigen im Rahmen ihrer Möglichkeiten gemeinsam getragen worden sein. Am politischen Einfluss und an der herrschaftlichen Machtstellung in Basel und Umgebung scheint das Erdbeben mit seinen ökonomischen Auswirkungen den Münch keine nachhaltigen Einbussen verursacht zu haben. Diese Feststellung wird durch ein Stück im Basler Münsterschatz bekräftigt. Es handelt sich um ein kostbares Kännchen aus Bergkristall, das um 1360/70 von den Münch in Auftrag gegeben worden ist. Anfänglich vielleicht zu profanem Gebrauch in der Familie bestimmt, ist das wertvolle Stück gemäss einer Inventarnotiz von 1477 von Bischof Hartmann III. Münch von Münchenstein in den Münsterschatz gestiftet worden. Wenn sich die Familie derart wertvolle Goldschmiedearbeiten leisten konnte, wird sie kaum vor dem Ruin gestanden haben.[73]

Die Schaler

Zusammen mit dem weitverzweigten Geschlecht der Münch zählen die Schaler, urkundlich seit etwa 1200 fassbar, um 1300 zu den einflussreichsten Familien ritterlichen Standes in Basel. Die Münch und die Schaler gelten ab ca. 1260 als unbestrittene Häupter der Psitticher, einer Rittergesellschaft mit politischen, gesellschaftlichen und religiösen Zügen.[74] Die Machtstellung der Schaler stützt sich auf bischöfliche Ämter und die aus diesen erwachsenden Einkünfte. Seit dem späten 13. Jahrhundert sind Angehörige der Schaler als Basler Ratsmitglieder, als Bürgermeister, als Schultheissen und als Vögte, ferner als Domherren, Erzpriester und Inhaber von Pfarreien und Propsteien bezeugt. Nicht verheiratete, weibliche Familienangehörige leben als Klosterfrauen zu St. Clara in Basel und zu Olsberg, wo Verena Schalerin ihr Leben als Äbtissin dieses Zisterzienserinnenklosters beschliesst.

Abb. 44:
Burgruine Schalberg, Gemeinde Pfeffingen, vertikaler Mauerriss, vermutlich durch das Erdbeben verursacht. Ähnliche Risse sind auch auf anderen Burgen zu beobachten (z.B. Birseck und Reichenstein).

Noch heute sichtbare Spuren haben die Schaler mit der Stiftung der Schalerkapelle um 1300 auf der Nordseite des Münsters hinterlassen, wo mehrfach ihr Wappenschild, fünf schräglinks steigende weisse Wecken auf rotem Grund, angebracht ist.

In Basel gehört den Schalern ein repräsentatives Sässhaus am Rheinsprung, wo sich heute das Gebäude der Alten Universität erhebt.[75] Ausserhalb der Stadt errichten die Schaler wie andere Geschlechter des Basler Ritteradels im Laufe des 13. Jahrhunderts mehrere Burgen, im Klusertal bei Aesch Engenstein, Schalberg und Frohberg, im Leimental das Weiherhaus Benken. Nach diesen Burgen nennen sich einzelne Mitglieder der Familie, so um 1300 Konrad I. nach Benken und Frohberg, Rudolf, sein Neffe, nach Schalberg.

Die Verwandtschaftsverhältnisse innerhalb der Familie sind in den Jahren vor und nach dem Erdbeben nicht vollständig zu rekonstruieren. Etwa ein halbes Dutzend Angehörige beiderlei Geschlechts, die um 1356 teils als Kinder, teils als Erwachsene nachweisbar sind, lassen sich genealogisch nicht einreihen, so ein Arnold Schaler, Komtur des Deutschordenshauses Beuggen, eine Elisabeth Schalerin, Priorin im Kloster Klingental, oder ein Johans Schaler, Ritter, der 1386 in der Schlacht bei Sempach ums Leben kommt. Die genealogisch zuweisbaren Familienmitglieder verteilen sich auf drei Generationen. Von der ältesten sind zur Zeit des Erdbebens nur noch Angehörige der Linie Benken-Frohberg am Leben, von der zweiten auch die Geschwister, Vettern und Basen des Schalberger Zweiges, von der dritten, der Enkelgeneration, die insgesamt mindestens neun Mitglieder zählen wird, haben 1356 erst zwei oder drei das Licht der Welt erblickt und befinden sich noch im Kleinkindesalter.

Am 18. Oktober 1356 halten sich vermutlich mehrere Angehörige ausserhalb Basels auf, vielleicht auch ausserhalb der engeren Gefahrenzone, so etwa Elisabeth und Verena, die Klosterfrauen zu Olsberg, oder Konrad III., der zwar das Amt des bischöflichen Offizials bekleidet, aber auch Kirchherr zu Hattstatt bei Colmar ist, oder die mit dem elsässischen Edelknecht Ludwig von Bergheim verheiratete Adelheid Schalerin.

Wo sich am Unglückstag die übrigen Familienangehörigen befinden, ist nicht überliefert. Wir können sie sowohl in der Stadt als auch auf ihren Burgen in der Umgebung oder sonst wo vermuten. Jedenfalls scheint niemand von der Sippe ernsthaft Schaden genommen zu haben. Ihre Behausungen allerdings sind schwer mitgenommen worden. Grosse Zerstörungen suchten die Burgen im Klusertal heim, Engenstein, Schalberg und Frohberg. Schäden grösseren, wenn auch nicht genau bezifferbaren Umfanges erleidet das Sässhaus am Rheinsprung; auch das Haus des Domherrn Konrad beim Münster, wo er als Erzpriester und Offizial seinen Amtssitz hatte, dürfte zerstört worden sein. Verschont bleibt offensichtlich nur das Weiherhaus in Benken, von dem keinerlei Nachrichten über Zerstörungen vorliegen.

Die prominenten Familienangehörigen, die im Basler Rat sitzenden Werner IV. und Peter V. aus der älteren Generation sowie deren Neffen Peter VI., bereits für das Bürgermeisteramt vorgesehen, Lütold und Otto müssen sich wie alle anderen Ratsherren um den Bürgermeister scharen, von dessen Tat- und Entscheidungskraft das weitere Schicksal der Stadt abhängt. Konrad III., Domherr und Offizial, steht im Mittelpunkt rechtlicher Fragen. Er wird dem Rat jene wichtige Empfehlung abgeben, nach welcher verlorengegangene Urkunden zu rekonstruieren seien.

Wir stellen uns vor, wie die Familie zusammentritt, sobald das Ärgste vorbei ist und die dringendsten öffentlichen Geschäfte geregelt sind, um nach Prüfung der Finanzlage über den Wiederaufbau der zerstörten Häuser und Burgen zu entscheiden. Als standesgemässen, provisorischen Sitz kann die Familie das Weiherhaus Benken beziehen. Die Zukunft der Linie Benken-Frohberg sieht allerdings düster aus. Werner IV. lebt zwar bis um 1365, sein Bruder Peter V. bis gegen 1361, beide haben aber keine Erben, ein kostspieliger Wiederaufbau der imposanten Feste Frohberg, an die kein herrschaftlicher Güterverband mit nennenswerten Einkünften gebunden ist, kommt nicht in Frage. Frohberg bleibt Ruine, wird aber mit dem übrigen Güterkomplex der Schaler im Klusertal fusioniert. Deren Zentrum, die ebenfalls schwer beschädigte Feste Schalberg, wird wiederhergestellt, vielleicht nur notdürftig, während die kleine Anlage von Engenstein, schon seit einiger Zeit nicht mehr intensiv genutzt, Ruine bleibt.[76]

Schnell wird sich die Familie wohl darin einig, dass ihr Sässhaus am Rheinsprung wieder aufzubauen sei. Diesbezügliche Bauarbeiten sind denn für die folgenden Jahre auch ausdrücklich nachgewiesen.[77] Einen Teil der für die Wiederherstellung des Sässhauses und der Feste Schalberg erforderlichen Mittel decken die Schaler mit dem Verkauf von Gütern und Herrschaftsrechten im Raume Benken.[78]

Erst nach 1400 haben sich die Schaler von den wirtschaftlichen Schlägen, die ihnen das Erdbeben versetzt hatte, so weit erholt, dass sie wieder an die Erweiterung ihres Besitzstandes denken können. Ihr gesellschaftliches und politisches Ansehen ist durch das Erdbeben in Basel nicht ernsthaft beschädigt worden. Als Bürgermeister, Ratsherren und hohe Geistliche begegnen uns Angehörige der Familie Schaler bis um 1400. Die genealogische Krise der Schaler im 15. Jahrhundert dürfte nicht unwesentlich durch den vorzeitigen Tod dreier Mitglieder in den Schlachten von Sempach 1386 und Nikopolis 1398 ausgelöst worden sein.[79]

Der Wiederaufbau

Der Schock und seine Überwindung

Nach dem Zeugnis des Berner Chronisten Conrad Justinger sollen die Basler beim Anblick der von Brand und Beben angerichteten Verwüstungen mit dem Gedanken gespielt haben, ihre Stadt an einem anderen Ort neu aufzubauen:[80]

Also wolten die von basel ir stat von der hofstat hinder sich gesetzt haben gen sant margreten, denne daz die von strassburg und ander stette inen rieten, daz si daz underwegen liessen, won die stette alle erbutten, sich inen in derselben note hilf und rat ze tune.

Diese Nachricht findet sich erstmals bei Justinger, und dieser hat seine Chronik mehr als ein halbes Jahrhundert nach der Erdbebenkatastrophe verfasst. Er verfügte aber über mancherlei mittlerweile verlorengegangene Dokumente sowie über mündliche Informanten, so dass seine Darstellung nicht von vornherein als unglaubwürdig abgelehnt werden kann.

Immerhin, die Geschichte klingt ziemlich seltsam. Dass Burgen preisgegeben und an einem geeigneten Standort neu errichtet werden, ist wiederholt bezeugt. Bei Städten – und zwar bei kleinen – ist von solchen Verlegungen sehr selten die Rede, und wenn überhaupt, stets im Zusammenhang mit politischen und kriegerischen Vorgängen und nicht als Folge von Naturkatastrophen.[81]

Im Falle von Basel ist ernsthaft zu fragen, welche Verbesserungen eine Verlagerung des Stadtareals in das heutige Gundeldingerquartier zwischen Bahnhof SBB und St. Margarethenhügel hätte bringen können, wären doch alle Standortvorteile Basels – die Lage am Rheinknie mit der Brücke und der Schifflände, die gewerblich nutzbaren Wasserläufe, die Bindung an uralte, sakrale Stätten – preisgegeben worden.

Wenn an Justingers Bericht etwas Wahres sein sollte, lässt sich diese Verlegungsabsicht nur als Ausdruck eines Schocks deuten, unter dem Bürgermeister, Rat und Einwohnerschaft standen und der jeden vernünftigen Gedanken an die Zukunft lähmte und die Leute in verzweifelte Mutlosigkeit versetzte. Dass sich unter den Menschen, die am Morgen nach der Katastrophennacht frierend, hungrig, erschöpft und von banger Ungewissheit über das Schicksal ihres Besitzes und ihrer Freunde oder Angehörigen erfüllt, vom offenen Feld aus auf die rauchende Trümmerstätte blickten, eine solche Stimmung hat ausbreiten können, braucht nicht zu verwundern. In einer dermassen entsetzlichen Lage mögen Gedanken, alles aufzugeben und irgendwo neu anzufangen, einer durchaus natürlichen Reaktion entsprechen.

Allerdings kann dieser Schock, so heftig er auch gewesen sein mag, nicht lange angehalten haben. Es liegen uns leider keine Quellenbelege über die Stimmung und das

Verhalten der Basler Bevölkerung in den ersten Stunden und Tagen nach der verhängnisvollen Brand- und Erdbebennacht vor. Wir können uns aber gut vorstellen, wie es zugegangen sein muss. Das Jammern und Wehklagen dürfte schnell von zielgerichtetem Handeln abgelöst worden sein. Man erstellte vor den Stadtmauern, vor allem auf dem Petersplatz, Zelte und Hütten oder richtete sich in Scheunen und Schobern ein.[82] Manche begaben sich in die nahen Dörfer, um Essbares aufzutreiben, andere versuchten, in die noch brennende Stadt einzudringen, um nach Verletzten zu suchen oder um bewegliche Habe zu bergen. Diebe und Räuber durchstreiften die verwüstete Stadt, um zu plündern.

Autoritätspersonen, namentlich Bürgermeister, Oberstzunftmeister und Ratsherren, waren bemüht, Ordnung ins Chaos zu bringen, dringende Anweisungen zu geben und Botschaften auszusenden. Der Bischof traf am 19. Oktober in Basel ein – er war wohl von Delsberg oder St. Ursanne her angeritten – und sprach der Bevölkerung Mut zu, während die Geistlichkeit mit den Menschen, die nicht aktiv Hand anlegen konnten, namentlich mit den Frauen, die auf ihre Kinder aufpassen mussten, durch Gebete die Hilfe des Himmels erflehten.[83] Es bedeutete einen Glücksfall für die Stadt, dass sie sich im Herbst 1356 nicht im Kriege befand, wie leicht hätten doch skrupellose Feinde die Notlage Basels ausnützen können.

In Basel herrschte nach der Katastrophennacht gewiss ein völlig unvorbereiteter Ausnahmezustand. Um zu überleben, musste die Bevölkerung handeln, improvisieren und viele Nebensächlichkeiten, die den Alltag belasteten, vergessen oder wenigstens zurückstellen: Streitigkeiten unter Nachbarn über eine stinkende Latrine oder einen lärmenden Webstuhl waren jetzt obsolet geworden. Aber auch in den Zelten und Hütten vor der Stadt brachten Frauen Kinder zur Welt und lagen Kranke im Sterben. Diese mussten ärztlich und geistlich versorgt werden. Sicher waren sich alle bewusst, dass es Jahre dauern würde, bis die Stadt wieder vollständig hergestellt sei. Eine Normalisierung des Lebens unter provisorischen und improvisierten Bedingungen dürfte aber schon wenige Wochen nach der Katastrophe angestrebt worden sein. Der Wille zum Überleben war stärker als das Entsetzen über das Unglück, und die Tatsache, dass insgesamt doch wenige Menschen ums Leben gekommen waren und die meisten Überlebenden mit Bekannten und Verwandten in den ersten Stunden nach dem Unglück ein Wiedersehen feiern konnten, dürfte zur Überwindung des Schocks wesentlich beigetragen haben.

Die Wiederherstellung der Stadt

Das Leben geht weiter

Im Juni 1357 erliessen Rat und Zunftmeister den Beschluss, dass von *Sungichten* an (d.h. Johannistag, 24. Juni) jeder Handel und alle Märkte wieder in der Stadt abzuhalten seien, dass die Hütten auf dem Petersplatz und um die Vorstädte, die nach dem Erdbeben erstellt worden seien, bis zum 15. August abgebrochen werden müssten und alle Leute wieder in die Stadt zu ziehen hätten. Hütten, die nach diesem Datum noch stünden, würden auf Geheiss des Rates zerstört, und wer nach dem 24. Juni ausserhalb der Stadt Waren feilbiete, werde für jeden Tag um 2 Schillinge in neuer Währung gebüsst.[84]

Das Stichdatum des 15. Augusts kann kaum zufällig gewählt worden sein. Der *frowentag ze mitten ougst* war einer der kirchlichen Festtage, die der Jungfrau Maria, der Münsterpatronin und Schutzheiligen Basels, geweiht war.[85] Am 8. September, am legendenhaften Geburtstag Marias, pflegte zu Ehren der Muttergottes die Ritterschaft auf dem Münsterplatz zu turnieren, weshalb in Basel dieser Termin auch *frowentag zem turney* genannt wurde.[86] Marientage galten in Basel als Glückstage, und es ist kaum zu bezweifeln, dass die Basler Obrigkeit mit dem Datum des 15. Augusts, der die Rückkehr in die Normalität bedeutete, in mehrfacher Hinsicht ein Zeichen setzen wollte, ein Zeichen des Dankes an die Stadtpatronin, dafür dass nun das Schlimmste überstanden sei, und ein Zeichen der Aufmunterung an die Bevölkerung, nun unter glücklichen Voraussetzungen den Wiederaufbau in Angriff zu nehmen.

Zwischen der Katastrophe vom 18. Oktober 1356 und dem ersten Schritt in die Normalität lag also ein Zeitraum von knapp acht Monaten. Was in dieser Zeit geschehen ist, lässt sich höchstens ahnen, denn die Schriftquellen schweigen sich weitgehend aus, und archäologische Befunde lassen sich kaum auf einen so engen Zeitrahmen datieren. In fromme Zerknirschung zu verfallen und sich in unfruchtbaren Bussübungen zu üben, wozu vereinzelte, auf Seelenfang bedachte Prediger aufgerufen zu haben scheinen, waren die Basler kaum bereit. Man kann sich eher vorstellen, wie manche, nach Überwindung des ersten Schocks, zunächst einmal kräftig geflucht, dann die Ärmel hochgekrempelt und sich an die vielfältigen Arbeiten gemacht haben, die das Überleben im Freien während des bevorstehenden Winters sichern sollten.

Eine zentrale Aufgabe der Obrigkeit bestand darin, die soziale und rechtliche Ordnung, die durch das Leben in improvisierten Verhältnissen ausserhalb der Stadt in Frage gestellt war, durch Verordnungen und tatkräftiges Durchgreifen aufrechtzuerhalten. Auf die Bestrafung von Plünderern haben wir bereits hingewiesen. Doch musste auch der für das Mittelalter typischen Gewaltbereitschaft, die den Ausbruch von Unruhen befürchten liessen, unnachsichtig begegnet werden. Jetzt kam es der Obrigkeit zustatten, dass der Bruder des amtierenden Bürgermeisters, Johans von Bärenfels, die Ratsknechte anführte. Auf den ersten Seiten der 1357 begonnenen Ratsbücher, des Roten Buches und des Leistungsbuches I, finden sich zahlreiche Strafen vermerkt, die über Unruhestifter, Raufbolde und Diebe verhängt worden sind. Unter den Delinquenten begegnet man Handwerkern, Zuhältern, herrschaftlichen Dienern und Zugereisten.[87] Auf die obrigkeitlichen Verordnungen dieser Zeit – sie betreffen u.a. den Holzhandel und das Bauwesen – ist in späterem Zusammenhang zurückzukommen.

Das Leben in improvisierten Unterkünften vor der Stadt war gewiss beschwerlich, zumal in den kalten Monaten des Winters 1356/57, dürfte aber insgesamt doch leichter ertragen worden sein, als wir uns das heute vielleicht vorstellen. Denn im Mittelalter herrschte im Alltag ein weitaus geringerer Komfort als heutzutage, so dass die Leute sich rasch mit primitiven Schlafstellen, einfachsten Koch- und Heizfeuern, engen Raumverhältnissen und mangelnder Hygiene abgefunden haben dürften.

Bevor man an einen Wiederaufbau Basels denken konnte, musste die Stadt wieder begehbar gemacht werden. Wir wissen nicht, wie streng der Winter 1356/57 gewesen ist und wie sehr Schnee und Eis die Aufräumarbeiten behindert haben, dass sie aber durchgeführt worden sind, lässt sich nicht bezweifeln, sonst hätte im Juni 1357 die Obrigkeit das

Stadtgebiet Basels nicht, wie oben gezeigt, für bewohnbar erklären können. Zwischen Ende Oktober 1356 und Juni 1357 muss schwer geschuftet worden sein, galt es doch, den Brandschutt wegzuräumen – man karrte ihn in den Rhein und füllte unbenutzte Kellerräume –, vom Einsturz bedrohte Mauern niederzureissen, brauchbares Steinmaterial in Depots zu sammeln und unverwendbaren Schutt zu entsorgen. Damit diese Arbeiten nicht in ein chaotisches Durcheinander mündeten, bedurfte es einer Leitung, die System in das ganze Werken brachte und die einzelnen Arbeitsgruppen strassen- und quartierweise in effizienter Reihenfolge miteinander koordinierte. Wer diese Leitung innehatte, ist nicht überliefert. Ein fünfköpfiger Bauausschuss, der wohl schon vor dem Erdbeben bestand, hatte koordinierende und schlichtende Funktion. Führungsfunktionen vor Ort haben vermutlich die Fachleute der Münsterbauhütte und die Meister der nachmaligen Spinnwetternzunft übernommen.[88]

In diesem Zusammenhang verdient eine Chroniknotiz aus dem späten 15. Jahrhundert Beachtung. Felix Faber, der als Dominikaner über gute, ordensinterne Informationen zu verfügen scheint, berichtet – eingebettet in eine panegyrische, unglaubwürdige Lobeshymne auf den Grossmut des Hauses Habsburg –, dass Herzog Albrecht von Österreich 400 starke und arbeitsame Bauern aus dem Schwarzwald entsandt habe, die in seinem Namen das Quartier zwischen Rheinbrücke und Marktplatz, genannt *Isengasz*, aufräumen sollten, und diese hätten viele Tage lang auf Kosten des Herzogs diese Arbeit geleistet, bis der ganze Schutt in den Rhein abgeführt worden sei.[89] Diese Nachricht, obgleich erst spät aufgezeichnet, entbehrt nicht jeglicher Glaubwürdigkeit, zumal sie – wie später auszuführen ist – den Interessen des Hauses Habsburg-Österreich durchaus entsprochen hätte. Die Chronikstelle verweist uns überdies auf einen weiteren Gedanken, der sich freilich durch keine direkten Zeugnisse stützen lässt: Die Möglichkeit, dass Grundherren aus den Basler Adels- und Achtburgerfamilien sowie städtische Klöster, die in den Dörfern der Umgebung über bäuerliche Untertanen geboten, diese als Arbeitskräfte nach Basel geholt haben, damit sie sich am grossen Aufräumen beteiligen.

Spätestens gegen Ende Frühling 1357 muss die Stadt wieder soweit begehbar gewesen sein, dass die Menschen darangehen konnten, sich in ihren mehr oder weniger versehrten Häusern und Höfen wenigstens provisorisch einzurichten. In einer Urkunde vom 10. Juli 1357 ist von einem Haus in der St. Johann-Vorstadt die Rede, *das hus nennt man jetzt zer Hütter*, was wohl bedeutet, dass es nach der Zerstörung durch das Erdbeben notdürftig wieder in bewohnbaren Zustand versetzt worden ist.[90] Ähnliches dürfen wir für die Zeit um Mitte 1357 von den meisten Liegenschaften in Basel annehmen. Die Benutzbarkeit der Häuser bildete die Voraussetzung für den Ratsbeschluss vom Juni 1357.

Dass sich im Laufe des ersten Halbjahres 1357 die Lage in Basel langsam wieder normalisiert haben muss, zeigt sich auch an der Wiederaufnahme der Rechtsgeschäfte. Gerichtssitzungen, deren Beschlüsse in Urkunden festgehalten wurden, fanden bereits vor dem Jahreswechsel 1356/57 wieder statt.[91] Der Offizial, der Vorsitzende des beim Münster tagenden bischöflichen Gerichtes, amtierte schon wieder im November 1356[92], die Schultheissengerichte von Gross- und Kleinbasel traten vom Januar 1357 an wieder zusammen.[93] Urkundlich vereinbarte Handänderungen von Liegenschaften, Verleihungen, Verpfändungen, Verkäufe, sind vom Februar 1357 an wieder bezeugt.[94] In diesen, bis Ende 1357 immer häufiger auftretenden, immer vielseitigere Geschäfte betreffenden Urkunden sehen wir, wie sich die Stadt wieder erholt und wie überall die Voraussetzungen für den Wiederaufbau geschaffen werden.

Münster, Klöster und Pfarrkirchen

Der Wiederaufbau der Basler Gotteshäuser gehörte nicht zum Aufgabenbereich von Bürgermeister und Rat, was aber nicht heisst, dass die Laienbevölkerung der Stadt, die Ritter, Achtburger, Zünfter, Einsassen und Zugereiste, keinen Anteil an der Instandsetzung der beschädigten Kirchen und Kapellen genommen hätte. Denn im Zuge der mittelalterlichen Laienfrömmigkeit, die sich nicht mit Andacht und Erbauung begnügte, sondern auch sichtbarer Werke bediente, sind ungezählte Bauaktivitäten und Kultobjekte gestiftet worden. Für den Chronisten Christian Wurstisen steht im 16. Jahrhundert fest, dass die Wappen *vermöglicher Leuten*, die an den Säulen, Pfeilern und Fenstern der Gotteshäuser angebracht seien, direkt an die Zuwendungen für den Wiederaufbau nach dem Erdbeben erinnerten (was in Einzelfällen, aber sicher nicht generell zutrifft).[95]

Für den Wiederaufbau des Münsters waren Bischof und Domkapitel verantwortlich. Am schnellsten aber reagierten nicht diese direkt Betroffenen, sondern die Geistlichen der Nachbardiözese Konstanz. Denn bereits am 26. November 1356 erliessen die Konstanzer Generalvikare – es herrschte gerade eine Sedisvakanz – ein Rundschreiben an alle Äbte, Pröpste, Dekane, Leutpriester und andere Kleriker der Diözese, einen eindringlichen Aufruf, für den Wiederaufbau der Kathedrale von Basel, die mitsamt allen Altären und Heiligenbildern völlig zerstört worden sei, kräftig zu spenden – selbstverständlich unter Zusicherung eines grosszügigen Ablasses.[96] Aufrufe des Basler Bischofs zur Förderung des Wiederaufbaues setzten 1359 ein.[97] Zudem beschaffte sich das Domkapitel Mittel durch den Erlös aus dem Liegenschaftenhandel.

Den Instandstellungsarbeiten am Münster kam entgegen, dass es eine Bauhütte gab, die – getrennt von der städtischen Bauleutenzunft – auf dem ewigen Bauplatz, den eine in Sandstein erstellte Kathedrale nun einmal bildete, nach den ersten Aufräumarbeiten mit dem Wiederaufbau beginnen konnte. Seit dem frühen 14. Jahrhundert befanden sich grosse Teile des Münsters im Umbau, namentlich die Seitenkapellen und die Westfassade. Die Instandstellungsarbeiten verstärkten nun das gotische Element des zur Hauptsache spätromanischen Baues. So wurde nun – was wohl besonders vordringlich erschien – das eingestürzte Chorgewölbe in gotischen Formen erneuert, so dass auch der zerschmetterte Hauptaltar wiederhergestellt werden konnte. Diese Arbeiten waren allerdings von allerlei Querelen begleitet. So musste der Bischof im April 1359 die am Münster tätige Geistlichkeit ermahnen, die Einkünfte der Bauhütte nicht zu beeinträchtigen[98], und 1361 erliess er einen Aufruf an seine Kleriker, die Almosensammlung für die Bauhütte zwecks Wiederaufbau des Münsters energischer zu betreiben.[99]

Aber trotz solcher Hemmnisse war 1363 mindestens die Chorpartie des Münsters soweit wiederhergestellt, dass am 25. Juni, einen Tag nach Johannis Baptista, der restaurierte Hauptaltar feierlich wieder eingeweiht werden konnte.[100] Die kostbaren Reliquien hatte man im Zuge der Instandstellung aus den Trümmern geborgen und im neuen Altar beigesetzt. Die Weihe vollzog sich unter grossem Gepränge. Dem Bischof von Basel, Johann II. Senn von Münsingen, standen Peter Senn, Basler Weihbischof und Bischof von Zeitun (heute Lamia in Griechenland), und der Generalvikar des Bischofs von Konstanz

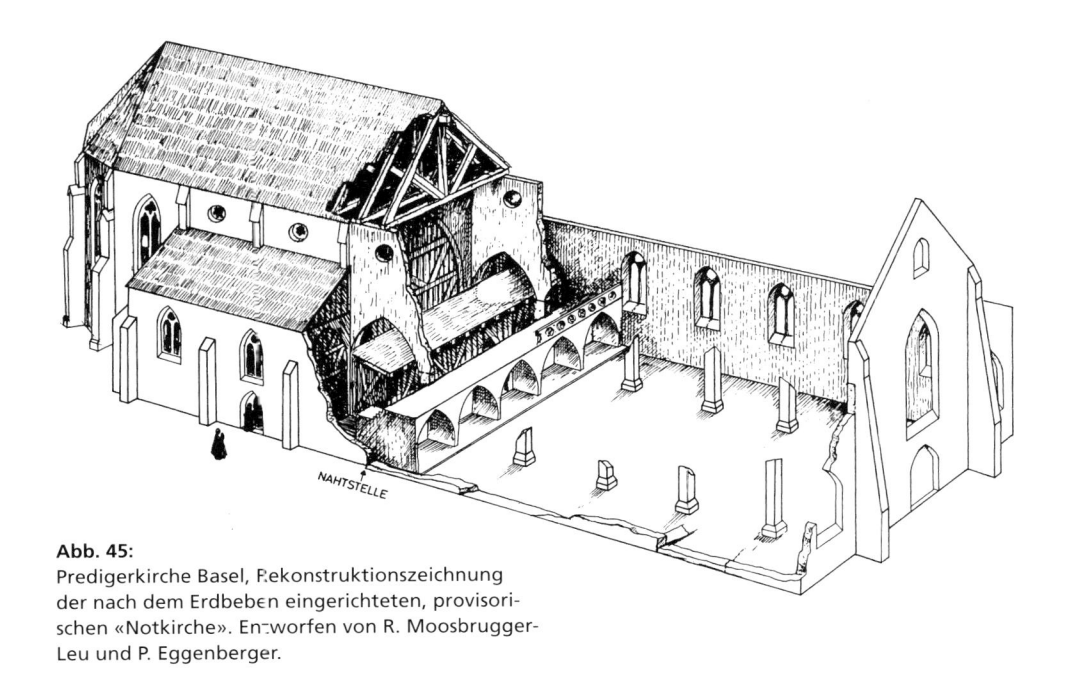

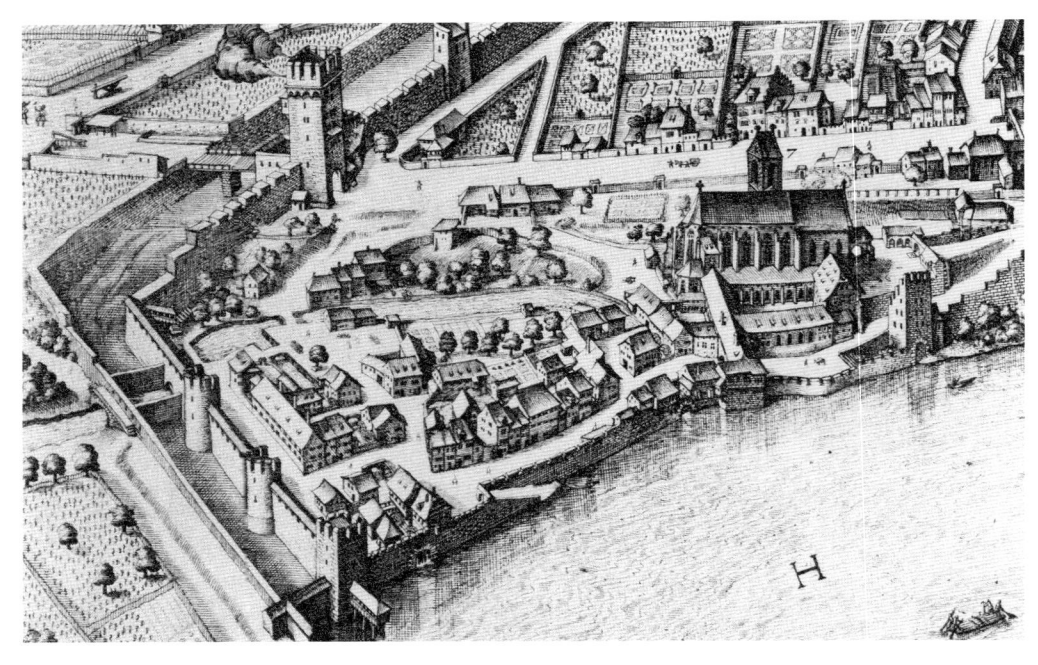

Abb. 45:
Predigerkirche Basel, Rekonstruktionszeichnung der nach dem Erdbeben eingerichteten, provisorischen «Notkirche». Entworfen von R. Moosbrugger-Leu und P. Eggenberger.

Abb. 46:
St. Alban-Kloster und Gewerbequartier nach Matthäus Merian, 1617. 1356 sind im «Dalbeloch» besonders schwere Schäden aufgetreten.

zur Seite. Anwesend waren alle hohen Geistlichen des Bistums, die Äbte von Beinwil und – aus der Diözese Konstanz – St. Blasien. Besondere Würde verlieh dem Anlass die Gegenwart des Königs von Dänemark und des Königs von Zypern. (Letzterer befand sich, vom Papst in Avignon herkommend, auf einer hoffnungslosen Betteltour für einen Kreuzzug.)

Diese Neuweihe des Hauptaltars spielte sich, trotz aufwendig inszeniertem Ritual, in einer unfertigen Baustelle ab, denn das Münster war 1363 alles andere als vollendet, nicht einmal alle Erdbebenschäden waren behoben, denn im Juli 1364 sah sich der Bischof von Konstanz veranlasst, den Aufruf um Spenden für den Wiederaufbau des Basler Münsters zu erneuern.[101] Der Lettner, der den Chor vom Hauptschiff trennte, war erst 1381 vollendet, nachdem ein erneutes, wenn auch schwächeres Erdbeben 1372 das Münster erneut erschüttert und sogar die Reiterfigur des Heiligen Georg vom Sockel gestürzt hatte. Die eigentlichen Erdbebenschäden von 1356 mögen vielleicht um 1370/80 behoben gewesen sein. Die Fertigstellung des Baues erfolgte aber bekanntlich erst 1500 mit der Anbringung der Kreuzblume auf dem Martinsturm.[102]

So wie die Wiederherstellung des Münsters zu einem grossen Teil durch Spenden finanziert werden musste – über die es leider keine Buchhaltung gibt – war auch der Wiederaufbau der übrigen Kloster- und Pfarrkirchen sowie der vielen Kapellen von Stiftungen und frommen Zuwendungen, den Almosen, abhängig. Die Höhe der Beiträge schwankte zwischen bescheidenen Scherflein kleiner Leute und grosszügigen Summen der Reichen und Mächtigen, die sich mit ihren frommen Stiftungen nicht nur einen guten Platz im Jenseits, sondern auch ein bleibendes, sichtbares Andenken bei der diesseitigen Nachwelt sichern wollten. Allerdings ist bei der Deutung der überlieferten Schenkungen und Stiftungen aus den Jahren und Jahrzehnten insofern Vorsicht geboten, als die Finanzierung von Altären mit Ausstattung und Pfründen sowie Speisung der Armen, die Errichtung von Seiten- und Annexkapellen oder die Einrichtung prunkvoller Grabmäler – man denke etwa an Hüglin von Schönegg im St. Leonhard – den allgemein üblichen Sitten entsprachen und nicht ohne genauere Überprüfung als Beitrag an die Behebung von Erdbebenschäden interpretiert werden dürfen.

Schwer hatte es offenbar das Kloster St. Alban getroffen. Hier mussten besondere Massnahmen ergriffen werden, damit die Kirche und die Konventgebäude wieder in einen funktionstauglichen Zustand versetzt werden konnten. Sammlungen für das Kloster setzten in der ganzen Diözese Basel schon 1357 ein.[103] Um die Einkünfte zur Deckung der Baukosten zu erhöhen, trat der Bischof von Konstanz 1362 an St. Alban die Kirche von Lörrach ab, im gleichen Jahr der Bischof von Basel die Kirche von Hüningen, und das Zisterzienserkloster St. Urban verzichtete 1365 zu Gunsten von St. Alban auf eine vom Erdbeben verwüstete Liegenschaft in der Kreuzgasse.[104] Die zusammengeflossenen Mittel erlaubten eine zügige Instandstellung der klösterlichen Gebäude. Eine weitere Inkorporation des Basler Bischofs von 1362 für St. Alban, diejenige der Martinskirche in Basel, konnte zusammen mit derjenigen von St. Agathe in Hüningen zurückgestellt werden, bis der Kirchherr der beiden Gotteshäuser, ein gewisser Othmann Niess, 1390 das Zeitliche gesegnet hatte.[105]

Über die Bauarbeiten im einzelnen sind wir nicht informiert. Visitatoren aus Cluny (dem St. Alban unterstand) hielten in ihren Berichten jedoch fest, dass die Arbeiten gut voranschritten. Um 1375, also knapp zwanzig Jahre nach dem Erdbeben, scheinen das Kloster wiederhergestellt und auch die von der Bautätigkeit ausgelösten finanziellen Engpässe überwunden gewesen zu sein.[106]

Nicht von St. Alban, das der genauen baugeschichtlichen Erforschung noch harrt, aber von einigen anderen Basler Kirchen vermitteln bauanalytische Befunde und Dendrodaten aus dem Dachgebälk direkte Informationen über die Instandstellungsarbeiten nach dem Erdbeben. So scheint die Neueindeckung der Kleinbasler Pfarrkirche St. Theodor, die vermutlich sowohl unter dem Brand von 1354 als auch unter dem Beben von 1356 gelitten hatte, bereits 1358 begonnen worden zu sein.[107]

Auch der Wiederaufbau der St. Peterskirche dürfte früh eingesetzt haben: Einzelne Dendrodaten stammen von 1358, die Fertigstellung wenigstens des Chores erfolgte 1382 mit der Neuweihe der drei Hauptaltäre, während sich die Vollendung des Gesamtbaues wohl bis um 1400 hinzog.[108]

Die bis jetzt vorliegenden Befunde von Grabungen, Bauanalysen und Dendrountersuchungen bestätigen eine Schwierigkeit, die sich bereits in den schriftlichen Nachrichten über die Bautätigkeit in Basels Kirchen abzeichnet: Vom frühen 14. Jahrhundert an ist an vielen Gotteshäusern rege gebaut worden, die Martinskirche beispielsweise bot sich 1356, als die Erdstösse sie trafen, als unfertiger Bauplatz dar.[109] Insofern fällt es sehr schwer, Bauaktivitäten aus der Zeit nach 1356 zwingend als Behebung von Erdbebenschäden zu deuten. Wie kompliziert die Dinge liegen können, zeigt das Beispiel der St. Johanneskapelle am Münsterplatz:[110] Der romanische Bau hatte 1356 schwere Schäden erlitten, die Wiederherstellung erfolgte aber gemäss gesicherten Dendrodaten erst ab 1386, wobei die nordwestliche Längsmauer um ca. 5 m zurückgenommen wurde. Diese Reduktion der Innenfläche erklärt sich aus der Errichtung eines angrenzenden Hauses um 1340, das den Kapellenfenstern jedes Licht nahm. Der Plan, die Kirchenmauer zu verlegen, um zwischen dem Haus – es war von einem Domherrn errichtet worden – und der Kapelle einen gehörigen Abstand zu legen, dürfte schon vor 1356 erwogen worden sein, ist dann aber erst dreissig Jahre später ausgeführt worden. Während bei der 1356 noch im Bau befindlichen Martinskirche der Chor erst nach dem Erdbeben aufgeführt wurde, scheinen bei anderen Gotteshäusern die gewölbten Chorpartien die Erdstösse besser überstanden zu haben, so dass vor allem die Schiffe instandgestellt werden mussten. Die Datierung der Dachbalken, zum Beispiel St. Clara 1368, St. Martin 1398/1400, St. Peter 1358 (Chor) und 1388/1400 (Schiff) muss nicht unbedingt den Zeitpunkt wiedergeben, zu dem in einer Kirche die sakralen Handlungen wieder ausgeübt werden konnten.[111] Diese – vielleicht bloss partielle – Benutzbarkeit mag wesentlich früher als die Erstellung des Daches eingetreten sein. Datierte Altarweihen und sonstige Stiftungen könnten auf die Wiederherstellung der Funktionstauglichkeit hinweisen. Wenn 1373 der Rat für die Augustiner Glasfenster stiftet, müsste die Kirche mindestens als Rohbau vollendet gewesen sein. Bauarbeiten sind aber noch für 1397/98 bezeugt. Nebenbei: Als der Rat 1360/61 den Augustinern eine grössere Summe *an ir grossen stuben* stiftete, erwarb er sich das Recht, grössere Sitzungen in diesem Saal abzuhalten.[112]

Eine Altarweihe als Zeugnis der Wiederherstellung nach dem Erdbeben ist auch für die St. Nikolauskapelle im Kleinbasel (1375) überliefert.[113] Dass die Instandsetzung grosser Kirchen über längere Zeit in mehreren Phasen abgelaufen ist, zeigen die Beispiele von St. Peter und St. Leonhard: Bei St. Peter stammt das Dachgebälk, wie schon erwähnt, teils von 1358, teils von 1388/1400. Die Hauptaltäre sind schon 1382 neu geweiht worden, in der Marien- und Martinskapelle der Kirche konnten aber bereits 1364 bzw. 1366 wieder Leute bestattet werden.[114]

Dank Grabungen und Bauuntersuchungen sind wir über die Wiederherstellung der Predigerkirche recht gut informiert.[115] Der Chor blieb 1356 bekanntlich stehen, was die Einrichtung eines improvisierten Kultraumes im Sinne einer «Notkirche» möglich machte. Dank reichlich fliessender Ablassgelder konnte der zerstörte Teil bis um 1365 wieder aufgebaut werden, wobei gegenüber der halbzerstörten Vorgängeranlage nur geringe Änderungen vorgenommen wurden.

Die St. Leonhardskirche scheint zu den am meisten zerstörten Gotteshäusern der Stadt gehört zu haben, weshalb es für den Wiederaufbau besonderer finanzieller Anstrengungen bedurfte. Die Mittel wurden durch Sammlungen, die schon 1357 begannen, durch Zinsnachlass des Domkapitels, durch Liegenschaftsverkäufe und reiche Gönner, namentlich Hüglin von Schönegg, aufgebracht. Wegen des hohen Zerstörungsgrades zogen sich trotz der reichen Zuwendungen die Bauarbeiten bis um 1380 hin. Unter Propst Peter Fröwler (gestorben 1388), dessen Wappen am Westgiebel des Langhauses angebracht ist, dürfte der Bau vollendet worden sein.[116]

Die schlimmsten Schäden, die 1356 das Erdbeben angerichtet hatte, scheint man bis um 1370/80 behoben zu haben, doch standen für sakrale Handlungen – Messen, Taufen, Begräbnisse etc. – die meisten Kirchen schon ab ca. 1360 wieder zur Verfügung. Man muss sich vorstellen, dass im Münster und in den meisten anderen Gotteshäusern Messen gelesen und Predigten gehalten wurden inmitten von Baugerüsten, Sand-, Kalk- und Steinhaufen und Gerätedepots. Da aber im Mittelalter die meisten Kirchen, namentlich die grossen, ohnehin ewigen Baustellen glichen, wo dauernd etwas repariert, umgebaut oder neu eingerichtet wurde, ist kaum anzunehmen, dass sich die Gläubigen an diesen Zuständen, an die sie schon vor dem Erdbeben gewöhnt waren, gross gestört hätten. Wir haben uns heute auch damit abgefunden, dass seit Jahren und wohl noch für lange Zeit irgendein hässliches Baugerüst den Blick auf das Münster verdirbt.

Stadtbefestigungen und öffentliche Bauten

Die Befestigungsanlagen Basels, der Hauptmauerring um die Grossbasler Innerstadt, die Vorstadtbefestigungen und die Ummauerung Kleinbasels dürften im Erdbeben stark gelitten haben, wenn auch keineswegs vollständig zerstört worden sein. Die beiden Türme vom Seidenhof am Rhein und vom Lohnhof, die 1356 sehr heftig beschädigt worden waren, wurden nach Ausweis der Dendrodaten vom neu aufgeführten Mauerwerk bereits 1361 bzw. 1358 repariert.[117] Dies lässt vermuten, dass man mit der Wiederherstellung der Stadtmauer umgehend begonnen hat. Im Rechnungsjahr 1360/61, mit dem die Basler Jahresbuchhaltung einsetzt, ist bereits ein Betrag von 4 Pfund und 2 Schillingen eingesetzt für die, *so die thor ze der stat beschliessent umbe ir arbeit*. Die Ausgaben für den *stette buwe* der folgenden Jahre beziehen sich wohl mehrheitlich bereits auf die Kosten für die Errichtung des neuen, äusseren Mauerrings.[118]

Während also die Obrigkeit Grossbasels für eine rasche Instandsetzung der Stadtmauer besorgt war, scheinen in Kleinbasel, wo der Bischof als Stadtherr für die Wiederherstellung der Erdbebenschäden am Mauerring verantwortlich war, die Bauarbeiten nur zögerlich vorangeschritten zu sein. Jedenfalls musste Basel nach der Erwerbung Kleinbasels 1392 noch für liegengebliebene Instandstellungsarbeiten aufkommen und zu deren Finanzierung Kleinbasler Bürger zur Kasse bitten.[119]

Organisatorische Voraussetzung für ein zügiges Vorantreiben der städtischen Bauvorhaben war ein Werkhof, wo Baumaterial, Steine, Sand, Kalk, Holz, Ziegel und Eisenwaren gelagert, Werkzeug aufbewahrt oder repariert und gegebenenfalls auch Kriegsgerät bereitgestellt werden konnte. Einen solchen Platz fand die Obrigkeit auf dem Gelände zwischen dem Petersplatz und der Spalenvorstadt bzw. dem Kloster Gnadenthal. Es handelte sich um das Areal des ersten Basler Judenfriedhofes, der seit der gewaltsamen Auflösung der ersten Judengemeinde 1349 unbenützt dalag und von der Stadt als ihr Eigentum betrachtet wurde. Für eine gelegentliche Verwendung des Areals bezog der Rat bis 1356 einen Zins.[120]

Nach dem Erdbeben richtete die Stadt auf dem Friedhofsgelände – Juden gab es zunächst nicht mehr in Basel – den dringend benötigten Werkhof ein. Auf dem Areal standen und lagen Hunderte von jüdischen Grabsteinen aus hochwertigem Buntsandstein, die nun als willkommene Spolien zur Verfügung standen. Sie gelangten vor allem zur Abdeckung der beschädigten Stadtbefestigungen, des Zinnenkranzes und der äusseren Grabenfuttermauer, zur Anwendung. Allein zwischen dem Kreuztor am Blumenrain und der Kirche St. Leonhard konnte man noch im 16. Jahrhundert gegen 400 jüdische Grabsteine zählen, die in der Abdeckung vermauert waren. Bevor man dies als rücksichtslose, aber im Hinblick auf die Kosten und den Zeitaufwand für die Reparatur des Stadtmauer zweckmässige Neuverwendung der schönen Sandsteinplatten als pietätlos brandmarkt, sollte immerhin bedacht werden, dass man im Mittelalter auch Steinmaterial von christlichen Gräbern, die nicht mehr unterhalten wurden, als Spolien verwertet hat. Auf dem Areal des Werkhofes ist dann im 15. Jahrhundert, dies sei hier ergänzend vermerkt, das Basler Zeughaus errichtet worden.

Wie unten zu zeigen ist, muss das Projekt, einen äusseren Mauerring anzulegen und so die Stadt um ein Mehrfaches zu erweitern, schon bald nach dem Erdbeben entwickelt worden sein. Dennoch wurde Wert darauf gelegt, die Verteidigungsfähigkeit des alten, inneren Mauerringes vollumfänglich wiederherzustellen. Wehrverordnungen aus dem 15. Jahrhundert enthalten deshalb auch Anweisungen, wie im Kriegsfall, wenn der äussere Mauerring durchbrochen werden sollte, der Rückzug auf die innere Stadtmauer zu erfolgen habe. Ob der gutgemeinte Plan im kriegerischen Ernstfall wirklich funktioniert hätte, ist allerdings zu bezweifeln.[121]

Das neue Verteidigungskonzept für Grossbasel, das einen inneren und einen äusseren Mauerring vorsah, machte eine Entscheidung über die Vorstadtbefestigungen notwendig, die im Erdbeben sicher auch gelitten hatten. Im Falle der Spalenvorstadt scheint man ungefähr auf der Linie der Vorstadtbefestigung aus der Zeit um 1300 die neue, äussere Mauer in halbkreisförmigem Bogen um die Häuser der Vorstadt gelegt und den bereits bestehenden Torturm, das heutige Spalentor, erneuert und ausgebaut zu haben.[122] Die Befestigung der St. Albanvorstadt, bestehend aus einer Ringmauer mit halbrunden Schalentürmen und einem vorgelagerten Graben, sollte weiterhin in wehrhaftem Zustand bleiben und wurde demgemäss repariert. Offenbar nur schwach befestigt waren die Aeschen- und die Steinenvorstadt. Als 1365 englische Söldnerscharen das Elsass verwü-

Abb. 47:
Rheinbrücke nach Matthäus Merian, 1617. Für das Jahr 1356 sind keine Erdbebenschäden an der Brücke überliefert.

steten und sich auch Basel bedroht fühlte, schickte Bern 1500 Mann zum Schutz der Stadt, die in die Steinenvorstadt gelegt wurden, wo anscheinend am ehesten ein Angriff erwartet wurde. Die Gefahr ging allerdings ohne Zwischenfall vorüber. Die Episode zeigte aber auf, wie es 1365 um die Verteidigungsfähigkeit Basels stand:[123] ... *waz Basel gar unwerlichen, won der erdbidem bi kurtzem zeit die stat nidergeworfen hat, dazu hatten sie dennocht kein ringmure umb ir vorstat.* Die innere Mauer war demnach wiederhergestellt, die äussere aber noch längst nicht fertig.

Ausser den Befestigungsanlagen gab es weitere öffentliche Bauten, um deren Wiederaufbau sich Bürgermeister und Rat zu kümmern hatten. Für das unbrauchbar gewordene Kaufhaus fand der Rat einen provisorischen Ersatz in der seit der Judenvertreibung leerstehenden Synagoge. Wie lange dieses Provisorium bestand, ist unsicher, vermutlich bis zum Bau des neuen Kaufhauses um 1376/78, denn als bald nach 1360 die Juden in Basel eine zweite Gemeinde gründeten, mussten sie die Synagoge auf einer neuen Liegenschaft errichten.[124]

Von zentraler Bedeutung war für die städtische Obrigkeit die Wiederherstellung des Rat- und Richthauses.[125] Um 1350 nahm das Haus zem Angen am Kornmarkt, dem

Abb. 48:
Der Seidenhof, Basel, erhebt sich am nördlichen, rheinseitigen Ende der inneren Stadtbefestigung Grossbasels. Er enthält Bausubstanz aus dem 11. und 13. Jahrhundert.

heutigen Marktplatz, den Rat für seine Sitzungen auf. Es erhob sich etwa im mittleren Teil des jetzigen Rathausareals und scheint durch das Erdbeben und den Brand so schwer beschädigt worden zu sein, dass nicht nur die meisten Dokumente verlorengingen, sondern auch das Gebäude neu erstellt werden musste. Da aber auch eine Erweiterung des Gebäudes notwendig schien, erwarb der Rat 1359 die an das Haus zem Angen angrenzende, vermutlich auch zerstörte Liegenschaft zum Waldenburg. Auf diesem erweiterten Areal konnte nun in den folgenden Jahren um 1360 das neue, grössere Rathaus gebaut werden. Die Kosten sind in der städtischen Buchhaltung nicht separat vermerkt, sondern im Pauschalposten *stette buw* enthalten. Das Datum der Fertigstellung ist deshalb auch nicht mit Sicherheit zu ermitteln, das Gebäude dürfte vielleicht um 1365 funktionstüchtig gewesen sein, also zu einem Zeitpunkt, als ringsherum der Wiederaufbau der Stadt noch in vollem Gange war.

Die Wohn- und Wirtschaftsbauten

Mit der Rückkehr der Bevölkerung in die brand- und erdbebenversehrte Stadt im Sommer 1357 begann der allmähliche Wiederaufbau all der mehr oder weniger zerstörten Häuser. Grossbasel zählte um 1350 mit Einschluss der Vorstädte um die 800 Liegenschaften, Kleinbasel deren 200. Wenn wir davon ausgehen, dass vielleicht 25 Prozent aller Gebäude schwach bis gar nicht beschädigt waren, blieben noch rund 750 Häuser übrig, die ganz oder mehrheitlich neu aufgeführt werden mussten, einschliesslich der 1354 durch Brand zerstörten und noch nicht wiederaufgebauten Häuser im Kleinbasel. Gemäss einer Urkunde von 1360 kam der Wiederaufbau eines weitgehend eingestürzten Hauses auf 80 Pfund zu stehen.[126] Wenn wir diesen Betrag als mittleren Wert nehmen – was eine reine Hypothese bleibt – und mit der Zahl der schwer beschädigten Häuser multiplizieren, kommen wir auf eine grob geschätzte Gesamtsumme von 60 000 Pfund. Selbstverständlich handelt es sich bei diesem Betrag nur um einen Schätzwert, der eine Vorstellung von der finanziellen Grössenordnung vermitteln soll, in der sich die Kosten für den Wiederaufbau der Privatbauten bewegt haben dürften. Zum Vergleich: Die Kosten für die Errichtung des neuen, äusseren Mauerrings (s. unten), die sich über einen Zeitraum von fast 40 Jahren erstreckte, betrugen etwa 5860 Pfund, die Einnahmen der Stadt beliefen sich 1361/62 auf 3400 Pfund, 1370/71 auf 8600 Pfund, 1380/81 auf 21 553 Pfund.[127]

Wie die Einwohnerschaft den Wiederaufbau ihrer Behausungen finanziert hat, lässt sich im einzelnen nicht mehr ermitteln. Sicher wurden Kredite bei Juden aufgenommen, die seit 1360 wieder in Basel ansässig waren und eine Gemeinde bildeten, ferner bei finanzkräftigen Achtburgern, vielleicht auch bei auswärtigen Geldgebern. Oder man beschaffte sich flüssige Mittel durch die Veräusserung von Landgütern ausserhalb der Stadt und griff, soweit vorhanden, auf Gespartes zurück, das man vergraben hatte und jetzt wieder hervorholte. Fest steht, dass die Basler Bevölkerung nach dem Wiederaufbau – er dürfte insgesamt gut zwei Jahrzehnte in Anspruch genommen haben – keineswegs von Schulden gedrückt wurde, welche die politische und wirtschaftliche Entwicklung der Stadt hätten aufhalten können.

Noch im Sommer 1357 begannen Bürgermeister und Rat, mit einer ganzen Reihe von Verordnungen Rahmenbedingungen festzuschreiben, durch die der Wiederaufbau gefördert und beschleunigt werden sollte. Da die an allen Ecken und Enden gleichzeitig laufenden Bautätigkeiten vielerlei Streitigkeiten unter Liegenschaftsbesitzern, Bauleuten und Anrainern erwarten liessen, setzte der Rat eine Fünferkommission ein, die nicht nur die städtischen Bauvorhaben zu betreuen hatte, sondern auch über richterliche Kompetenzen zur Schlichtung von Reibereien auf Bauplätzen verfügte. Schon 1358 finden wir die Fünfer einen Streit um den Bau eines als störend empfundenen Abtritts entscheiden.[128]

Für die Wiederherstellung der Stadt war die Beschaffung des erforderlichen Baumaterials von entscheidender Bedeutung. Gute Steine konnten aus dem Schutt zur Wiederverwendung geborgen werden. Zusätzliche Mauersteine wurden in den Brüchen am Hornfelsen und weiter rheinaufwärts, bei Degerfelden, gewonnen und mit Lastkähnen, den «Steinschiffen», auf dem Rhein antransportiert. Anlegestellen befanden sich zu St. Alban, bei der Schifflände und rechtsrheinisch am flachen Ufer vor dem Lesserstor. An den gleichen Stellen zog man auch das in grossen Mengen benötigte Bauholz an Land, das den Rhein herunter, zum Teil auch von der Birs her, angeflösst wurde. Da ein Teil des über die Birs herangeflössten Holzes auf dem St. Albanteich bis nach St. Alban transportiert wurde, ist es denkbar, dass das auf der Wiese geflösste, für Basel bestimmte Holz über den Riehenteich nach Kleinbasel gebracht wurde, wenigstens bis zum Riehentor, wo sich – allerdings erst später bezeugt – eine Sägerei befand.

Über die Beschaffung und den Verkauf dieses begehrten Baustoffes erliess der Rat strenge Vorschriften, die im Roten Buch festgehalten sind:[129] *Kein Buholtz, zimberholz, schindelen noch latten* oder sonstwie gefälltes Holz, das zum Bauen dient und in die Stadt gelangt, darf von Zwischenhändlern erworben und mit Gewinn weiterverkauft werden, denn es sollte nur von denjenigen, die es selber verbauen wollen, gekauft werden können. Schindeln sollten an Land gezogen und verkauft werden können, aber ohne «*merschatz*», d.h. Gewinn. Zuwiderhandelnden wird eine Busse von 1 Mark Silbers *ane gnad* für jede einzelne Übertretung angedroht. Basler aber, die selber in den Wäldern und auf dem Land Holz kaufen, sollen dieses in der Stadt verkaufen dürfen. Offenbar war der Bedarf an Bauholz so gross, dass sich der Antransport zu einem einträglichen Geschäft entwickelte, was anscheinend zu chaotischen Zuständen auf dem Rhein und auf den Anlegeplätzen führte. Der Rat sah sich deshalb zum Eingreifen genötigt und verbot den Schiffleuten das Holzflössen ohne obrigkeitliche Erlaubnis. Die rege Bautätigkeit hatte zur Folge, dass die Preise für Baumaterial nach und nach stiegen, so dass der Rat 1366 für Kalk und Ziegel (gemeint sind Backsteine und Bodenfliesen) Höchstpreise festlegen musste. Schon 1361 hatten Bürgermeister und Rat, um die Versorgung mit Bauholz sicherzustellen, dem Frauenkloster Olsberg um den Preis von 200 Pfund einen ganzen Wald abgekauft.[130]

Besonders einschneidende Bestimmungen verhängte der Rat über die Zunft der Bauleute, der Zimmerleute, Maurer und Dachdecker.[131] Zunächst ging es darum, die Baukosten zu stabilisieren. Meister hatten pro Tag Anspruch auf 20 neue Pfennige oder 10 neue Pfennige plus Verpflegung. Gelernte Gesellen sollten denselben Betrag erhalten, ungelernte Hilfskräfte und Lehrjungen weniger. Diese Regelung sollte vorerst für ein Jahr gelten. Um der Knappheit an Arbeitskräften im Baugewerbe zu begegnen – die Zunft der Bauleute zählte damals um die 50 in eigentlichen Baugewerben tätige Mitglieder[132] –, setzten Bürgermeister und Rat fest, dass fremde Bauhandwerker jederzeit in Basel Arbeit annehmen konnten, ohne in die Zunft eintreten zu müssen. Kein einheimischer Baumeister durfte Zugezogene, die zu den gleichen Preisbedingungen arbeiteten, an ihrer Tätigkeit hindern. Zünftler, welche die Bestimmungen über die Löhne missachteten und Fremde nötigten, in die Zunft einzutreten, oder sie gar vertrieben, sollten ohne Aussicht auf Begnadigung für ein halbes Jahr in die Verbannung geschickt werden. Auffallenderweise wurden Fehlbare nicht, wie sonst allgemein üblich, vor die Kreuzsteine verbannt, sondern nur in eine der Vorstädte, und zwar in diejenige, die dem Verurteilten am wenigsten gefiel. Offenbar wollte man mit dieser Massnahme verhindern, dass Fachkräfte, die so dringend benötigt wurden, völlig aus dem Verkehr gezogen wurden.

Ferner wurde von Bürgermeister und Rat bestimmt, dass die Zimmerleute, Dachdecker und Maurer nie mehr als einen Auftrag aufs Mal annehmen dürften und keine Verhandlungen über weitere Aufträge führen sollten, bevor der laufende «*vollebracht*» sei. Ein Maurer (vermutlich auch ein Zimmermann oder Dachdecker) durfte nicht mehr als drei Gesellen beschäftigen. Ausgenommen blieben die Steinmetzen, die so viele Gesellen beschäftigen durften, wie sie wollten. Diese Sonderregelung wurde wohl im Hinblick auf den Wiederaufbau der Kirchen getroffen, wo Steinmetzarbeiten eine besonders grosse Rolle spielten. Wer von den Meistern die Bestimmung brach, sollte für einen Monat in die Verbannung geschickt werden. All diese Verordnungen, die allesamt das Ziel hatten, den Wiederaufbau der Stadt zu beschleunigen, bedeuteten im Grunde genommen einen fast ungeheuerlichen Schritt, lief doch namentlich die Bestimmung über die Arbeitsbewilligung für fremde Bauleute auf nichts anderes hinaus als auf die – allerdings befristete – Aufhebung der 1248/71 vom Bischof verliehenen Zunftordnung, was in moderner Terminologie eine teilweise Aufhebung der Stadtverfassung bedeuten würde.

Die obrigkeitlichen Massnahmen – schnell, unbürokratisch und ohne grosse demokratische Umfrage getroffen – mochten der Sache noch so dienen, auf allgemeine Gegenliebe und Akzeptanz stiessen sie nicht. Vier einheimische Bauleute mussten für vier Jahre in die Verbannung geschickt werden, weil sie mit dem Messer auf einen Zimmermann aus Speyer losgegangen waren. Ein Schiffer wanderte ein halbes Jahr in die Verbannung, weil er ohne Erlaubnis Holz in die Stadt geflösst hatte. Eine breite Unzufriedenheit spiegelt sich im Verbannungsurteil gegen einen gewissen Bischof Börli, der herumsprach, *man selte Rat und Meister in die büche stechen*.[133]

Im Unterschied zu den Ratsverordnungen nach dem grossen Stadtbrand von 1417, in denen u.a. die Verwendung von Dachziegeln verlangt wurde, hielt sich 1356 die Obrigkeit mit Bauvorschriften noch zurück. Wir haben aus dem Roten Buch bloss Kunde vom Verbot der *fürschöpf*, also der vor den Häusern auf die Gasse hinausragenden Vordächer, unter denen sich ein grosser Teil des gewerblichen Alltags abspielte. Das Verbot galt aber nur der Wiederherstellung jener Vordächer, die im Erdbeben verbrannt waren. Die erhalten gebliebenen durften stehengelassen werden, aber es wurde verboten, sie zu vergrössern.[134]

Mit dieser Verordnung wollte die Obrigkeit wohl verhindern, dass die Gassen, die als Allmend galten, zunehmend für private Zwecke okkupiert wurden. Das allmähliche Vorschieben der strassenseitigen Hausfassaden zu Lasten der Gassenbreite ist in Basel archäologisch mehrfach nachgewiesen.

Wie sich nun in den Jahren nach dem Erdbeben innerhalb des Handlungsspielraums, der durch die finanziellen Möglichkeiten des einzelnen und durch die obrigkeitlichen Bestimmungen abgesteckt war, der Wiederaufbau der Stadt abgespielt hat, lässt sich anhand schriftlicher und archäologischer Einzelinformationen nur in groben Zügen feststellen.

Häuser, die 1356 völlig eingestürzt oder abgebrannt und anschliessend von Grund auf neu gebaut worden wären, sind bis jetzt nicht nachgewiesen. Wo archäologische und bauanalytische Befunde eine Bautätigkeit kurz nach 1356 belegen, handelt es sich stets um Erweiterungs-, Aufstockungs- und Umbauten, die unter Verwendung älterer Bausubstanz vorgenommen worden sind. Dies trifft etwa auf das Areal der gut untersuchten Liegenschaften Gerbergasse 71, 73, 75 oder Greifengasse 4 in Kleinbasel zu.[135] Viel Bausubstanz aus der Zeit vor dem Erdbeben stammt aus der 1. Hälfte des 14. Jahrhunderts. In Basel muss damals viel gebaut bzw. umgebaut worden sein, so dass man etwas überspitzt formulieren könnte, die Bautätigkeit der fünfzig Jahre vor dem Erdbeben sei nach dem halbjährigen Unterbruch für das grosse Aufräumen ab Sommer 1357 intensiviert fortgesetzt worden. Jedenfalls ging es in der 2. Hälfte des 14. Jahrhunderts nicht bloss um den Wiederaufbau des Zerstörten, sondern um Vergrösserungen, Umgestaltungen und Anpassungen an die gewachsenen Bedürfnisse des Wohnkomforts. So machte etwa das Aufkommen der Fensterverglasung mit Butzenscheiben – vor der Mitte des 14. Jahrhunderts noch kaum bekannt – das Anbringen grösserer Fenster in ganzjährig benützten Räumen notwendig.

In der urkundlichen Überlieferung spiegelt sich der Wiederaufbau der Stadt nur in unscharfen Konturen. Seit der Mitte des 14. Jahrhunderts nehmen die schriftlichen Vereinbarungen auf dem Basler Liegenschaftsmarkt, an dem auch das Domkapitel und die Klöster beteiligt sind, deutlich zu, doch ist verhältnismässig selten von zerstörten Häusern oder von Instandstellungsarbeiten die Rede. Wir erfahren beispielsweise, dass 1359 das Kloster St. Alban einem Mitbruder erlaubt, am Standort eines 1356 am Rheinufer eingestürzten Turmes ein Haus mit Stube und Kammer zu errichten[136], dass 1357 der Bischof dem Kaplan des Marienaltars im Münster gestattet, das zerstörte Haus *ze landsere* aufzubauen und mit einem Zins zu belasten[137], oder dass Katharina von Thierstein, Witwe des Markgrafen von Hachberg-Sausenberg, dem Domkapitel verspricht, ein Haus neben der Dompropstei wieder aufzubauen.[138] Von zerstörten Häusern ist in den Urkunden etwa bis um 1365 die Rede, während bei Handänderungen von Liegenschaften Häuser, Höfe oder Hofstätten ohne Hinweis auf Erdbebenschäden bereits ab 1357 genannt werden. Dies muss nicht bedeuten, dass das betreffende Gebäude unbeschädigt geblieben sei oder dass man es bereits wiederhergestellt habe. In Urkunden über Veräusserungen von Liegenschaften werden meistens die Formulierungen älterer Dokumente übernommen, und wenn der bauliche Zustand eines Hauses das Rechtsgeschäft nicht unmittelbar betrifft, wird er im Urkundentext auch nicht angesprochen. Wenn also ab 1357 in Gross- und Kleinbasel Handänderungen – Verkäufe, Verleihungen, Verpfändungen – von Häusern bezeugt sind, spiegelt sich in der steigenden Zahl dieser Dokumente die Lebhaftigkeit des Basler Liegenschaftsmarktes, aber nicht der Stand des Wiederaufbaues der Stadt nach dem Erdbeben. So ist es letztlich schwierig, ein Datum für den Abschluss der Wiederherstellungsarbeiten anzugeben. Als nicht beweisbare Vermutung mag hier der Vorschlag geäussert werden, das Ende des Wiederaufbaues in die Jahre um 1370 anzusetzen.

Der Wiederaufbau der Burgen in der Umgebung

Nachdem im Jahre 1170 ein fürchterliches Erdbeben Syrien verwüstet und zahlreiche Burgen zerstört hatte, entschloss sich der Johanniterorden, dem die schwer mitgenommene Festung Hisn-al Akrad (heute bekannt als Krak des Chevaliers) gehörte, die Trümmer dieser Anlage wegzuräumen und eine völlig neu konzipierte Burg zu errichten.[139] Derartig rigorose Massnahmen sind für die rund 60 durch das Basler Beben 1356 beschädigten Burgen nicht überliefert. Allerdings liegen noch zu wenig schlüssige Ergebnisse von Ausgrabungen und Bauuntersuchungen vor, als dass die Möglichkeit eines vollständigen Neubaus am Standort einer 1356 irreparabel beschädigten und deshalb bodeneben abgetragenen Anlage gänzlich ausgeschlossen werden könnte. Künftige Forschungen, zum Beispiel auf Burganlagen wie Kienberg, Eptingen/Witwald oder Blochmont mögen Überraschungen für uns bereithalten. Die Chronisten jedenfalls, die sich über das Problem der Wiederherstellung ohnehin weitgehend ausschweigen, berichten nichts von dermassen umfassenden Neubauten nach 1356. Die bisher greifbaren archäologischen und bauanalytischen Beobachtungen sprechen denn auch eher für mehr oder weniger aufwendige Instandstellungsarbeiten und Teilrekonstruktionen schwer beschädigter Partien und im Falle schwerster Zerstörung wie bei Madeln oder Hertenberg für die Preisgabe der Ruine.

Abb. 49:
Burgruine Pfeffingen, Ansicht von Norden. Foto vor 1870, mit intaktem Wohnturm.

Abb. 50:
Burgruine Pfeffingen, Wohnturm. Ansicht von Westen, um 1930. Die sichtbare Bresche ist um 1880 durch ein leichtes Erdbeben verursacht worden.

Abb. 51:
Burg Angenstein, Gemeinde Duggingen, Ansicht von Süden, um 1930. Die westliche, sonnenbeschienene Wand des Wohnturmes ist 1356 eingestürzt und 1364 neu aufgeführt worden. (Der Anbau stammt erst aus dem 16. Jahrhundert.)

Im allgemeinen wird davon ausgegangen, dass Burgen, die nach 1356 in den Urkunden die Bezeichnung «Burgstall» tragen, nicht wieder aufgebaut worden sind. Dies mag als Faustregel zutreffen; es kann aber nicht ausgeschlossen werden – was durch Grabungen belegt werden müsste –, dass erdbebenbeschädigte Burgen in halbzerstörtem Zustand noch einige Zeit, zum Beispiel für die Bewirtschaftung der landwirtschaftlichen Güter, in notdürftig hergerichtetem Zustand weiterbenützt und erst später definitiv aufgegeben worden sind. Auch für solche Halbruinen könnte die Bezeichnung «Burgstall» gebraucht worden sein. Wie undurchsichtig sich die Dinge im Einzelfall darbieten, zeigt das Beispiel von Alt-Homberg im Fricktal:[140] Die grosse Burg, seit 1351 im Besitz der Herzöge von Österreich, aber seit 1354 an die Grafen von Habsburg-Laufenburg verpfändet, nahm im Erdbeben schweren Schaden. 1359 erhielt Johann von Habsburg-Laufenburg von Herzog Rudolf den Auftrag, unter gleichzeitiger Erhöhung der Pfandsumme die Burg wieder aufzubauen, was aber offenbar unterblieb. Ein Sässhaus auf der Burg, das den Herren von Frick gehörte, bestand jedoch noch im 15. Jahrhundert, und eine Kapelle wurde noch im 16. Jahrhundert mit einem Heiligen Grab ausgestattet, wie die um 1884 ausgegrabenen Fragmente von Wächterfiguren zeigen. Die weitläufige Anlage, im 15. Jahrhundert ausdrücklich als *burgstal* bezeichnet, muss teilweise noch benützt worden sein.

Von den rund 60 als zerstört gemeldeten Burgen erhoben sich etwa 15 Anlagen auf Eigengut. Deren Inhaber mussten selbst schauen, wie sie die Mittel für eine Wiederherstellung aufbringen konnten. Die übrigen Burgen bildeten Lehen oder Afterlehen, und in diesen Fällen stellte sich die Frage, ob und wie sich die Lehnsherren, namentlich der Basler Bischof, die Herzöge von Habsburg-Österreich und die Grafen von Thierstein, an den Kosten für den Wiederaufbau beteiligen konnten oder wollten. Für die Wiederherstellung landesherrlicher Burgen, auf denen ein Vogt sass, musste jedenfalls der Landesherr aufkommen, und wenn es ihm an Mitteln fehlte, war er gezwungen, seine Besitzrechte an den Vogt oder andere zahlungskräftige Interessenten zu verpfänden. Dieses Vorgehen ist beispielsweise für die bischöfliche Feste Birseck bei Arlesheim bezeugt: 1373 verpfändete Bischof Jean de Vienne, dessen Kassen ohnehin stets leer waren, den Herren von Ramstein Burg und Herrschaft Birseck mit der Auflage, 500 Gulden auf der Burg zu verbauen, was wohl auf die Behebung der Erdbebenschäden hinauslief.[141] Diese Abmachung wurde also 17 Jahre nach dem Erdbeben getroffen. Das bedeutet, dass es auch in anderen Fällen mehrere Jahre gedauert haben könnte, bis die verschiedenen, schwer heimgesuchten Burgherren ihre Behausungen wieder vollständig instand gestellt hatten. Allerdings scheint man in anderen Fällen zügig vorgegangen zu sein: Das Holz für die Wiederherstellung des Wohnturms von Angenstein – wofür der Bischof als Lehnsherr und die Münch von Landskron als Lehensträger verantwortlich waren – ist bereits 1363/64 gefällt worden.[142]

Wer in jedem Einzelfall die Mittel für den Wiederaufbau beschafft hat, wann die Instandstellungsarbeiten begonnen und abgeschlossen worden sind und wie sich die finanzielle Belastung für die Geschädigten langfristig ausgewirkt hat, ist kaum mehr festzustellen. Wenn vereinzelt die urkundliche Überlieferung Belege dafür liefert, dass adlige Familien, deren Burgen 1356 gelitten haben, in den folgenden 20–25 Jahren Güter verkaufen oder verpfänden, mag das auf ökonomische Engpässe zurückzuführen sein, die von der Erdbebenkatastrophe verursacht sein könnten, aber keinesfalls müssen. Besitzverschiebungen, für die als Begründung das Erdbeben ausdrücklich erwähnt wurde, sind jedenfalls sehr selten bezeugt. Die Herkunft der für die Wiederherstellung der zerstörten Burgen benötigten Mittel bleibt weitgehend im dunkeln.

Im Falle der Burg Waldeck im Leimental hätte ein Wiederaufbau von den Lehensträgern und nicht vom Lehnsherrn, dem Bischof von Basel, finanziert werden müssen: 1379 wurden die Brüder Fritschmann und Hertrich zu Rhein-Häsingen vom Bischof mit Waldeck belehnt.[143] Wie die Urkunde ausdrücklich festhält, lag die Burg damals seit langem wegen des Erdbebens in Trümmern, es sollte den Belehnten aber gestattet sein, unter gewissen Bedingungen, etwa unter dem Vorbehalt des Öffnungsrechtes[144], die Ruine wieder aufzubauen. (Das Vorhaben ist allerdings nicht verwirklicht worden.) Das Beispiel von Waldeck zeigt deutlich, dass unter Umständen für eine vom Erdbeben zerstörte Burg noch nach Jahrzehnten Pläne für eine Wiederherstellung entwickelt werden konnten.

Für unsere Kenntnisse über die Entwicklung des Burgenbaus im Spätmittelalter wäre es wichtig zu wissen, ob und wie durch einen Wiederaufbau sich das Aussehen einer Burg verändert hat. Bei kleineren Schäden dürfte man einfach das schadhafte Mauerwerk ersetzt haben, wie die zugeflickte Bresche in der Ringmauer des Vorderen Wartenbergs

Abb. 52:
Burgruine Mörsberg, Gemeinde Oberlarg F,
1356 beschädigt, anschliessend wiederhergestellt
und wiederholt umgebaut. Keine Spuren des
Erdbebens mehr sichtbar.

zeigt. Auch auf Angenstein ist wohl ohne nennenswerte Veränderung der Silhouette die eingestürzte Westwand des Wohnturmes wieder hochgezogen worden. Eine deutliche Veränderung hat die Löwenburg erfahren: Der hohe Rundturm, dessen obere Partien offenbar eingestürzt sind und die Zisterne zerschmettert haben, musste bis auf die Höhe der Ringmauer abgetragen werden. Auf den Wiederaufbau des nur statussymbolisch bedeutsamen, aber weder für Wohn- noch für Verteidigungszwecke brauchbaren Turmes haben die Burgherren offensichtlich verzichtet.

      Welche Veränderungen die anderen Burgen im Zuge ihrer Wiederherstellung nach 1356 erfahren haben, von denen noch ansehnliche Mauerteile aufrecht stehen – man denke an Wildenstein, Birseck, Binningen oder Burg/Biederthal – müsste durch umfassende Bauuntersuchungen noch abgeklärt werden. Auf Gilgenberg haben die im Rahmen einer umfassenden Sanierung vorgenommenen Abklärungen dank Dendrodaten zwar Hinweise auf die Erbauung im 13. Jahrhundert, aber keinerlei Spuren von Instandstellungsarbeiten nach 1356 zutage gefördert.

Das Problem der Hilfe von auswärts

Als 1417 eine Feuersbrunst einen grossen Teil Basels verwüstete, hielt der Stadtschreiber Johann von Bingen im Rufbuch fest, dass die Bewohner von Delsberg an den Basler Rat ein Beileidsschreiben gesandt und angezeigt hätten, der Stadt einen Wald mit hundertjährigen Bäumen zu schenken und zur Beschleunigung des Abtransportes einen Weg zu bauen. *Und erzöugtent uns grosse früntschaft, der wir billich gedenckig sin söllent.*[145] In einem anderen Ratsbuch verzeichnete Johann von Bingen die Namen all jener Orte, Städte, Gemeinden sowie weltlichen und geistlichen Herren, die der Stadt eine Beileidsbotschaft übersandten.[146] Die Liste umfasst über 60 Namen; Schreiben trafen nicht nur aus der näheren Umgebung ein, auch Bern, Schwyz, Schaffhausen, Konstanz, Lindau, Villingen und Überlingen, selbst Ulm und Rottweil schickten ihre Beileidsbriefe. Ob es sich bei all diesen Botschaften nur um verbale Äusserungen der Anteilnahme oder auch um die Zusage konkreter Hilfsleistungen gehandelt hat wie bei den Delsbergern, ist nicht überliefert. Nach dem grossen Brand von Bern im Jahre 1405 leisteten die Städte Solothurn, Biel, Thun, Burgdorf, Aarberg, Laupen, Nidau und Büren Hilfe beim Wiederaufbau, während die Berner Oberländer ihre Hilfsverpflichtung mit einer Geldzahlung abgalten.[147] Allerdings ist zu berücksichtigen, dass Biel und Solothurn mit Bern verburgrechtet waren und die anderen Städte im Untertanenstatus standen, eine Hilfeleistung demnach einer rechtlichen Verpflichtung entsprach. Anders bei der Stadt Freiburg i.Ü., deren Beziehungen zu Bern damals eher distanziert bis gespannt waren. Dennoch sandten die Freiburger unter der Aufsicht eines Ratsherrn zwölf Karren mit Knechten und Pferden, die helfen sollten, *die stat rumen und den kumber und den herd usfüren*. Justinger, der darüber berichtet, hebt besonders hervor, dass diese Freiburger alles, was zum Vorschein kam, *pfennig oder pfennings wert*, getreu dem Eid, den sie ihrem Anführer geschworen hatten, brav abgeliefert hätten. Beileidsbotschaften gingen in Bern damals von Basel, Zürich, Solothurn, Luzern und den übrigen eidgenössischen Orten ein.

Im Spätmittelalter scheint es demnach unter Städten und landesherrlichen Machthabern eine Art regionales oder sogar überregionales Netzwerk gegeben zu haben, das im Falle grösserer Katastrophen gegenseitige Hilfsaktionen und Beileidsbeteuerungen auslöste. Die Frage ist deshalb berechtigt, ob nach dem Erdbeben von 1356 nicht auch nach Basel ähnliche Botschaften und Hilfsmassnahmen gelangt sein könnten.

Die Quellen aus den ersten Jahren nach 1356 schweigen sich aus. Erst der Berner Chronist Justinger berichtet zu Beginn des 15. Jahrhunderts, dass die Städte Strassburg, Freiburg i.Br., Colmar, Schlettstadt, Mulhouse, Neuenburg a.Rh. und Rheinfelden den Baslern behilflich gewesen seien, ihre Gassen zu räumen.[148]

Dazu kommt der bereits zitierte, späte Bericht von Felix Faber (1488), wonach auch der Herzog von Österreich den Baslern 400 starke Schwarzwälder Bauern geschickt habe, um beim Räumen des Schifflände-Quartiers zu helfen.[149]

Den Passus über die Hilfe der oberrheinischen Städte übernimmt dann Wernher Schodoler in seiner Chronik von 1525.[150] Wurstisen findet in seiner Basler Chronik von 1580 für diese Hilfeleistung eigene Worte:[151]

Es erzeigten zwar die vernachbeurten Stette guoten willen, in dem sie leut mit Karchen, Rossen unnd allerhand notturfft geht Basel schickten, jhnen tröstlich zuosprachen, mit raumen unnd bauwen hilfft theten. Welche etwas ferrner gelegen, sendeten jhre Bottschafften da hin, die Statt zuoklagen, und sie mit ehrlichen Steuren zuobegaben.

So rührend und – aus Analogieüberlegungen bis zu einem gewissen Grad – auch plausibel diese Nachrichten von Justinger bis Wurstisen auch klingen, es lassen sich keine zeitgenössischen Nachrichten über solche Hilfeleistungen und Beileidsbezeugungen beibringen. Mindestens im quasi amtlichen Bericht des Roten Buches, niedergeschrieben bereits 1357, müsste eigentlich eine Notiz erwartet werden, so wie sie dann für die Hilfe der Delsberger nach dem Brand von 1417 festgehalten worden ist.

Ist der Schluss aus dem Schweigen der Quellen, Basel sei 1356/57 von allen Nachbarn im Stich gelassen worden, wirklich zwingend? Wohl kaum. Für das Fehlen direkter Nachrichten könnte als Erklärung auch das im Herbst und Winter 1356 herrschende Durcheinander angeführt werden. Hilfskräfte, die von überall her, sei es aus eigenem Antrieb, sei es auf obrigkeitliche Weisung hin, herbeiströmten, um den Schutt wegzuräumen, nahmen ihre Arbeit auf, ohne dass man sie lange nach ihrer Herkunft oder ihrem Auftrag gefragt hätte. Und was das Fehlen von schriftlichen Beileidsbezeugungen betrifft, ist daran zu erinnern, dass es einige Monate gedauert haben muss, bis in Basel wieder so etwas wie eine Verwaltung funktionierte, die auch in der Lage war, Akten abzulegen.

Diese Überlegungen haben selbstverständlich keine Beweiskraft, was aber nicht heisst, dass sie absurd wären. Die Frage nach allfälligen Hilfeleistungen und Beileidsbotschaften von auswärts, wie sie von anderen Naturkatastrophen überliefert sind, muss demnach offen bleiben.

Basels Finanzkraft

Anno domini 1362, da her Burchart Münch der jünger von Landeskrone burgermeister was, da was abgelöset und abgericht alle die geltschulde, so die stat gelten solte und schuldig was, davon man zinse gab: das man nieman nüt me schuldig was noch gelten solle, noch nieman kein zins me gab, denne die zinse, die man von alter von den schalen und etlichen hüsern, hofstetten und garten git, unde ane vier phunt steblern, git man jerglichs Claren Wachtmeisterin ze einem Lipgedinge.

Dieser oft zitierte Eintrag im Roten Buch besagt, dass im Jahre 1362 die Stadt Basel alle Schulden, die ihr aus dem Wiederaufbau der Stadtmauer und sonstigen ausserordentlichen Kosten, die aus dem Erdbeben erwachsen waren, abbezahlt hatte.[152] Wie hoch diese Schulden insgesamt gewesen sind, lässt sich nicht mehr feststellen, denn die Rechnungsbücher setzen erst 1360/61 ein, und Basel hatte schon vorher mit der Schuldentilgung begonnen. Bereits am 8. Dezember 1356, wenige Wochen nach dem Erdbeben, war

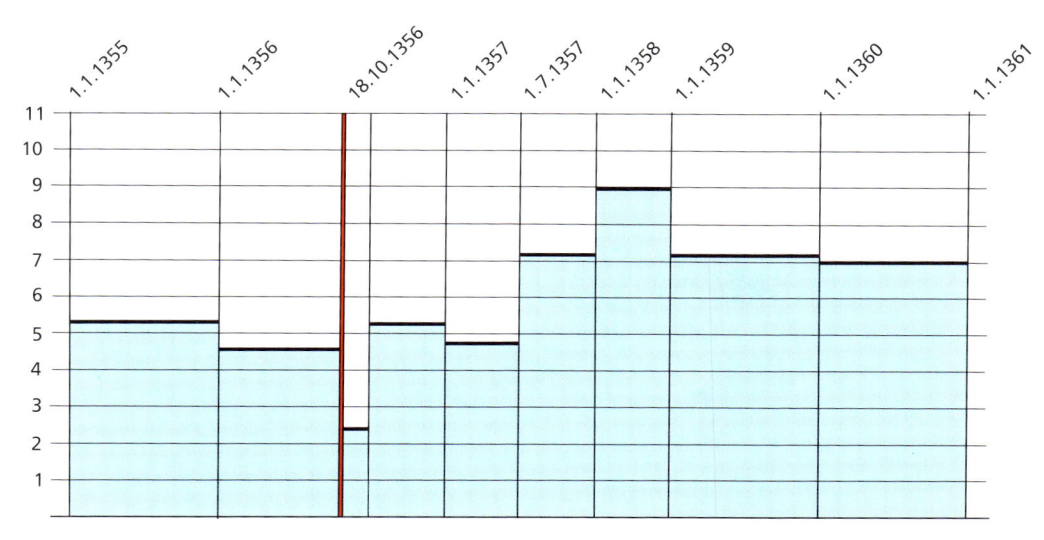

Abb. 53:
Graphische Darstellung der Basler Urkundenproduktion von 1355 bis 1360. Deutlich ist der Einbruch nach dem Erdbeben zu erkennen.

die Stadt in der Lage, dem Grafen Rudolf von Nidau eine Anleihe in der Höhe von 5550 Gulden zurückzuzahlen.[153] Diesen Betrag hatte Basel vermutlich schon vor dem Erdbeben aufgenommen, oder aber es muss sich um einen sehr kurzfristigen Überbrückungskredit gehandelt haben. 1361/62 zahlte Basel dann Schulden in der Höhe von rund 3200 Pfund ab. 1361/62 waren es noch einmal 3400 Pfund, und im folgenden Jahr gestattete es die Finanzlage, dass Basel der Stadt Laufenburg ein Darlehen von 3400 Gulden (1700 Pfund) gewähren konnte. Für all die Jahre ab 1360/61 bis zu Beginn des 15. Jahrhunderts – weiter braucht die finanzielle Entwicklung hier nicht verfolgt zu werden – schloss die Stadt ihre Rechnung mit einer ausgeglichenen Bilanz ab, in der sich Einnahmen und Ausgaben, Schulden und Guthaben in etwa die Waage hielten.[154]

Dass die Stadt wenige Wochen nach dem Erdbeben wieder über Geldsummen verfügen konnte, die höher lagen als die gesamten Jahreseinnahmen um 1360, kann wohl nur damit erklärt werden, dass der «Staatsschatz», die eisenbeschlagene Kiste mit den Gold- und Silbermünzen, unversehrt aus den Trümmern des Rathauses hat geborgen werden können. (Nicht auszudenken, was mit heutigem Papiergeld geschehen wäre!)

Um die Mitte des 14. Jahrhunderts wurde in der Basler Münzstätte, die vorläufig noch dem Bischof unterstand, der im Mittelalter allgemein übliche Pfennig (lat. *denarius*) aus Silber geprägt.[155] Da die Basler Pfennige als Kennzeichen einen Bischofsstab trugen, wurden sie Stebler genannt. Um bei grösseren Beträgen mit kleineren Zahlen rechnen zu können, bezeichnete man 12 Pfennige als 1 Schilling (lat. *solidus*), 20 Schillinge oder 240 Pfennige als 1 Pfund (lat. *libra*). Beim Schilling und beim Pfund handelte es sich aber im 14. Jahrhundert bloss um Recheneinheiten, nicht um ausgeprägtes Geld. Immer häufiger setzte sich im 14. Jahrhundert für den Zahlungsverkehr in höheren Summen die

Abb. 54:
Weinmass der Zunft zu Weinleuten in Basel. In Bronze gegossen, gemäss der Inschrift noch während des Nachbebens von 1356 (Höhe 42 cm, Durchmesser 59 cm).

Goldmünze durch, die ihren Ursprung in Florenz hatte und Gulden (lat. *florenus*) genannt wurde. Als sogenannter Rheinischer Gulden wurde er seit dem späten 14. Jahrhundert auch in Münzstätten der rheinischen Kurfürsten geprägt (in Basel erst ab 1429). Um 1360 entsprach ein Gulden dem Wert von etwa 120 Pfennigen oder ½ Pfund. Der Wechselkurs war aber wegen der unterschiedlichen Preisentwicklung von Silber und Gold sowie wegen der Veränderungen im Feingehalt der Prägungen starken Schwankungen ausgesetzt.[156] Wegen der vielen Prägestätten, die es allein am Oberrhein gab, mussten immer wieder Vereinbarungen über den gemeinsamen Feingehalt getroffen werden.

Die Stadt Basel besass keine Eisen- oder Silberbergwerke, keine weitläufigen Wälder mit wertvollem Bauholz und auch keine sonstigen Rohstoffquellen, die der Stadt zu Reichtum hätten verhelfen können. Das Recht der *Grundruhr*, das darin bestand, angeschwemmtes Holz oder Bootstrümmer an Land zu ziehen, und das 1357 den Baslern vom Kaiser bestätigt wurde, bildete keine nennenswerte Einnahmequelle.[157]

Wie die seit 1360/61 vorliegenden Jahresrechnungen zeigen, war Basel zur Deckung seiner finanziellen Verpflichtungen weitgehend von den Steuereinnahmen abhängig. Es kam nun der Stadt entgegen, dass sie sich seit dem Beginn des 14. Jahrhunderts schrittweise der finanziellen und administrativen Kontrolle des Bischofs zu entziehen begonnen hatte. 1330 bzw. 1350 trat der Bischof der Stadt den Bannwein ab, d.h. das Recht der Umsatzsteuer auf den Wein, der ein Grundnahrungsmittel bildete.[158] Zu unbekannter Zeit richteten Bürgermeister und Rat das Kollegium der Siebner ein, eine Finanzkommission bestehend aus einem Ritter, zwei Achtburgern, zwei Handwerkern und zwei Zunftmeistern. Dieses Gremium erhielt die Aufgabe, über die Steuern zu wachen, desgleichen über die Ausgaben und über die Rechnungsablage.[159] Die Urkunde ist nur in einer Abschrift im Roten Buch erhalten, also aus der Zeit nach 1356. Es fällt auf, dass im Text weder Bischof noch Domkapitel angesprochen werden, deren Zustimmung eigentlich erforderlich gewesen wäre.

Die von der Stadt eingezogenen Steuern erscheinen in den Jahresrechnungen unter der Bezeichnung *ungelt*, was eigentlich eine ungerechte oder mindestens unbeliebte Abgabe bedeutet. Die wichtigste Steuer war das Weinungeld, es machte in den Jahren nach 1361 etwa die Hälfte der jährlichen Gesamteinnahmen aus. So bezog die Stadt beispielsweise 1362/63 an Weinungeld 2282 Pfund bei Gesamteinnahmen von 4934 Pfund. Wie wichtig das Weinungeld für die Finanzen Basels gewesen sein muss, zeigt sich am neuen Urmass der Zunft zu Weinleuten, das gemäss seiner Inschrift in Bronze gegossen worden ist, als die Erde noch bebte. Dieses Weinmass musste unbedingt verfügbar sein, damit ab sofort der Weinkonsum kontrolliert und besteuert werden konnte.[160] Zum Weinungeld kam das *müli ungelt* hinzu, also die Steuer für die Benützung der Getreidemühlen. Wie das Mühlenungeld bildeten auch die Einnahmen vom Salzverkauf eine Art Umsatzsteuer. In späteren Jahren wurden weitere Steuern erhoben, eine Vermögens- und eine Einkommenssteuer. 1362 erwarb die Stadt vom Bischof das Recht, das Mühlenungeld auch in Kleinbasel einzuziehen. Mit der schrittweisen Erwerbung der Zollrechte von Kaiser und Bischof verschaffte sich die Stadt ab 1373 eine weitere Einnahmequelle, die aber erst nach einigen Jahren grössere Erträge abwarf. Auch die Abtretung des Münzrechts durch den finanziell immer bedrängteren Bischof an die Stadt im Jahre 1373 brachte der Stadt nur bescheidenen Gewinn. Hanneman Zschekkenbürlin, der die nun städtisch gewordene Münzstätte betrieb, führte 1374/75 in die Staatskasse 360 Pfund, 1375/76 700 Pfund, 1375/76 gar nur 170 Pfund ab, was sich gegenüber dem Weinungeld jener Jahre in der Höhe von 1500 bis 2300 Pfund recht bescheiden ausnimmt.[161]

Neben den grösseren Beiträgen aus den Steuern läpperten sich die übrigen Einnahmen pro Jahr aus einer Vielzahl von kleineren, teils regelmässig wiederkehrenden, teils nur gelegentlich auftretenden Posten zusammen. Die Stadt bezog Zinsen aus Liegenschaften, aus der Benützung von Verkaufsständen, Marktbuden und Lagerhallen, aus dem Verkauf von Baumaterial und alten Geräten. Geldbussen fielen kaum ins Gewicht, für *Unzuchten*, etwa das unerlaubte Tragen von langen Messern, nahm Basel jährlich etwa 50 Pfund ein.[162] Für verspätetes Erscheinen im Rat wurden 1364/65 Bussen in der Höhe von 2 Pfund und 6 Schillingen erhoben. Auch die Einnahmen aus der Erteilung von Niederlassungsbewilligungen hielten sich in bescheidenem Rahmen.

Nachdem die Stadt 1362 alle Schulden getilgt hatte, nahm sie in der Folgezeit weitere Anleihen auf, wenn ihre ordentlichen Einnahmen zur Deckung der Ausgaben nicht ausreichten. Viele kleine Beiträge, die von Zünftlern, auch von deren Frauen und

Witwen, stammten, hatten allerdings eher den Charakter von Sparguthaben, was für die Vertrauenswürdigkeit der städtischen Finanzverwaltung spricht. Grössere Summen nahm die Stadt beim Adel, bei Achtburgern und bei auswärtigen Geldgebern auf. Die Siebner, die über solche Transaktionen zu wachen hatten, achteten aber darauf, dass die Zinsverpflichtungen nicht zu defizitären Jahresbilanzen führten.

Seit etwa 1360/61 waren in Basel wieder Juden ansässig, nachdem man 1349 geschworen hatte, 200 Jahre lang keine Juden mehr in der Stadt zu dulden.[163] Ihre Rückkehr – sie formierten sich noch vor 1365 zur Gemeinde mit Vorsteher und Synagoge – wird oft mit Basels Finanzbedarf nach dem Erdbeben erklärt. Die Einnahmen, die der Stadt Basel aus der Anwesenheit von Juden erwuchsen, hielten sich aber in bescheidenem Rahmen. Sie bestanden aus den Gebühren für das Niederlassungsrecht, was jährlich etwa 20–30 Pfund ausmachte, ab 1365, als Kaiser Karl IV. an Basel die Schirmgewalt über die Juden abtrat, aus einer Kopfsteuer von etwa 20 Pfund insgesamt und aus kleineren Darlehen in der Höhe von jeweils etwa 50–100 Pfund. Grössere Anleihen in der Höhe von 4000 Pfund bzw. 2400 Gulden sind erst aus den Jahren 1372/73, 1374/75 und 1386/87 überliefert, können also kaum mehr mit Finanzschwierigkeiten wegen des Erdbebens in Verbindung gebracht werden.[164]

Denkbar ist immerhin, dass die Juden von Basels Bevölkerung um Kredite angegangen worden sind, mit denen der Wiederaufbau der Wohnhäuser finanziert werden sollte. Allerdings standen für solche Darlehen auch die Kassen der reichen Oberschicht, der Achtburger, der Hausgenossen und der Kaufleute zur Verfügung. So ist etwa bezeugt, dass die Krämerzunft einen grösseren Kredit an die Stadtkasse übergeben hat. Ob die Juden für die Finanzierung des Wiederaufbaues wirklich unverzichtbar gewesen sind, muss aber bezweifelt werden. Denn es steht zweifelsfrei fest, dass Basels Finanzkraft – die zum Teil auf der Zerrüttung der bischöflichen Wirtschaft beruht – vom Erdbeben nicht entscheidend geschwächt worden ist. Das gilt nicht bloss für die städtisch-obrigkeitlichen Finanzen, sondern auch für die Haushalte der Einwohnerschaft. Bürgermeister, Rat und Siebner hätten Steuerabgaben und Steuererhöhungen beschliessen und verordnen können, so viel sie wollten, ohne Zahlungsfähigkeit wären die verlangten Beträge nie abgeliefert worden. Dass die Gelder tatsächlich eingingen, und zwar offensichtlich, ohne dass es zu Murren und Meuterei gekommen wäre, lässt nur den Schluss zu, dass die Bevölkerung Basels zahlungsfähig und zahlungswillig gewesen sein muss. Vielleicht hat es sich als kluge Massnahme erwiesen, die Kommission der Siebner mit einer Mehrheit von Zünftlern zu besetzen und so die Akzeptanz der obrigkeitlichen Steuerforderungen bei der breiten Bevölkerung zu fördern. Basel war im 14. Jahrhundert eine wohlhabende Stadt, ihr Reichtum konnte sich freilich nicht mit dem von Nürnberg oder anderen Wirtschaftszentren messen. Dank geschickter Finanzpolitik ist es ihr aber gelungen, nicht nur das Erdbeben zu verkraften, sondern auch – ab 1392 mit der Erwerbung Kleinbasels – auf Kosten des Bischofs ein Territorium zu erwerben, was ungleich reichere Städte nicht zustande bringen sollten.

Wahrnehmung des Ereignisses

Merksprüche

Seit der Antike wird die Erinnerung an wichtige Ereignisse, an traurige und freudige, durch Merksprüche wachgehalten. Diese sind teils als Inschriften erhalten, teils als Eintragungen in mancherlei Büchern. Ob und wie lange sie mündlich tradiert worden sind, lässt sich nur selten feststellen. Auch bleibt oft unsicher, wann solche Sprüche in Umlauf geraten sind, ob direkt nach dem Ereignis oder erst einige Zeit später, sicher aber reichen manche Sprüche weiter zurück als ihre älteste Aufzeichnung.

Auch aus dem mittelalterlichen Basel sind solche Merksprüche überliefert. In der sogenannten Chronik des Fridolin Ryff aus der Reformationszeit – Ryff war nur Besitzer, nicht Verfasser – findet sich in der Einleitung eine ganze Sammlung derartiger Verse, die der Autor in *eim alten buch* gefunden haben will und die, abgesehen von Versen über die Entstehung der Evangelien, von Basler Ereignissen des 13. bis 15. Jahrhunderts berichten, aber auch einen Spruch über das angebliche Datum 1015 der Grundsteinlegung für das Strassburger Münster enthalten.[165] Merkverse zur Basler Geschichte beziehen sich auf aussergewöhnliche Weinpreise (1201), auf einen sehr frühen Blütenaustrieb der Reben (1228), auf ein Rheinhochwasser (1480), eine Getreideteuerung im Elsass (1197), auf das Erdbeben von 1356 und – mit einem Vierzeiler – auf den Stadtbrand von 1417:

Noch sant Ulrich den ersten tag[166]
Tusent fierhundert sibenzechne vor ougen lag,
Zu Basel sant Alban und der spital
Verbrantten gar noch überal.

Allgemein bekannt waren Merksprüche, die als Inschriften an prominenter Stelle angebracht waren, so etwa die Verse am Zunfthaus zu Rebleuten über einen besonders teuren Weinjahrgang von 1540 oder den zugefrorenen Rhein von 1514.

Bekannt und wiederholt zitiert ist der in verschiedenen Varianten überlieferte Merkvers zum Erdbeben von 1356. In seiner ältesten Fassung aus dem frühen 15. Jahrhundert lautet er wie folgt:[167]

Ein rink mit sinem dorn
Drü rosissen userkorn,
Ein zimerax, der kruegen zal
Do verfiel Basel überal.

Dieser Spruch war im spätmittelalterlichen Basel wohl Allgemeingut. Er war auf einer im Kaufhaus angebrachten Tafel zu lesen, von der ihn um 1500 der Humanist Hieronymus Brilinger abschrieb. Eine heute im Historischen Museum aufbewahrte Tafel aus dem frühen 16. Jahrhundert ist wohl eine Kopie der von Brilinger benützten Inschrift. Über das tatsächliche Alter des Spruches lassen sich nur Vermutungen anstellen. Dass er bereits

Abb. 55:
«Erdbebenbild» mit Merkvers. 1573 angefertigte Leinwandkopie eines Gemäldes aus dem 15. Jahrhundert. Das dreiteilige Bild zeigt in der Mitte das Stadtwappen mit zwei Basilisken als Schildhalter. Links und rechts die Basler Stadtpatrone, Maria mit dem Kinde und Kaiser Heinrich II. Das Bild stammt aus dem Basler Kaufhaus.

im späten 14. Jahrhundert am Kaufhaus angebracht worden sein könnte, nachdem man dieses 1373 wieder aufgebaut hatte, ist nicht auszuschliessen. Die Anspielung von Gegenständen auf römische Ziffern würde jedenfalls der Schreibweise in der 2. Hälfte des 14. Jahrhunderts entsprechen:

Der «Ring mit dem Dorn» meint das M als Ziffer für 1000. Die drei Hufeisen, quergestellt, entsprechen den drei C für 300. Die Zimmermannsaxt bedeutet das L für 50 und die Zahl der Krüge spielt auf die sechs Krüge an, die gemäss Johannesevangelium an der Hochzeit in Kana als Gefässe für die wundersame Umwandlung von Wasser in Wein dienten, eine Geschichte, die im Mittelalter offenbar allgemein bekannt war.[168]

Noch der späte Chronist Christian Wurstisen zitiert 1580 den Merkspruch in seiner Basler Chronik. Auffallenderweise ersetzt er aber die Zimmeraxt durch ein Beil *(beihel)*. Vermutlich, weil die ihm geläufigen Zimmermannsäxte des 16. Jahrhunderts mit ihren langgezogenen, geschwungenen Klingen nicht mehr an ein L erinnerten, wohl aber die nach wie vor in jedem Haushalt gebräuchlichen Spaltbeile.

Einen eher ungewöhnlichen, als Rätsel formulierten Merkspruch hat um 1400 der Ratsschreiber Konrad Kilwart in einem der Ratsbücher festgehalten:[169]

Lucas et cliccum
Terre motum
Dant tibi votum.

(Lukas und cliccum verraten dir das Datum des Erdbebens.) Die Auflösung ist einfach: Mit Lukas ist selbstverständlich der Lukastag, der 18. Oktober, gemeint, und CLICCVM kann nur als Anagramm aus römischen Ziffern verstanden werden, die nach der im Lateinischen gültigen Regel der Reihenfolge nach absteigendem Zahlenwert zwingend zu MCCCLVI = 1356 umzustellen sind. Cliccum, ein zweisilbiges Wort, das leicht zu merken und auszusprechen ist, dient so als Gedächtnisstütze für die Jahrzahl des Erdbebens, wobei daran zu erinnern ist, dass in Basel bis weit in die Neuzeit hinein Jahreszahlen in römischen Ziffern angegeben werden, namentlich auf Inschriften oder Grabdenkmälern. Das Anagramm müsste demnach noch lange Zeit – auch für Nichtlateiner – verständlich gewesen sein. Da es jedoch nur im Kleinen Weissen Buch des Rates aufgezeichnet ist, so dass es kaum jemand zu Gesicht bekam, wissen wir nichts über seinen Bekanntheitsgrad.

Einen etwas besonderen Merkvers überliefert uns Christian Wurstisen in seiner Basler Chronik. Die drei Zeilen, in Latein, seien in einer Wand der St. Jakobskirche zu Villach in Kärnten eingehauen. Ihr Wortlaut:[170]

Sub M.C. triplo, quadraginta octo tibi dico,
Tunc fuit terraemotus Conversio Pauli,
Subvertit urbes, Basileam, castraque Villaci.

Wurstisen liefert gleich auch die deutsche Übersetzung:

Ein M drey C, viertzig und acht
Wol auff S. Pauls bekerung nacht,
Verfiel durch eins Erdbidems nacht
Basel die Statt, zuesampt Villach.

Wurstisen beeilt sich aber, auf den Irrtum in der Inschrift hinzuweisen, wonach das Beben in Kärnten 1348, das Basler Beben jedoch erst 1356 stattgefunden habe. Der Vers macht vielleicht verständlich, warum auch bei einzelnen Chronisten Villach in der Liste der 1356 zerstörten Burgen genannt wird.

Einige lateinische Verse auf das Erdbeben tragen ebenfalls den Charakter von Merksprüchen, waren aber wohl nur für den Gebrauch innerhalb der Geistlichkeit bestimmt. So findet sich in einer Handschrift des Klosters Reichenau aus dem 15. Jahrhundert ein lateinischer Vierzeiler über das Beben von 1356, dem der bekannte Spruch mit dem Ring, den Rosseisen, der Axt und den Krügen – von den anderen Fassungen etwas abweichend – beigegeben ist.[171] Ein weiterer Spruch, vielleicht in St. Blasien entstanden, ist in einem später vom Kloster Rheinau aufbewahrten Messbuch enthalten.[172] Anderslautende, aber ebenfalls in einem Messbuch, und zwar vorne beim Kalender, eingetragene Merkverse hält Christian Wurstisen in seinen *Collectaneen* fest.[173] In einer lateinischen Vorstufe der Basler Chronik, den *Epitome Historiae Basiliensis*, zitiert Wurstisen einen in holprigen Hexametern gehaltenen Sechszeiler, den er einem Mönch von St. Martin auf dem Zürichberg zuschreibt.[174] Es fällt auf, dass über das Erdbeben insgesamt mehrere, voneinander unabhängig verfasste Merkverse erhalten sind und der Spruch mit dem Ring, den Rosseisen, der Zimmeraxt und den sechs Krügen wiederholt aufgezeichnet worden ist –

auch Peter Ochs zitiert ihn noch am Ende des 18. Jahrhunderts –, dass aber vom Stadtbrand 1417 nur ein Vers bezeugt ist[175] und an die Pestseuchen überhaupt keine Merksprüche erinnern. Dies kann vielleicht als Indiz dafür gedeutet werden, dass Feuersbrünste und Epidemien, so schrecklich sie auch wüten mochten, doch eher fatalistisch als «gewöhnliche» Katastrophen aufgefasst worden sind, während man das grosse Erdbeben von 1356 als ausserordentliches, erinnerungswürdiges Unglück wahrgenommen hat. Bemerkenswert, dass auch extreme Preisschwankungen, Hochwasser und Tiefsttemperaturen mit Merkversen der Nachwelt überliefert worden sind.[176]

Erdbeben in Mythos und Religion

Je häufiger Erdbeben auftreten und je mehr Verwüstungen sie anrichten, desto mehr beherrschen sie die Vorstellungswelt der Menschen. In Ländern, die von ihrer geologischen Struktur selten von Erdbeben heimgesucht werden, und bei Völkern, die von ihren Lebensformen her durch Erdstösse wenig geschädigt werden können, kommt den Erdbeben in Mythos und Religion eine verhältnismässig untergeordnete Rolle zu.[177] Nomaden, die in Zelten, Jurten oder sonstwie mobilen Hütten leben, brauchen sich vor den Folgen eines Erdbebens kaum zu fürchten. Ausgenommen von dieser generellen Aussage bleiben allerdings Küsten- und Inselbewohner in Zonen häufiger Seebeben, wo nicht die Erdstösse, sondern die durch das Beben ausgelösten Flutwellen schlimmste Verheerungen anrichten können.

Die Germanen der Frühzeit, sesshaft in Nordeuropa, wo Erdbeben selten auftreten, lebten in einfachen Holzbauten, denen Erdstösse kaum etwas anzuhaben vermochten. In der germanischen Mythologie finden sich deshalb nur wenig Hinweise auf Erdbeben. So soll etwa die Erde beim Tod grosser Helden ins Wanken geraten, auch Rolands Tod ist ausser von Blitz und Donner auch von einem Erdbeben begleitet. Wenn auf das Antlitz des gefesselten Loki Gift tropft, bäumt er sich auf und lässt so die Erde zittern. Mit schreckhaften Ängsten vor Verwüstungen, von denen die Menschen bedroht werden, sind diese mythischen Vorstellungen der Germanen offenbar nicht verbunden.

Die Ankündigung des Weltunterganges jedoch, die durch Erdbeben und andere Katastrophen erfolgt, dürfte auf biblische Traditionen zurückgehen. Der östliche Mittelmeerraum mit Griechenland, der Türkei und dem Jordangraben gehört bekanntlich zu den am häufigsten von Erdbeben heimgesuchten Regionen der Welt. Dazu kommt, dass sich in diesen Ländern schon früh Hochkulturen entwickelt haben, deren monumentale Bauten aus Stein und Ziegeln auf Erderschütterungen besonders anfällig waren.

Wie in anderen, ausgesprochenen Erdbebenregionen entwickelten sich im östlichen Mittelmeerraum mythische Vorstellungen über die Ursache von Beben, über die Möglichkeiten, Beben vorauszusagen oder gar zu verhindern. Versuche der griechischen Philosophen, Erdbeben rational zu erklären, etwa als Folge unterirdischer Gasbildung, Wasserströme oder vulkanischer Tätigkeiten, sind zwar von römischen Autoren bis in die Spätantike hinein weiterverfolgt worden, scheinen aber keine grosse Wirkung ausgeübt zu haben.

Am weitesten verbreitet waren volkstümliche, zum Teil in religiösen Ritualen verfestigte Vorstellungen, wonach irgendwelche Gottheiten oder Ungeheuer, sei es durch ihr Zürnen, sei es durch ihr blosses Auftreten, die Erdbeben auslösen würden. Bei den Indern sind es Elefanten, die den Erdball tragen und beim Schütteln des Kopfes ein Erdbeben erzeugen. In anderen Kulturen macht man Riesen, Schildkröten, Schlangen, Stiere und sonstige dämonischen Tiere für Erdbeben verantwortlich.

Im griechischen Kulturraum gilt, neben dem altkretischen Stier, verschiedenen Unterweltsgöttern, mythischen Riesen und Seeungeheuern, in erster Linie Poseidon, der Beherrscher des Meeres, als Verursacher von Erdbeben. Auch der Göttervater Zeus kann Erdbeben auslösen, er ist aber eher der rettende Gott, während Poseidon als der zerstörende betrachtet wird. Die Verbindung von Erdbeben und Meer bei Poseidon erklärt sich vielleicht aus den in Griechenland häufigen Seebeben. Bei den Römern stand hinter den Erdbeben vor allem die Erdgöttin Ceres oder Tellus.

Göttliche und jenseitige Mächte konnten Erdbeben allein schon durch ihren Auftritt auslösen. Sie liessen die Erde erzittern, um den Menschen eine Botschaft, oft eine Warnung oder eine Bestätigung, zukommen zu lassen; am häufigsten aber, vor allem bei heftigen, zerstörerischen Beben, taten sie den Menschen ihren Zorn kund und mussten dann auf geeignete Weise, durch Opfer, Gebete und sonstige Rituale, versöhnt werden.

Im antiken Judentum galten Erdbeben, wie viele Belege aus dem Alten Testament zeigen, als Ausdruck von Gottes Zorn, bald über das Volk Israel, bald über dessen Feinde. Diese Auffassung wurde von den Kirchenvätern übernommen, doch finden sich im Neuen Testament auch Stellen, bei denen sich Gott in einem Erdbeben gemäss weitverbreiteter, antiker Auffassung als Begleiterscheinung eines bedeutenden Ereignisses offenbart. So löst nach Matthäus 27,51ff. der Tod Jesu ein Erdbeben aus:[178]

Und siehe, der Vorhang im Tempel zerriss von oben bis unten in zwei Stücke, und die Erde erbebte, und die Felsen zerrissen, und die Grüfte öffneten sich, und viele Leiber der entschlafenen Heiligen wurden auferweckt.

Dieses Erdbeben überzeugte die Soldaten, dass der Gekreuzigte, den sie zu bewachen hatten, Gottes Sohn sei.

Die Kirchenväter hatten sich bekanntlich nicht nur mit «heidnischen» Götterlehren, sondern auch mit der antiken Philosophie zu befassen. In der Frage nach der Entstehung von Erdbeben setzte sich schliesslich die theologische Meinung gegenüber der naturphilosophischen durch. Die Deutung von Erdbeben als Ausdruck von Gottes Zorn über die Sündhaftigkeit der Menschen verfestigte sich zur Kirchenlehre, wie sie dann seit dem Hochmittelalter von den Bettelorden dem Volk gepredigt wurde.

Gegen die Verwüstung durch Erdbeben konnte die Hilfe von Heiligen angerufen werden. Reliquien bestimmter Heiliger galten, namentlich in ausgesprochenen Erdbebengebieten, als wirksamer Schutz vor Zerstörungen. Heilige, deren Martyrium laut Vita von einem Erdbeben begleitet war, konnten durch ihre Fürbitte Hilfe bei Erdbeben vermitteln, so etwa Agatha, Martina, Bonifatius oder Georg. Bei letzterem ist zu bedenken, dass der Drache zu jenen Ungeheuern zählte, die Erdbeben auslösen können.

Nach weit verbreitetem Volksglauben konnte man Erdbeben durch Gebet und Anrufung eines mächtigen Namens zum Stehen bringen. Noch stärker als die blosse Anrufung mit Stossgebet wirkte der Bittgang, vor allem zu einem Landes- oder Stadtpatron und zur Heiligen Mutter Gottes. Noch 1964 unternahmen nach zwei kurz aufeinanderfolgenden Erdbeben (Intensität VII) über 1500 Obwaldner eine Bittprozession zum Heiligtum des Landespatrons Niklaus von Flüe und beteten für die Abwendung weiterer Beben. Selbst der eigens aus Bern angereiste Bundesrat von Moos marschierte in der Menge mit.

Man hatte gemäss offizieller Kirchenlehre im Mittelalter ein Erdbeben, genauer die Verwüstungen durch ein Erdbeben, als Strafe Gottes aufzufassen. Busse zu tun, Almosen zu spenden, der Sünde zu entsagen, waren die gepredigten Mittel, um Gottes Zorn zu besänftigen. Man konnte aber auch die Heiligen um Hilfe anrufen, um weiteres Unheil abzuwenden.

Diese Glaubensvorstellungen trugen die Menschen mit sich, als sie am 18. Oktober 1356 ins Freie flüchteten, um dem Erdbeben und den Flammen zu entkommen. Wie viele haben gebetet? Wie viele haben ein Gelübde abgelegt, sich zu bessern, der Kirche eine Stiftung zu machen oder eine Wallfahrt zu unternehmen? Dankbarkeit, wenigstens das Leben gerettet zu haben, dürfte die meisten erfüllt haben. Was in den Menschen genau vorgegangen ist, welche religiösen Gefühle sie verspürt haben, ob sie Zuflucht zur Anrufung von Heiligen oder zu magischen Praktiken genommen haben, wird kaum je zu ergründen sein.

Deutungsansätze der Chronisten

Die chronikalischen Berichte über das Basler Erdbeben zeichnen sich – ungeachtet ihrer Zuverlässigkeit und ihrer Ausführlichkeit – durch eine auffallende Nüchternheit und Sachlichkeit aus. Es werden in der Regel keine Schuldzuweisungen versucht, es wird auch nicht lamentiert oder moralisiert.

Von Interesse sind in diesem Zusammenhang die drei Textstellen, in denen sich kein Geringerer als Francesco Petrarca über das Erdbeben äussert.[179] Er kannte Basel aus eigener Anschauung von einem Aufenthalt vor der Katastrophe her. Am 18. Oktober 1356 hatte er aber Basel längst wieder verlassen, um an den Hof Kaiser Karls IV. in Prag zu reisen. Am Tage des Erdbebens befand er sich wieder in Italien, wo ihn auch die Kunde vom Unglück ereilte. Dieses scheint ihn gemäss seinen drei Erwähnungen von 1357, 1360 und 1368 sehr beschäftigt zu haben. Seine eindrückliche Schilderung der zerstörten Stadt bietet sich als eine Art Trauerbotschaft dar, ihn berührt der jähe Untergang einer Stadt, für die er – obwohl sie nördlich der Alpen im «Barbarenland» liegt – rühmende Worte findet. In keiner Weise wirft er den Baslern ein Verhalten vor, das die Zerstörung ihrer Stadt als göttliche Strafe provoziert hätte. Das Erdbeben ist für Petrarca eher ein Beweis für die Unbeständigkeit des Schicksals, für die Willkür der Fortuna, wobei er aber nicht ausschliesst, dass die Schlechtigkeit der Menschen generell immer wieder Katastrophen auslösen müsste.[180]

Während Petrarca demnach die Zerstörung Basels in Ergriffenheit als Zeichen der beliebig zuschlagenden, wenn auch letztlich doch der Vorsehung unterworfenen Fortuna deutet, wird bei dem literarisch bestenfalls drittklassigen Konrad von Waldighofen das Erdbeben ganz anders interpretiert.[181] Die Schilderung der Katastrophe bleibt freilich durchaus sachlich und enthält überdies einige wertvolle Informationen. Konrad gehörte dem Orden der Dominikaner an und lebte um die Mitte des 14. Jahrhunderts im Predigerkloster zu Basel. Er stellte eine 1360 abgeschlossene Sammlung von Geschichten zusammen, die als Exempel für Predigten dienen sollten. Die von ihm gesammelten Beispiele von Erdbeben und ähnlichen Katastrophen – sie sind teilweise dem Werk des Caesarius von Heisterbach entnommen – sollten den Menschen vor Augen geführt werden, um sie vor dem Zorn Gottes zu bewahren. So berichtet Konrad etwa von einem Erdbeben, das die Stadt Mailand zerstört und 12 000 Menschen als Strafe für ihre Ketzerei verschüttet haben soll. In diese Reihe göttlicher Strafgerichte wird auch das Basler Erdbeben eingereiht. Er hat zwar den Baslern nichts Konkretes vorzuwerfen, muss aber den Text so redigieren, dass die Auslegung des Erdbebens als Strafe Gottes nicht auch seinen eigenen Orden trifft: Er erwähnt, dass die Glocke der Predigerkirche auf wundersame Weise dreimal geläutet habe, ohne dass ein Mensch am Strang gezogen hätte. Er verschweigt aber konsequenterweise, dass auch die Predigerkirche zur Hälfte eingestürzt ist – was auf den Orden zurückgefallen wäre –, und schliesst seine Betrachtung mit dem Hinweis auf die Endzeitprophezeiungen in Lukas 21,10/11, wonach sich für Basel das Wort von dem durch Erdbeben, Hungersnöte und Seuchen angekündigten Weltende bereits erfüllt habe.[182]

Abgesehen von diesem Text Konrads von Waldighofen, der als Bestandteil einer für die Bettelorden typischen Exempelsammlungen einer völlig anderen literarischen Gattung angehört als die übrigen Chroniktexte, kommen in den Beschreibungen des Basler Erdbebens solche theologischen Auslegungen nicht vor. Erst in späten Darstellungen vermischt sich die Schilderung der Ereignisse mit Anspielungen auf göttliches Walten und göttlicher Strafe. So bringt Werner Rolevink 1475 das Erdbeben nebst verheerenden Kriegen und Seuchen mit der grassierenden Ketzerei und mit der Überheblichkeit sowie Ungerechtigkeit der Menschen in Verbindung.[183] Die Deutung des Erdbebens als Strafe Gottes scheint nach der Reformation an Glaubwürdigkeit gewonnen zu haben. Der gegenüber seinen Quellen durchaus kritische Christian Wurstisen versteht um 1580 das Erdbeben als *ernstliche Heimsuochung Gottes* und fasst die Zerstörung der Stadt in folgenden Worten zusammen:[184]

Dergstalt hat Gott die Leute von sorglosem wesen auffgemustert, und ihnen die Buoss geprediget. Derhalb es soviel dannoch vermochte, das man alle offentlichen unzuchten, den pracht in Kleidungen und Gezierden, die Täntze, das Spielen (dann Zuosauffen damalen nirgend also gemein war, als leider dieser zeit) und dergleichen sachen abstellet.

Diese Zeilen machen deutlich, dass Wurstisen die Beschreibung des Erdbebens von 1356 als Gelegenheit nutzt, an seiner eigenen Zeit Kritik zu üben. Einige Zeilen später macht er von dieser Möglichkeit noch einmal Gebrauch (der Text handelt vom Wiederaufbau der Stadt):

… Es ist jhe bey den Alten in Häusern kein solche kostlikeit gewesen, wie aber heutigs tags, da der pracht auffs höchste gestiegen: da alle Gemach zum zierlichsten vertäfelt, vergipset, gemalet unnd gefirnisst sein müessen, wirt bald darzuo kommen, das man sie versilberet und vergüldet, thuond eben als ob wir uns ewige Wohnungen hie bereiten wölten, gedörfften fürwar, das wir den Propheten Amos ein mal recht studierten.

157

Derartige Äusserungen vermitteln wichtige Informationen über die Mentalität des Autors, allenfalls auch über die Verhältnisse seiner Zeit, des 16. Jahrhunderts, helfen uns aber zum Verständnis der Erdbebenkatastrophe und ihrer Folgen keinen Schritt weiter.

Historisch gänzlich absurd ist die vom Rechtsgelehrten J.J. Schnell im 19. Jahrhundert geäusserte Andeutung, das Erdbeben von 1356 sei so etwas wie eine schicksalshafte Vergeltung für den 1349 von der Stadt verübten Judenmord aufzufassen.[185]

Religiöse Reaktionen

Schon vor der Pestepidemie von 1348/49, die in Basel wie anderswo Auswüchse von religiösem Fanatismus – man denke an die Geissler – erzeugt hatte, gab es in Basel eine Gruppe häresieverdächtiger Frommer, deren Anhänger sich «Gottesfreunde» nannten und dem Volk Abkehr von der Welt und Hinwendung zur Busse predigten. Nach dem Erdbeben schien für sie wieder einmal die Zeit gekommen, den Menschen ins Gewissen zu reden. Vom Oberhaupt der Basler Gottesfreunde sind folgende Worte überliefert:[186]

… in einen landen wurt das volk miet füre und mit wasser betzwungen, und denne in andern landen mit ertbidemen, und denne in einen landen mit bluot giessende, und mit verderbunge der frühte, und denne aber in einen landen mit gehen toeden, und mit gar unbekanten grossen winden, die hüsere und ouch anders darnider werfende werdent; aber an welen enden man sich nüt besserende ist, so mag es wol beschehen, das eine plage noch der andern der kummet untz an die zit, das si betzwungen werdent, das si sich müessent bessern.

Inwiefern sich die Basler Bevölkerung bessern sollte, ist diesem Aufruf nicht zu entnehmen. Ob der Gottesfreund die erotische Freizügigkeit ansprechen wollte, für die Basel im Spätmittelalter bekannt und geschätzt war, muss offenbleiben. Sicher aber hatten die Basler nach dem Erdbeben Dringenderes zu tun, als Bussübungen abzuhalten. Von irgendwelchen religiösen Handlungen oder Ritualen, mit denen der Zorn Gottes hätte besänftigt werden sollen, ist aus den Jahren nach 1356 denn auch nichts überliefert.

Diesem Schweigen der Quellen über Basel steht nun aber ein Bericht aus Strassburg entgegen, den der Zeitgenosse Fritsche Closener und der etwas jüngere Twinger von Königshofen überliefern.[187] Nach dem vor allem in Strassburg spürbaren Beben am Abend vor dem Sophientag 1357, vermutlich einem Nachbeben des grossen Basler Bebens, bemächtigte sich der Strassburger ein grosser Schrecken, doch blieb der Schaden gering.

Als Folge dieses glimpflich verlaufenen Nachbebens ordnete der Strassburger Rat an, dass alle hohen Kamine und sonstigen Aufbauten auf den Häusern entfernt werden sollten. Diese Massnahme lässt sich als simple Vorsichtsmassnahme deuten, wusste man doch aus Erfahrung, dass bei Erdstössen diese Bauteile zuerst herunterstürzen würden. Als zweites aber verbot der Rat den Männern und Frauen das Tragen von Silber- und Goldschmuck, *wende allein rittern wart golt nüt verboten*. Ein analoges Verbot erliess auch der Rat von Speyer, wo man das Beben ebenfalls verspürt hatte.

Dieser Ratsbeschluss der Strassburger liesse sich leicht als Ausdruck von Gottes Zorn über die Eitelkeit und den Übermut der Menschen auslegen, wenn die Ausnahmebestimmung für die Ritter, d.h. für den Adel, nicht wäre. Zu dessen standesgemässem Auftreten gehörte nun einmal das Tragen von Gold- und Silberschmuck, namentlich an Repräsentationsveranstaltungen. Wenn sich nun aber Nichtadlige mit Gold und Silber ausstaffierten, verletzten sie die Standesnormen und verstiessen damit gegen die göttliche Weltordnung. Das Verbot des Strassburger Rates richtete sich also weniger gegen sündhaften Luxus als gegen die Missachtung der von Gott gesetzten Standesunterschiede.

Noch eine weitere Massnahme verdient unsere Beachtung. Am 18. Oktober, also am Lukastag, veranstalteten die Bürger Strassburgs eine feierliche Prozession *mit unsers herren lichnamen*. Die Ratsherren sollten barfuss mit Kreuzen gehen, graue Mäntel und *kugelhüte* tragen und in der Hand eine pfundsschwere Kerze halten. Diese Kerzen sollten am Ende der Prozession am Marienaltar des Münsters geopfert werden, die Kleider dagegen waren an bedürftige Leute abzugeben. Zudem sollten die Armen – was nur von Königshofen berichtet wird – mit Brot gespeist werden.

Während das Verbot des Tragens von Gold und Silber bald in Vergessenheit geriet und nicht mehr beachtet wurde, konnte sich die Prozession als feste Einrichtung Jahr für Jahr bis über den Ausgang des Mittelalters hinaus behaupten. Die Tatsache, dass nach dem Zeugnis beider Chronisten dieser *Crüzegang* in Strassburg auf den Lukastag angesetzt war, also auf den Termin des Basler Erdbebens, hat in der Historiographie allerlei Verwirrung gestiftet.

Petermann Etterlin übernimmt in seiner Schweizer Chronik von 1507 die Texte von Königshofen und Justinger, setzt aber hinzu, auch die Basler hätten am Lukastag den Armen Kleider, die *Lux Röck*, ausgeteilt.[188] Stumpf geht in seiner Chronik von 1548 noch einen Schritt weiter und überträgt den ganzen Passus über die Prozession am Lukastag auf Basel.[189] Christian Wurstisen schliesslich übernimmt willig diese Version und hebt überdies hervor, dass die *lobliche Stiftung der grauwen Luxröcken* auch noch zu seiner Zeit geübt werde.[190]

Von Wurstisen aus hat sich das unsägliche Missverständnis bis in die moderne Historiographie verirrt, noch bereichert um die Variante, dass die bis in unsere Tage lebendige Sitte, an bedürftige Kinder das sogenannte *Schülertuch* abzugeben, auf das Erdbeben zurückgehe.[191]

Hauptargument für die Lokalisierung der «Erdbebenprozession» nach Basel ist das Datum, der Lukastag. Es handelte sich aber, wie schon um 1495 Geiler von Kaysersberg ausdrücklich betont, nicht um eine Bussprozession, sondern um eine Dankprozession, mit der die Strassburger im Gedächtnis festhalten wollten, dass sie am 18. Oktober, als Basel in Schutt und Asche fiel, praktisch nichts abbekommen hatten.[192]

Dass der *Crüzgang* am Lukastag von den Strassburgern als Dankprozession abgehalten worden ist, so wie es Closener und Königshofen bezeugen und Geiler von Kaysersberg bestätigt, hat als erwiesen zu gelten. Die Frage, ob auch die Basler etwas Vergleichbares durchgeführt haben, vielleicht eine einmalige Bussprozession oder etwas Ähnliches, muss mangels Zeugnissen offenbleiben. Eine alljährlich, längere Zeit hindurch wiederholte Veranstaltung kann aber wohl ausgeschlossen werden, da eine solche doch wohl irgendwelche Spuren in der schriftlichen Überlieferung hinterlassen hätte.

Auf eine Einzelheit ist hier noch hinzuweisen. Wie bereits erwähnt, inkorporierte Bischof Johann Senn von Münsingen 1362 dem vom Erdbeben schwer geschädigten Kloster St. Alban die Kirche von Hüningen, zunächst eine einfach erklärbare Massnahme zur Stützung der angeschlagenen Klosterwirtschaft.[193] Nun war aber diese Kirche von Hüningen der St. Agatha geweiht, die von ihrer legendenhaften Vita her als Schutzheilige gegen Erdbeben und Feuersnot gilt.[194] Handelt es sich um Zufall oder Absicht, dass der Bischof, der die Aufgabenbereiche der Heiligen kennen musste, dem Kloster ausgerechnet eine Agathenkirche abtrat? Eine schlüssige Antwort lässt sich nicht geben, das Zusammentreffen von Erdbebenpatronin und Erdbebenschaden bleibt jedenfalls bemerkenswert.

Anmerkungen

1 W. Wackernagel, Erdbeben, Quelle IIE.
2 Bryce Walker: Erdbeben, Amsterdam 1982, S. 62–90 (Erdbeben von San Francisco).
3 Siehe Anhang, Quellentext Nr. 1.1.
4 Diessenhofen, S. 105.
5 W. Wackernagel, Erdbeben, Quellen III und VI.
6 Siehe Anhang, Quellentext Nr. 7.
7 Siehe Anhang, Quellentext Nr. 8.
8 W. Wackernagel, Erdbeben, Quelle VII. – Klingenberger Chronik, S. 99.
9 Siehe Anhang, Quellentext Nr. 9.
10 Wurstisen, Chronik, S. 175.
11 Siehe Anhang, Quellentext Nr. 10. – W. Wackernagel, Erdbeben, Quelle XVIII.
12 W. Wackernagel, Erdbeben, Quellen XX, XXI, XXIV.
13 R. Wackernagel, Basel 1, S. 271.
14 Anniversarbuch, S. 428 (18. Oktober 1356): «Johannes Christiani aus Strassburg, Kanoniker an dieser Kirche (sc. am Basler Münster), ist gestorben, erschlagen vom Erdbeben, begraben im Gang vor dem Altar des heiligen Kaisers Heinrich.» (Originaltext lateinisch.)
15 Siehe Anhang, Quellentext Nr. 9.
16 BChr 5, S. 23.
17 Siehe Anhang, Quellentext Nr. 9.
18 KDM SO 3, 345.
19 Siehe Anhang, Quellentext Nr. 8.
20 Siehe Anhang, Quellentext Nr. 7.
21 Zur Viehhaltung in Basel vgl. R. Wackernagel, Basel 2/1, S. 425 und 440f. sowie die zitierten Quellen S. 72*.
22 Siehe Anhang, Quellentext Nr. 1.3.
23 Tauber, Herd und Ofen, S. 146 (Nachweis eines kurz vor dem Erdbeben erbauten Ofens auf der Liegenschaft Fischmarkt 3/4), weitere, z.T. ältere Ofenkachelfunde S. 151–165.
24 Ludwig E. Berger: Die Ausgrabungen am Petersberg in Basel, Basel 1963.
25 StABS Gerichtsarchiv K1a (1408), K1b (1410ff.).
26 Gehilze: Schwertgriff bzw. Parierstange und Messerheft.
27 Sommerer, Balkenmalereien, S. 15–38. – Gutscher/Reicke: Wandmalereien, S. 129–138.
28 Wechsler, Erdbeben, S. 13.
29 KDM BS 5, S. 421ff.
30 Stehlin, Baugeschichte, S. 109 und 134, Anm. 2).
31 KDM BS 4, S. 309 (Verkauf des Kirchenschatzes von St. Maria Magdalena durch den Rat 1531); 5, S. 276 (Einschmelzen des Kirchenschatzes des Predigerklosters).
32 KDM BS 2, S. 1–26.
33 Zu Glocken aus der Zeit vor und kurz nach dem Erdbeben vgl. KDM BS 4, S. 241 (St. Leonhard), S. 351 (St. Martin); 5, S. 174 (St. Peter).
34 Siehe Anhang, Quellentext Nr. 1.2.
35 Bruckner, Archivwesen, S. 567.
36 KDM BS 1, S. 339–340. – Wechsler, Erdbeben, S. 16f.
37 Die folgenden Ausführungen stützen sich weitgehend auf Bruckner, Archivwesen, S. 567–589.
38 UBB 4, Nr. 260.
39 Siehe Anhang, Quellentext Nr. 2.
40 Meyer, Löwenburg, S. 199, Anm. 55.
41 Christ, Familienbuch, S. 184ff. und 413.
42 BChr. 7, S. 119.
43 Anniversarbuch, S. 281.
44 UBB 4, Nr. 195 und 199. – Zur Bedeutung des Weinbanns vgl. unten Anm. 160.
45 UBB 4, Nr. 156.
46 UBB 4, Nr. 219.
47 R. Wackernagel, Basel 1, S. 256. – Trouillat 4, S. 764.
48 Siehe Anhang, Quellentext Nr. 9.
49 StABS, Klosterarchiv, Urk. Domstift III/41. – ULB 1, Nr. 368.
50 Vgl. unten Anm. 193. – StABS, Klosterarchiv, Urk. St. Alban, Nr. 176. – In gleicher Weise inkorporiert der Bischof von Konstanz dem Kloster die Kirche von Lörrach, Urk. St. Alban Nr. 120.
51 UBB 4, Nr. 255. – Zu den Fünfern vgl. auch R. Wackernagel, Basel 2/1, S. 290.
52 UBB 4, Nr. 208.
53 UBB 4, Nr. 260.
54 Zu Konrad von Bärenfels vgl. R. Wackernagel 1, S. 263f.
55 Das Folgende stützt sich hauptsächlich auf Merz, Sisgau 1, S. 65–74, insbes. Stammtafel 7. – Zu den Burgen Brombach und Bärenfels vgl. Meyer, Burgenlexikon, S. 9f. und 13.
56 Meyer, Burgenlexikon, S. 152f.
57 Siehe Anhang, Quellentext Nr. 9.
58 Zu den Herren von Eptingen vgl. Merz, Sisgau 1, S. 308–318 und 3, S. 134–178 mit Stammtafeln 5 und 6. – Christ, Familienbuch, S. 51–90.

59 Sässhaus oder Sesshaus bezeichnet einen unbefestigten Adelssitz innerhalb einer Burg oder Stadt. – Das Eptinger Sässhaus befand sich an der Rittergasse 12.
60 Zu den Burgen der Herren von Eptingen vgl. die entsprechenden Artikel in Meyer, Burgenlexikon.
61 Christ, Familienbuch, S. 194, 407, 413, 417.
62 Die Notiz bei Christ, Familienbuch, S. 413, *disses Burgstell ist im Erttbidern ouch verfallen und von den Eptingen wider gebauwen*, ist nicht auf die Burg Madeln zu beziehen, sondern auf das Weiherhaus Pratteln.
63 StABS, Historisches Grundbuch, Dossier Martinsgasse 2.
64 KDM BS 3, S. 259.
65 Christ, Familienbuch, S. 196. – Liebenau, Sempach, S. 102f.
66 Zu den Münch vgl. Merz, Sisgau 3, S. 3–51 und 52–56. – Meyer, Löwenburg, S. 31–152.
67 Stehlin, Baugeschichte, S.97f.
68 Hauptlinien der Münch (nach Merz, Sisgau 3, Stammtafel 2): Münch von Münchenstein, Münch von Büren, Münch von Münchsberg, Münch von Landskron, Münch von Stettenberg.
69 Zu den Burgen der Münch vgl. die betreffenden Artikel in Meyer, Burgenlexikon. – Zum Hof der Münch in Basel vgl. Fechter, Topographie, S. 93.
70 Zum Tode des Peter Münch von Münchsberg siehe StABS, Klosterarchiv, Augustiner H 1, S. 6 und 7.
71 KDM BL 1, S. 327ff.
72 Merz, Sisgau 3, S. 55.
73 Münsterschatz, S. 134–136, Katalog Nr. 39.
74 Zu den Schalern vgl. Merz, Sisgau 3, S. 222–228 mit Stammtafel 12.
75 Rheinsprung 21. – Fechter, Topographie, S. 25.
76 Zu den Burgen der Schaler vgl. die entsprechenden Artikel in Meyer, Burgenlexikon. – Zu Engenstein vgl. Tauber, Herd und Ofen, S. 100–104.
77 StABS, Ratsbücher A 1, Rotes Buch, S. 15.
78 Merz, Sisgau 1, S. 88.
79 Merz, Sisgau 3, Stammtafel 12.
80 Siehe Anhang, Quellentext Nr. 10.
81 Vgl. etwa die Verlegung von Nugerol am Bieler See nach Le Landeron zu Beginn des 14. Jahrhunderts. HBLS 4, S. 590.
82 Siehe Anhang, Quellentext Nr. 1.3.
83 Vgl. die modellhafte Bilddarstellung eines Stadtbrandes in der Amtlichen Berner Chronik von Diebold Schilling (siehe Abb. 12).
84 Siehe Anhang, Quellentext Nr. 1.4.
85 Hans Reinhardt Die Stadtheiligen Basels, in: BZ 65/1, 1965, S. 85–93.
86 Meyer, Beziehungen, S. 30.
87 StABS Ratsbücher A1, Rotes Buch, fol. 1ff. – A2, Leistungsbuch I, fol. 1ff.
88 UBB 4, Nr. 255 (Neubestellung der Fünfer). – StABS Klosterarchiv, Urk. Domstift Nr. 102^b vom 24. April 1358 (Schlichtungsentscheid der Fünfer).

89 Faber, Descriptio, S. 172f. – Faber schöpft viel aus der Chronik des Heinrich von Diessenhofen, bei dem sich aber der Passus über die Aufräumarbeiten nicht findet.
90 StABS, Städt. Urk. Nr. 312.
91 StABS, Klosterarchiv, Urk. St. Leonhard Nr. 455 (1356, November 22.), Urk. Prediger Nr. 447 (1357, Januar 12.) und Urk. Barfüsser Nr. 38h (1356, Dezember 28.).
92 StABS, Klosterarchiv, Urk. Klingental Nr. 971 (1356, November 14.).
93 StABS, Klosterarchiv, Urk. St. Leonhard Nr. 457 (1357, Januar 29.).
94 StABS, Klosterarchiv, Urk. St. Leonhard Nr. 458 (1357, Februar 27.)
95 Wurstisen, Chronik, S. 177.
96 W. Wackernagel, Erdbeben, Quelle I.
97 StABS, Klosterarchiv, Urk. Domstift 111 (1359, April 19) und 121 (1361, Juli 21.).
98 StABS, Klosterarchiv, Urk. Domstift Nr. 111.
99 StABS, Klosterarchiv, Urk. Domstift Nr. 121.
100 BChr. 7, S. 119f.
101 StABS, Klosterarchiv, Urk. Domstift Nr. 130.
102 Wechsler, Erdbeben, S. 65–72.
103 StABS, Klosterarchiv, Urk. St. Alban Nr. 115 (1356, November 7.).
104 KDM BS 3, 92–93.
105 Wechsler, Erdbeben, S. 19f.
106 Wechsler, Erdbeben, S. 21.
107 Reicke, Erdbeben, S. 29. – Wechsler, Erdbeben, S. 57f.
108 Reicke, Erdbeben, S. 29f. – Wechsler, Erdbeben, S. 45–51.
109 Reicke, Erdbeben, S. 29. – ABBS 1999, S. 269–286.
110 ABBS 2002, S. 79–95, hier S. 89–91.
111 Reicke, Erdbeben, S. 29–31. – Zur Martinskirche vgl. ABBS 1999, S. 269–285. – Dächer Basel, S. 160–166.
112 Harms 2, S. 1. – Fechter, Topographie, S. 24.
113 KDM BS 4, S. 375.
114 KDM BS 5, S. 22ff. und 84ff.
115 Moosbrugger/Eggenberger, Predigerkirche. – Wechsler, Erdbeben, S. 53–55.
116 KDM BS 433, S. 176–192. – Wechsler, Erdbeben, S. 34–37.
117 Reicke, Erdbeben, S. 27. – ABBS 2001, S. 209–264, hier S. 225f. (Lohnhof). – Zum Seidenhof vgl. ABBS 2002, S. 140f.
118 Harms 2, S. 1ff.
119 Harms 1, S. 36ff.
120 Meyer, Geschichte der Juden, S. 21–28.
121 ABBS 1989, S. 69–175.
122 ABBS 1999, S. 68f.
123 Justinger, Chronik, S. 127f.
124 Meyer, Geschichte der Juden, S. 29f. – Standort der neuen Synagoge: Ecke Gerbergasse 30/Grünpfahlgasse.

125 KDM BS 1, S. 339–342. – Wechsler, Erdbeben, S. 16–18.
126 StABS, Klosterarchiv, Urk. Domstift Nr. 115 (1360, August 6.).
127 Harms 2, S. 2–73.
128 StABS, Klosterarchiv, Urk. Domstift Nr. 102^b (1360, April 24.).
129 StABS, Ratsbücher A1, Rotes Buch, S. 2. und 36.
130 UBB 4, Nr. 259.
131 Vgl. Anhang, Quellenstück Nr. 1.5. – Ferner StABS, Ratsbücher A1, Rotes Buch, S. 3, 4, 5. – Der Zunftname «Spinnwettern» für die Bauleute ist erst im 16. Jahrhundert aufgekommen. Koelner, Spinnwettern, S. 82.
132 Koelner, Spinnwettern, S. 107, gibt nach dem Zunftrodel von 1487 eine Zahl von 77 Mitgliedern an, die in Bauberufen tätig waren, was für die Zeit um 1360 ungefähr auf 50 Bauleute schliessen lässt.
133 StABS, Ratsbücher A1, Rotes Buch, S. 2.
134 StABS. Ratsbücher A1, Rotes Buch S. 6.
135 Reicke, Erdbeben, S. 26f. – Dächer Basel, S. 160–166.
136 StABS, Klosterarchiv, Urk. St. Alban Nr. 138 (1359, März 14.).
137 StABS, Klosterarchiv, Urk. Domstift Nr. III/41 (1357, Juli 23.). Es handelt sich um die heutige Liegenschaft Schlüsselberg 15.
138 StABS, Klosterarchiv, Urk. Domstift, Nr. III/43 (1357, September 16.).
139 Diese Datierung der ältesten, noch aufrechten Baukörper auf dem Krak beruht auf neuesten Forschungen eines deutsch-luxemburgisch-schweizerischen Teams unter der Leitung von Thomas Biller, Berlin. Eine umfassende Publikation ist in Vorbereitung.
140 Merz, Aargau 1, S. 254–261.
141 ULB 3, Nr. 420.
142 Gutscher, Ereignis, S. 11. – AKB 3A, 1994, S. 208.
143 Trouillat 5, Nr. 187. – Das Öffnungsrecht verpflichtete einen Burgherrn, seine Feste dem Lehnsherrn oder einem Vertragspartner im Kriegsfall «offen zu halten», d.h. für kriegerische Zwecke zur Verfügung zu stellen.
144 Werner Meyer: Im Banne von Gilgenberg, in: Heiner Hänggi (Red.): Nunningen, Nunningen 1996, S. 85–114, hier S. 94–96.
145 BChr. 4, S. 26f.
146 BChr. 4, S. 153–155.
147 Justinger, Chronik, S. 195–197.
148 Siehe Anhang, Quellentext Nr. 10.
149 Faber, Descriptio, S. 172–174.
150 W. Wackernagel, Erdbeben, Quelle XVIII.
151 Wurstisen, Chronik, S. 176.
152 Siehe Anhang, Quellentext Nr. 1.6.
153 UBB 4, Nr. 229.
154 Harms 1, S. 1–54; 2, S. 2–75. – Zu Basels Finanzen generell vgl. Schönberg, Finanzverhältnisse, S. 1–50.
155 Schönberg, Finanzverhältnisse, S. 113–118. – Die damaligen Pfenninge bestanden aus dünnen, nur einseitig auf weicher Unterlage geprägten Plättchen aus einer Silberlegierung, sog. Brakteaten.
156 Schönberg, Finanzverhältnisse, S. 104–107 und 712.
157 UBB 4, Nr. 230.
158 UBB 4, Nrn. 85 und 195.
159 Schönberg, Finanzverhältnisse, S. 28–36.
160 Harms 1, S. 1–2. – Schönberg, Finanzverhältnisse, S. 68ff. – Das Weinmass befindet sich heute im Historischen Museum Basel (vgl. Abbildung 54). W. Wackernagel, Geschichte, S. 233. – Egger, Zünfte, S. 136.
161 UBB 4, Nr. 265 und 360. – Harms 1, S. 7–12.
162 Harms 1, S. 1–14. – Als «Unzuchten» galten kleinere Vergehen gegen die öffentliche Ordnung. Sie wurden von einem eigenen Gericht abgeurteilt, das aus den sog. «Unzüchtern» bestand.
163 Meyer, Geschichte der Juden, S. 26–28.
164 Harms 1, S. 7–11 und 22–24.
165 BChr. 1, S. 18–192. – Zitiert bei Koelner, Holtselig Statt, S. 191–194.
166 5. Juli 1417, siehe unten Anm. 175.
167 Koelner, Holtselig Statt, S. 192–194. – BChr. 4, S. 372.
168 NT Johannes 2, 6.
169 BChr. 4, S. 18.
170 Wurstisen, Chronik, S. 176.
171 W. Wackernagel, Erdbeben, Quelle XI.
172 W. Wackernagel, Erdbeben, Quelle IX.
173 W. Wackernagel, Erdbeben, Quelle XXV.
174 W. Wackernagel, Erdbeben, Quelle XXVI.
175 BChr. 1, S. 19, Zeilen 21–24.
176 Koelner, Holtselig Statt, S. 192–195.
177 Der folgende Abschnitt stützt sich zur Hauptsache auf folgende Grundlagen: Reallexikon für Antike und Christentum 5, Stuttgart 1962, Sp. 1070–1113 (Artikel Erdbeben). – Handwörterbuch des deutschen Aberglaubens 2, 1930 (Reprint Berlin 2000), Sp. 890–892 (Artikel Erdbeben).
178 NT Matthäus 27, 51ff.
179 Sieber, Neue Nachrichten, S. 252–256. – Widmer, Petrarca, S. 17–27.
180 Genaueres über Petrarca, seinen Aufenthalt in Basel und seine Gedanken über das Erdbeben bei Widmer, Petrarca, S. 21–26.
181 Sieber, Neue Nachrichten, S. 257–264.
182 Sieber, Neue Nachrichten, S. 272.
183 W. Wackernagel, Erdbeben, Quelle XV.
184 Wurstisen, Chronik, S. 176–177.
185 Zitiert nach Theodor Nordemann: Zur Geschichte der Juden in Basel, Basel 1955, S. 24f.
186 Zur Bewegung der «Gottesfreunde» vgl. Lex. MA 4, Sp. 1586–1587. – Schmidt, Gottesfreunde, S. 253–302. – Das Oberhaupt der Basler Gottesfreunde ist nicht mit Sicherheit zu identifizieren.
187 Closener, S. 137. – Königshofen, S. 862–864.

188 Etterlin, Kronica, fol. 42v.
189 W. Wackernagel, Erdbeben, Quelle XXI.
190 Wurstisen, Chronik, S. 176.
191 Suter, Erdbeben, S. 78f.
192 W. Wackernagel, Geschichte, S. 236. – Die ganze, unsägliche Verwechslung zwischen Basel und Strassburg hat bereits W. Wackernagel, Erdbeben, S. 221f. richtiggestellt. Weitere Debatten erübrigen sich.
193 StABS, Klosterarchiv, Urk. St. Alban Nr. 121.
194 Otto Wimmer: Handbuch der Namen und Heiligen, Innsbruck–Wien–München ³1966, S. 107

4. Die Zeit nach 1356

Die Fortsetzung des Alltagslebens

Wie bereits dargestellt, scheint sich in der Stadt Basel die Lage verhältnismässig rasch normalisiert zu haben, auch wenn sich die Tätigkeiten des Wiederaufbaus bis gegen 1370 hingezogen haben mögen. Die 2. Hälfte des 14. Jahrhunderts ist allgemein als Periode eines vielschichtigen Umbruchs bekannt, auch im Bereich der Alltagskultur, namentlich des Wohnkomforts. Die intensiven Bauaktivitäten der Jahrzehnte nach 1356, die ihre Spuren in den Schriftquellen und an den Gebäuden selbst hinterlassen haben, dürfen deshalb nicht ausschliesslich als Massnahme zur Behebung der Erdbebenschäden interpretiert werden.

In der Zeit bis zum Beginn des 15. Jahrhunderts haben wir uns Gross- und Kleinbasel als eine ewige Baustelle mit laufend wechselnden Schwerpunkten vorzustellen. Es ging, um das noch einmal zu betonen, keineswegs bloss um den Wiederaufbau nach dem Erdbeben und dem Brand von 1356, auch nicht nur um die Verwirklichung neuer Projekte wie den Bau der äusseren Stadtmauer oder die Modernisierung der Sakral- und Profanbauten, sondern auch um das Auffangen neuer Rückschläge, welche die Stadt heimsuchten.[1] Bald waren es Hochwasser, die Verheerungen anrichteten, so 1374, als zwei Joche der Rheinbrücke weggerissen wurden und der Birsig so hoch ging, dass man auf dem Korn- und Fischmarkt mit Weidlingen fahren konnte. Auch Brände wüteten wiederholt. 1377 wurden die Häuser am Kornmarkt ein Raub der Flammen, wenige Tage später brach ein Grossfeuer am Spalenberg aus. Dank glücklicher Umstände, über die wir allerdings nichts Näheres wissen, weiteten sich diese Feuersbrünste nicht zu einem allgemeinen Stadtbrand aus wie im Jahre 1417.[2] Damals legte nach dem Zeugnis Justingers ein Brandstifter aus Rache in einer Badstube am Barfüsserplatz Feuer, das rasch um sich griff und sich über die Rittergasse bis nach St. Alban ausbreitete, so dass insgesamt 250 Hofstätten oder 500 Häuser vernichtet wurden. (Der Brandstifter endete zwei Jahre später auf dem Scheiterhaufen.)

Zu solchen Brand- und Hochwasserkatastrophen gesellten sich Seuchen und Kriege, die immer wieder Leid und Verderben brachten. Der Basler Alltag gestaltete sich in der 2. Hälfte des 14. Jahrhunderts alles andere als geruhsam und friedlich, aber dennoch lässt sich eine stetige Verbesserung der Lebensbedingungen feststellen, auch wenn manche Zustände als lästig empfunden worden sein mögen. So brachte beispielsweise die ewige Bauerei zwar nicht wie heute einen ans Unerträgliche grenzenden Lärm, aber doch allerlei Behinderungen. Mussten doch die mehrheitlich auf dem Wasserweg antransportierten Materialien, Steine, Sand und Holz, durch die engen Gassen zu den jeweiligen Baustellen – zu denen vierzig Jahre lang auch die Arbeitsplätze an der äusseren Grossbasler Stadtmauer zählten – auf Karren oder Tragtieren geschafft werden. Rund um die Bauplätze türmten sich Stein-, Holz-, Kalk-, und Ziegeldepots, die den Weg versperrten.

Abb. 56:
Eckhaus Greifengasse 4/Rheingasse, Basel. Von aussen nicht sichtbar, steckt in diesem Haus noch Bausubstanz aus der Zeit vor dem Erdbeben.

Unangenehm war ferner – auch für unempfindliche Nasen – der Gestank, der von den Misthaufen vor und hinter den Häusern ausging, von den Abfällen mancher Gewerbe, von den Fäkalien, die von den öffentlichen und privaten Latrinen, den Aborterkern über meist offenen Abzugsgräben in den Rümelinbach, die Teiche und den Birsig in den Rhein, entsorgt wurden, zusammen mit den Abfällen der *School* (des Schlachthofes) mit verendeten Tieren und sonstigem Unrat.[3] Eine vom Andreasplatz zum Rhein führende Kloake trug den ironisch-euphemistischen Namen Goldbrunnen. Heftige Regengüsse, die zwar die vor 1400 noch weitgehend ungepflästerten Gassen und Plätze in tiefen Morast verwandelten, hatten immerhin den Vorteil, dass sie in all den Kanälen, Kloaken, Eegräben und Bachläufen wenigstens vorübergehend den stinkenden, verwesenden, von Ungeziefer, Mäusen und Ratten bevölkerten Unrat wegschwemmten.[4]

Die anhaltende Bautätigkeit, obgleich immer wieder durch Brände, Hochwasser und kleinere Erdbeben zurückgeworfen, liess nach und nach ein Stadtbild entstehen, das noch um die Mitte des 15. Jahrhunderts einem aufmerksamen Fremden wie Aeneas Silvius Piccolomini einen stattlichen, gepflegten Eindruck machte und die Häuser als Neubauten erscheinen liess. Dazu kamen mancherlei Annehmlichkeiten, die – zumindest in grösserem Umfang – erst nach dem Erdbeben von 1356 aufkamen. Dies trifft etwa auf die Trinkwasserversorgung zu, für die nun nach und nach mittels Teucheln, d.h. hölzerner Röhren, ein flächendeckendes Verteilnetz erstellt wurde.[5] Dieses an Quellen gefasste Wasser wurde allerdings noch nicht in die einzelnen Liegenschaften geleitet, sondern zu öffentlichen Brunnen, wo es von den Dienstboten für die Haushalte in Empfang genommen wurde. Reibungslos klappte das allerdings noch nicht. 1398 musste sich die städtische Baukommission der Fünfer mit einer Beschwerde befassen, die sich darum drehte, dass das Abwasser des Brunnens auf dem Petersberg, das eigentlich in eine Badstube geleitet werden sollte, den Weg in eine Liegenschaft am Totengässlein nahm und dort den Keller unter Wasser setzte. Der Fall zeigt aber auf, dass sich die Obrigkeit bemühte, solchen Pannen und Übelständen zu wehren.[6]

Eine technische Neuerung, mit der Basel es anderen Städten gleichtun wollte, betraf die Einrichtung einer Räderuhr mit Schlagwerk am Martinsturm des Münsters, eine weitere Uhr wurde 1407 auf dem Rathaus installiert.[7] Notwendig waren diese neuartigen, technischen Errungenschaften nicht, für die Tageseinteilung der breiten Bevölkerung hätten die Sonnenuhren und die Glockenschläge der Kirchen, wie seit jeher, vollauf genügt. Zudem mussten sich die Leute allmählich daran gewöhnen, dass die zwölf Tagesstunden nun unabhängig von der jahreszeitlich unterschiedlichen Zeitspanne zwischen Sonnenaufgang und Sonnenuntergang immer gleich lang blieben. In der 2. Hälfte des 14. Jahrhunderts galten aber Räderuhren als die grosse Neuerung, und auf ihre Anschaffung wollte keine wohlhabende, auf ihr Prestige bedachte Stadt verzichten.

Der private Wohnbereich erlebte in der 2. Hälfte des 14. Jahrhunderts einen beachtlichen Aufschwung im Komfort und in den Repräsentationsmitteln. Manche Entwicklungen mögen schon vor 1350 eingesetzt haben, deutlich fassbar in Schriftquellen und archäologischen Zeugnissen werden sie erst nach dem Erdbeben. An erster Stelle ist das Aufkommen der Fensterverglasung zu nennen. Die vorwiegend in den Glashütten des Schwarzwaldes hergestellten Butzenscheiben wurden von den zünftigen Glasern in der Stadt mittels Bleiruten zu Fenstern zusammengesetzt. Diese Neuerung erlaubte es nun, die Wohn- und Arbeitsräume mit grösseren Fensteröffnungen auszustatten, die wesentlich mehr Tageslicht ins Hausinnere leiteten als die alten, schmalen, meist nicht verschliessbaren Schartenfenster, so dass nun viele Verrichtungen des städtischen Tagewerkes, die sich im Hochmittelalter im Freien bzw. unter offenen Vordächern abgespielt hatten, ins Innere der Häuser verlagert werden konnten. Dank der Butzenscheibenfenster wurde der Alltag privater und intimer.

Die Kachelofenheizung war in Basel seit langem bekannt. Nach der Mitte des 14. Jahrhunderts setzten sich jedoch immer mehr glasierte Kacheln mit Reliefdekor durch, die sich dank ihrer rechteckigen Form zu geschlossenen Wänden zusammenfügen liessen, wodurch nun die Öfen zu eigentlichen Repräsentationsstücken der städtisch-bürgerlichen Wohnkultur wurden. Eine vergleichbare Entwicklung ist für den Kochherd in der Küche nicht nachweisbar. Nach wie vor wurde auf einer offenen, bodenebenen oder nur wenig erhöhten Herdfeuerstelle gekocht, was zum Hantieren in unbequemer Körperstellung zwang. Auf obrigkeitliche Weisung setzte sich in der 2. Hälfte des 14. Jahrhunderts der Feuerhut (Rauchfang) durch, durch den der Rauch nach oben ins Freie geleitet und der brandgefährliche Funkenflug eingefangen werden konnte.[8]

Die Kochausrüstung bestand aus Kupferkesseln, Bronzetöpfen und verschieden geformten Keramikgefässen. Um die Mitte des 14. Jahrhunderts begannen glasierte, flache Dreifusspfannen die alten, bauchigen Kochtöpfe aus unglasierter Keramik zu verdrängen. Städtisch-bürgerlicher Wohlstand zeigte sich an der Zunahme von Tafelgeschirr aus Zinn, seltener noch aus Silber, vor allem aber an der steigenden Beliebtheit von Trinkgläsern, die zwar die traditionellen Holzbecher noch lange nicht verdrängen konnten, aber immer häufiger in den Tavernen und in den privaten Haushalten auftauchten, wie sich an den zunehmenden Belegen in den Bodenfunden ablesen lässt.

Städtisches Selbstbewusstsein zeigte sich an der repräsentativen Ausgestaltung der Wohnhäuser. Manche Liegenschaften trugen einen Namen, der auf eine entsprechende Fassadenmalerei Bezug nimmt. Auch die Wände und Decken der Wohnräume, gewissermassen der «guten Stube», wurden ausgemalt, nicht nur in den Häusern der reichen und vornehmen Oberschicht.

Auffallenderweise scheinen nach dem Erdbeben trotz des verheerenden Brandes die Dächer nach wie vor mehrheitlich mit Schindeln gedeckt worden zu sein. Die Ziegeleien an der Peripherie der Stadt lieferten wohl vor allem Backstein und Bodenfliesen. Erst nach dem grossen Brand von 1417 begann in Basel – dank obrigkeitlicher Weisungen und Subventionen – die Umstellung auf die Ziegelbedachung.[9]

Das Bild von Basels Alltagskultur in der 2. Hälfte des 14. Jahrhunderts entspricht den allgemeinen Entwicklungstendenzen, die sich im Spätmittelalter in den Städten des südlichen deutschen Sprachraumes, namentlich der Oberrheingegend, feststellen lassen. Das Erdbeben von 1356 brachte einen Rückschlag und einen kurzen Unterbruch, aber noch vor Ablauf eines Jahres dürfte dank der intensiven Wiederaufbau- und Instandstellungsmassnahmen die Rezeption all der Neuerungen zur Hebung des Wohnstandards und der städtischen Lebensqualität eher noch beschleunigt worden sein.

Die Stadterweiterung

Zu den eindrücklichsten Leistungen Basels in den Jahren und Jahrzehnten nach dem Erdbeben zählt die Errichtung einer neuen Stadtmauer, die auch die Vorstädte einschloss und so das ummauerte Areal der linksrheinischen Stadt von den 32 Hektaren der hochmittelalterlichen Kernstadt auf gut 120 Hektaren anwachsen liess. Der Gedanke, eine Stadterweiterung vorzunehmen, muss der politischen Führung schon bald nach dem Erdbeben gekommen sein. (Kleinbasel auf der rechten Rheinseite blieb von den Überlegungen ausgeschlossen.) Von einem förmlichen Ratsbeschluss ist nichts überliefert, vielleicht war er in dem generellen Auftrag an den Fünferausschuss von 1360 enthalten. Damals wurde diese Baukommission – ihre erste Erwähnung nach dem Erdbeben fällt ins Jahr 1358 – von Bürgermeister und Rat mit Einverständnis des Bischofs und des Domkapitels neu bestellt.[10] Sie bestand aus einem Ritter und vier Achtburgern und hatte die Kompetenz, über alle Baufragen in der Stadt zu entscheiden und in Streitfällen zu richten. Diesen Fünfern fiel nun die Aufgabe zu, die Aushub- und Bauarbeiten zu leiten. Für ihre Mühe erhielten sie jährlich eine Entschädigung von 14 bis 20 Pfund.[11] Über ihre Tätigkeit im einzelnen liegen keine Protokolle vor, wir müssen aber davon ausgehen, dass vor dem eigentlichen Baubeginn, vielleicht in Etappen, die Linienführung festgelegt und je nach Eigentumsverhältnissen auf dem rund 20 Meter breiten, Mauer und Graben umfassenden Landstreifen Entschädigungen und Tauschabsprachen vereinbart werden mussten; es sei denn, man hätte die Grundbesitzer kurzerhand enteignet.[12]

Über den Fortgang der Bauarbeiten informieren uns vor allem die jährlich verzeichneten Ausgaben. Ausser den erwähnten 20 Pfund für die Fünfer stossen wir auf Beträge für Werkzeug wie Hacken und Schaufeln, für Holz, Kalk (für den Mörtel) und Steine. In den Jahresausgaben tauchen ab 1362/69 stets zwei Posten auf, der eine für *der stette bu auf*, der andere, allerdings nur bis 1368/69, für *den nüwen graben*. Dies haben wir wohl so zu interpretieren, dass der Stadtgraben bis 1369 weitgehend fertig ausgehoben war, offenbar bis auf ein kurzes Stück, das erst um 1384/86 in Angriff genommen wurde.[13]

Die eigentlichen Bauarbeiten, die Errichtung der Mauern, der äusseren Futtermauern, Flankierungs- und Ecktürme sowie Toranlagen, sind im Ausgabenposten *stette bu* enthalten. Doch können die angeführten Beträge nicht vollumfänglich auf die Befestigungen bezogen werden, sie schlossen auch andere obrigkeitliche Bauausgaben ein, so etwa für die Errichtung des neuen Rat- oder Richthauses, für Brunnen, Arbeiten an der Rheinbrücke und sonstige Werke.

Während der verbuchte Gesamtbetrag von 3600 Pfund für den Aushub des neuen Grabens vollumfänglich der Stadtbefestigung zugute kam, diente die totale Summe für *der stette bu* aus den Jahren 1362 bis 1398 – dem schriftlich überlieferten Datum der Vollendung – in der enormen Höhe von gut 73 000 Pfund nicht ausschliesslich zur Finanzierung der neuen Stadtmauer. Doch auch nach Abzug von grob geschätzten etwa 25 Prozent für anderweitige, von den Fünfern geleitete Bauprojekte bleibt immer noch ein Betrag von rund 55 000 Pfund übrig, den die neue Befestigungsmauer ohne die Kosten für den Graben in der Höhe von 3600 Pfund verschlungen hat. Um diese finanzielle Grössenordnung abschätzen zu können, müsste man sie mit den von Gulden in Pfund umgerechneten Beträgen für die Erwerbung von Kleinbasel 1392 (ca. 35 000 Pfund)[14] oder der bischöflichen Herrschaften Liestal, Waldenburg und Homberg im Oberbaselbiet (ca. 20 000 Pfund) vergleichen. Finanziert wurde das gewaltige Werk aus Anleihen bei reichen Burgern und vereinzelt bei Juden, aus Sondersteuern und aus speziell für das Bauvorhaben abgezweigten Beträgen aus dem Mühlen- und Weinungeld sowie der Salzsteuer.

Über den Bauvorgang im einzelnen sind wir nur mangelhaft informiert. Dendrodaten belegen, dass das St. Johannstor mehrphasig um 1367/68 und 1375/78, das St. Alban-Tor im Kern um 1365/66 entstanden sind.[15] Es scheint, man habe dort, wo man nicht wie bei der Spalenvorstadt bereits bestehende Befestigungsbauten in den neuen Mauerring einbeziehen konnte, zuerst die Eck- und Flankierungstürme errichtet und die Verbindungsmauern, die *Letzen*, erst anschliessend zur definitiven Höhe des Zinnenkranzes hochgezogen. Eine Wachtordnung 1374 belegt, dass damals die äussere Stadtbefestigung zwar noch nicht vollendet war, sich aber in einem verteidigungsfähigen Zustand befand.[16] Als die Bauarbeiten 1398 als abgeschlossen galten, zählte der Mauerring bei einer Gesamtlänge von ca. 4 Kilometern 5 Haupttore, 40 Türme und 1100 Zinnen.[17]

Der Verteidigungswert dieser Stadtmauer darf allerdings nicht überschätzt werden. Die Mauerstärke betrug 80 cm bis 1 m, hätte also schon vor dem Aufkommen leistungsfähiger Pulvergeschütze mit einer schweren Blide[18] nach kurzem Beschuss zertrümmert werden können. Ein eigentlicher Wehrgang hinter den Zinnen war nur an einzelnen Streckenabschnitten angebracht, und nur wenige Flankierungstürme verfügten über eine Wehrplatte. Eine kriegerische Belastungsprobe im Sinne einer systematischen Belagerung hatte die Stadtmauer bis zu ihrem Abbruch im 19. Jahrhundert allerdings nie zu bestehen.

Man wird sich fragen müssen, was mit dem gewaltigen Bauaufwand und dem verteidungstechnisch so bescheidenen Ertrag eigentlich bezweckt worden sei. Zur Abwehr räuberischer Gruppen im Zuge der vielen spätmittelalterlichen Kleinkriege reichte die Befestigungsanlage immerhin aus. Zudem darf ihre Bedeutung als Wahrzeichen einer selbstbewussten, reichen und autonomen Stadt nicht unterschätzt werden, ganz abgesehen davon, dass ein geschlossener Mauerring mit wenigen, leicht kontrollier- und verschliessbaren Toröffnungen dem obrigkeitlichen Bedürfnis nach einer Überwachung und Aussperrung missliebigen fremden Volkes – man denke an Bettler und Landstreicher – entgegenkam.

All diese Überlegungen bieten aber noch keine Erklärung für die Weitläufigkeit des Mauerrings. Das von ihm umschlossene Areal war in grossen Teilen unüberbaut und blieb es bis ins 18./19. Jahrhundert hinein. Wollte man freie Flächen ummauern, um im Kriegsfall über geschützte Weideflächen für die Haustiere, einen «lebenden Fleischvorrat», zu verfügen oder um Flüchtlingen aus der Umgebung Platz für Notunterkünfte zu bieten? Letzteres fällt wohl ausser Betracht, denn wir wissen, dass im 15. Jahrhundert, als die Stadt wiederholt Kriegsflüchtlingen aus der Umgebung Schutz gewährte, diese in den Wohnhäusern der Bürger untergebracht worden sind.[19] An ein so schnelles Wachstum der Bevölkerung, das innert absehbarer Frist zur kompletten Überbauung des neu ummauerten Areals hätte führen müssen, wird man um 1360, wenige Jahre nach der Pest, kaum gedacht haben.

Vielleicht aber – und dieser Gedanke wird hier erstmals vorgeschlagen – waren es nebst anderen Gründen auch die Erfahrungen vom Erdbeben her, die für einen so weit gezogenen Mauerring sprachen. Offenbar hatte die Flucht der Bevölkerung ins ungeschützte Freie der Obrigkeit mancherlei Sorge bereitet, sei es wegen der Seuchengefahr, sei es wegen der erschwerten Kontrolle von Handel und Wandel oder der Möglichkeit der Infiltration von Diebes- und Landstreichergesindel. Wenn man nun eine neue Stadtmauer baute, die so weite offene Flächen einschloss, dass im Falle eines erneuten Erdbebens die Bevölkerung ins Freie flüchten konnte, aber trotzdem hinter einem Mauerring geschützt und kontrolliert blieb (selbst wenn diese am Oberbau beschädigt wurde), konnte eine Wiederholung der chaotischen Zustände von 1356 vermieden werden. Vielleicht gewinnt das überrissen scheinende Bauprojekt vor dem Hintergrund solcher Überlegungen doch einen plausiblen, praxisorientierten Sinn.

Vorgänge in Basel zwischen 1356 und 1400

Nachdem sich 1357 in Basel die Lage einigermassen normalisiert hatte, setzte – neben der regen Tätigkeit des Wiederaufbaus – eine vielseitige Entwicklung ein, die bis zum Beginn des 15. Jahrhunderts das politische, soziale und wirtschaftliche Gefüge der Stadt wenn auch nicht völlig verwandeln, so doch tiefgreifend umgestalten sollte.[20]

Allerdings ist bei all den Veränderungen und Vorgängen stets die Frage zu stellen, wer oder was in Basel jeweils eigentlich berührt oder betroffen worden ist. Es ist einfach, sich mit Pauschalformulierungen zu begnügen, wie etwa «Basel hat das Münzrecht erworben», «Basel hat die Stadt Kleinbasel gekauft» oder «Basel ist dem Löwenbund beigetreten». Was aber ist in solchen Fällen mit der verallgemeinernden Benennung «Basel» gemeint, wer von den rund 7000 Einwohnern hat solche Entscheidungen getroffen, mitbekommen oder sich von ihnen gar angesprochen gefühlt? Die Bevölkerung der Stadt gliederte sich in eine Vielzahl sozialer Schichten und gewerblicher, in Zünfte eingeteilter Gruppen, in adlige Parteien, ferner in Laien und Geistliche, in die «ehrbare» Gesellschaft und in Randständige, in Einheimische und Fremde, in Führer und Geführte und vor allem in ganz unterschiedliche Interessenverbände. Wenn also die «Stadt Basel», d.h. in solchen Fällen Bürgermeister und Rat, einen Vertrag abschloss, eine Fehde begann oder eine Verordnung erliess, müsste in jedem Einzelfall überprüft werden, wer profitiert haben könnte, wer sich geschädigt oder benachteiligt gefühlt hat, wen das Ganze gar nichts anging, in wessen Interesse entschieden worden ist. Es ist eine Illusion, der Basler Obrigkeit zuzutrauen, sie hätte immer und überall zu Gunsten eines der ganzen Einwohnerschaft zugute kommenden «Allgemeinwohls» gehandelt. Es wäre allerdings verfehlt, den Angehörigen der Basler Führungsschicht zu unterstellen, sie hätten rücksichtslos nur ihre eigenen Interessen verfolgt oder ausschliesslich die Erhaltung ihrer eigenen Machtstellung betrieben. (Diktatorisch-oligarchische Tendenzen sind zwar auch für Basel bezeugt, aber erst im 15. Jahrhundert, und brauchen hier nicht behandelt zu werden.)

Der Grundgedanke einer modernen Demokratie, das allgemeine Mitspracherecht bei Wahlen und Abstimmungen, war im Mittelalter gänzlich unbekannt. Manches, was die Obrigkeit in Basel beschloss, blieb geheim, vieles betraf nur einzelne Berufs- oder Sozialgruppen, und für nicht wenige Beschlüsse, z.B. für solche, welche die öffentliche Sicherheit betrafen, fehlten der Obrigkeit die zur Durchsetzung erforderlichen Macht- und Gewaltmittel. Was sich in der Stadt Basel in den fünf Jahrzehnten nach dem Erdbeben alles ereignete und veränderte, beruhte nur zum Teil auf kreativen Entschlüssen der Obrigkeit, sondern bildete nur zu oft innerhalb eines engen Entscheidungs- und Handlungsspielraumes eine mehr oder weniger glückliche Reaktion auf ungewollt eingetretene Sachzwänge.

Die wichtigsten und nachhaltigsten politischen Veränderungen, die Basel in der 2. Hälfte des 14. Jahrhunderts durchmachte, ergaben sich aus den wechselhaften Beziehungen der Stadt zum Bischof, zum Hause Habsburg-Österreich und zum Kaiser bzw. zum Heiligen Römischen Reich. Schrittweise erwarb Basel, vertreten durch Bürgermeister und Rat, stadtherrliche Rechte und erlangte so bis gegen 1400 die politische Autonomie.

Kaiser Karl IV. erneuerte für die Stadt Basel nicht nur die Privilegien seiner Vorgänger, sondern übertrug ihr 1365 auch die Schirmgewalt über die Juden, die sich wieder in der Stadt angesiedelt und eine Gemeinde gebildet hatten.[21] Drei Jahre später verlieh er an seine *lieben, getreuen die burger gemeinlichen der stat zu basel* das Recht, auf alle Transitgüter, die Basel passierten, einen Zoll zu erheben.[22] 1372 dehnte Karl IV. – wohl auf Begehren der Basler Obrigkeit – die Gerichtshoheit der Stadt bis auf das Kleinbasler Ufer aus, und gleichzeitig erteilte er der Stadt das Recht, allen Gästen und Durchreisenden Geleitschutz bis an deren Reiseziele zu gewähren.[23] Ein eigentümliches Privileg stellte Karl IV. den Baslern 1377 aus, als er der Stadt erlaubte, «verrufene Ächter» (wegen offenen Totschlags Verurteilte) in ihren Schutz und Schirm aufzunehmen. Basel bekam so ein Asylrecht, wie es beispielsweise im Elsass auch das Städtchen Bergheim besass.[24]

Das gute Einvernehmen zwischen Basel und dem Kaiser, das sich aus all diesen Gunstbezeugungen – die übrigens nicht kostenlos erhältlich waren – zu ergeben scheint, wurde allerdings verschiedentlich getrübt. So musste die Stadt 1369 dem kaiserlichen Landvogt im Elsass 2000 Gulden Busse bezahlen, weil sie dem Kaiser den *dienst gen Lamparten und uber berk,* d.h. die Begleitdelegation für einen Italienzug, verweigert hatte (vermutlich in der Überlegung, dass eine Busse billiger käme als eine kostspielige Italienreise adliger Repräsentanten).[25]

Das wechselhafte Verhalten der Herrscher gegenüber Basel beruhte aber weniger auf solchen Unfreundlichkeiten als auf den Schachzügen des Hauses Habsburg-Österreich, das die seit König Rudolf I. genährten Hoffnungen, Basel zur Residenzstadt zu machen (neben Wien), in der 2. Hälfte des 14. Jahrhunderts noch keineswegs aufgeben hatte. Man darf die Bemühungen der Habsburger, namentlich des Herzogs Leopold III., die Herrschaft über Basel zu gewinnen, keineswegs als «antibaslerisch» deuten, quasi als Ausdruck einer der Rheinstadt feindlichen Gesinnung. Es gab in Basel eine starke Partei, die den Anschluss der Stadt an Habsburg wünschte und keineswegs bloss aus «fürstenhörigen» Adligen bestand, sondern auch aus Handwerkern jener Gewerbe, die von den ritterlichen Festen und der von den Habsburgern in Basel entfalteten, höfischen Kultur profitierten. Basels Weg in die politische Autonomie war in der 2. Hälfte des 14. Jahrhunderts noch nicht endgültig vorgezeichnet. Für eine Zukunft als fürstliche Residenzstadt erfüllte Basel damals gute Voraussetzungen.[26]

Zwischen dem Hause Habsburg und der Stadt Basel bestanden grundsätzlich gute Beziehungen, was sich wiederholt im Abschluss von gegenseitigen Freundschafts- und Beistandsbündnissen äusserte. 1374 aber übertrug Kaiser Karl IV. die Schirmgewalt über die Basler Juden, die er 1365 der Stadt überlassen hatte, an Herzog Leopold III., und 1374 übernahm dieser vom Bischof pfandweise die Herrschaften Liestal, Homberg und Waldenburg, ein Jahr später auch Kleinbasel.[27] Im Januar 1376 empfing schliesslich Leopold vom Kaiser die Vogteigewalt, also die höchste richterliche Befugnis über die Stadt.[28] Dieser Schritt führte zum Eklat. Die antihabsburgische Partei, ebenfalls aus Adligen, Achtburgern und Zünftlern zusammengesetzt, provozierte im Februar 1376, als die Habsburger «auf Burg» turnierten, einen blutigen Tumult, der als «Böse Fasnacht» in die Geschichte einging.[29] Letztlich schlug das Unternehmen fehl, obwohl die Anhänger Habsburgs, soweit sie nicht gefangen worden waren, zusammen mit Leopold Hals über Kopf hatten flüchten müssen. Der zutiefst gekränkte Herzog erwirkte vom Kaiser die Reichsacht über Basel, die Stadt musste einen demütigenden Vergleich abschliessen, Rädelsführern des Tumultes den Prozess machen – dem Enthauptungen und Verbannungen folgten – und hohe Sühnegelder entrichten. Noch 1380 sah sich Basel genötigt, dem Löwenbunde beizutreten, einer Adelsgesellschaft unter habsburgischem Einfluss.[30]

Der politische Ausgleich zwischen Basel, Habsburg-Österreich und dem Reich kam nur zustande, weil sich die Stadt den Machtansprüchen Herzog Leopolds III. beugte, so dass die Habsburgerpartei in der Stadt für mehrere Jahre die Oberhand gewann.

Den Umschwung brachte das Jahr 1386. In der Schlacht bei Sempach verlor Leopold sein Leben. Von einer «Rettung» Basels sollte allerdings nicht gesprochen werden. Mit dem Herzog waren auch zahlreiche Basler gefallen – nicht nur Adlige, auch Kleinbasler Bürger, so dass nun die Gegner des Hauses Habsburg-Österreich wieder die Oberhand gewinnen und den Weg der Stadt in die Autonomie weiterverfolgen konnten. Entscheidend wirkte sich aus, dass König Wenzel, Karls IV. Nachfolger, schon am 1. August 1386, wenige Wochen nach Sempach, die Vogtei an Basel übertrug, wodurch die Stadt in den Besitz des letzten der vier wichtigsten Herrschaftsrechte gelangte.[31]

Die anderen drei hatte Basel schon vom Bischof erworben, zwar nur als Pfand, aber angesichts der katastrophalen Finanzlage des geistlichen Stadtherrn war mit einer Auslösung in absehbarer Zeit nicht zu rechnen. 1373 hatte nämlich der Bischof an die Stadt – obwohl sie gerade exkommuniziert war – die Zollhoheit und das Münzrecht veräussert, 1385 das Schultheissenamt in Gross- und Kleinbasel.[32]

Weitere Rechte hatte Basel schon vor 1356 vom Bischof erworben. Nach dem Erdbeben verschlimmerte sich die Finanzlage des Bistums, allerdings weniger wegen der Ausgaben für den Wiederaufbau als viel mehr wegen der Kriege, die Bischof Johann III. von Vienne führte. Nicht alles, was verkauft oder versetzt wurde, ging direkt an die Stadt. So veräusserte 1367 der Bischof die Steuerrechte in Kleinbasel an Konrad von Bärenfels.[33]

Geld nahmen die Bischöfe auf, wo sie konnten. Sie wurden Schuldner adliger Herren sowie finanzstarker Achtburger und Zünftler. Die Stadt gewährte den Bischöfen Darlehen und empfing dafür Herrschaftsrechte als Pfand. Sie übernahm bischöfliche Schulden und wurde so Gläubigerin ihrer eigenen Leute. So kam es, dass der Bischof, wenn er neue Gelder aufnahm, mit diesen gähnende Finanzlöcher stopfen musste. Um 1390 hatte die wirtschaftliche Zerrüttung des Bistums ein solches Ausmass angenommen, dass 1391 der ohnmächtige Bischof Imer von Ramstein vom Domkapitel seines Amtes entsetzt wurde und der Strassburger Bischof Friedrich von Blankenheim, zum Administrator ernannt, den Auftrag erhielt, die Finanzen zu sanieren.[34] Ein hoffnungsloses Unterfangen. 1392 musste er die bereits verpfändete Stadt Kleinbasel an Basel verkaufen.[35] Im Kaufvertrag wurde aber bestimmt, dass die Kaufsumme in der Höhe von 21 000 Gulden zur Auslösung der verpfändeten Herrschaften im Oberbaselbiet zu verwenden sei, so dass die Kasse des Bischofs so leer blieb wie zuvor. Noch drastischer gestaltete sich der Verkauf der Herrschaften Liestal, Homberg und Waldenburg im Jahre 1400:[36] Die Kaufsumme betrug 20 275 Gulden. Von diesen erhielt der damalige Bischof Humbrecht von Neuenburg in bar ganze 1000 Gulden. Mit weiteren 1000 Gulden wurden Schulden abgeschrieben, die der Bischof bei der Stadt hatte. Der ganze Rest diente der Tilgung grösserer und kleinerer Schuldbeträge, auf die vornehmlich Basler Gläubiger Anspruch hatten. Grössere Summen wurden dem Markgrafen von Hachberg, den Herren von Eptingen, von Ratsamhausen und von Bärenfels, dem Deutschorden, dem Domkapitel sowie den Achtburgerfamilien Zibol und Sintz ausbezahlt. Kleinere Beiträge zwischen 5 und 500 Gulden gingen an insgesamt über vierzig Basler Gläubiger, so dass man den Eindruck gewinnt, der breiten Bevölkerung Basels sei es beim Kauf der Oberbaselbieter Herrschaften weniger um eine territorialpolitische Expansion als um die Rückzahlung fälliger Guthaben gegangen.[37]

Möglicherweise spiegelt sich in dieser Transaktion der verstärkte Einfluss der Zünfte im Rat. Denn seit 1382 finden wir neben den bisherigen fünfzehn, von den Kiesern aus der Oberschicht gewählten Zünftlern zusätzlich die Meister der fünfzehn Zünfte im Rat, der nun somit nicht mehr, wie seit etwa 1335, aus dem Bürgermeister, vier Rittern, acht «Burgern» und fünfzehn Zünftlern, sondern aus 44 Mitgliedern mit dreissig Zünftlern bestand.[38]

Dieses Zahlenverhältnis besagt allerdings noch nichts über die tatsächliche Macht- und Kompetenzverteilung im Rat. In aussen- und herrschaftspolitischen Fragen gaben vermutlich weiterhin die unmittelbar betroffenen Ritter und Achtburger den Ton an. Mit der erhöhten Beteiligung der Zünfte im Rat verstärkte sich aber vor allem deren Mitverantwortung in Fragen der inneren Sicherheit und mehr noch der städtischen Finanzen. Die wiederholte Erhöhung der Steuern bzw. die Einführung neuen «Ungelds» wäre ohne die solidarische Zustimmung der Zünfte kaum möglich gewesen. Bemerkenswert, dass in Basel eine Einrichtung zur Kontrolle von Bürgermeister und Adel, die man von Strassburg übernahm, nämlich das Amt des Ammeisters, eines mittelalterlichen «Volkstribuns», nach wenigen Jahren wieder einging.[39]

Für Basels Wirtschaftsentwicklung wog neben der Zollhoheit das 1373 vom Bischof erworbene Münzrecht wohl am schwersten.[40] Die Stadt prägte nun eigene Münzen, zunächst aus Silber, erst ab 1429 auch aus Gold, und beteiligte sich an den grossräumigen Münzverträgen, die eine Vereinheitlichung des Feingehaltes anstrebten. Wie wichtig das Münzwesen damals war, so dass es sogar offene Kriege in den Hintergrund drängen konnte, zeigte sich an der Währungskonferenz von 1387, die unter dem Vorsitz Herzog Albrechts von Österreich in Basel abgehalten wurde.[41] Beteiligt waren auch eidgenössische Städte mit Münzrecht, wie Zürich, Bern oder Luzern. Während noch der Krieg zwischen Habsburg und den Eidgenossen tobte und die Schlacht bei Näfels noch nicht einmal geschlagen war, sassen im neutralen Basel Vertreter der verfeindeten Mächte zusammen und handelten eine allgemein verbindliche Münzkonvention aus.

Basels Geschichte in der 2. Hälfte des 14. Jahrhunderts zeigt deutlich auf, dass das Erdbeben, auch wenn es im Gedächtnis der Menschen haftete, keine traumatischen Auswirkungen nach sich gezogen hat, welche die wirtschaftliche oder politische Entwicklung der Stadt nachhaltig hätte hemmen können.

Die Entwicklung der Regio bis um 1400

Trotz der Schäden an Kirchen, Burgen und anderen Gebäuden hat das Erdbeben 1356 das Landschaftsbild rund um das Rheinknie längst nicht so stark verändert wie das Stadtbild in Gross- und Kleinbasel, das während Wochen von rauchenden Trümmern beherrscht blieb.

Es ist zwar anzunehmen, dass die Erdstösse bei senkrechten Flühen im Jura ganze Felspartien zum Absturz gebracht haben, aber an den Äckern, Reben, Weiden und Wäldern, die das Landschaftsbild prägen, ist das Erdbeben weitgehend spurlos vorübergegangen, auch wenn da und dort die einen oder anderen Schlipfe ausgelöst worden sein mögen. Was sich in den rund fünfzig Jahren nach 1356 in der Regio herrschafts-, sozial- und wirtschaftsgeschichtlich getan hat, ist sicher nicht durch das Erdbeben verursacht worden, auch wenn dieses einzelne Entwicklungstendenzen, die schon um 1300 eingesetzt haben, verstärkt und beschleunigt haben könnte.[42] Dies gilt vor allem für den Prozess des «Burgensterbens» (der sich keineswegs bloss am Oberrhein abgespielt hat). Wie bereits ausgeführt worden ist, wären jene Burgen, die man nach 1356 nicht mehr aufgebaut hat, in den folgenden Jahrzehnten ohnehin preisgegeben worden und hätten so das Schicksal all jener Anlagen geteilt, die vom Erdbeben verschont oder nicht allzu stark beschädigt, aber dennoch innerhalb der nächsten fünfzig Jahre verlassen und dem Zerfall preisgegeben worden sind, und zwar ohne Anwendung äusserer Gewalt.

Die Preisgabe unbequemer und im Wohnkomfort veralteter Höhenburgen, deren baulicher Unterhalt mehr Kosten verursachte als Nutzen brachte, war in der Umgebung Basels allerdings begleitet von einer gegenläufigen Tendenz, die in der Errichtung kleiner Weiherhäuser oder Wasserschlösser bestand. So sind in der 2. Hälfte des 14. Jahrhunderts und zu Beginn des 15. Jahrhunderts allein in unmittelbarer Nähe Basels die Weiherhäuser Klybeck, Gross- und oberes Mittel-Gundeldingen (neben dem bereits bestehenden unteren Mittel-Gundeldingen) sowie Fröschenegg bei Muttenz entstanden. Eine Vielzahl derartiger Anlagen lässt sich im Sundgau nachweisen, in der Rheinniederung, vereinzelt auch in den Juratälern, wie die Beispiele von Büren im Oristal, Gelterkinden oder Rheinfelden (Weiherhaus in der Nähe des heutigen Bahnhofs) zeigen.[43]

Viele dieser kleinen Wasserschlösser sind aus älteren Fron- oder Dinghöfen hervorgegangen. Ihr burgartiges Aussehen hatte mehr statussymbolischen als verteidigungstechnischen Wert. In den Verwüstungskriegen des 15. Jahrhunderts, die wiederholt vor allem den Sundgau heimsuchten, sind denn auch zahlreiche Weiherhäuser zerstört worden. Mehrheitlich erhoben sich diese spätmittelalterlichen Weiherhäuser am Rande älterer Dörfer und setzten so in den bäuerlichen Siedlungen am Oberrhein neue Akzente. Ob sich sonst in der ländlichen Bauweise in den Dörfern oder in den Weilern und Einzelhöfen im späteren 14. Jahrhundert viel verändert hat, muss bezweifelt werden. Vereinzelt dürfte die bäuerliche Oberschicht, die Gruppe grundherrlicher Amtsträger, repräsentative Steinhäuser errichtet haben, wie aus archäologisch erfassten Resten, so in Dornach oder in Höflingen bei Rheinfelden[44], hervorzugehen scheint. Generell ist aber zu vermuten, dass die Errungenschaften städtischen Wohnkomforts vor 1400 von den bäuerlichen Untertanen noch kaum rezipiert worden sind und die stattlichen Bauernhäuser in der Regio, je nach Gegend in Stein oder in Fachwerk errichtet, erst seit dem Ausgang des Mittelalters aufgekommen sind und dem Dorfbild der Zeit vor 1400 noch fremd waren.

Anders als das Erdbeben, das 1356 in der Regio bloss Burgen, Kirchen und Städtchen verwüstet hatte, führten die Fehden, Kriegszüge und Durchmärsche fremder Söldnerscharen in den folgenden Jahren und Jahrzehnten zu schweren Verheerungen der Landschaft mit ihren Dörfern und Fluren. Im einzelnen brauchen hier nicht sämtliche Auseinandersetzungen und gegenseitigen Verwüstungen aufgezählt zu werden. Bei manchen Fehden bleiben die Hintergründe ohnehin unklar, oder sie erweisen sich als läppische Querelen, über die man sich bei gutem Willen auch gütlich hätte verständigen können.

Auf einige Auseinandersetzungen und Kriegshandlungen muss hier aber doch etwas genauer eingegangen werden, weil sie sich auf die Entwicklung der Regio auswirkten und die herrschaftspolitischen oder wirtschaftlichen Verhältnisse im Land nachhaltig beeinflussten. Zweimal kurz nacheinander wurde Basels Umgebung von fremden Söldnerscharen heimgesucht, die durch den Waffenstillstand im Hundertjährigen Krieg zwischen Frankreich und England beschäftigungslos geworden waren. Um 1364/65 drangen die Truppen des Arnold von Cervola, des «Erzpriesters», raubend und plündernd ins Elsass ein, suchten aber vor der Armee, die Kaiser Karl IV. entsandt hatte, das Weite, wobei dieses Reichsheer das Land noch schlimmer verwüstete als die fremden Söldner: *und beschach dem lande me schedens von den fründen denne von den vigenden.*[45]

Noch schlimmer hausten die Scharen des Enguerrand de Coucy, die ab 1374 über Zabern ins Elsass einrückten, um über den Jura in den Aareraum vorzustossen, wo ihr Anführer Erbansprüche auf habsburgische Ländereien durchzusetzen hoffte.[46] Diese angeblich über 80 000 Mann zählende Truppe der *Gugler* hinterliess auf ihrem Marsch nichts als Verwüstung und Elend. Nach dem Berner Chronisten Justinger umfasste sie lauter *morder, röuber, brenner, kilchenufbrecher, frouwenschender, unglückmacher, frömde martererdenker und manig böserwicht.* Nach Überquerung der Aare sahen sie sich den durch Unterwaldner und Entlebucher verstärkten Bernern gegenüber, die ihnen in mehreren Gefechten so starke Verluste beibrachten, dass es Enguerrand de Coucy zu Beginn des Jahres 1376 vorzog, sich mit seinen angeschlagenen Scharen über den Jura ins Burgundische abzusetzen.

Diese Invasionen der «Engländer» hatten das Elsass und die Berner mit deren Verbündeten einander nähergebracht. Schon 1364 war ein Berner Verband nach Basel gezogen, um die Stadt gegen die Söldner des «Erzpriesters» zu verteidigen[47], und 1375/76 wurden die Erfolge Berns gegen die Gugler in Basel mit Genugtuung registriert.[48] Die in diesen Vorgängen bewiesene Schlagkraft der Aarestadt dürfte Basel mit dazu bewogen haben, im Jahre 1400 mit Bern und Solothurn ein Bündnis auf 20 Jahre abzuschliessen, das inhaltlich klar über die vorangegangenen Landfriedens- und Münzverträge hinausging.[49]

Kriegerische Auseinandersetzungen, die sich aus Verletzungen der Landfriedensabkommen ergaben, berührten in der Regel bloss die auf offener Strasse überfallenen Kaufleute sowie die Burgen der Landfriedensbrecher, denen die Vergeltungsexpeditionen der Bündnispartner galten. Bekannt ist der sogenannte Safrankrieg von 1374, den Henmann von Bechburg mit dem Überfall auf Kaufleute, die acht Zentner Safran mit sich führten, eröffnet hatte. Die Reaktion liess nicht auf sich warten. Der Graf von Nidau und seine Verbündeten, worunter auch Basel, die den Überfall als Landfriedensbruch werteten, zogen vor des Bechburgers Feste Neu-Falkenstein und zerstörten sie nach kurzer Belagerung.[50]

Derartige Aktionen wiederholten sich im späten 14. und frühen 15. Jahrhundert des öfteren. Sie führten nicht nur zum Verschwinden einer ganzen Reihe von Burgen, sondern beschleunigten auch den wirtschaftlichen Niedergang verschiedener Adelsfamilien, die mit dem Mittel der Fehde, der gewaltsamen Selbsthilfe, ihren Standesanspruch auf Beteiligung am herrschaftlichen Gewaltmonopol zu behaupten hofften.

Während sich die Fehden zwischen adligen Herren, Städten und Landesherren vor allem wirtschaftlich auswirkten, verlangte die Teilnahme an grossen Kriegen mit verlustreichen Schlachten dem Adel am Oberrhein einen hohen Blutzoll ab. Allein in der Schlacht bei Sempach 1386 fielen im Kampf für das Haus Österreich unter den Halbarten der Innerschweizer mehr als 35 Herren aus dem Elsass und über ein Dutzend Basler Ritter, worunter mehrere Herren von Bärenfels und von Eptingen. Der unversöhnliche Hass, den die oberrheinischen Adligen noch in späteren Generationen bis zum Ausgang des Mittelalters gegen die Eidgenossen empfanden, erklärt sich wohl zur Hauptsache aus diesen Verlusten von Sempach.[51]

Nicht wenige Gefallene, wenn auch nicht genau bezifferbar, hatten die oberrheinischen Ritter 1396 in der Schlacht bei Nikopolis zu beklagen, in welcher der Kreuzzug des abendländischen Adels gegen den osmanischen Sultan Bayesid sein klägliches Ende fand.[52]

Verheerend auf die herrschaftliche Ordnung rund um Basel wirkten sich die Kriege aus, die der aus Burgund stammende Bischof Johann III. von Vienne während seines Basler Pontifikates anzettelte, das von 1365 bis zu seinem Tode 1382 dauerte.[53] Eine politische Linie ist in seinen Auseinandersetzungen nicht zu erkennen. Er stritt sich mit Basel herum, beanspruchte gelegentlich aber auch die Waffenhilfe der Stadt. Mit den Guglern sympathisierte er, vermochte jedoch die Verwüstung seines Landes durch die Söldnertruppe nicht zu verhindern. Des Bischofs Auseinandersetzung mit der kriegsgewaltigen Stadt Bern endete in einem Fiasko und trug dem geistlichen Herrn erst noch den Spott der Aarestadt ein. Die Nachfolger des Bischofs Johanns von Vienne, unter ihnen die aus dem Basler Ritteradel stammenden Werner Schaler, Imer von Ramstein und Konrad Münch von Landskron sowie der Burgunder Humbert von Neuenburg, waren ausserstande, die wirtschaftliche und herrschaftliche Zerrüttung des Bistums aufzuhalten, zumal sie erst noch in die Kirchenspaltung zwischen dem einen Papst in Rom und dem anderen in Avignon verstrickt waren, so dass zeitweilig mehrere Anwärter gleichzeitig auf den Basler Bischofsstuhl Anspruch erhoben.[54]

Seinen Tiefpunkt erlebte das Bistum unter Humbert von Neuenburg-Burgund (1399–1418). Er sprach nur Französisch, Basel blieb ihm fremd. Er residierte in Delémont, wo er munter mit einer Konkubine aus dem lokalen Kleinadel Hof hielt. Um an Bargeld zu kommen, betrieb er die Verschleuderung von bischöflichem Besitz, den seine Vorgänger begonnen hatten, hemmungslos weiter, so dass unter ihm nach den Worten des Chronisten Heinrich von Beinheim das Bistum schliesslich nur noch aus Neuenstadt am Bieler See, Biel, dem Tal von St. Imier und Delémont bestand (wobei aber auch diese Güter zeitweise verpfändet waren).[55]

Unter diesen wirren Zuständen konnte es nicht ausbleiben, dass die Bischöfe, teils um Anhänger zu gewinnen, teils um ihre katastrophale Finanzlage aufzubessern, Burgen, Städte, Herrschafts- und Hoheitsrechte veräusserten, meistens mittels Verpfändung. Als Käufer bzw. Pfandherren traten neben der Stadt Basel auch finanzstarke Adlige, welche die Behebung der Erdbebenschäden offenbar gut verkraftet hatten, in Erscheinung, so die Grafen von Thierstein und von Montbéliard, die Herren von Ramstein, von Hasenburg-Asuel, die Münch von Landskron und die Basler Achtburgerfamilie von Laufen. Um die Wende vom 14. zum 15. Jahrhundert schien das Bistum Basel vor seiner Auflösung zu stehen. Unverpfändet und nicht verkauft waren bloss noch wenige Teile wie Biel und die südlichen Juratäler, die aber mit Bern 1388 einen Burgrechtsvertrag abgeschlossen und sich damit dem politischen Einfluss des Bischofs langfristig entzogen hatten.

In den fürstbischöflichen Herrschaftsbereich drängten sich in der 2. Hälfte des 14. Jahrhunderts von allen Himmelsrichtungen her territorialpolitische Interessenten, die sich ein möglichst grosses Stück aus der vermeintlichen Liquidationsmasse heraussäbeln wollten. Die Stadt Bern sicherte sich, wie angedeutet, dauernden Einfluss am Ufer des Bieler Sees und im Tale von St. Imier. Von Westen her, aus der Burgunderpforte, bemächtigten sich welsche Herren, verwandt mit den Bischöfen aus den Häusern Vienne und Neuenburg, pfandweise der Herrschaften Spiegelberg, St. Ursanne und Goldenfels (im westlichen Zipfel der Ajoie) und kündigten so das erst im 15. Jahrhundert machtvoll betriebene Vordringen der Herzöge von Burgund aus dem Hause Valois an den Oberrhein an.[56]

Die Herzöge von Habsburg-Österreich scheinen am bischöflichen Machtbereich im Jura nur mässiges Interesse bekundet zu haben. Ob ihr Vasallenstatus gegenüber dem Bischof, von dem sie die Herrschaft Pfirt zu Lehen trugen, als Grund für ihre Zurückhaltung zu vermuten ist, bleibt fraglich. Wir sehen zwar, wie Österreich Allodien als Lehen empfängt, wie zum Beispiel die thiersteinische Herrschaft Dorneck[57], oder wie sich der tatkräftige Herzog Leopold III. zeitweise mit dem unsteten Bischof verbündet. Aber von einem konsequenten und zielbewussten Ausbau der landesherrlichen Machtstellung des Hauses Österreich auf Kosten des Bischofs im Raume Basels kann nicht die Rede sein, schon gar nicht nach der Niederlage und dem Tod Herzog Leopolds III. in der Schlacht bei Sempach 1386. Vielleicht erklärt sich das territorialpolitische Desinteresse der Habsburger an der Basler Regio aus dem Scheitern der zu Beginn des 14. Jahrhunderts noch intakten Hoffnungen, aus der Bischofstadt Basel eine habsburgische Residenz – analog Wien in Niederösterreich – zu machen.

Ein paar Jahre lang, von 1396–1400, zeichnete sich in den territorialherrschaftlichen Verschiebungen, die sich aus den Auflösungserscheinungen des Fürstbistums ergaben, eine Tendenz ab, welche, wenn sie sich auf Dauer hätte durchsetzen können, die politischen Entwicklungen der Regio in eine ungeahnte Richtung hätte lenken können: 1396 gelangten Pfandrechte über die aus altem frohburgischem Besitz stammenden, im Oberbaselbiet gelegenen Ämter Liestal, Homberg und Waldenburg in die Hände der Markgrafen von Hachberg-Sausenberg-Rötteln.[58] Deren Güter lagen im Breisgau, im Kander- und Wiesental, gruppiert um die Festen Sausenburg und Rötteln. Mit der pfandweisen Erwerbung der Ämter Liestal, Homberg und Waldenburg bestand für die Markgrafen die Aussicht, eine kompakte Territorialherrschaft beidseits des Rheins aufzurichten, die sich zu einem bedeutenden Machtfaktor im politischen Kräftespiel am Oberrhein hätte entwickeln können.

Die Markgrafen vermochten ihren Pfandbesitz aber nicht zu behaupten, denn sie verloren die Rechte über die drei Ämter an die Stadt Basel, welche sie im Jahre 1400 nicht pfandweise, sondern käuflich in ihren Besitz brachte.[59] Basel hatte schon zur Zeit des Bischofs Johann von Vienne damit begonnen, sich an der Liquidation des Fürstbistums zu beteiligen. Auf die schrittweise Erwerbung stadtherrlicher Rechte ist bereits hingewiesen worden. Auf dem Lande finden wir die Stadt nach und nach im Pfandbesitz von Olten, Porrentruy und Delémont. Ob Basel damit gerechnet hat, diese Pfandschaften bei Gelegenheit in definitiven Besitz umzuwandeln, bleibt zweifelhaft. Die finanziellen Transaktionen der Stadt verfolgten mindestens teilweise den Zweck, dem Bischof flüssige Mittel zukommen zu lassen, damit dieser seine Gläubiger befriedigen konnte, die zu einem grossen Teil der Basler Oberschicht entstammten.

Am nachhaltigsten wirkte sich zweifellos der Kauf der Oberbaselbieter Ämter Liestal, Homberg und Waldenburg durch die Stadt aus. Am stolzen Kaufpreis von rund 22 000 Gulden konnte sich der Bischof aber nicht erfreuen, musste er doch diesen Betrag zur Auslösung von Pfandrechten und zur Tilgung von Schulden einsetzen.[60] Für Basel aber begann mit dem Jahre 1400 eine neue Ära. Mit dem Kauf der drei Ämter war sie wie vor ihr schon Bern oder Luzern Territorialherrin geworden und hatte damit politische Rechte und Pflichten gegenüber einer Landbevölkerung im Untertanenstatus übernommen. In den städtischen Verwaltungsakten schlägt sich dieser neue Status sogleich nieder. Dass die Stadt Basel knapp ein halbes Jahrhundert nach der Katastrophe des Erdbebens mit allen finanziellen Opfern und Einbussen nicht nur Kleinbasel kaufen konnte, sondern auch ein Territorium auf dem offenen Lande, stellt ihrer Wirtschafts- und Finanzkraft ein beredtes Zeugnis aus.

Die Tragweite des Kaufes zeigt sich daran, dass Basel im Jahre 1400 auch ein zwanzigjähriges Bündnis mit Bern und Solothurn abschloss und sich so über die Achse der Hauensteinpässe mit einem ersten, wenn auch keineswegs irreversiblen Schritt auf das eidgenössische Bündnissystem zubewegte.[61]

Anmerkungen

1 Siehe Anhang, Quellentexte Nrn. 3 und 4.
2 Justinger, Chronik, S. 284. – Bchr. 4, S. 26–28 und 152–155.
3 Zur School vgl. R. Wackernagel, Basel 2/1, S. 442f. und 72* (Quellenbelege). – Fechter, Topographie, S. 42 und 50f.
4 R. Wackernagel, Basel 2/1, S. 281,182 und 293.
5 R. Wackernagel, Basel 2/1, S. 283f.
6 UBB 5, Nr. 241.
7 R. Wackernagel, Basel 2/1, S. 294 und 38* (Quellenbelege).
8 R. Wackernagel, Basel 2/1, S. 291 und 38* (Quellenbelege).
9 R. Wackernagel, Basel 2/1, S. 291. – Zu den Zieglern und Ziegeleien vgl. Koelner, Spinnwettern, S. 221–228.
10 UBB 4, Nr. 255.
11 Harms 2, S. 1f.
12 Ältere Bauphasen auf der ungefähren Linie der äusseren Stadtmauer zwischen Spalentor und Petersplatz: ABBS 1999, S. 63f.
13 Harms 2, S. 2–8 und 33–35.
14 Der Betrag von 35 000 Pfund setzt sich aus der eigentlichen Kaufsumme in der Höhe von 21 000 Gulden und weiteren Entschädigungen, u.a. an das Haus Habsburg-Österreich, zusammen.
15 ABBS 1989, S. 69–155.
16 ABBS 1996, S. 41. – Die Wachtordnung abgedruckt in ABBS 1989, S. 152–153.
17 Fechter, Topographie, S. 131.
18 *Blide*, auch *triboc* (von ital./mlat. *trabucco/trabuccum*): Bezeichnung für ein Hebelgeschütz mit Schleuderschlinge, das Steinkugeln von ca. 100 kg Gewicht bis 500 m weit schiessen konnte. – Abbildung einer Basler Blide bei Wurstisen, Chronik, S. 397.
19 Werner Meyer: Der Kriegsschauplatz am Oberrhein, in: JsG. 72, 1989, S. 78–82.
20 Bester Überblick nach wie vor bei R. Wackernagel, Basel 1, S. 270–337. – Vgl. ferner Kreis/von Wartburg (Hg.), Basel, S. 38–77.
21 UBB 4, Nrn. 230, 231, 232, 233, 287, 352.
22 UBB 4, Nr. 322.
23 UBB 4, Nrn. 322 (1368), 353.
24 UBB 4, Nr. 421.
25 UBB 4, Nrn. 331, 334.
26 Meyer, Beziehungen, S. 21–41.
27 UBB 4, Nrn. 379, 380, 389.
28 UBB 4, Nr. 399.
29 Meyer, Beziehungen, S. 37–40. – Wichtigste Quellen zur Bösen Fasnacht: BChr. 5, S. 30, 62f, 120–122. – UBB 4, Nr. 400. – StABS, Fremde Staaten, Österreich A1, Nrn. 3–7.
30 UBB 4, Nrn. 455 und 456.
31 Meyer, Beziehungen, S. 37. – Liebenau, Sempach, S. 102–328 Chronikberichte mit Gefallenenlisten). – UBB 5, Nr. 74.
32 UBB 4, Nr. 359; 5, Nr. 41.
33 UBB 4, Nr. 310.
34 BChr. 7, S. 122f.
35 UBB 5, Nr. 172.
36 UBB 5, Nr. 270.
37 Harms 2, S. 79–81.
38 W. Wackernagel, Basel 2/1, S. 222–224.
39 R. Wackernagel, Basel 2/1, S. 227.
40 UBB 4, Nrn. 360 und 362. – Schönberg, Finanzverhältnisse, S. 67.
41 UBB 5, Nr. 94.
42 Bester Überblick über die Vorgänge und Zustände auf der Landschaft bei Rippmann, Territorium, S. 101–122, und Rippmann, Dorf, S. 123–138. – Zum Sundgau vgl. Stintzi, Sundgau, S. 57–61.
43 Zu den einzelnen Burganlagen und Weiherhäusern vgl. die betreffenden Artikel in Meyer, Burgenlexikon.
44 Zu Höflingen siehe Meyer, Burgenlexikon, S. 71. – Zum Steinhaus von Dornach siehe Andrea Nold: Vom Pfostenhaus zum Herrenhof? Lizentiatsarbeit Basel 2002, Mskr. Historisches Seminar, Universität Basel.
45 Justinger, Chronik, S. 126–128. – BChr. 5, S. 60. – Harms 2, S. 3.
46 BChr. 5, S. 59. – Justinger, Chronik, S. 141–147.
47 Justinger, Chronik, S. 127f.
48 BChr. 5, S. 30.
49 Siehe unten Anm. 61.
50 Justinger, Chronik, S. 139f. – BChr. 5, S. 29 und 65f. – Harms 2, S. 14f. – UBB 4, Nr. 37.
51 Liebenau, Sempach, S. 101–138.
52 Justinger, Chronik, S. 83–184. – Klingenberger Chronik, S. 152–155.
53 BChr. 7, S. 120f.
54 R. Wackernagel, Basel 1, S. 302–317.
55 BChr. 5, S. 351f.; 7, S. 123f.
56 R. Wackernagel, Basel 1, S. 266, 285, 321f, 360–363.
57 ULB 1, Nr. 382.
58 Trouillat 4, S. 851.
59 UBB 5, Nr. 270.
60 Vgl. oben Anm. 37.
61 UBB 5, Nr. 266.

5. Ergebnisse

Das Schöne an der Geschichtswissenschaft ist, dass sie bei ihrer Suche nach der Wirklichkeit, nach dem Tatsächlichen, dem Gesicherten der Verpflichtung enthoben ist, «ewige Wahrheiten» zu verkünden. Bei allem Streben nach Wahrhaftigkeit im Sinne einer Übereinstimmung von Quelle, Deutung und Darstellung bleibt immer ein Vorbehalt zurück: Sind alle Quellen erfasst, ist der Aussagewert einer Quelle richtig erkannt, handelt es sich womöglich um eine Fälschung oder einen späteren Zusatz? Irrtümer sind die treuesten Begleiter des Historikers, da sie aber erkannt und nachgewiesen werden können, lassen sie sich auch korrigieren und weisen damit den Weg zu besserer Erkenntnis. Seit jeher sind

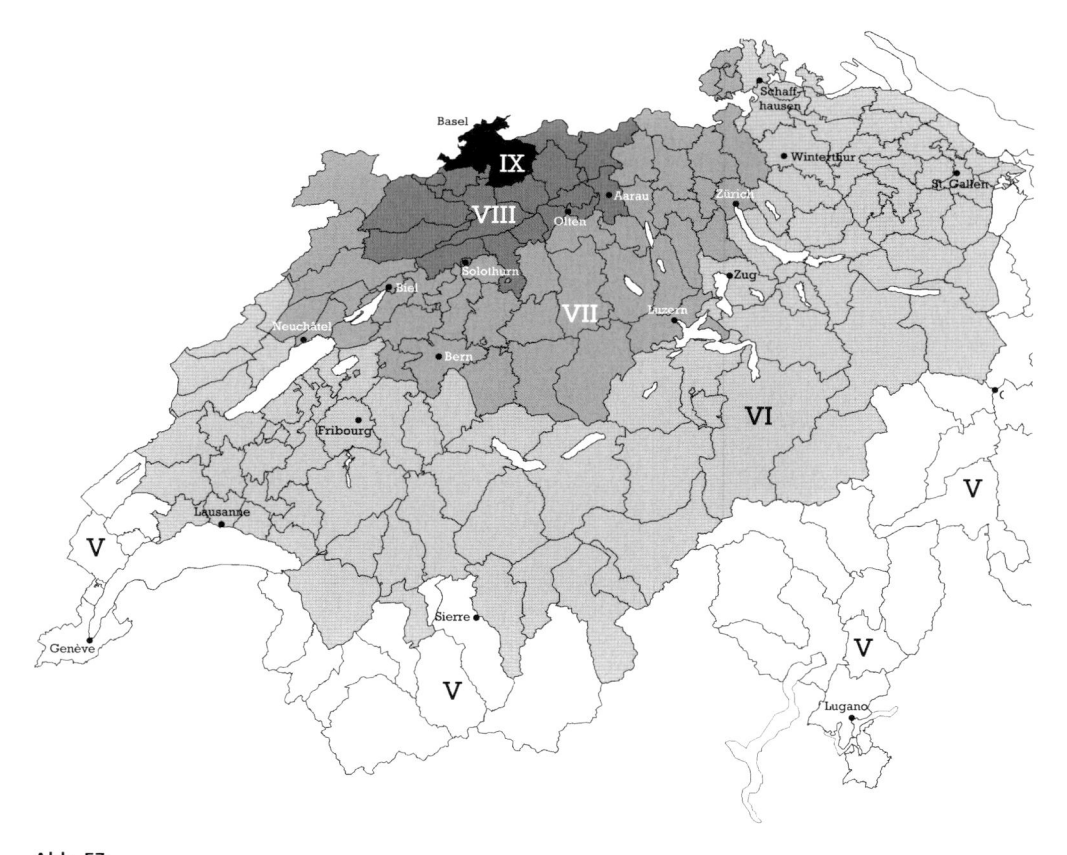

Abb. 57:
Das Erdbeben von 1356 mit geschätzten Schadensverteilungen auf die heutigen Kantone der Schweiz. Das Basler Beben von 1356 heute, gemäss Szenario 2000 der Swiss Re. Annahmen: Epizentrum in der Nähe von Basel; maximale Intensität IX, Magnitude 6.5; Herdtiefe 10 Kilometer. Aus: Weidmann, Erdbeben, S. 259.

Abb. 58:
Historistisch-dramatisierte, nicht realistische Darstellung des Basler Erdbebens von Ernst Stückelberg (1831–1903), 1886.

in der Geschichtsschreibung – die übrigens, was nie vergessen werden sollte, bei den Alten in die Zuständigkeit Klios fiel, einer der neun Musen – immer wieder Irrtümer begangen worden, deren Aufdeckung den Forschungsstand jedesmal weitergebracht hat. Die Historiker haben es nicht nötig, sich hinter Dogmen zu verschanzen. Ihre Quellen, ihre Aussagen, ihre Schriften bleiben offen für jede begründete Kritik und bereiten so den nächsten Erkenntnisschritt vor.

    Diese Gedanken dürfen allerdings nicht zum Schluss verleiten, historische Forschungsergebnisse seien beliebige Zufallsprodukte, die je nach Zeitläufen, Modeströmungen oder ideologischem Trend mal so und mal anders ausfallen könnten und die Historiker oder Historikerinnen selbst nicht wüssten, was jetzt eigentlich als richtig zu gelten habe. In Wirklichkeit verhält es sich so, dass unter den Fachleuten ein breiter Konsens im gesicherten Wissen besteht und bei Fragen, auf die unterschiedliche Antworten gegeben werden, die Forschung noch nicht jenen Stand erreicht hat, der für einen allgemeinen Konsens erforderlich ist. Wenn unvereinbare Meinungen aufeinanderprallen, handelt es sich meist um das Gegeneinander veralteter, nachweislich irriger, aber liebgewordener Auffassungen und neuer, oft durch vorher nicht bekannte Quellen gestützter Erkenntnisse, die erst mal verdaut werden müssen, bis sie auf dem Umweg über Schulbücher und Fernsehsendungen Teil des allgemeinen historischen Bewusstseins werden.

    In diesem Sinne darf und will die vorliegende Schrift keine endgültige Wahrheit über das Erdbeben vermitteln. Es ist allerdings eher unwahrscheinlich, dass in naher oder ferner Zukunft noch zeitgenössische Schriftquellen zum Vorschein kommen, die von ihrem Umfang oder ihrem Inhalt her unser bisheriges Wissen auf den Kopf stellen würden. Verwertbare Ergebnisse von Bauuntersuchungen, archäologischen Grabungen und geologischen Abklärungen – nicht nur innerhalb der Basler Altstadt, sondern innerhalb der gesamten Schadenszone von 1356 – liegen aber erst seit kurzer Zeit vor und ergeben noch längst kein geschlossenes Bild. Hier ist, wenn diese Forschungen systematisch vorangetrieben werden und nicht irgendwelchen Sparmassnahmen zum Opfer fallen, in absehbarer Zeit mit wichtigen, vielleicht sogar neuartigen Resultaten zu rechnen.

Die vorliegende Schrift ist kein Forschungsbericht in dem Sinne, dass sie über ein vom Autor betreutes, breit angelegtes Forschungsprojekt zum Thema «Erdbeben 1356» referieren würde. Die Arbeit stellt vielmehr den Versuch dar, die bis zum jetzigen Zeitpunkt greifbaren Archivalien, Chroniktexte, historischen Abhandlungen, Publikationen über Ausgrabungen und Bauuntersuchungen sowie im Gelände noch sichtbare Spuren zusammenzutragen und zu einer Gesamtdarstellung zu verarbeiten. Lückenhaftigkeit und partielle Knappheit zu Gunsten von Schwerpunktabschnitten sind die logische Folge dieser Zielsetzung, wenn der Umfang des Ganzen nicht ins Uferlose anschwellen soll.

Bei einer Naturkatastrophe wie dem Erdbeben von Basel ist der Historiker anders als bei Kriegen, Schlachten oder Vertragsabschlüssen von der Verpflichtung befreit, nach Ursachen und Hintergründen zu fragen. Diese aufzudecken ist Sache des Geologen, der nicht in Jahrhunderten denkt wie der Historiker, sondern in Jahrmillionen. Ohne «Vorgeschichte», Vorwarnung, Vorzeichen und ohne politischen, wirtschaftlichen oder sozialen Hintergrund hat am frühen Abend des Lukastages 1356 das Erdbeben eine ganze Region heimgesucht und riesige Schäden verursacht. Deren genaues Ausmass ist allerdings schwer zu beziffern, zumal in der Stadt Basel, wo weder die Schriftquellen noch die archäologischen bzw. bauanalytischen Befunde mit Sicherheit erkennen lassen, was durch die Erdstösse und was durch die ausgebrochenen Brände zerstört worden ist. Auch bei den rund sechzig Burgen in Basels Umgebung, die von den Chronisten in namentlicher Aufzählung als zerstört gemeldet werden, ist nur in Einzelfällen – wo Grabungen stattgefunden haben – genauer zu ermitteln, wie das Beben gewirkt hat. Noch schlechter sind wir über die sicher zahlreichen Schäden an den vielen Landkirchen informiert. Die bäuerlichen Siedlungen – soviel darf als gesichert gelten – werden dank ihrer einfachen Holzbauweise wenig bis nichts abbekommen haben.

Über die Vernichtung von Sachgütern, Vieh, Lebensmitteln und Dokumenten besteht keine Klarheit. Das im Rathaus eingelagerte städtische Archiv verbrannte, die Klosterarchive wurden gerettet, ebenso der Münsterschatz. Was die Bewohner Gross- und Kleinbasels aus ihren Häusern in Sicherheit haben bringen können, bleibt offen, desgleichen das Ausmass der Wertsachen, die von Plünderern und Räubern beiseite geschafft worden sind. Ganze Haushaltungen dürften auf jenen Burgen verschüttet worden sein, die durch die Erdstösse zum Einsturz gebracht worden sind.

Es scheint, das Zentrum des Bebens sei nicht in Basel selber, sondern weiter südlich, im Raume des Gempenplateaus und des Blauens zu suchen, wo offenbar die Burgen am meisten gelitten hatten. Die geschätzte Stärke von 6,2 bis 6,7 auf der Richterskala liesse eigentlich erwarten, dass neben den Zerstörungen auch hohe Verluste an Menschenleben eingetreten sind. Es muss jedoch als besonderes Merkmal des Basler Bebens von 1356 festgehalten werden, dass insgesamt nur sehr wenig Menschen ums Leben gekommen sind.

Dieser Umstand, so unwahrscheinlich er klingen mag, bildete eine wichtige Voraussetzung für die rasche Normalisierung der Lage und den umgehenden Wiederaufbau von Gross- und Kleinbasel. Wie gross die von benachbarten, unversehrt gebliebenen Städten geleistete Hilfe gewesen ist, lässt sich aus den zeitgenössischen Quellen nicht erschliessen. Zur Hauptsache scheint sich Basel aus eigener Kraft erholt zu haben, baulich und finanziell. Dank einer Sondersteuer auf dem Weinkonsum konnte Basel innert kurzer Zeit die für den Wiederaufbau aufgenommenen Kredite zurückzahlen und erst noch das grosse Werk, die Errichtung des äusseren Mauerrings Grossbasels, in Angriff nehmen.

Die Obrigkeit, Bürgermeister und Rat, hat sich in der Zeit nach der Katastrophe hervorragend bewährt. Durch eine Reihe zweckdienlicher Entschlüsse – vorübergehend wurde sogar die Ordnung der Bauleute-Zunft ausser Kraft gesetzt – wurde die Instandstellung der verwüsteten Stadt vorangetrieben, so dass schon im Sommer 1357, also noch vor Ablauf eines Jahres, wieder normale Verhältnisse einkehrten, auch wenn sich der Wiederaufbau grösserer Gebäude, namentlich der schwer mitgenommenen Gotteshäuser, noch bis gegen 1370 hinzog.

Auf dem Lande erhoben sich nicht alle vom Erdbeben verwüsteten Burgen wieder aus den Trümmern. Ihre Auflassung bedeutete aber bloss die Beschleunigung jenes Prozesses, der bereits um 1300 eingesetzt hatte und der als «Burgensterben» des Spätmittelalters bezeichnet wird. Er beruhte auf der weitverbreiteten Misere des ländlichen Kleinadels, dessen Ökonomie durch den Anstieg der Standesausgaben sowie der Unterhaltskosten für die Burg einerseits, und der stagnierenden Erträge aus der Grundherrschaft andererseits zunehmend ins Wanken geriet. Es gab aber gerade im Basler Raum auch zahlreiche Adelsfamilien mit sehr gesunden Finanzverhältnissen, die nicht nur die Kosten für den Wiederaufbau ihrer erdbebengeschädigten Burgen verkraften, sondern sich überdies auch noch als Kreditgeber betätigen konnten.

Schwer getroffen vom Erdbeben wurde der Bischof von Basel. Der Wiederaufbau des massiv beschädigten Münsters musste zu einem grossen Teil durch Spenden gedeckt werden, die in der Nachbardiözese Konstanz gesammelt worden waren. Der wirtschaftliche Ruin des Bistums Basel hatte allerdings schon vor dem Erdbeben begonnen, und in den Jahrzehnten nach 1356 waren es weniger die Kosten für den Wiederaufbau der zerstörten Burgen und Kirchen als die katastrophalen Kriege des Bischofs, die das Bistum wirtschaftlich dermassen zerrütteten, dass ein grosser Teil der Herrschaftsrechte und Territorien verkauft oder verpfändet werden mussten. Längerfristig gesehen, zog die Stadt Basel den grössten Nutzen aus der – nur zum kleinsten Teil vom Erdbeben verursachten – Finanzmisere des Bischofs, gelang es ihr doch, nicht nur die wichtigsten stadtherrlichen Rechte zu erwerben, sondern auch Kleinbasel zu kaufen und die bischöflichen Territorien im Oberbaselbiet an sich zu bringen.

So verheerend das Erdbeben 1356 – und in Basel auch der Stadtbrand – gewirkt haben mag, nachhaltige Folgen, etwa in Form einer sozialen, wirtschaftlichen oder politischen Destabilisierung, lassen sich nicht nachweisen. Gewisse Modernisierungsprozesse des 14. Jahrhunderts – Umbauten der Wohn- und Sakralbauten in der Stadt, Stärkung der Grundherrschaft durch Fusion, Steigerung des Territorialisierungsdrucks, erhöhte Beteiligung der Zünfte an der Regierung – sind durch das Erdbeben, das einen unaufschiebbaren Handlungsbedarf auslöste, eher beschleunigt als gebremst worden.

Für den umgehenden Wiederaufbau und die rasche Rückkehr zur Normalität können einige Voraussetzungen angeführt werden, mit denen heute, im Falle eines Erdbebens gleicher Stärke, nicht mehr gerechnet werden dürfte. Es müsste wohl mit einer grossen Zahl von Toten und Schwerverletzten gerechnet werden, von den Erdstössen würden nicht nur die Gebäude zerstört, sondern auch die Energie-, Kommunikations- und Verkehrssysteme – Faktoren, die 1356 keine Rolle spielten. Und trotz einer modernen, leistungsfähigen Bautechnologie würden sich die Aufräum- und Wiederherstellungsarbeiten äusserst kompliziert und langwierig gestalten. Versicherungsrechtliche Fragen, Rücksichtnahme auf Umwelt-, Natur- und Denkmalschutzbestimmungen, Bauvorschriften, politisch-öffentliche Debatten und viele andere Hindernisse würden jenes effiziente Handeln, für das die Obrigkeit von 1356 unsere volle Bewunderung verdient, heute ungemein erschweren.

Basel liegt unbestrittenermassen in einer erdbebengefährdeten Zone. Wann zwischen Jura, Schwarzwald und Vogesen wieder ein Beben auftritt, das die Stärke des Ereignisses von 1356 erreicht, weiss niemand. Es fällt aber keinem Menschen in der Region ein, aus Angst vor einer Katastrophe, die vielleicht erst in 3000 Jahren eintrifft, auszuwandern und ein Land zu suchen, das erdbebensicher und gleichzeitig unbewohnt ist und Lebensbedingungen ohne sonstige Gefahren oder Unannehmlichkeiten bietet.

Im Wissen um die Möglichkeit eines Bebens am Oberrhein müssen wir die engen Grenzen der Wirksamkeit vorbeugender und vorsorglicher Massnahmen anerkennen. Eine erdbebengerechte Bauweise kann die Gefahr des Einsturzes verringern, aber die Vorstellung, eine 100prozentige Sicherheit zu erreichen, ist eine Illusion. Ein gut ausgebildetes und ausgerüstetes Katastrophenhilfskorps kann, wenn das Unglück eingetreten ist, viel zur Rettung von Menschenleben und Sachgütern beitragen, das Ereignis selbst aber nicht verhindern. Wenn es gelänge, den Ort, den Zeitpunkt und die Stärke eines Bebens vorauszusagen, liesse sich viel Unheil vermeiden. Die Seismologen bezweifeln, ob solche Voraussagen je möglich sein werden.

Wenn wir als Quintessenz aus den Vorgängen von 1356 Lehren ziehen wollen, beziehen sich diese auf den Mut und die Tatkraft der Bevölkerung und auf die Führungsstärke der Basler Obrigkeit, also auf die wesentlichen Voraussetzungen für den zügigen Wiederaufbau und die schnelle Rückkehr zur Normalität.

6. Anhang

Katalog der 1356 zerstörten Burgen

Zum genauen Standort der lokalisierbaren Burganlagen (Gemeinde, Koordinaten nach der Eidgenössischen Landestopographie) siehe Burgenkarte der Schweiz und des angrenzenden Auslandes, Blatt 1, Wabern-Bern 1971 (mit Textheft).

Identifizierte und lokalisierte Objekte

1. Aesch/Bärenfels BL
Dreifache Burganlage. Zerstörung bezeugt, teilweiser Wiederaufbau wahrscheinlich, ältester Bau bleibt Ruine.

2. Altkirch F
Burg und Stadt. Ausmass der Zerstörungen unbekannt. Wiederherstellung wohl umgehend.

3. Angenstein BL
Einsturz der westlichen Turmwand. Wiederaufbau dendrochronologisch auf 1363/64 datiert.

4. Biederthal BL
Heute unter dem Namen *Schloss Burg* bekannt. Zerstörung überliefert, Ausmass der Schäden unbekannt. Wiederaufbau gesichert.

5. Binningen BL
Zerstörung überliefert. Ausmass der Schäden unbekannt. Wiederaufbau wohl umgehend.

6. Birseck BL
Zerstörung überliefert. Ausmass der Schäden unbekannt, evtl. Mauerrisse. Wiederherstellung gesichert, vielleicht erst um 1370.

7. Bischofstein BL
Schriftlich überlieferte Zerstörung archäologisch bestätigt. Kein Wiederaufbau.

8. Blochmont F
Zerstörung überliefert. Ausmass der Schäden unbekannt. Wiederaufbau gesichert.

9. Brombach D
Zerstörung überliefert. Ausmass der Schäden unbekannt. Wiederaufbau gesichert.

10. Büren SO
Mit der später *Sternenfels* genannten Burganlage zu identifizieren. Zerstörung bezeugt, Wiederaufbau unsicher.

11. und 12. Delsberg JU
Als zerstört werden zwei Burgen gemeldet, gemeint sind vermutlich die *Vorburg (Vorbourg)* und die Stadtanlage mit der Burg. Delsberg, Burg und Stadt, sicher wiederhergestellt, Wiederaufbau der Vorburg unsicher.

13. Dorneck SO
Zerstörung überliefert. Ausmass der Schäden unbekannt. Wiederherstellung vermutlich 1360 abgeschlossen.

14. (Neu-)Engenstein BL
Zu identifizieren mit der kleinen Burgstelle ca. 150m östlich Schalberg. Die 1356 schon nicht mehr benützte Anlage durch das Erdbeben endgültig zerstört.

15. Eptingen BL
Als zerstört werden zwei Burgen bei Eptingen gemeldet. Sicher identifiziert nur das *Jüngere Wild-Eptingen/Witwald*. Wiederherstellung gesichert (vgl. unten Nr. 52).

16. Farnsburg BL
Zerstörung überliefert. Ausmass der Schäden unbekannt. Wiederaufbau wohl umgehend.

17. Frohberg BL
Zerstörung unter der Namensform *Frohburg* überliefert, mit der heutigen Ruine *Tschäpperli* oder *Tschöpperli* zu identifizieren. Kein Wiederaufbau.

18. Fürstenstein BL
Zerstörung überliefert. Ausmass der Schäden unbekannt. Wiederaufbau gesichert.

19. Gilgenberg SO
Zerstörung überliefert. Ausmass der Schäden wohl eher gering. Vielleicht Einsturz eines urkundlich bezeugten, vorgelagerten Turmes. Hauptburg wiederhergestellt.

20. Hagenbach F
Zerstörung überliefert. Ausmass der Schäden unbekannt. Wiederaufbau gesichert.

21. Hasenburg JU
Burg und Burgstädtchen, franz. *Asuel*. Zerstörung überliefert. Ausmass der Schäden unbekannt. Wiederaufbau gesichert.

22. Hertenberg D
Doppelburg, schriftlich überlieferte Zerstörung durch archäologische Sondierungen und Baubefund bestätigt. Kein Wiederaufbau.

23. (Alt-)Homberg AG
Zerstörung überliefert. Anlage bleibt als Ganzes Ruine, ein Sässhaus und eine Kapelle wiederhergestellt.

24. Kienberg SO
Nachricht von der Zerstörung auf die Burgstelle südöstlich des gleichnamigen Dorfes (nach späteren Besitzern auch *Heidegg* genannt) zu beziehen. Wiederherstellung gesichert.

25. Landser F
Burg und Städtchen, nach der bezeugten Zerstörung Wiederherstellung der Burg. Die Siedlung besteht nur noch als Dorf weiter.

26. und 27. Landskron F
Als zerstört werden zwei Burgen gemeldet. Die eine Anlage wieder aufgebaut, die andere, weiter östlich gelegene, bleibt Ruine *(Alt-Landskron)*.

28. Liestal BL
Städtchen, gelegentlich auch als Schloss bezeichnet. Zerstörung überliefert, nach Wiederaufbau durch Brand 1381 erneut zerstört.

29. Löwenberg JU
Heutige Namensform *Löwenburg*. Zerstörung überliefert. Archäologisch schwere Teilschäden nachgewiesen. Instandstellung ohne den eingestürzten Hauptturm gesichert.

30. Madeln BL
Zerstörung schriftlich und archäologisch nachgewiesen. Kein Wiederaufbau.

31. Mörsberg F
Zerstörung überliefert. Ausmass der Schäden unbekannt. Wiederaufbau gesichert.

32. Münchenstein BL
Zerstörung überliefert. Schäden unbekannten Ausmasses. Wiederaufbau gesichert.

33. Münchsberg BL
Zerstörung überliefert. Kein Wiederaufbau.

34. Münstral F
Von den übrigen erdbebengeschädigten Burgen am weitesten nach Westen abgesetzt, Zerstörung bezeugt. Ausmass der Schäden unbekannt. Wiederherstellung gesichert.

35. Ötlingen D
Zerstörung überliefert. Ausmass der Schäden unbekannt. Wiederaufbau gesichert.

36. Pfeffingen BL
Zerstörung überliefert. Vermutlich starke Beschädigungen. Wiederaufbau gesichert.

37. Pratteln BL
Zerstörung im Eptinger Familienbuch überliefert. Ausmass der Schäden unbekannt. Wiederherstellung gesichert.

38. Reichenstein BL
Zerstörung überliefert. Ausmass der Schäden unbekannt. Wiederaufbau gesichert.

39. Schalberg BL
Zerstörung überliefert. Wiederaufbau – vielleicht nur teilweise – durch Schriftquellen und Baubefund belegt.

40. und 41. Schauenburg
Als zerstört werden zwei Burgen gemeldet. Für *Neu-Schauenburg* Ausmass der Schäden nicht zu bestimmen. Wiederaufbau gesichert. *Alt-Schauenburg* auf dem *Chleiflüeli* bleibt Ruine.

42. Steinbrunn F
Zu identifizieren mit *Ober-Steinbrunn (Steinbrunn-le-Haut)*. Zerstörung überliefert. Wiederaufbau wahrscheinlich.

43. (Alt-)Thierstein AG
Zerstörung überliefert und archäologisch bestätigt. Wiederaufbau nachgewiesen.

44. Waldeck F
Zerstörung schriftlich und archäologisch bezeugt. Wiederaufbau vielleicht geplant, aber nicht realisiert.

45.–47. Wartenberg BL
Zerstörung aller drei Burgen überliefert. Ausmass der Schäden unbekannt. Wiederherstellung durch Bodenfunde belegt.

48. Wildenstein BL
Zerstörung überliefert. Ausmass der Schäden unbekannt. Wiederherstellung gesichert.

Nicht oder unsicher identifizierbare Objekte sowie auf Missverständnissen oder Verschreibungen beruhende Burgnamen

49. Achenstein
Nur bei Schodoler genannt. Offensichtlich verschrieben aus Reichenstein.

50. und 51. Bietikon/Betikon/Büttingen
Zwei als zerstört gemeldete Burganlagen. Nicht identifizierbar.

52. Eptingen BL
Von den als zerstört gemeldeten Eptinger Burgen ist nur das *Jüngere Wild-Eptingen* (Nr. 15) identifiziert. Die zweite Anlage ohne Grabungen nicht zu bestimmen. Wiederaufbau jedenfalls unwahrscheinlich.

53. Gundeldingen BS
Zerstörung einer Burg Gundeldingen überliefert. Gemeint ist vermutlich, aber nicht gesichert das nachmalige *Untere mittlere Gundeldingen (Thomas Platter-Haus)*. Ausmass der Schäden unbekannt. Wiederherstellung jedenfalls unbestritten.

54. Frohburg SO
Die Meldung über die Zerstörung der Frohburg ob Olten beruht auf Verwechslung mit *Frohberg* (Nr. 17). Auflassung der Frohburg archäologisch auf 1320/30 datiert.

55. Hertwiler
Nicht sicher bestimmt. Von Wurstisen mit *Heidwiller F* identifiziert. Falls zutreffend, Wiederaufbau gesichert.

56. (Neu-)Homberg BL
Heutige Namensform meist *Homburg*. Nachrichten über die Zerstörung einer Burg Homberg sind auf Alt-Homberg AG (Nr. 23) zu beziehen.

57. Klus
Vermutlich mit Engenstein (Nr. 14) zu identifizieren.

58. Krattenstein
Gemäss einer späten Notiz aus dem 16. Jahrhundert angebliche, im Erdbeben zerstörte Vorläuferburg von Ramstein BL. Nachricht ohne historischen Wert.

59. Laufen BL
Zerstörung des Städtchens nur von Schodoler erwähnt. Verschreibung aus Landser.

60. Löwenstein
Nur bei Stumpf erwähnt, der auch *Löwenberg* (Nr. 29) nennt. Daher keine Verwechslung mit dieser Burg. Identifizierung mit *Liebenstein* F sehr unsicher.

61. Neuenstein BL
Zerstörung durch das Erdbeben nur von Wurstisen erwähnt. Offensichtlich verschrieben oder fehlinterpretiert aus *Neu-Engenstein* (Nr. 14).

62. Ramstein BL
Zerstörung nur von Wurstisen genannt. Dessen Quelle unbekannt. Verwechslung oder Verschreibung schwer vorstellbar. Zerstörung im Erdbeben unwahrscheinlich.

63. und 64. Schönenberg
Tschudi erwähnt die Zerstörung zweier Burgen Schönenberg. Eindeutig verschrieben aus Schauenburg (Nrn. 40 und 41).

65. Sengür
Zerstörung mehrfach überliefert. Möglicherweise zu identifizieren mit *Saugern/Soyhières* JU. Ausmass der Schäden unbekannt. Burg Saugern jedenfalls wiederhergestellt.

66. (Neu-)Thierstein SO
Nachrichten über die Zerstörung einer Burg Thierstein sind auf Alt-Thierstein AG (Nr. 43) zu beziehen.

67. Tüwen
Nur von Schodoler genannt. Offensichtliche Fehlinterpretation der Aufzählung Wildenstein, *Nüwen* Engenstein, Angenstein in älteren Listen.

68. Villach (Kärnten)
1348 durch Erdbeben zerstört. Irrtümlich in Liste der 1356 zerstörten Burgen aufgenommen.

69. Waldkirch
Zerstörung überliefert. Objekt nicht identifizierbar.

Ausgewählte Quellentexte

Eintragungen im Roten Buch

Staatsarchiv Basel, Ratsbücher A1, Rotes Buch.

Zeitgenössischer Bericht des Ratsschreibers:
Man sol wissen, daz diese stat von dem ertpidem zerstöret und zerbrochen wart, und beleib einhein kilche, turne noch steinin hus[1], weder in der stat noch in den vorstetten gantz, und wurdent grösseclich zerstöret. ouch viel der burggrabe an vilen stetten in. und vieng der ertpidem an an dem cinstag nach sant Gallen tag, daz waz an sant Lucas tag des ewangelisten, des jares do man zalte von gotz geburte drüzehenhundert und sechs und fünfzig jar, und wert dur daz jar hin dan, und kam underwilen gros und underwilen klein[2]. und des selben cinstages, als er anvieng, do gieng für an in der nacht, und wert daz wol acht tag, daz ime nieman getorste noch mochte vor dem ertpidem widerstan[3]. und verbran die stat inrent der ringmure vilnahe allensament, und ze sant Alban in der vorstat verbrunnen ouch etwie viel hüsern. von dem selben ertpidem wurdent ouch nochbi alle kilchen, burge und vestinen, die umbe diese stat bi vier milen[4] gelegen warent, zerstöret, und zervielen, und beleib wenig deheinü gantz.

1 Auffallenderweise wird hier nur die Zerstörung von Steinbauten erwähnt. Die zahlreichen Holz- und Fachwerkbauten dürften dem Brand zum Opfer gefallen sein.
2 D.h., die Erdstösse der Nachbeben waren bald stärker, bald schwächer.
3 D.h., wegen der Erdstösse getraute sich niemand, das Feuer zu bekämpfen.
4 Vier Meilen entspricht einer Distanz von gegen 30 km.

Rotes Buch, S. 251. Abgedruckt in: W. Wackernagel, Erdbeben, Quelle II B und Basler Chroniken 4, S. 17.

Verlust des städtischen Archivs:
Diss buch ist angefangen anno domini XIII^c LVII° umb sant martins tage[1] als der erdbidem da vor eynem jare uff sant lucas tag gewesen und die stat Basel verfallen, verbrennt und um alle ir bucher und briefe komen was.[2]

1 1357, 11. November.
2 Indirekter Hinweis auf den Brand des Rathauses.

Rotes Buch, nachträgliche Notiz aus dem frühen 15. Jahrhundert auf der vordersten Seite. Abgedruckt in: W. Wackernagel, Erdbeben, Quelle II A.

Bestrafung von Plünderern im Winter 1356/57:
– *Heintzman der sun von friburg, Hanneman Hesinger der Bermender, Meisterli der kannengiesser swuorent[1] an dem Cinstag nach dem ingandem Jare[2], für Jar ein mile von der stat[3], umbe daz si den lüten ir isen in dem Ertpidem abbrachen und daz verkouften.*
– *Peterman Becklins sun sol ouch fünf Jar ein mile von der stat sin[4], umbe daz er ouch Isen ab brach in der stat und daz verkoufte, und swuor an dem donrstag vor Gregorii[5].*
– *Wisherli sol ein Jar leisten[6], das er und Hirte in dem Ertpidem dem ... Berner sin laden uf brachen.*

1 Mit dem Schwur, sich für die verhängte Strafe nicht zu rächen («Urfehde»), begann die Laufzeit einer Verbannung.

2 1357, Januar 4.
3 D.h., die Verbannungszone beginnt eine Meile ausserhalb der Stadt.
4 S. Anm. 3.
5 1357, März 9.
6 Leisten im üblichen Sinne von «Verbannungszeit absitzen».

Rotes Buch, S. 1 und 5. Abgedruckt in: W. Wackernagel, Erdbeben, Quelle II C und D.

Normalisierung der Verhältnisse in Basel im Frühsommer 1357:

Es ist versamenet von rat und meistern alten und nüwen, daz man alle merkt ze sungichten[1] harin ziehe, und daz man es in dr stat veil haben sol. und die hütten am Platz[2] und in allen vorstetten, die sider dem ertpidem da gemacht sind, sol man hinnant ze unser frowen tag ze mittem ougste[3] abbrechen und si harin ziehen; und wer es nit tete, so sol si der rat abbrechen. wer ouch nach sant Johans tag in den hütten am Platz[2] oder in den vorstetten üt veil hette, der sol iecliches tages 2 schilling nüwer[4] geben, als dicke ers tuot

1 1357, Juni 24.
2 D.h. Petersplatz.
3 1357, August 15.
4 D.h. in neuer Münze.

Rotes Buch, S. 6. Abgedruckt in: Basler Chroniken 4, S. 151/52.

Vorschriften zur Beschleunigung des Wiederaufbaues:

[…] von der zimberluten und murern wegen, daz man eim meister, er si zimberman, murer oder tecker, ze lone geben sol für spise und für lone XX nüwer phenningen, oder aber einen schilling und ze essende[1]. Waz si ouch knechten hant oder gewinnent, die daz antwerk wol künnent, dien sol man den selben lone geben, waz si aber lerknechten[2] und ander knechten hant, die daz antwerk nüt wol künnent, dien sol man minre geben, und sol dis weren und stet beliben untz uf sant Johans tag ze sungichte der nu ze nechst kumt[3] und dannent hin ein gantz jar daz nechst bede summer und winter. […]

daz der zimberlüten und murern zunft enheinen fromden werkman sol twengen, ir zunft ze emphahende in dem vorgeschribnen zil.[4] Es ensol ouch enhein heimscher werkman die frömden schühen bi inen ze werkende[5], und sullent si gewinnen an ir werk und bi inen werken als bi den heimschen, und wer dirre dinge deheins breche, es sie, daz er me lones neme denne vorgeschriben stat oder deheinen frömden werkman twangte, ir zunft ze emphahende und in schuchte und nüt bi inen werken wölte, der sol ein halbes jar ane gnade vor den crützen sin[6], als dicke es geschicht, wölt aber dehein frömder werkman ir zunft muder freiwillige Eintritt in die Zunft der Bauleute bleibt gewährleistet.twilleclich emphanen, daz gat dis gesetzde nüt an[7].

1 Bemerkenswerter Hinweis auf die Verpflegungskosten eines Handwerkers im Mittelalter.
2 D.h. Lehrlinge.
3 1357, Juni 24
4 D.h. Verbot, von auswärts zugezogene Bauleute zu zwingen, in die Zunft einzutreten.
5 D.h. Verbot, von auswärts zugezogene Bauleute durch Einschüchterung am Arbeiten zu hindern.
6 Verbannung ausserhalb der durch Kreuzsteine markierten Basler Bannmeile.
7 D.h., der freiwillige Eintritt in die Zunft der Bauleute bleibt gewährleistet.

Rotes Buch, S. 3ff.

Rat und meister hant uf den eit erkent, daz enhein zimberman, tecker noch murer enhein werk me verdingen sol denne ein werk und süllent enhein [gedinge?] noch rede triben noch tun, daz er ime selben dehein werk ufenthalte, die wile dz erst gedinge und werk nüt vollebracht ist[1]. Ouh sol und mag ein murer drie zu ime nehmen, die ime helffen muren und enhein me[2]. Doch gat dis steinmetzien nüt an, die mügent haben knecht und helffer, die in stein bilden wie menigen si wellent. Und wel dis breche, der sol einen manod ane gnade in einer vorstatt liegen, die ime denne aller ungelegenest ist[3], und sol X schilling nüwer phenigen geben, e er darus kumt.

1. D.h., ein Handwerksmeister darf nur einen Auftrag aufs Mal annehmen und keinen neuen, bevor der alte nicht abgeschlossen ist.
2. D.h., ein Handwerksmeister darf nicht mehr als drei Gehilfen anstellen.
3. Eher ungewöhnliche Art der Verbannung in Form eines Zwangsaufenthaltes für die Dauer eines Monats in der für den Delinquenten am wenigsten genehmen Vorstadt.

Rotes Buch, S. 5.

Strafe für einen groben Verstoss gegen obige Vorschriften:

Ulli gutwetter, Peter swab und [Lücke] süllent vier iar leisten vor den crüzen[1], umb daz si meister Henman dem zimberman von Spir na lieffen mit blossen messern und in jagten in des tuomprobstes hof.[2]

1. D.h. vierjährige Verbannung ausserhalb der durch Kreuzsteine markierten Basler Bannmeile.
2. Die Dompropstei auf Burg erscheint hier in der Funktion als Asylstätte.

Rotes Buch, S. 9.

Schuldentilgung der Stadt Basel (1362)

Anno domini 1362, da her Burchart Münch der junger von Landeskrone burgermeister was, da was abgelöset und abgericht alle die geltschulde, so die stat gelten solte und schuldig was, davon man zins gab; das man nieman nüt me schuldig was, noch gelten sollte, noch nieman kein zins me gab, denne die zinse, die man von alter von den schalen[1] und etlichen hüsern, hofstetten und garten git, und ane vier phunt steblern, git man jerglichs Claren Wachtmeisterin ze einem lipgedinge[2].

1. Als Schale/school wird der Schlachthof an der Gerbergasse bezeichnet.
2. Hier im Sinne von Witwenrente.

Rotes Buch, S. 27. Abgedruckt in: Basler Chroniken 4, S. 18/19.

Urkundenerneuerung und Ersatz eines verlorenen Siegels

– Staatsarchiv Basel, Klosterarchiv, St. Clara, Urk. 364 (1357, Nov. 28.)

Johans von Watwilr, stellt als Schultheiss von Basel anstelle des Bürgermeisters Conrad von Bärenfels für Bruder Heinrich Klein, Schaffner zu St. Clara, folgende Urkunde aus:

[…] und offente do an der selben siner frowen stat[1] umb einen brief, der verlorn wär in dem ertbidem und im nit worden wär. Der stunt von worte ze worte als hie nach geschriben stat. Und bat an eime urteil ze ervarende, waz ym dar umb ze tunde wer. Do wart vor mir im gerichte mit rechtem urteil erkennet und erteilt von allen, die do warent und gefraget wurdent, wo der selbe bruder Heinrich Kleine swure an den helgen[2], daz im der selb brief nit worden wer. Und ouch

Claus berners sune, Claus Herman und Berners gebrüder gichtig werent, daz der brief also stunt, als die abgeschrift des selben briefs in gerichte gelesen wart, so sollte man ym den selben brief ernüwern, wand der egenant Claus Berner, ir vatter, nit in der vernunft was, daz er es veriehen mochte. Und also swur der egenant bruder Heinrich einen eit zen helgen mit ufgehebter hant und gelerten worten, daz im der brief nit worden were. Und werent och die vorgenanten gebrüder claus herman und berner gichtig, daz der selb brief stunt als hie nach geschriben stat.[3]

(Es folgt der Text der verlorenen Urkunde vom 28. Sept. 1356.)

Die Urkunde wird besiegelt mit *disem nüwen ingesigel, wand des egenanten gerichtes Ingesigel och in dem erdbidem verlorn wart.*[4]

1 D.h. im Namen der Klosterfrauen von St. Clara.
2 Schwur mit Anrufung der Heiligen.
3 D.h., die Söhne des dement gewordenen Vertragspartners bestätigen den Inhalt der verlorenen Urkunde.
4 Wichtiger Hinweis auf den Verlust und den Ersatz eines amtlichen Siegels.

Das Erdbeben und andere Katastrophen des 14. Jahrhunderts in den Grösseren Basler Annalen, deutsche Fassung

– *Anno 1338 an. 16. tag des ougsten kam in Tütsche land ein sollich vili der heuschrecken, das sy am hinfliegen alle bletter an böumen verdarbten.*

– *Im nochgenden jar (1339) ward der birsick so grosz, das er zu Basel durch die stat lief und etlich hüser underfrasz, und niederfielen; geschach samstags vor aller heiligen abent.*[1]

– *Anno 1350 im summer viel das werck uff Burg*[2] *und schlug den zem Tolden*[3] *ze tod.*

– *Anno 1354 ze ingandem meyen, do verbran die Cleiny statt ennet Rin bi Basel, und wol bi 30 menschen.*

– *Anno 1356 was der grosz erdbidem, da Basel, Liestal und vil schlosser verfielen an sant Lux tag. De quo ritmus talis in domo mercantiae Basileae reperitur*[4]:

Ein rinck mit einem torn
Drü roszysen userkorn,
Ein zymmerax der krüglin zal,
Verfiel Basel überal.

– *Anno 1374 ward der Rin so gros, das er zwey joch hinweg fuort, must man in schiffen uber Rin faren. Und wart der Birseck ouch so gros, das er am Kornmerck uber den stockbrunen gieng, und fur man am Kornmerck und am Fischsmerck in weidlingen*[5]*; geschach am 3. tag jenners.*

– *Anno 1377 am 26. tag hornungs*[6] *verbran zu Basel der Kornmerck, und ouch die Spalen.*

1 1339, Oktober 30.
2 Gemeint ist vermutlich das Baugerüst am Münster.
3 Vermutlich Name des Werkmeisters.
4 «Darüber findet sich am Kaufhaus folgender Vers:»
5 Im Wassersport heute noch gebräuchliche, flachkielige Boote mit geringem Tiefgang, fortbewegt mit Rudern oder «Stacheln».
6 1377, 26. Februar.

Aufgrund verschiedener Aufzeichnungen zusammengestellt und abgedruckt in: Basler Chroniken 5, S. 20–31 und 46.

Das Erdbeben und andere Katastrophen des 14. Jahrhunderts in den Kleineren Basler Annalen

– *Anno domini 1324 an sant Uolrichs abent[1] do verbran die Clein stat ze Basel überal. Und darnach kam ein grosser hagel an dem nechsten sunnentag[2], das er die techer inschlug und grossen schaden tet in dem lande.*

– *Anno domini 1339 do kam ein grosser Birsich ze Basel: an aller helgen tag[3] do was das selbe wasser als gros, das es einen viereggechten turen, stunde bi dem Hertor[4], niderstıes. Und gieng das selbe wasser uf den fronaltar an den Steinen, und fuort der Barfuosen ze Basel iren kilchove enweg mit den toten.*

– *Anno domini 1346 an sant Katherinen abend[5] do viel die Phallenz[6] ze Basel hinder unser frowen münster.*

– *Anno domini 1340 an sant Jacobs tag des zwelfbotten[7] do kam ein grosser Rin, der fuort die Rinbrügge enweg ze Basel, ze Loufenberg, ze Sekingen, ze Rinvelden und ze Brisach und tet grossen schaden in dem lande.*

– *Anno domini 1356 an sant Lux tag des ewangelisten do kam ein grosser ertbidem, das die stat ze Basel gar und genzlich verviel. Und bran me denne fünf wuchen an underlas, und verviel me denne fünfhundert menschen. Wan also die lüte woltend fliechen us den hüsern, do warend die hüser hoch, und wenn ein ertbidem[8] kam, so vielent die hüser obnan ze enander; und was hie nidnen was an der strasse, die belibent.[9] Und darzu so vervielent vil burge und stete, die da lagent umb Basel und anderswa.*

– *Anno domini 1364 do was ein kalter winter. Und vieng der selbe winter an sant Lucien tag[10] an und wert 14 wochen ganze an enander, das underlibung ni was. Und von grosser kelti do spielt die grosse linde bi unser frowen münster ze Basel.[11]*

1 1324, Juli 3.
2 1324, Juli 8.
3 1339, November 1.
4 Tor der Vorstadtbefestigung an der Steinen.
5 1346, November 24.
6 Pfalzmauer hinter dem Münster.
7 1340, Juli 25.
8 Ertbidem hier im Sinne eines einzelnen Erdstosses.
9 D.h., die oberen Geschosse der Häuser stürzten gegeneinander, die unteren bleiben stehen.
10 1364, Dezember 13.
11 Unter der grossen Linde vor dem Münster wurde Gericht gehalten.

Abgedruckt in: Basler Chroniken 5, S. 55–57.

Anonymer Bericht über das Erdbeben (um 1365)

Originaltext lateinisch, deutsche Fassung nach Ludwig Sieber.

In demselben Jahre (1356) ereignete sich am Tage des heiligen Evangelisten Lucas in der Stadt Basel und ihrem Gebiet ein grosses Erdbeben, durch welches fast die ganze Stadt zusammenstürzte und ungefähr 80 Burgen und Türme der Umgebung zu Boden geworfen wurden. Die Erschütterung dauerte fast durch jenes ganze Jahr fort, freilich nicht ununterbrochen, aber in kurzen Zwischenräumen, und zog sich gegen Strassburg, Speyer und Trier sowie andere Städte in der Nähe des Rheins hinab. An mehreren Orten öffnete sich die Erde, und es strömte eine Menge weisses, heis-

ses Schwefelwasser hervor, welches ebenfalls feste Orte zu Boden warf.[1] In Folge davon entstanden grosse Überschwemmungen, welche Türme und Mauern zerstörten; endlich stellten sich auch Hungersnot und grosse Seuchen ein[2], wodurch die deutschen Lande unendlichen Schaden erlitten.

1 Bei dieser unglaubwürdigen Nachricht handelt es sich wohl um ein literarisches Plagiat, das der Beschreibung eines Vulkanausbruchs mit Begleitbeben entnommen ist.
2 Topisches Katastrophenszenario ohne Realitätswert für das Basler Beben.

Ludwig Sieber: Zwei neue Berichte über das Erdbeben von 1356, in: Beiträge zur vaterländischen Geschichte, NF 2, 1888, 113–124.

Petrarca über das Basler und andere Erdbeben (um 1368)

Originaltext lateinisch, deutsche Fassung nach Ludwig Sieber.

Den Namen Erdbeben hatte man bisher wohl gehört und gelesen; allein die Sache selbst holte man bei den Historikern, den Grund der Sache bei den Philosophen. Kleine nächtliche Bewegungen, freilich nur seltene und traumähnliche, fingierten da neugierige Menschen, aber ein wirkliches Erdbeben hatte in unserem Zeitalter keiner verspürt. Es sind jetzt 20 Jahre her, seitdem unsere Alpen, deren Bewegungen Vergil ungewöhnlich nennt, am 25. Januar zu zittern begannen, als schon der Tag zur Neige ging.[1] Ein grosser Teil Italiens und Germaniens wurde zu gleicher Zeit so heftig erschüttert, dass unerfahrene Leute, denen die Sache gänzlich neu und unerhört war, das Ende der Welt gekommen glaubten. Ich sass damals zu Verona allein in meiner Bibliothek, und obschon ich der Sache nicht ganz unkundig war, wurde ich doch durch das plötzliche und neue Ereignis höchst bestürzt. Der Boden zitterte unter meinen Füssen, und als von allen Seiten Bücher gegeneinander stiessen und herunterfielen, eilte ich erschrocken aus dem Zimmer und sah das Gesinde und bald auch das Volk angstvoll hin und her rennen. Auf allen Gesichtern lag Leichenblässe. Im darauf folgenden Jahr (1349) erzitterte Rom bis zum Einsturz von Türmen und Tempeln, zugleich wurden auch Teile Etruriens erschüttert, worüber ich damals tiefbekümmert an meinen Freund Socrates[2] schrieb.

Sieben Jahre später (1356) erzitterte das untere Germanien und das ganze Rheintal, wobei Basel zusammensank, nicht sowohl eine grosse, als schöne und, wie es schien, feste Stadt; allein gegen die Gewalt der Natur hat nichts festen Bestand. Ich war von hier wenige Tage vorher abgereist, nachdem ich unsern Kaiser, einen guten und milden, aber zu allem langsamen Fürsten, während eines Monats vergeblich erwartet hatte, so dass ich ihn endlich in der äussersten Barbarei, d.h. in Böhmen, aufsuchen musste. Über dieses Erdbeben hatte ich die Absicht, an Johannes, den ehrwürdigen Bischof jener Stadt, zu schreiben, um ihm zu zeigen, das ich seinen ehrenden Besuch nicht vergessen habe; allein ich vermag mich nicht zu erinnern, ob ich ihm geschrieben habe oder nicht; unter meinen Papieren kann ich keine Kopie des Briefes auffinden. Übrigens sollen an jenem Tage, am Ufer des Rheins, da und dort 80 oder gar noch mehr Burgen dem Erdboden gleich gemacht worden sein.

1 Es handelt sich um das Erdbeben von Villach von 1348.
2 Ludwig von Kempen.

Ludwig Sieber: Neue Nachrichten über das Erdbeben von 1356, in: Beiträge zur vaterländischen Geschichte 10, 1875, 249–256. – Ferner Berthe Widmer: Francesco Petrarca über seinen Aufenthalt in Basel 1356, in: BZ 94, 1995, S. 17–27.

Bericht des Konrad von Waldighofen (um 1360)

Originaltext lateinisch, deutsche Fassung nach Ludwig Sieber.

Im Jahre des Herrn 1356, am Tage des seligen Evangelisten Lucas, vor der Vesper[1], ereignete sich zu Basel und in der Umgebung bis auf zwei Meilen ein Erdbeben, infolge dessen viele Kirchen, Gebäude und Burgen einstürzten und viele Menschen umkamen. Am gleichen Tage und in der darauf folgenden Nacht wiederholten sich die Erdstösse mit solcher Heftigkeit, dass alle Leute aus der Stadt flohen und sich in Gärten, Hütten und Landhäuser zurückzogen und daselbst viele Tage blieben. Die Nonnen des Steinenklosters nämlich begaben sich in einen Garten ausserhalb der Stadt, welcher «Vögelis Garte» heisst[2], und verblieben dort in Hütten viele Tage lang mit vielen andern Menschen beider Geschlechter. Und als sie hernach zu ihrem Hofe zurückkehrten, blieben sie lange in der Scheune stehen, bevor sie das Kloster zu betreten wagten. In der vorerwähnten Nacht brach überdies um die erste Stunde Feuer aus, welches mehrere Tage fortdauerte und fast die ganze Stadt innerhalb der Mauern hinwegraffte, während die Vorstädte gänzlich vom Feuer verschont blieben. Das vorerwähnte Feuer drang auch in die Kathedralkirche vor und zerstörte die Glocke und die wertvolle Orgel desselben Gotteshauses. Die vorerwähnten Erdstösse waren so stark, dass es kein Haus, insbesondere kein steinernes, gab, das nicht ganz oder zum Teil wäre zerstört worden. Dazu kam auch noch ein drittes Unheil; nämlich der Lauf des Birsigs wurde durch die Gebäude, welche in denselben fielen, versperrt, so dass das Wasser in die Keller eindrang, in welche die Menschen ihre Sachen zur Aufbewahrung verbrachten, und dieselben verdarben. Unter den ersten Erdstössen waren einige so bedeutende, dass die Glocken bewegt wurden und zu läuten begannen. So die Glocke des Predigerklosters, welche man dreimal läuten hörte, obschon in der Tat durchaus kein Mensch sie bewegte oder zog. Man muss auch wissen, dass während eines Jahres fast jeden Monat die Erde bebte. Man sieht daraus, dass nun erfüllt ist, was der Herr im Evangelium Lucas sagt:[3] Ein Volk wird sich erheben über das andere, und ein Reich über das andere; und es werden geschehen grosse Erdbeben hin und wieder.

1 4 bis 5 Uhr nachmittags.
2 Vermutlich im damals unüberbauten Gebiet zwischen St. Elisabethen und Bahnhof SBB.
3 NT Lukas 21. 10/11.

Ludwig Sieber: Neue Nachrichten über das Erdbeben von 1356, in: Beiträge zur vaterländischen Geschichte 10, 1875, S. 261–62.

Nachrichten über verschiedene Erdbeben in der Chronik des Strassburgers Fritsche Closener (um 1360)

Die ertbideme:
– Do man zalt 1291 jor, An dem dirten dage noch unsere Frowen mess der jungern[1], do kam ein ertbidem spote an dem obende.
– Do man zalt 1279 jor, an dem nehesten dag noch sant Gilgen dag[2], do kam ein ertbideme.
– Do man zalt 1348 jor, an sant Paules dage noch winnachten[3], do kam ein ertbidem, der zu Strosburg merkelig waz und doch nüt schedelich, aber doch in anderen landen det er grossen schaden, alse man seite[4].
– Do man zalt 1356 jor, an sant Lucas dag umbe die vesperzit kam ein ertbidem, der gar merkelig waz. noch vor naht kam etwie maniger die minre wordent. umbe die dirte wahteglocke kam

ein gar ungefüeger, der warf gar vil zierkemmin und wüpfele abe den hüsern und ziborien und knopfe abe dem munstere.

— Diese ertbidem wurfent obewendig Basel wol 60 burge dernider, und Basel die stat viel ouch dernider, die kirchen und die hüser, die ringmuren und die türn. derzu ging ein füwer an mit dem vervallende und brante etwie manigen dag, daz nieman in der stat mohte bliben, und muostent die lüte in den garten und zuo velde ligen under gezelten, und littent die wile grossen gebesten und hunger, wand in ire spise und ir gut vervallen und verbrant waz. do verdarb ouch vil lutes und vihes von brande und vor vervallende. dis ertbideme werte daz jor umbe, daz man sin ie uber ein wile gewar wart, doch bescheidenlicher dan vormols.

— In dem meien an sant Suphien obent do man zalt 1357 jor⁵, do kam ein ertbideme umbe munstergumpele zit, der was grosser denne keinre vormols gewesen waz, und det ouch merren schaden an glochusern und an zierkemmin denne die vordren geton. des erschrack sich daz volke zuo Strosburg alse sere, daz menglich wollte sin zuo velde usgezogen und under gezelten und hütten gelegen, wande sü forhtent vervallen in der stat alse die von Basel. des giengent die burger zuo rote in des bischofen garte, wande si forhtent, daz sü uf der Pfaltzen vervielent von ertbidemen, und gebütent, daz nieman darumbe vor der stat solt sin, wande frowen, die gros kindes werent und die in zuogehortent. wer aber garten mohte han in der ringmuren, der leite sich drin under gezelte. man gebot ouch abe ze brechende alle hohe zierkemmin und wüpfele, die uf den husern stundent.

— Man verbot ouch mannen und frowen, silber und golt und ander gezierde zu tragende, wande allein rittern war; golt nüt verboten, das gebot wart dernoch uber etwie lang wider abgelossen.

— Do das jor umbe kam, do sattent die burger einen krützegang uf an sant Lucas dag, daz man solt unsers herren lichamen tragen, und soltent alle die, die do werent in dem rote, mit krutzen gon barfuos in grouwen menteln und kugelhüten und pfundige kertzen an den henden ztragen. und so der krutzegang zergienge, so soltent sü die kertzen unserre Frowen opfern und die growen kleider armen lüten geben. dis sattent sü uf alle jor zu tuonde uf den selben dag.

1 1291, September 11.
2 1279, September 2.
3 1348, Januar 25.
4 Es handelt sich um das Erdbeben von Villach.
5 1357, Mai 14

Abgedruckt in: W. Wackernagel, Erdbeben, Quelle V und Chroniken der oberrheinischen Städte/Strassburg 1, Leipzig 1870, S. 136/37 (Die Chroniken der deutschen Städte 8).

Anonymer Basler Zusatz zur Sächsischen Weltchronik (um 1400)

In dem 1356 jor von cristus geburt kam der vorgeschriben ertbidem in Tütsche land und sunderlich gon Basel, das die stat verfiel, und das münster und al kilchen und vil hüsser, und by dryhundert mönschen. do det der bidem kum als vil schaden als das für; das verbrant die hüsser, so si vervallen woren, do verfiel ouch vil vestin an dem Blowen¹, des ersten zwei Schouwenburg und drü Warttenberg, Münchenstein, Richenstein, Dornach, Angenstein, Berenvels, Obren Echs. Do lag ein frouwe von Frick in kintz(bett), und als das hus fiel, do viel die kintbetterin mit dem hus herab in die halden uf einen boum, und ir jungfrou und das kind in der wagen, und beschach in allen dryen nüt, das ze klagen wer. do (ver)viel ouch Pfeffingen und ein kind in einer wagen;² des götti was der Bischoff von Bassel, der kam mornendes ritten und wolt gon Bassel. do frogt er, ob sin got wer uskomen; do sprochentz si: nein. do hies er das kind suochen in der halden; do ward es funden zwüssent zwein grossen steinen und weinet in der wagen. das ward ein wib und gewan vil kinden. ouch verfiel Scholberg, Froburg, Klus, Fürstenstein, zwei Lantzkron, Waldek, Biedertal, Landenberg, Blochmund. Ouch beschach vil wunders ze Basel. es ward ein spruch gemacht, der altten geschrift noch, das was also:

Ein rink mit sinem dorn,
Drii rosissen userkorn,
Ein zimerax, der krüegen zal,
Do verfiel Basel überal.

Es wolt einr von Berenfels fliechen us dem Fischsmerkt uf den Platz;[3] do er uf sant Peters brücklin kam, do sluog ein zinn herab und sluog in ze dot. hievon wer vil ze schriben. Dis beschach alles uf sant Lux tag.

1 Gemeint ist der Jura.
2 Verena von Thierstein-Pfeffingen.
3 Petersplatz.

Abgedruckt in: W. Wackernagel, Erdbeben, Quelle X und Basler Chroniken 4, S. 370–372.

Beschreibung des Erdbebens in der Berner Chronik des Conrad Justinger (um 1420)

Do man zalt von gots geburt MCCCLVI jar, uf sant luxtag des heiligen ewangelisten, kam ze basel ein grosser erdbidem und wart daruf den abende so stark, daz er die grossen stat basel mit dem münster, mit allen kilchen und klöstern und türnen, und alle hüser niderwarf, und verdurbent bi thusent mönschen. Und nach dem niderfallen gieng für an und bran ein halb jar und kam gar wenig gutes us, denne daz es alles verbran. Also wolten die von basel ir stat von der hofstat hinder sich gesetzt haben gen sant margreten, denne daz die von strassburg und ander stette inen rieten, daz si daz underwegen liessen, won die stetten alle erbutten, sich inen in derselben note hilf und rat ze tune. Also hulfen inen die von strasburg, von friburg, von colmar, von sletstat, von mülnhusen, von nüwenburg[1] und von rinvelden ze basel rumen ir gassen, und alsus huben si wider an ze buwende. Es vielen ouch gar vil burgen uf dem rine und umb den houwenstein. Aber ze berne do vielen die gewelbe der lütkilchen[2] und der wendelstein, ouch spielten viel muren an dien hüsren; die gloggen hankt man in holtzwerk oben bi der lütkilchen, untz man den wendelstein wider gemacht.

1 Neuenburg am Rhein.
2 Berner Pfarrkirche vor der Errichtung des Münsters.

Conrad Justinger: Die Berner Chronik, hg. von Gottlieb Studer, Bern 1871, S. 122.

Literaturverzeichnis

Abkürzungen

ABBS	Archäologische Bodenforschung Basel-Stadt, Jahresberichte
AKB	Archäologie des Kantons Bern
ASG	Anzeiger für schweizerische Geschichte
BBG	Basler Beiträge zur Geschichtswissenschaft
BChr.	Basler Chroniken
BHB	Baselbieter Heimatbuch
BJ	Basler Jahrbuch
BSB	Basler Stadtbuch
BTB	Basler Taschenbuch
BZ	Basler Zeitschrift für Geschichte und Altertumskunde
HBLS	Historisch-biographisches Lexikon der Schweiz
JsG	Jahrbuch für solothurnische Geschichte
KDM BL	Kunstdenkmäler der Schweiz, Kanton Basel-Landschaft
KDM BS	Kunstdenkmäler der Schweiz, Kanton Basel-Stadt
KDM SO	Kunstdenkmäler der Schweiz, Kanton Solothurn
Lex. MA	Lexikon des Mittelalters
MGH SS	Monumenta Germaniae Historica, Scriptores
NSBV	Nachrichten des Schweizerischen Burgervereins
NT	Neues Testament
QSG	Quellen zur Schweizer Geschichte
SBKAM	Schweizer Beiträge zur Kulturgeschichte und Archäologie des Mittelalters
StABS	Staatsarchiv Basel-Stadt
UBB	Urkundenbuch der Stadt Basel
ULB	Urkundenbuch der Landschaft Basel

Ungedruckte Quellen

StABS	Ratsbücher A1 (Rotes Buch)
	Ratsbücher A2 (Leistungsbuch I)
	Fremde Staaten, Österreich A1
	Städtische Urkunden
	Klosterarchiv, Urkunden St. Alban
	Klosterarchiv, Urkunden Augustiner
	Klosterarchiv, Urkunden Barfüsser
	Klosterarchiv, Urkunden St. Clara
	Klosterarchiv, Urkunden Domstift
	Klosterarchiv, Domstift Ua (Gräberbuch)
	Klosterarchiv, Urkunden Gnadental
	Klosterarchiv, Urkunden Klingental
	Klosterarchiv, Klingental H (Jahrzeitenbuch)
	Klosterarchiv, Urkunden St. Leonhard
	Klosterarchiv, Urkunden Maria Magdalena
	Klosterarchiv, Urkunden St. Martin
	Klosterarchiv, St. Martin A (Jahrzeitenbuch)
	Klosterarchiv, Urkunden St. Peter
	Klosterarchiv, St. Peter C, D, E, F (Jahrzeitenbücher)
	Klosterarchiv, Urkunden Prediger
	Klosterarchiv, Urkunden St. Theodor
	Klosterarchiv, St. Theodor C (Jahrzeitenbuch)
	Gerichtsarchiv K1a-K1b (Beschreibbüchlein)
	Historisches Grundbuch
	Urkundenregesten

Gedruckte Quellen und Literatur

Ann. Colm.
   Gérard, Ch. / J. Liblin (Hg.): Les Annales et la Chronique des Dominicains de Colmar, Colmar 1854.

Hermann Bloch (Hg.): Annales Marbacenses, Hannover/Leipzig 1907 (Scriptores rerum Germanicarum in usum Scholarum ex MGH recusi).

Anniversarbuch
   Bloesch, Paul (Hg.): Das Anniversarbuch des Basler Domstifts (Liber vite Ecclesie Basiliensis) 1334–1610, Basel 1975 (Quellen und Forschungen zur Basler Geschichte 7/II).

Aujourd'hui, Rolf d': Mittelalterliche Stadtmauern im Teufelhof, eine archäologische Informationsstelle am Leonhardsgraben 47, in: BSB 1989.

Barth, Ulrich: Zünftiges Basel, Basel 1986.

Basel im 14. Jahrhundert
   Basler Historische Gesellschaft (Hg.): Basel im 14. Jahrhundert, Basel 1856.

Basler Chroniken
   Bernoulli, August (Hg.): Basler Chroniken 1ff., Leipzig 1872ff.

Basler Zeitschrift für Geschichte und Altertumskunde, hg. von der Historisch-Antiquarischen Gesellschaft zu Basel 1ff., Basel 1902ff.

Beckmann Gustav / Rudolf Wackernagel / Giulio Coggiola (Hg.): Eneae Silvii de Basilea epistola, in: Concilium Basiliense 5, Basel 1904.

Berger, Ludwig E.: Die Ausgrabungen am Petersberg in Basel, Basel 1963.

Bider, Erdbebentätigkeit
   Bider, Max: Die Erdbebentätigkeit in Basel und Umgebung seit dem grossen Erdbeben, in: BJ 1956.

Boos, Geschichte
   Boos, Heinrich: Geschichte der Stadt Basel im Mittelalter, Basel 1877.

Bruckner, Archivwesen
   Bruckner, Albert: Zur älteren Geschichte des baslerischen Archivwesens, in: Discordia concors – Festgabe für Edgar Bonjour 2, Basel/Stuttgart 1968.

Bruckner, Merkwürdigkeiten
   Bruckner Daniel: Versuch einer Beschreibung historischer und natürlicher Merkwürdigkeiten der Landschaft Basel 1–6, Basel 1748–1763.

Buess, Heinrich: Die Pest in Basel im 14. und 15. Jahrhundert, in: BZ 56, 1956.

Burgenkarte der Schweiz und des angrenzenden Auslandes, Blatt 1, Wabern/Bern 1976.

Burri, Friedrich: Die einstige Reichsfeste Grasburg, Bern 1935.

Christ, Familienbuch
   Christ, Dorothea A.: Das Familienbuch der Herren von Eptingen, Kommentar und Transskription, Liestal 1992.

Closener
   Fritsche Closener's Chronik, in: Die Chroniken der oberrheinischen Städte, Strassburg 1, Leipzig 1870 (Die Chroniken der deutschen Städte 8).

Dächer Basel
   Lutz, Thomas / Gerhard Wesselkamp (Red.): Dächer der Stadt Basel. Hg. von der Basler Denkmalpflege, Basel 2005.

Diessenhofen
   Huber, Alfons (Hg.): Heinricus de Diessenhofen und andere Geschichtsquellen, Stuttgart 1868 (Fontes rerum Germanicarum, Geschichtsquellen Deutschlands 4, hg. von Johann Friedrich Boehmer).

Egger, Franz: Zünfte und Gesellschaften in Basel, Basel 2005.

Ekkehardi Chronicon universale, in: MGH SS 6, 1844 (Reprint 1968).

Ellenhardi Chronicon, in: MGH SS 17, 1861 (Reprint 1963).

Erb, Hans: Ausgrabungen Thierstein 1934, in: Argovia 47, 1935.

Erdin, Emil: Das Kloster der Reuerinnen Sancta Maria Magdalena an den Steinen zu Basel, Fribourg 1956.

Etterlin, Kronica
   Etterlin, Petermann: Kronica von der loblichen Eydtgnoschaft etc., Basel 1507.

Faber, Descriptio
   Fratris Felicis Fabri Descriptio Sveviae, in: QSG 6, Basel 1884.

Fankhauser, Andreas / André Schluchter (Red.): Gedenkschrift 500 Jahre Schlacht bei Dornach 1499–1999, in: JsG 72, 1999.

Fechter, Topographie
   Fechter, Daniel A.: Topographie mit Berücksichtigung der Cultur- und Sittengeschichte, in: Basel im 14. Jahrhundert.

Fouquet, Erdbeben
   Fouquet, Gerhard: Das Erdbeben von Basel – für eine Kulturgeschichte der Katastrophen, in: BZ 103, 2003.

Furger, Alex R.: Eine mittelalterliche Wüstung bei Arisdorf BL, in: BHB 13, 1977.

Geiser, Werner (Hg.): Ereignis – Mythos – Deutung, 1444–1994, St. Jakob an der Birs, Basel 1994.

Golder, Eduard: St. Albanteich, Basel 1986.
   – Ders.: Die Wiese, Basel 1991.
   – Ders.: Der Birsig und seine Nebengewässer, Basel 1995.

Graus, František: Pest – Geissler – Judenmorde. Das 14. Jahrhundert als Krisenzeit, Göttingen ^{2}1988.

Güntensperger M.: Das Erdbeben von Basel anno 1356, in: Nagra informiert 9, 1987, 3, S. 3237.

Gurjewitsch, Aaron J.: Das Weltbild des mittelalterlichen Menschen, München ^{5}1997.

Gutscher, Ereignis
: Gutscher, Daniel: Historisches Ereignis und archäologischer Befund, in: Mitteilungen der Deutschen Gesellschaft für Archäologie des Mittelalters und der Neuzeit 16, 2005.

Gutscher/Reicke: Wandmalereien
: Gutscher, Charlotte / Daniel Reicke: 1987 entdeckte Wandmalereien aus dem Mittelalter am Heuberg 20, in: BSB 109, 1988.

Hagmann, Daniel / Peter Hellinger (Hg.): 700 Jahre Stadt Laufen, Basel 1995.

Handwörterbuch des deutschen Aberglaubens 2, 1930 (Reprint Berlin 2000), Artikel Erdbeben.

Harms
: Harms, Bernhard (Hg.): Der Stadthaushalt Basels im ausgehenden Mittelalter 1–3, Tübingen 1909–1913.

Heimgartner, Heinz: Die Burg Rötteln, Schopfheim 1964.

Historisch-biographisches Lexikon der Schweiz 1–7, Neuenburg 1921–1934.

Keller, Christine: Gefässkeramik aus Basel, Untersuchungen zur spätmittelalterlichen und frühneuzeitlichen Gefässkeramik aus Basel: Typologie, Technologie, Funktion, Handwerk, Basel 1999.

Klingenberger Chronik
: Sargans, Anton Henne von (Hg.): Die Klingenberger Chronik, Gotha 1861.

Koelner, Spinnwettern
: Koelner, Paul: Geschichte der Spinnwetternzunft zu Basel, Basel 1931.

Koelner, Holtselig Statt
: Koelner, Paul: O Basel, du holtselig Statt. Gedichte, Sprüche und Inschriften aus Basels Vergangenheit, Basel 1944.

Königshofen
: Chronik des Jacob Twinger von Königshofen 1400. Die Chroniken der oberrheinischen Städte, Strassburg 2, Leipzig 1871 (Die Chroniken der deutschen Städte 9).

KDM/Kunstdenkmäler der Schweiz
: – Heyer, Hans Rudolf: Die Kunstdenkmäler des Kantons Basel-Landschaft 1, Bezirk Arlesheim, Basel 1969.
: – Ders.: Die Kunstdenkmäler des Kantons Basel-Landschaft 2, Bezirk Liestal, Basel 1974.
: – Ders.: Die Kunstdenkmäler des Kantons Basel-Landschaft 3, Bezirk Sissach, Basel 1986.
: – Baer, C.H.: Die Kunstdenkmäler des Kantons Basel-Stadt 1, u.a. Befestigungen, Rheinbrücke, Rathaus, Nachdruck mit Nachträgen von François Maurer, Basel 1932, Reprint 1971.
: – Burckhardt, Rudolf F.: Die Kunstdenkmäler des Kantons Basel-Stadt 2, Münsterschatz, Basel 1933.
: – Baer, C.H.: Die Kunstdenkmäler des Kantons Basel-Stadt 3, Kirchen, Klöster und Kapellen (St. Alban bis Kartause), Basel 1941, Reprint 1982.
: – Maurer, François: Die Kunstdenkmäler des Kantons Basel-Stadt 4, Kirchen, Klöster und Kapellen (St. Katharina bis St. Niklaus), Basel 1961.
: – Ders.: Die Kunstdenkmäler des Kantons Basel-Stadt 5, Kirchen, Klöster und Kapellen (St. Peter bis Ulrichskirche), Basel 1966.
: – Lutz, Thomas: Die Kunstdenkmäler des Kantons Basel-Stadt 6, Altstadt von Kleinbasel (Profanbauten), Basel 2004.
: – Loertscher, Gottlieb: Die Kunstdenkmäler des Kantons Solothurn 3, Bezirke Thal, Thierstein, Dorneck, Basel 1957.

Justinger, Chronik
: Justinger, Conrad: Die Berner Chronik. Hg. von Gottlieb Studer, Bern 1871.

Kreis/von Wartburg, Basel
: Kreis, Georg / Beat von Wartburg (Hg.): Basel – Geschichte einer städtischen Gesellschaft, Basel 2000.

LaRoche, E.: Das Münster vor und nach dem Erdbeben, in: Beiträge zur Geschichte des Basler Münsters 3, Basel 1885.

Lex. MA
: Lexikon des Mittelalters 1–9, Stuttgart/Weimar 1999.

Liebenau, Sempach
: Liebenau, Theodor von: Die Schlacht bei Sempach, Gedenkbuch zur 5. Säkularfeier, Luzern 1886.

Lutz, Thomas: Bauliche Repräsentationsformen an Basler Stadthäusern des Spätmittelalters und der frühen Neuzeit, in: Kunst und Architektur der Schweiz 3/4, 1998.

Major, E.: Ein Gemälde aus der Basler Konzilszeit, in: Jahresberichte und Rechnungen des Vereins für das Historische Museum Basel, 1926, S. 38–49.

Marti/Windler, Madeln
: Marti, Reto / Renata Windler: Die Burg Madeln bei Pratteln BL. Berichte aus der Arbeit des Amtes für Museen und Archäologie des Kantons Baselland 12, Liestal 1988.

Matth. Neob.
: Matthiae Neoburgensis chronica. Ed. von Gottlieb Studer, Bern 1866.

Matt, Befestigungen
: Matt, Christoph: Basels Befestigungen, in: Mittelalter 9, 2004/2.

Meier/Rippmann, Augenzeugen
: Meier-Riva, Karin / Dorothee Rippmann: Basel, 18. Oktober 1356. Sechs Augenzeugen berichten, in: Schweiz. Pool für Erdbebendeckung, Geschäftsbericht 2001, Bern 2002.

Merz, Aargau
: Merz, Walther: Die mittelalterlichen Burganlagen und Wehrbauten des Kantons Aargau 1–3, Aarau 1906–1929.

Merz, Sisgau
: Merz, Walther: Burgen des Sisgaus 1–4, Aarau 1909–1914.

Meyer, Geschichte der Juden
: Werner Meyer: Benötigt, geduldet, verachtet und verfolgt. Zur Geschichte der Juden in Basel zwischen 1200 und 1800, in: Haumann, Heiko (Hg.): Acht Jahrhunderte Juden in Basel, Basel 2005.

Meyer, Beziehungen
: Meyer, Werner: Tumult, Turnier und Trauerfeier. Bemerkungen zu den Beziehungen zwischen Basel und den Habsburgern im 13. und 14. Jahrhundert, in: Slanička, Simona (Hg.): Begegnungen mit dem Mittelalter in Basel, Basel 2000 (BBG 171).

– Meyer, Werner: Der Kriegsschauplatz am Oberrhein (1499), in: JsG 72, 1999.

– Ders.: Im Banne von Gilgenberg, in: Hänggi, Heiner (Red.): Nunningen, Nunningen 1996.

– Ders.: Sprachhaus und Scheisskübel. Bemerkungen zu mittelalterlichen Abtritten, in: Fundgruben, Basel 1996 (Publikation zur Ausstellung «Stille Örtchen ausgeschöpft» im Historischen Museum Basel).

– Ders.: Die Schweiz in der Geschichte 1, Zürich 1995.

– Ders.: Das Basler Erdbeben von 1356 und die angerichteten Schäden, in: Unsere Kunstdenkmäler 41, 1990.

– Ders.: Die Frohburg, Ausgrabung 1973–1977, Zürich 1989 (SBKAM 16).

Meyer, Burgenlexikon
: Meyer, Werner: Burgen von A–Z. Burgenlexikon der Regio, Basel 1981.

Meyer, Löwenburg
: Werner Meyer: Die Löwenburg im Berner Jura, Basel-Stuttgart 1968 (BBG 113).

Moosbrugger-Leu/Eggenberger, Predigerkirche
: Moosbrugger-Leu, Rudolf / Peter Eggenberger / Werner Stöckli et al.: Die Predigerkirche in Basel, Materialhefte zur Archäologie in Basel 2, Basel 1985.

Mossmann, Xavier (Hg.): Cartulaire de Mulhouse 1, Strasbourg 1889.

Müller, Christian A.: Die Burgen in der Umgebung Basels und das Erdbeben von 1356, in: BZ 56, 1956.

Müller, Bischofstein
: Müller, Felix: Der Bischofstein bei Sissach, Kanton Baselland, Solothurn 1980 (Basler Beiträge zur Ur- und Frühgeschichte 4).

Münsterschatz
: Historisches Museum Basel (Hg.): Der Basler Münsterschatz, Basel 2001.

Nah dran, weit weg 2
: Fridrich, Anna C. (Red.): Nah dran, weit weg, Geschichte des Kantons Basel-Landschaft 2, Bauern und Herren, Liestal 2001 (Quellen und Forschungen zur Geschichte und Landeskunde des Kantons Basel-Landschaft 73.2).

Nold, Andrea: Vom Pfostenhaus zum Herrenhof? Lizentiatsarbeit Basel 2002 (Mskr. Historisches Seminar, Universität Basel).

Nordemann, Theodor: Zur Geschichte der Juden in Basel, Basel 1955.

Ochs, Geschichte
: Ochs, Peter: Geschichte der Stadt und Landschaft Basel 2/1, Basel 1792.

Pfrommer/Gutscher, Laufen
: Pfrommer, Jochen / Daniel Gutscher: Laufen – Rathausplatz, Bern/Stuttgart/Wien 1999.

Rahn, Johann R.: Die mittelalterlichen Kunstdenkmäler des Kantons Solothurn, Zürich 1893.

Reallexikon für Antike und Christentum 5, Stuttgart 1962, Artikel Erdbeben.

Reicke, Erdbeben
: Reicke, Daniel: Stadtbrände und Erdbeben und ihre Folgen im Bestand der Basler Altstadt, in: Mitteilungen der Deutschen Gesellschaft für Archäologie des Mittelalters und der Neuzeit 16, 2005.

Reinhardt, Hans: Die Schutzheiligen Basels, in: BZ 65/1, 1965.

Rippmann, Dorothee: Bauern und Städter, Stadt-Land-Beziehungen im 15. Jahrhundert, Basel/Frankfurt/M. 1990 (BBG 159).

Rippmann, Dorf
: Rippmann Dorothee: Das Dorf und seine Menschen, in: Nah dran, weit weg 2.

Rippmann, Territorium
: Rippmann, Dorothee: Wege zum städtischen Territorium, in: Nah dran, weit weg 2.

Rippmann, Wirtschaft
: Rippmann, Dorothee: Wirtschaft und Sozialstruktur auf dem Land im Spätmittelalter, in: Nah dran, weit weg 2.

Scheuchzer, Johann Jakob: Historische Beschreibung aller Erdbidmen, welche in dem Schweizerlande gespürt worden, in: Naturgeschichte des Schweizerlandes, Zürich 1706–1718.

Schmidt, Gottesfreunde
: Schmidt, Karl: Nicolaus von Basel und die Gottesfreunde, in: Basel im 14. Jahrhundert.

Schneider, Reinhard: Der Tag von Benfeld im Januar 1349, in: Burghartz, Susanne (Hg.): Spannungen und Widersprüche, Gedenkschrift für F. Graus, Sigmaringen 1992.

Schönberg, Finanzverhältnisse
: Schönberg, Gustav: Die Finanzverhältnisse der Stadt Basel im 14. und 15. Jahrhundert, Tübingen 1979.

Schweizer, Gewerbe
: Schweizer, Eduard: Die Gewerbe am Kleinbasler Teich (drei Teile), Basel 1929, SA aus BZ 26–28, 1927–1929.

Schweizer, P. / W. Glättli (Hg.): Das Habsburgische Urbar 2/2, Basel 1904 (QSG 15/2).

Sieber, Neue Berichte
: Sieber, Ludwig: Zwei neue Berichte über das Erdbeben von 1356, in: Beiträge zur vaterländischen Geschichte NF 2, 1888 (enthält die Textauszüge des Johannes de Rupescissa und eines Anonymus).

Sieber, Neue Nachrichten
: Sieber, Ludwig: Neue Nachrichten über das Erdbeben von 1356, in: Beiträge zur vaterländischen Geschichte 10. Hg. von der historischen Gesellschaft in Basel, Basel 1875 (enthält die Textauszüge von Francesca Petrarca und Konrad von Waldighofen über das Erdbeben).

Simon-Muscheid, Katharina: Gewalt und Ehre im spätmittelalterlichen Handwerk am Beispiel Basels, in: Zeitschrift für historische Forschung 8/1, Berlin 1991.

Sommerer, Balkenmalereien
: Sommerer, Sabine: Wo einst die schönsten Frauen tanzten … – Die Balkenmalereien im «Schönen Haus» in Basel, Basel 2004 (Neujahrsblatt der GGG 182).

Staehelin, Andreas: Das Erdbeben von Basel, in: BJ 1956.

Stehlin, Baugeschichte
: Stehlin, Karl: Baugeschichte des Basler Münsters. Hg. vom Basler Münsterbauverein, Basel 1895.

Stintzi, Sundgau
: Stintzi, Paul: Der Sundgau, Freiburg/Br. 1985.

Suter, Erdbeben
: Suter, Rudolf: Basel und Erdbeben, Basel 1956.

Tauber, Herd und Ofen
: Tauber, Jürg: Herd und Ofen im Mittelalter, Olten/Freiburg/Br. 1980 (SBKAM 7).

Trouillat
: Trouillat, Joseph (Hg.): Monuments de l'Histoire de l'ancien évêché de Bâle 1–5, Porrentruy 1852–1867.

Urkundenbuch der Landschaft Basel 1–3, hg. von Heinrich Boos, Basel 1881–1883.

Urkundenbuch der Stadt Basel 1–11, bearb. durch Rudolf Wackernagel, Rudolf Thommen, A. Huber, Basel 1890–1910.

R. Wackernagel, Basel
: Wackernagel, Rudolf: Geschichte der Stadt Basel 1–3, Basel 1907–1924.

W. Wackernagel, Erdbeben
: Wackernagel, Wilhelm: Das Erdbeben von Basel in den Nachrichten der Zeit und der Folgezeit bis auf Christian Wurstisen, in: Basel im 14. Jahrhundert.

W. Wackernagel, Geschichte
: Wackernagel, Wilhelm: Zur Geschichte des grossen Erdbebens, in: BTB 1862.

Walker, Bryce: Erdbeben, Amsterdam 1982.

Wechsler, Erdbeben
: Wechsler, Elisabeth: Das Erdbeben von Basel 1356, historische und kunsthistorische Aspekte, Zürich 1987.

Weidmann, Erdbeben
: Weidmann, Markus: Erdbeben in der Schweiz, Chur 2002.

Widmer, Petrarca
: Widmer, Berthe: Francesco Petrarca über seinen Aufenthalt in Basel 1356, in: BZ 94, 1994.

Wimmer, Otto: Handbuch der Namen und Heiligen, Innsbruck/Wien/München ³1966.

Winkle, Stefan: Geisseln der Menschheit, Düsseldorf ²1997.

Wurstisen, Chronik
: Wurstisen, Christian: Baßler Chronik, Basel 1580 (Reprint Genf 1978).

Abbildungsnachweis

1 Aus: Karl Jauslin, Bilder aus der Schweizergeschichte. Mit erläuterndem Text von Rudolf Hotz, Basel o.J. (Ende 19. Jh.), Blatt 42
2 Amerikanischer Geologischer Dienst n(USGS), NEIC/PDE Katalog. http://neic.usgs.gov/neis/epic/epic.html. Aus: Markus Weidmann, Erdbeben in der Schweiz, Verlag Desertina, Chur 2002, S. 17
3 Werner Meyer, Basel
4 Werner Meyer, Basel
5 Schweizerischer Erdbebendienst. Aus: Markus Weidmann, Erdbeben in der Schweiz, Verlag Desertina, Chur 2002, S. 72
6 Werner Meyer, Basel
7 Jost Studer, Zürich. Aus: Markus Weidmann, Erdbeben in der Schweiz, Verlag Desertina, Chur 2002, S. 223
8 Werner Meyer, Basel
9 Abb. 9: Bundesamt für Landestopographie, Wabern. Basel einst und jetzt. Grundlage für die Dufourkarte 1836/39. Landeskarte der Schweiz 1:25 000, 1994, Ausgabe 2000
10 Werner Meyer, Basel
11 Aus: Christian Wurstisen, Baßler Chronik, Basel 1580, S. 175.
12 Burgerbibliothek Bern, Diebold Schilling, Amtliche Chronik, Mss.h.h. I. 1, S. 289
13 Matthäus Merian, Ausschnitt aus dem Vogelschauplan der Stadt Basel, 1617
14 Aus: E. LaRoche, Beiträge zur Geschichte des Basler Münsters, hg. vom Basler Münsterbauverein, III. Das Münster vor und nach dem Erdbeben, Basel 1885, Taf. III
15 Abb. 15: Kleines Klingental, Basler Denkmalpflege. Foto B. Thüring, 1994
16 Werner Meyer, Basel
17 Matthäus Merian, Ausschnitt aus dem Vogelschauplan der Stadt Basel, 1617
18 Abb. 18: Kleines Klingental, Basler Denkmalpflege. Umzeichnung S. Tramèr, 1990
19 Aus: Sabine Sommerer, Wo einst die schönsten Frauen tanzten … Die Balkenmalereien im «Schönen Haus» in Basel. 182. Neujahrsblatt, hg. von der Gesellschaft für das Gute und Gemeinnützige Basel, Basel 2004. Foto Erik Schmidt, 2003
20 Werner Meyer, Basel
21 Werner Meyer, Basel
22 Werner Meyer, Basel
23 Werner Meyer, Basel
24 Werner Meyer, Basel
25 Werner Meyer, Basel
26 Archiv des Schweizerischen Burgenvereins, Basel
27 Werner Meyer, Basel
28 Werner Meyer und Valeria Wyler, Basel
29 Werner Meyer, Basel
30 Werner Meyer, Basel
31 Werner Meyer, Basel
32 Historisches Museum Aargau, Schloss Lenzburg, Inv-Nr. K 374
33 Historisches Museum Basel, Foto P. Portner. Inv. 1882.3.71. Neg. C 5052
34 Historisches Museum Basel. Foto P. Portner. Inv. 1882.3.112. Neg. C 5755
35 Historisches Museum Basel. Foto P. Portner. Inv. 1881.195. Neg. C 5050
36 Historisches Museum Basel. Foto P. Portner. Inv. 1882.3.8. Neg. C 5757
37 Historisches Museum Basel. Foto P. Portner. Inv. 1882.3.117 – 120. Neg. C 5758
38 Historisches Museum Basel. Foto P. Portner. Inv. 1882.3.70. Neg. C 5051
39 Abb. 39: Archiv Archäologie Baselland, Liestal
40 Abb. 40: Archiv Archäologie Baselland, Liestal
41 Archiv der Kantonalen Denkmalpflege des Kantons Basel-Landschaft, Liestal
42 Werner Meyer, Basel
43 Archiv des Schweizerischen Burgenvereins, Basel
44 Werner Meyer, Basel
45 Aus: R. Moosbrugger-Leu und Peter Eggenberger, Die Predigerkirche in Basel, Materialhefte zur Archäologie in Basel, Heft 2, Basel 1985, S. 67.
46 Matthäus Merian, Ausschnitt aus dem Vogelschauplan der Stadt Basel, 1617
47 Matthäus Merian, Ausschnitt aus dem Vogelschauplan der Stadt Basel, 1617
48 Werner Meyer, Basel
49 Archiv des Schweizerischen Burgenvereins, Basel, Fotografie von Auguste Quiquerez vor 1870
50 Archiv des Schweizerischen Burgenvereins, Basel
51 Archiv des Schweizerischen Burgenvereins, Basel
52 Werner Meyer, Basel
53 Werner Meyer, Basel
54 Historisches Museum Basel. Foto M. Babey. Inv.1884.168. Neg. C 2249
55 Historisches Museum Basel. Inv. 1870.896. Neg. 7402
56 Werner Meyer, Basel
57 Swiss Re. Aus: Markus Weidmann, Erdbeben in der Schweiz, Verlag Desertina, Chur 2002, S. 259
58 Öffentliche Kunstsammlung Basel, Inv. 599

Zur Geologie des Erdbebens von Basel 1356

Hans Peter Laubscher

Zusammenfassung

Die direkte Information über das Erdbeben von Basel 1356 lässt sich nur schwer naturwissenschaftlich deuten. Am meisten verspricht noch der geologisch-historische Ansatz, wenn man die Erdbewegungen in den vergangenen 30 Mio. Jahren ins Auge fasst. Dabei zeigt es sich, dass der Beanspruchungsplan der Region Basel nach den Einbrüchen des Rheingrabens (im Zeitabschnitt zwischen 40 und 24 Mio. Jahren vor heute) sich radikal verändert hat. Vor etwa 24 Mio. Jahren stellte sich die auch heute noch angenähert verwirklichte Situation ein, dass die grösste Zusammenpressung eine ungefähre NW-Richtung annahm. Dabei wurden alte Brüche, vor allem solche, die im späten Palaeozoikum gebildet worden waren (vor 280–250 Mio. Jahren), reaktiviert. Insbesondere wurden die randlichen Verwerfungen eines tiefen ONO–WSW verlaufenden, spätpalaeozoischen Troges von neuem bewegt (Störungen von Habsburg-Mont Terri und vor allem von Mandach-Montbéliard). Diese Störungen haben ungefähr die Richtung des Schadenfeldes des Bebens von 1356, und da sie überdies nachweislich zum Teil noch in der jüngsten geologischen Vergangenheit (ab etwa 2 Mio. Jahren vor heute) wiederbelebt wurden, sind sie die plausibelsten Kandidaten für das Beben auslösende Brüche. Sie liegen an der nördlichen Grenze einer 2000 km breiten Plattengrenzzone (etwa Atlas–Alpen) zwischen der afrikanischen und der europäischen Platte, die sich gegenwärtig mit der mässigen Geschwindigkeit von ca. 8 mm/Jahr aufeinander zu bewegen. Allerdings liegt der tektonisch und seismisch aktivste Bereich dieser Zone heute weit im Süden der Alpen, so dass nur noch ein geringer Teil der Zusammenpressung bis in die Region von Basel gelangt und dort die Narben der uralten Bruchwunden wieder aufreisst und dabei Beben erzeugt. Die Region Basel erscheint damit als Gebiet von mässiger Gefährdung durch Erdbeben. Allerdings sind die Bewegungen an der Mandach-Montbéliard-Störung sehr komplexer Art, und seltene stärkere Beben sind nicht auszuschliessen. Die komplexe Situation verunmöglicht eine exakte Vorhersage.

Vorbemerkung

Basel ist erdbebenbewusst. Darum hat das Naturhistorische Museum Basel vor einigen Jahren eine spezielle Ausstellung organisiert: «Die Erde bebt – auch in Basel». Tatsächlich: Während der Niederschrift dieses Artikels meldet die baz vom 13. Mai 2005: «Erneut bebte in der Region die Erde», und zwar mit Epizentrum bei Balsthal (s. unten). Ein zweites nennenswertes Beben ereignete sich dieses Jahr in St. Ursanne (beide Ortschaften sind auf der Abb. 6 zu finden). Dies sind nur gerade zwei von zahllosen kleinen Beben, die in der

Region Basel registriert worden sind. Keines hat die Schäden verursacht, wie sie vom vermutlich stärksten historischen Beben nördlich der Alpen, dem Erdbeben von Basel 1356, berichtet werden. Es ist Ziel dieses Artikels, die geologische Grundlage aller dieser Beben zu skizzieren.

Die Sachlage: die Qualität der Information zum Erdbeben von Basel

Die Information über das Erdbeben von Basel ist vor allem, wie es im naturwissenschaftlichen Jargon heisst, «anekdotischer Natur». Damit soll gesagt sein, dass zwar etwas Schreckliches geschehen sein muss, aber wieviel z.B. Wurstisens Zeichnung zur Abschätzung von naturwissenschaftlich verwendbaren Daten hergibt, ist fraglich. Da aber ein Wurstisensches Szenario doch wieder einmal Wirklichkeit werden könnte, sind in letzter Zeit grosse Anstrengungen unternommen worden, um mess- und zählbare Daten zu gewinnen und damit Näheres über Ursache, Werdegang und Konsequenzen dieses «stärksten Erdbebens nördlich der Alpen» aussagen zu können.

Die historischen und archäologischen Daten werden in diesem Band von Werner Meyer gewürdigt. Die Beurteilung dieser Information, die weitgehend schon von Mayer-Rosa und Cadiot (1979) diskutiert worden ist, wird von Meyer noch eine Stufe kritischer geprüft. Kurz zusammengefasst scheint gesichert, dass ein in grossen Zügen elliptisches Schadenfeld existierte, das sich in etwa WO-Richtung von Dijon nach Basel erstreckte, mit leichter Neigung gegen WSW. Ausserdem ist eine Konzentration der Schäden im Birseck festzustellen.

Man hat versucht, aus diesen Daten Schlüsse zu ziehen für die Stärke des Bebens und die Lage des Epizentrums (Mayer-Rosa u. Cadiot 1979, Meyer et al. 1994). Den Autoren dieser Schätzungen war bewusst, dass sie sich auf eher dünnem Eis bewegten. Es gibt Faustregeln, die darauf abzielen, aus der Grösse des Schadenfeldes auf die Stärke des Bebens zu schliessen (1356: Magnitude 6.2 bis 6.4). Das Epizentrum kommt ins Zentrum der grössten Schäden zu liegen, und das ist, wenn man die gemeldeten Schäden etwas gutgläubig interpretiert, etwa halbwegs zwischen Basel und dem Burgenkranz des Birsecks, also etwa bei Therwil.

Darf man aufgrund dieser ersten, versuchsweisen Folgerungen noch einen Schritt weitergehen und Schlüsse ziehen für die Existenz und Lage einer das Erdbeben auslösenden Bruchstörung im Untergrund? Das ist bekanntlich in jüngster Zeit geschehen (Meyer et al. 1994 und vor allem Meghraoui et al. 2001). Allerdings haben dabei Vermutungen und Argumentationen einen weiten Spielraum. Es sind vor allem geomorphologische Kriterien beigezogen worden. So spielt für Meyer et al. (1994) der topographische Abbruch der Jurafront gegen die oberrheinische Tiefebene im Bereich der Bürgerwaldkette zwischen Oltingue und Vendlincourt eine hervorragende Rolle. Laubscher (1971, 2001) hatte diesen Abbruch, zusammen mit der Landskronkette, den frühen Flexuren (vor 40–24 Mio. Jahren) der «Transferzone von Basel-Dijon» (Laubscher 1970) zugeordnet und zudem nach den Ergebnissen der Exploration der Nagra im Aargauer Jura (Sprecher u. Müller 1986, Laubscher 1986) eine Fortsetzung dieser Störungszone in die Störung von Mandach ins Auge gefasst. Zu einem ähnlichen Schluss gelangen Ustaszewski et al. (2004, 2005; vgl. auch Giamboni et al. 2004a, b). Sie möchten wie Laubscher auch noch die Blauen- und Landskronkette der Bürgerwaldkette beifügen. Anderseits hat man auch spekuliert, dass der NNO verlaufende Abbruch des Bruderholzplateaus gegen das Birstal der Existenz eines aktiven Bruches zu verdanken sein könnte, der beim Erdbeben bis an die Erdoberfläche aufgebrochen sei, und hat versucht, durch Grabungen diesen Bruch nachzuweisen (Meghraoui et al. 2001). Es wurden dabei sogar Gleitflächen gefunden, die als Bestätigung dieses Bruches gehandelt wurden. Doch sind sie es wirklich?

Zusammenfassend lässt sich zunächst feststellen, dass der Artikel von Meghraoui et al. ein grundlegendes Gebot erdwissenschaftlicher Induktion verletzt, nämlich das der Formulierung multipler Arbeitshypothesen, unter denen dann die mit den Daten verträglichste und beste gewählt werden kann. Was die bei den Grabungen («Trenching») zutage geförderten Gleitflächen betrifft, so sind zwei Hypothesen möglich: 1. Gleitflächen von Rutschungen und 2. Gleitflächen von Brüchen. Sie sehen gleich aus, aber die zweite Hypothese ist zu verwerfen, weil sie nicht ins heutige Spannungsfeld passt (vgl. Abb. 2, 9, 10). Alle die zweite Hypothese stützenden Argumente sind bei dieser Sachlage an sich belanglos. Weil sie aber in besagtem Artikel einen derart breiten Raum einnehmen und der Artikel in der renommierten Zeitschrift «Science» erschienen ist und damit internationale Aufmerksamkeit beansprucht, sei trotzdem kurz darauf eingegangen.

Der Artikel basiert auf der morphologischen Interpretation (Luftphotos) der Böschung des Bruderholzplateaus gegen das Birstal. Es wird ein bisher unbekannter «Reinach-Basel-» oder «Reinach-Bruch» postuliert. «Ground-penetrating Radar» und Seismik sowie Geoelektrik werden als zusätzliche Explorationsmittel erwähnt, aber nicht näher präsentiert. Den breitesten Raum nimmt die morphologische Interpretation ein, zusammen mit den Ergebnissen von Schlitzgrabungen («Trenching»). Dieses Trenching hat hangabwärts gerichtete Gleitflächen an den Tag gebracht, mit der Dislokation quartärer Sedimente, die ebenfalls geomorphologisch interpretiert werden. C14-Datierungen werden vorgestellt und verschiedenen Bruchbewegungen zugeordnet. Es werden Quantifizierungen vorgenommen: Die Sprunghöhe von 0,6 bis 0,8 m, zusammen mit einer seismogenen Tiefe von 15 km und einer Rupturlänge von 15–20 km, ist kompatibel mit einer aufgrund der historischen Schadenmeldungen geschätzten Magnitude von 6.2 bis 6.4. Die als Bruchspur postulierte Böschung des Bruderholzplateaus ist aber nicht lang genug. Eine morphologische Identifikation der Fortsetzung des «Reinach-Bruchs» gegen Süden, um die geforderte Länge zu erreichen, gelingt zwar nicht, doch spekulieren die Autoren über eine mögliche Verlängerung «durch den Jura hindurch». Die geologischen Daten sprechen aber gegen diese Spekulation (z.B. Laubscher 2005a).

Was den hauptsächlichen Inhalt der Publikation betrifft, so bekundet der Schreibende damit etliche Mühe. Er hat jahrzehntelang Luftfotos in den verschiedensten Teilen der Erde als Hilfe bei geologischen Geländearbeiten benutzt, zusätzlich auch Gebiete rezenter Erdbeben überflogen und die nähere und weitere Gegend von Basel intensiv untersucht und dabei die Erfahrung gemacht, dass bei der morphologischen Interpretation von Bruchlinien grosse Vorsicht geboten ist.

Unbestritten ist, dass die Tektonik bei der Entwicklung der Geländeformen eine wesentliche Rolle spielt, aber die Umkehrung dieser Feststellung, dass nämlich die Geländeformen untrügliche Schlüsse über die Entwicklung der Tektonik zulassen, gilt nicht. Die Tektonik – der Gebirgsbau – ist ein endogenes Phänomen, das von Energien des Erdinnern gespeist wird; die Geländeformen sind exogener Natur, sie sind vom Energiehaushalt der Erdoberfläche bestimmt (Schweregefälle, Niederschläge, Eisbewegungen). Exogene Vorgänge zerstören die von der Tektonik geschaffenen Schweregefälle. Deshalb sind morphologische Lineamente auf die verschiedenen möglichen Mechanismen hin zu untersuchen, die ein solches lineares Muster erzeugen können, vor allem also auch auf die die tektonischen Effekte herabmindernden Vorgänge. Jedermann, der sich mit dem Erscheinungsbild rezenter Erdbeben beschäftigt hat, ist beeindruckt vom massenhaften Auftreten von Hangrutschungen und Bergstürzen, die durch die Erschütterungen ausgelöst werden, und zwar in erster Linie nicht an einer aktiven Bruchfläche, sondern an instabilen Hängen der weiteren Umgebung (um nur zwei Beispiele zu nennen: Alaska 1964, Guatemala 1976).

Für das vorliegende Beispiel «Abbruchrand des Bruderholzplateaus gegen das Birstal» liegt eine Fülle geologischer Information vor, die von den Autoren nur teilweise und beiläufig erwähnt wird. Zu nennen sind vor allem die Arbeiten von Gürler et al. (1987) über die Geologie der Umgebung von Basel, welche u.a. den Untergrund des Birstals anhand von seismischen Linien erkundet haben, kombiniert mit der Oberflächeninformation der Arbeiten von Herzog (1956) und der Karten des Geologischen Atlas der Schweiz, Blätter 1047 Basel und 1067 Arlesheim.

Den Geologen sind dort bis anhin keine Brüche aufgefallen, wohl aber zahlreiche Hangrutschungen, die ebenfalls Gleitflächen produzieren, wie sie in den Schlitzgräben auftreten (Bitterli-Brunner et al. 1984). Solche Rutschungen sind vor allem bekannt von den tertiären Mergeln, welche die Hochterrassen- und Deckenschotter der Plateaus beiderseits des Birsigtals unterlagern. H. Fischer, der das fragliche Gebiet für das Blatt Arlesheim des Geologischen Atlas der Schweiz (Bitterli-Brunner et al. 1984) während 16 Jahren untersucht und dabei in mühseliger Kleinarbeit die jeweils offenen Baugruben und Strassenanschnitte aufgenommen hat (nur dort kann man genaue Beobachtungen machen), fragt sich, wie man nur auf die Idee gekommen sei, in diesen Rutschgebieten durch Grabungen einen Bruch nachweisen zu wollen (persönliche Mitteilung 2004).

Zwar ist es richtig, dass der Verlauf des Birstals tektonisch bestimmt ist. Nach den vorliegenden geologischen Daten beruht diese Bestimmung aber auf den dominanten Strukturen, nämlich der Rheintalflexur und der Mulde von St. Jakob (s. Abb. 6 und Gürler et al. 1987). Der postulierte «Bruch von Reinach-Basel» liegt auf dem Westschenkel der (tektonischen) Mulde von St. Jakob (Atlasblätter Basel 1047 und Arlesheim 1067 sowie Gürler et al. 1987), in welcher die Birs fliesst, und ist ständigen Hangrutschungen ausgesetzt, auch solchen, die womöglich durch das Erdbeben von 1356 ausgelöst wurden. Die C14-Bestimmungen sagen deshalb nichts aus über einen möglichen Bruch. Merkwürdigerweise werden auch Bergstürze in der Gegend von Seewen als mit dem «Bruch von Reinach» kompatibel angeführt. Das sind eindeutig Geländebewegungen in der weiteren Umgebung eines möglichen Erdbebenbruchs.

Bei all diesen Aufzählungen von mit dem «Reinach-Bruch» kompatiblen Daten bleibt die entscheidende Inkompatibilität unerwähnt, dass nämlich ein ca. Süd–Nord verlaufender Abschiebungs-/Dehnungs-Bruch überhaupt nicht in das gegenwärtige, durch zahlreiche Bebenmechanismen belegte Spannungsfeld passt (vgl. dazu den Erdbebenschwarm von Balsthal 2005, Abb. 9). Dieses würde eine «sinistrale Transpression» verlangen, eine Störungszone, die durch eine Kompressionskomponente und eine Horizontalverschiebung (vgl. Abb. 10) charakterisiert wäre, wie dies durch den rezenten Erdbebenschwarm von Balsthal belegt ist.

Endlich ist darauf hinzuweisen, dass die Einschätzung, dass das Bruderholzplateau in jüngerer Zeit um die ganze Böschungshöhe am Reinach-Bruch gehoben worden sei, der regionalen Geologie widerspricht. Diese verlangt eine regionale Hebung, in die sich die Flüsse des Juras und seiner Umgebung eingegraben haben. Dies gilt nicht nur für die Birs, sondern auch für den Rhein, den Birsig und die z.T. canyonartig eingetieften Täler des Tafeljuras (Ergolztal und seine Nebenflüsse). Allenfalls hat eine gewisse Versetzung an der Rheintal-Flexur stattgefunden.

Weil also die unmittelbar auf das Erdbeben selbst beziehbaren Daten nicht allzuviel hergeben, scheint es geboten, zu versuchen, aus der geologischen Geschichte der Gegend von Basel-Dijon Weiteres zu erfahren. Welche Bewegungsspuren charakterisieren die letzten Millionen Jahre? In was für einem übergeordneten Plan haben sie sich vollzogen? Beginnen wir mit dem grossregionalen Umfeld.

Das plattentektonische Umfeld des Erdbebens von Basel 1356 (Abb. 1)

Heute weiss jedermann, dass die Erdkruste in Platten zerlegt ist, die sich in unterschiedlicher Bewegung befinden, sich dabei aneinander reiben und Erdbeben erzeugen. So sind die Ränder der pazifischen Platte in Nordamerika und Japan besonders intensive Erdbebengürtel, wie auch, in etwas bescheidenerem Masse, die Grenze der Afrika- zur Europa-Platte.

Aber das mit den Plattengrenzen ist so eine Sache. Sie werden meist der Übersicht halber als scharfe Linien gezeichnet, sind aber in Wirklichkeit gewöhnlich über 1000 km breite komplexe Zonen. So ist der berühmte San-Andreas-Bruch in Kalifornien nur ein besonders aktiver Zweig eines Gewebes von Brüchen, das sich weit über Kalifornien hinaus bis in einen Gürtel erstreckt, der von Nevada nach Idaho und sogar noch weiter nach Osten reicht. Und die Afrika-Europa-Plattengrenze umfasst die 2000 km breite Zone vom Atlas im Süden bis zu den Alpen im Norden mit dem Mittelmeer dazwischen (Abb. 1a).

Plattengrenzen sind aber nicht nur komplizierte Gewebe, sie haben auch die unangenehme Tendenz, ihre Gestalt dauernd zu verändern. So waren die Alpen ein besonders aktiver Zweig bis vor etwa 6 Millionen Jahren, dann wurde die hauptsächliche Aktivität nach Süden, in den Appennin, zurückverlegt (Abb. 3). Was das Molassebecken im Vorland der Alpen ist, das wurde das Po-Becken unter der Po-Ebene im Vorland des Appennins, oder besser gesagt, im Vorland des Neoappennins, denn auch der Appennin hat eine längere Geschichte (Abb. 1).

Die gegenwärtige gesamte Konvergenz von 8 mm/Jahr zwischen Afrika und Europa (DeMets et al. 1990) wird deshalb heute vermutlich durch die besonders aktiven Bebenzonen von Nordafrika-Süditalien und Adria-Tyrrhenis aufgenommen; für die schwach aktiven Zonen der Alpen und des Rhein-Rhone-Grabensystems bleibt also nur ein geringer Rest (Vgl. Ustszewski et al. 2004).

Wie passt nun das Erdbeben von Basel in dieses Plattenszenario?

Plattengrenzen und Schwächestellen (Narben)

Basel liegt am Südende des Rheingrabens, dem tektonischen Untergrund der Oberrheinischen Tiefebene, man möchte meinen weitab von den Alpen. Deshalb ist das Erdbeben von Basel traditionellerweise mit der Entstehung und Entwicklung des Rheingrabens in Zusammenhang gebracht worden. Heute weiss man aber, dass das so einfach nicht geht. Erstens ist der Rheingraben vor etwa 40 Mio. Jahren entstanden, in einem ganz andern plattentektonischen Plan (Abb. 2 und Laubscher [2001], Schumacher [2002]). Und zweitens verfügt man heute über zahlreiche Daten zur gegenwärtigen Spannungsverteilung im nördlichen Vorland der Alpen, die nach einem ganz neuen Szenario verlangen (z.B. Deichmann et al. 2004). In diesem Szenario spielt der Rheingraben nur noch die Rolle einer ererbten Schwächezone oder Narbe in der Kruste, die sich bei den Plattenbewegungen besonders leicht aufreissen lässt: Die Erdkruste hat ihre Geschichte, und diese hat Narben hinterlassen. Sie ist weit davon entfernt, eine homogene Scheibe zu sein.

Wenn sich also eine solche vernarbte Platte an der Nachbarplatte reibt, treten Spannungen auf. Diese kann man am einfachsten an einem Modell sichtbar machen (Abb. 5). Als Modellmaterial wird häufig nasser Ton auf einem Metallblech verwendet. Man markiert den Tonkuchen mit Kreisen und drückt ihn in horizontaler Richtung etwas zusammen. Die Kreise werden dabei zu Ellipsen deformiert, deren kurze Achsen die Kompressionsspannungen anzeigen, während die langen Achsen, etwas unscharf ausgedrückt, die senkrecht dazu gerichteten Zugspannungen repräsentieren. Diese Ellipsen sind Ausduck eines den ganzen Tonkuchen durchsetzenden Spannungsfeldes (Abb. 5).

Auf Abb. 2 ist der Rheingraben mit Basel eingezeichnet. Man kann erkennen, wie verschieden das Spannungsfeld zur Zeit der Bildung des Rheingrabens vor ca. 40 Millionen Jahren im Vergleich mit dem heutigen Spannungsfeld (ermittelt vor allem aufgrund der Mechanismen von zahlreichen kleinen Erdbeben) ausgesehen hat.

Es zeigt sich, dass das heutige Spannungsfeld offenbar die momentane Richtung der Kollision von Afrika und Europa widerspiegelt. Man darf wohl folgern, dass damit das Erdbeben von Basel ein Plattengrenzen-Beben gewesen ist. Wie aber soll man sich diese heutige Plattengrenze vorstellen?

Die regionale Blockstruktur der gegenwärtigen Afrika-Europa-Plattengrenze

Abb. 1 (Karte) und Abb. 3 (Profil) zeigen in stark vereinfachter Form das nördliche Randgebiet der Afrika-Europa-Plattengrenze mit ihren Unterteilungen. Sie reichen vom seit dem Pliozän (vor 5 Mio. Jahren) stark aktiven Nordappennin mit seinem Hinterland, dem immer noch aktiven Einbruch der Tyrrhenis, durch das im wesentlichen inaktive Po-Becken und die schwach aktiven Alpen bis in das vergleichsweise ebenfalls schwach aktive Rhein-Rhone-Grabengebiet. Man erkennt, dass die nördliche Randzone der Plattengrenze in Blöcke (oder Teilplatten) zerlegt ist, die sich in unterschiedlicher Weise der Bewegung der Grossplatten von Afrika und Europa einordnen. Am wichtigsten für Basel scheint das aktive Blockpaar Neoappennin/Tyrrhenis-Adria zu sein.

Nach übereinstimmenden Datensätzen aus der Feldgeologie, aus dem durch Bohrungen und geophysikalische Untersuchungen der Industrie ermittelten seichteren Untergrund und aus dem durch aufwendige Tiefen-Geophysik abgetasteten tieferen Untergrund kann man für die auf Abb. 1 dargestellten Teile der Plattengrenze folgendes Bewegungsbild entwerfen: Die Neoappenninen reiten auf den Adriatischen Block hinaus, während dieser unter die Appenninen abtaucht oder, im Fachjargon, «subduziert» wird. Gleichzeitig weicht der herabhängende Teil der Adriatischen Platte mit dem darauf reitenden Appennin gegen Norden und Osten zurück (im Fachjargon als «Rollback» bezeichnet), was zur Folge hat, dass im Rücken des Appennins die Tyrrhenis einbricht.

Ein Narbengeflecht in der Gegend von Basel (Abb. 4, 6)

Das nördliche Vorland dieses tektonisch besonders aktiven Blockpaars ist durch «Narben» vormals aktiver Blockgrenzen unterteilt, vor allem durch die Narbe der untermiozänen (vor 24 bis etwa 18 Mio. Jahren) und der obermiozänen (vor 16 bis etwa 6 Mio. Jahren) Alpen (zu denen auch unser Faltenjura gehört) und durch die Narbe des älteren Rhein-Rhone-Grabensystems (vor 40 bis etwa 26 Mio. Jahren). Beide Narben sind, wie gesagt, vergleichsweise schwach seismisch aktiv. Zur Zone der jungmiozänen Narbe in den Alpen gehören z.B. die durch gehäufte Erdbeben auffallenden Gebiete von Sierre und Chur (z.B. Deichmann et al. 2004), zur Narbe des Rhein-Rhone-Grabensystems namentlich das Erdbeben von Basel, aber auch die zahlreichen schwächeren Beben der Gegenwart in der Region Basel (Deichmann et al. 2004 und Abb. 7).

Wie die Spannungen der Afrikaplatte auf die Europaplatte durch das dazwischenliegende Blockgewirre (vgl. Abb. 1a) übertragen werden, ist zurzeit nur durch Vermutungen zu beantworten, zu komplex ist die physikalische Situation und zu spärlich die für ein umfassendes Modell nötige Information.

Solche Vermutungen führen z.B. zu folgendem Szenario: Aktivste Teile sind zurzeit der nordafrikanische-süditalienische Block, in etwas minderem Masse der Süd- und Westrand der Adria-Unterplatte. Auf sie übt die gegen NW treibende afrikanische Platte rings um den Appennin mit Hilfe der nordafrikanischen Unterplatten den Druck aus, der sich dann in den Narbenzonen des nördlichen Vorlands als Erdbeben entlädt.

Da die Platten nicht nur horizontal gegeneinandergestossen werden, sondern auch dem Sog der Schwerkraft unterliegen, stellen sich an den herabhängenden Rändern («Subduktionszonen») gravitative Einbrüche wie die Tyrrhenis oder auch die ähnlich geartete Ägäis ein.

Die lokale Blockstruktur: Das Feingewebe von Narben in der regionalen Rhein-Rhone-Narbenzone

Auf Abb. 6 ist – in immer noch stark vereinfachter Form – eine grössere Anzahl von an der Oberfläche erkennbaren einzelnen Störungen eingetragen, welche als lokale Narben die regionale Narbenzone durchziehen. Für die Auslösung von Erdbeben einer gewissen Stärke kommen nur jene in Betracht, die auch noch in Tiefen von mehreren Kilometern existieren (vgl. dazu Deichmann et al. 2004). Denn je seichter ein Erdbebenherd, desto geringer ist die Spannungsenergie, die sich ansammeln kann, bevor das Gestein bricht, und je geringer diese Spannungsenergie, desto geringer die Bebenstärke.

      In den vergangenen hundert Jahren sind durch viele Geologen Informationen gesammelt worden, die auch von Interesse für das Erdbeben von Basel sind. Von entscheidender Bedeutung waren die geophysikalischen, hauptsächlich reflexionsseismischen Untersuchungen der Nagra im aargauischen Tafeljura (Sprecher u. Müller 1986). Sie zeigten auf, wie eine 280 Mio. Jahre alte, tiefreichende Narbe in der Folge wiederholt aufgerissen ist, namentlich im unteren Miozän vor ca. 20 Mio. Jahren (Laubscher 1986, Diebold 1990). Narben mit einer derartigen Geschichte geraten natürlich in den Verdacht, dass sie auch künftig unter günstigen Bedingungen wieder aufreissen könnten. Jedenfalls liefert die Störung von Mandach im Aargauer Tafeljura (Abb. 6) die sicherste (wenn auch nicht sichere) Vergleichsmöglichkeit für Narben, die auch in der Gegend von Basel als Auslöser eines Erdbebens in Frage kommen.

Störungen (Narben), die für das Erdbeben von Basel besonders in Frage kommen (Abb. 6, 7)

Diese Narbe von Mandach und damit zusammenhängende Störungen sind auf Abb. 6 besonders hervorgehoben. In der Gegend von Basel verfügt man nicht über den Reichtum an geologischen und geophysikalischen Daten wie im Aargauer Tafeljura, doch sind verwertbare Spuren vorhanden. So zielt die Störung von Mandach gegen WSW in das Ergolztal und die Verwerfungen von Gempen, und die Störung von Habsburg lässt sich, allerdings nur mittelbar anhand der grossen Überschiebungen, die sie vor etwas weniger als 10 Mio. Jahren bei der Jurafaltung ausgelöst hat, über Eptingen gegen Büsserach verfolgen. Nach einer Aufsplitterung der Störung zwischen Büsserach und Glovelier erscheint eine Art Fortsetzung in der altbekannten Mont-Terri-Linie am Südrand der Ajoie (Abb. 6; Buxtorf 1907).

Sucht man nach einer Narbe, welche einigermassen in die von den Schadenmeldungen 1356 angedeutete Basel-Dijon-Richtung passt, so ist diese (als Habsburg-Mont-Terri-Linie zusammenfassbare) Störung ein bevorzugter Kandidat. Wegen der besonders hohen Schadendichte im Birseck ist die etwa parallel dazu verlaufende (als Mandach-Montbéliard-Linie zusammenfassbare) Störung von Mandach-Gempen-Landskron wohl noch wichtiger.

Nicht ganz ausser acht zu lassen sind aber auch einige S–N streichende Narben, wenn sich nämlich einmal herausstellen sollte, dass das Schadenfeld von 1356 nicht die bisher angenommene O–W- bzw. ONO–WSW gerichtete Längsachse aufgewiesen hat. In diesem Falle käme vor allem die Rheintalflexur in Frage (Abb. 6). Dass so gerichtete Narben gegenwärtig aufreissen, zeigt der Erdbebenschwarm von Balsthal 2005 (Abb. 9). Er liegt in der Fortsetzung der wichtigen Zeininger Störung, die ungefähr parallel zur Rheintalflexur verläuft und deren Spuren auch in der Geologie der Oberfläche in Erscheinung treten (Laubscher 2005 b).

Denkbare Mechanismen für das Erdbeben von Basel

Was für eine Art Bebenmechanismus ist in diesem Szenario zu erwarten? Abb. 10 zeigt die drei Haupttypen von Störungen in der Erdkruste. Wie die aufgrund der gegenwärtigen Beben ermittelten Herdmechanismen für die Sundgau-Rheingraben-Narbenzone zeigen, sind vor allem Horizontalverschiebungen aktiv (vgl. Abb. 9), dazu wenige Abschiebungen, aber kaum Überschiebungen. Für die oben ermittelten Hauptkandidaten für die Narbe, an der das Beben von 1356 ausgelöst wurde, gilt, dass sowohl Überschiebungen als auch Horizontalverschiebungen zu erwarten wären (Abb. 6; vgl. auch Abb. 11), da die NW–SO gerichtete Kompression schief auf die Mandach-Montbéliard-Narbe trifft. Man kann verschiedene Gründe vermuten für das gegenwärtige Fehlen von Überschiebungsbeben, sicher ist aber, dass sie nicht unmöglich sind.

Dabei ist fraglich, ob solche Überschiebungen bis an die Erdoberfläche dringen würden; denn es gibt zusätzlich zu den Bruchmechanismen das Phänomen des kataklastischen Kriechens, eine unmerkliche Bewegung an feinsten Rissen und Korngrenzen, wodurch der Druck vermindert wird, aber kaum messbare Beben ausgelöst werden. Solches Kriechen ist neben den anderen Deformationsarten immer aktiv, besonders aber bei langsamen Verformungen, wie wir sie in der äusseren Narbenzone der Europa-Afrika-Plattengrenze zu erwarten haben. Zeugnis dafür sind die Flexuren, die namentlich bei der Reaktivierung spätpaläozoischer Brüche im Untermiozän gebildet wurden (Abb. 8): Sie sind eine eher diffuse, über grössere Volumina verteilte und nicht an einer Bruchfläche konzentrierte Deformationsart. Auch heute sind bei erneuter Reaktivierung dieser Narben neben seltenen Überschiebungen solche Flexuren zu erwarten.

Ein besonders interessantes Bild ergibt sich, wenn man dem auf der Kartenskizze von Laubscher (2001, 2003) dargestellten Narbengeflecht die Karte der Bebenherde für die Periode 1975–2003 von Deichmann et al. (2004) überlagert (Abb. 7, 9, vgl. auch die Beben von St. Ursanne und Balsthal 2005). Zunächst fällt eine Süd–Ost verlaufende Linie auf, an der Beben gegenwärtig gehäuft auftreten. Sie fällt fast zusammen mit der Adlerhof-Flexur (A) und den in ihrer südöstlichen Fortsetzung angedeuteten Störungen. Speziell hervorgehoben ist das auf dieser Linie gelegene Epizentrum des Bebens von Pratteln 1999 («P»). Die Richtung der grössten horizontalen Kompression für dieses Beben ist NW–SO (vgl. auch Abb. 2), und die entsprechende Horizontalverschiebung ist fast identisch mit dem Verlauf der Adlerhof-Flexur. Der Deutlichkeit halber ist das Epizentrum mit den gefolgerten Bebenmechanismen in einer kleinen Einsatzfigur an der rechten unteren Ecke von Abb. 9 wiederholt. Eine Spannungs- bzw. Deformationsellipse mit der dazugehörigen Dextralverschiebung weist darauf hin, dass hier eine Streckung in Richtung der Basel-Dijon-Transferzone und eine Kompression senkrecht dazu stattgefunden hat. Ein nahezu identischer Bebenmechanismus ergab sich für das Beben von Zeiningen 2003, mit einer Herdtiefe von 17 km (ebenfalls hervorgehoben, «Z»). Auch dieses liegt in der Nähe wichtiger Narben, nämlich einer SO-gerichteten Störung, etwa in der Fortsetzung des von den Brüchen von Rheinfelden und Maulsburg eingerahmten zentralen Dinkelberggrabens, oder auch der SW-verlaufenden Störung von Zeiningen. In deren Fortsetzung liegt übrigens, wie schon oben notiert, der Schwarm des Bebens von Balsthal 2005 und seiner Vor- und Nachbeben (Abb. 9, Einsatzfigur rechts unten).

Wie schon eingangs erwähnt (vgl. Abb. 6), sind mit die wichtigsten Narben solche in WSW-Richtung, insbesondere die Störung von Mandach. Sie entspricht dem im Untermiozän reaktivierten Nordrand des spätpaläozoischen Grabens von Konstanz-Frick (auch als Nordschweizerischer Permokarbontrog bezeichnet).

Keine dieser Narbenzonen liegt exakt senkrecht zur heutigen Richtung der maximalen Kompression. Bewegungen an einer solchen schiefliegenden Narbe sind sehr komplex. Das gilt auch für die möglicherweise das Beben von Basel 1356 auslösende Störungszone Mandach-Montbéliard. Bewegungen an solchen schiefliegenden Narben sind von grosser Bedeutung sowohl für die akademische wie auch für die praktische Geologie. Im Bestreben, derartige Bewegungen besser zu verstehen, sind zahlreiche Experimente an geeigneten, nach der Modelltheorie reduzierten Modellen durchgeführt worden, erst jüngst wieder im Verlauf einer Kampagne des Geologischen Instituts der Universität Basel in der Ajoie und im Sundgau (Ustaszewski et al. 2005; Abb. 11).

Bei diesen Experimenten (vgl. auch Richard et al. 1995) werden in der Regel mehrere Generationen sowohl von Horizontalverschiebungen wie auch von Überschiebungen erzeugt, die als fiederförmig angeordnete Zone der schiefen Narbe folgen. Wichtig sind dabei auch kurze Faltenstücke, also Produkte kriechender Deformation. An einer solchen schiefen Narbe sind dementsprechend neben aseismischen Kriechvorgängen sowohl Überschiebungs- wie auch Horizontalverschiebungs- und erst recht zwischen diesen Extremen liegende Bebenmechanismen zu erwarten. Möglicherweise sind die vielen schwachen Beben in unserer Gegend solchen kleinen Teilschritten zu verdanken, die am Ende, nach Tausenden von Jahren, als Beiträge zu einer umfassenderen Struktur von der Art der Abb. 11 erscheinen mögen. Wenn allerdings eine solche schiefe Narbe auf grösserer Distanz gleichzeitig aufbricht, dann ist zu erwarten, dass mehrere Beben dabei erzeugt werden. Das war vielleicht auch beim Erdbeben von Basel der Fall, ausschliessen lässt es sich jedenfalls nicht.

Die meisten der bedeutenderen Beben in unserer Gegend haben ihre Herde in 10 bis 20 km Tiefe, wie die Beben von Pratteln und Zeiningen. Man bezeichnet die Untergrenze der durch Erdbeben charakterisierten Oberkruste (oder seismogenen Zone) meist als spröd-duktile Grenze (Abb. 3, 4). Das heisst, dass oberhalb dieser Grenze die meisten Gesteine auf Beanspruchung durch Brechen (sprödes Verhalten), darunter durch Kriechen (duktiles Verhalten) reagieren. Diese etwas unscharfe Grenze ist in erster Linie durch die Temperatur bestimmt, die ja mit der Tiefe zunimmt, in zweiter Linie auch durch den Druck der überlagernden Gesteinssäule.

Eine plausible Annahme ist nach all den obenstehenden Erörterungen, dass das Hypozentrum des Erdbebens von Basel in etwa 20 km Tiefe gelegen hatte, und dass sich von diesem Punkt aus ein Bruch in Richtung Oberfläche ausbreitete, aber diese vermutlich nie erreichte, sondern in zerstreutes kataklastisches Fliessen ausartete.

Schlussfolgerungen

Das Erdbebengebiet von Basel liegt am nördlichen Rand der 2000 km breiten Zone der Plattengrenze Afrika-Europa, in der der Atlas, das Mittelmeer, die Appenninen und die Alpen liegen. Die gegenwärtigen Erdbeben sind verträglich mit einem Szenario, in dem Afrika und Europa gegen NW konvergieren, wobei die entstehenden Spannungen über das komplizierte Blockwerk der Plattengrenze übertragen werden. Innerhalb der Plattengrenzzone wechseln die aktivsten Bereiche ständig. Heute sind es an ihrem Nordrand besonders die Adriatische und die Appenninisch-Tyrrhenische Unterplatte, während die Alpen eher die Rolle einer Narbenzone aus früheren Bewegungen spielen, die unter den sich aufbauenden Spannungen besonders leicht wieder aufreissen kann. Eine ähnliche solche Narbenzone nördlich der Alpen ist die des Rheingrabens und seines Umfelds. Noch lässt sich nicht absehen, ob die Reaktivierung dieser Narbenzone je zum Aufbau eines Plattengrenzen-Gebirges führen wird.

Was die Einordnung des Erdbebens von Basel 1356 in dieses Szenario betrifft, so ist man mangels umfassender Information auf Vermutungen angewiesen, die es erlauben, ein mit den Daten verträgliches Schema zu entwerfen. Ein solches sieht z.B. vor, dass das Erdbeben in einer Tiefe von vielleicht 20 km an einer etwa W–O bis WSW–ONO verlaufenden Narbe entstand und möglicherweise verknüpft war mit einer vermutlich im Untergrund blind endenden Überschiebung, vielleicht auch mit einer ONO–WSW verlaufenden Dextralverschiebung. Überschiebungsbeben sind selten, können aber besonders stark sein, dagegen sind Beben an Dextralverschiebungen gegenwärtig besonders häufig, aber schwach. Die Situation ist geometrisch und mechanisch derart komplex, dass eine physikalische (deterministische) Modellierung ausser Frage steht. Mithin ist nicht voraussagbar, wo und wann das nächste grössere Erdbeben in unserer Gegend zu erwarten ist und was sein Mechanismus sein wird. Die Zuflucht in statistische Modelle, aufgrund der Unmöglichkeit, deterministische Modelle zu entwickeln, hilft allerdings auch nicht weiter. Starke Beben sind selten, und eine Statistik seltener Ereignisse ist von fraglicher Bedeutung.

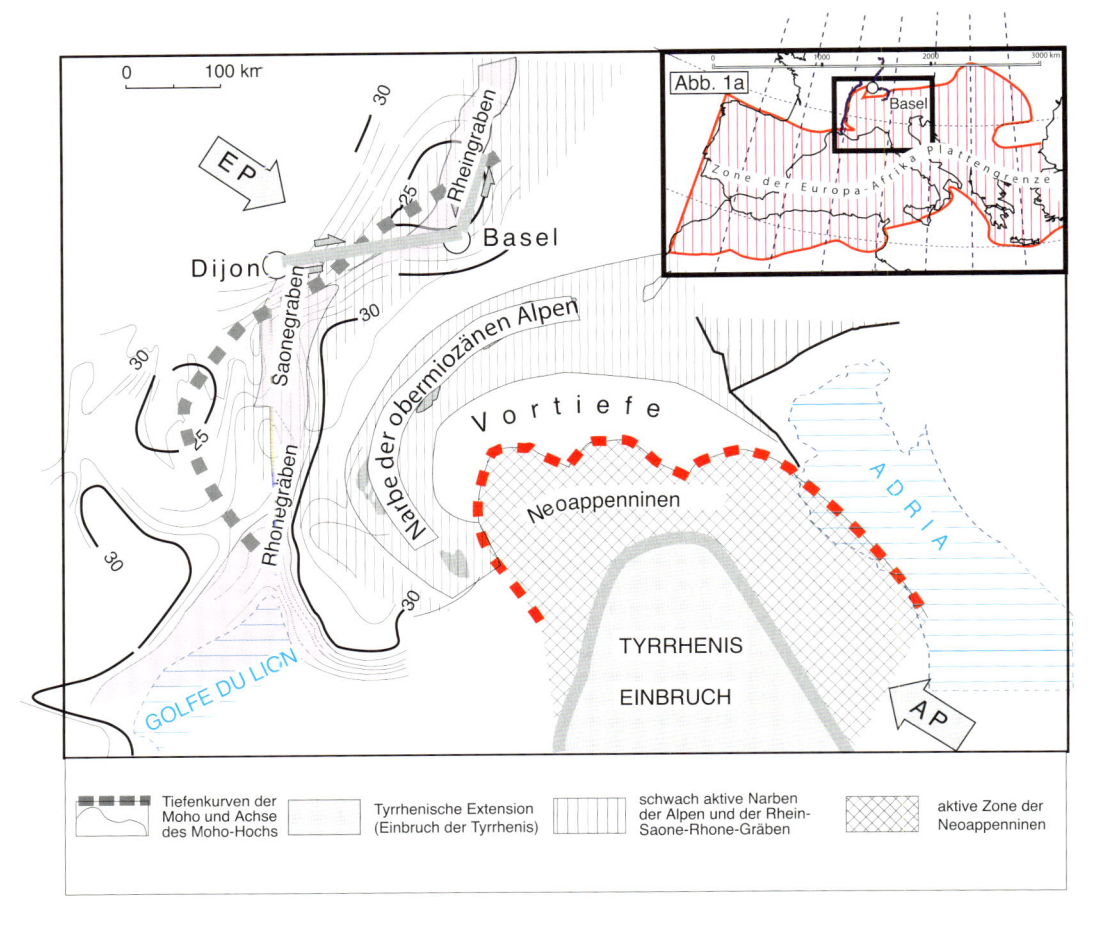

Abbildung 1:
Die Afrika-Europa-Plattengrenze. Die eingesetzte Abb. 1a zeigt, schematisch, die volle Breite der Plattengrenzzone (rot schraffiert). Das schwarze Rechteck gibt die Lage der Hauptfigur 1 an. Die ungefähre Aussengrenze der Zone wird durch das Hoch der Moho (Untergrenze der Kruste) markiert. Die Pfeile (EP = Europa-Platte, AP = Adria-Teilplatte) bedeuten die ungefähre Richtung der Platten-Konvergenz.

a-Palaeogen (40–24 Ma)

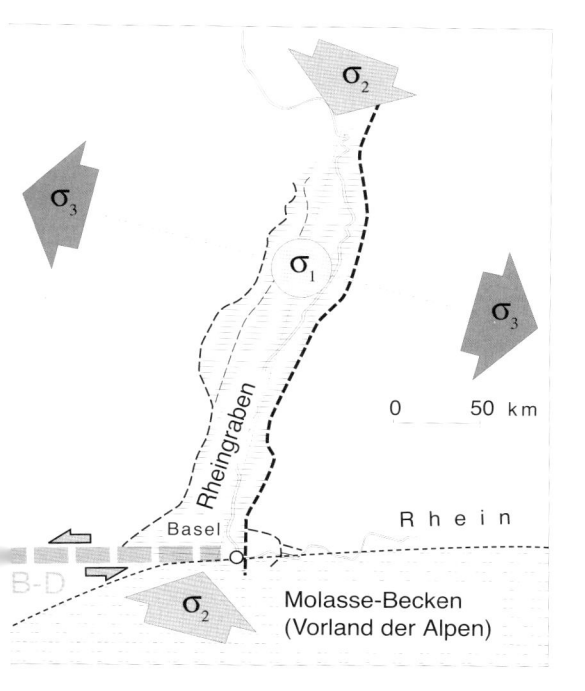

b-Neogen (nach 24 Ma)

Abbildung 2:
Vergleich der Deformationsfelder («Spannungen», vgl. Abb. 5) im Palaeogen und im Neogen.
Ma = Millionen Jahre vor der Gegenwart.
σ_1 = Richtung der grössten Kompression,
σ_2 = Richtung der mittleren Deformation,
σ_3 = Richtung der maximalen Dehnung.
Kreise: Richtung senkrecht zur Oberfläche.

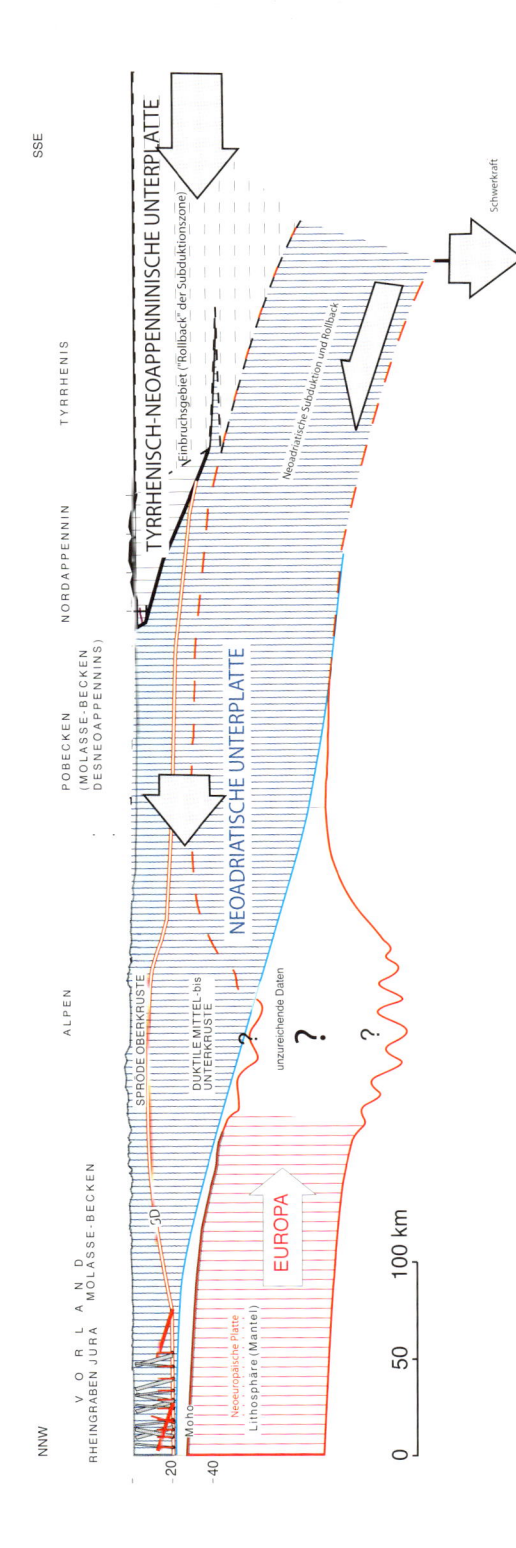

Abbildung 3:

Profil durch den nördlichen Teil der Afrika-Europa-Plattengrenzzone (vgl. Abb. 1). Die an den Plattenbewegungen beteiligte Lithosphäre besteht aus einem vergleichsweise leichten Krustenteil (oberhalb «Moho») und einem schweren Mantelteil. Die Kruste ist weiter unterteilt in eine spröd deformierte obere und eine duktil deformierte untere Domäne. Grenze ist «SD». Im Bereich der alpinen Narbe ist der Mantel schlecht bestimmt. Der südliche Teil gehört zur Neoappenninischen Teilplatte. In der Narbenzone der Rhein-Rhone-Gräben am nördlichen Ende des Profils sind schematisch die lokalen Narben (grau) und die an ihnen ausgelösten Erdbeben und Brüche (rot) eingezeichnet, vgl. Abb. 4. «Neo-» bedeutet gegenwärtig aktive Platten bzw. Unterplatten.

NW SE

Vergrössert: Narben des alpinen Vorlands (weiss)

σ_1
SD
Üb
Üb
σ_1

Narbenzone der obermiozänen Alpen

Po-Becken

S

Neoadriatische Unterplatte

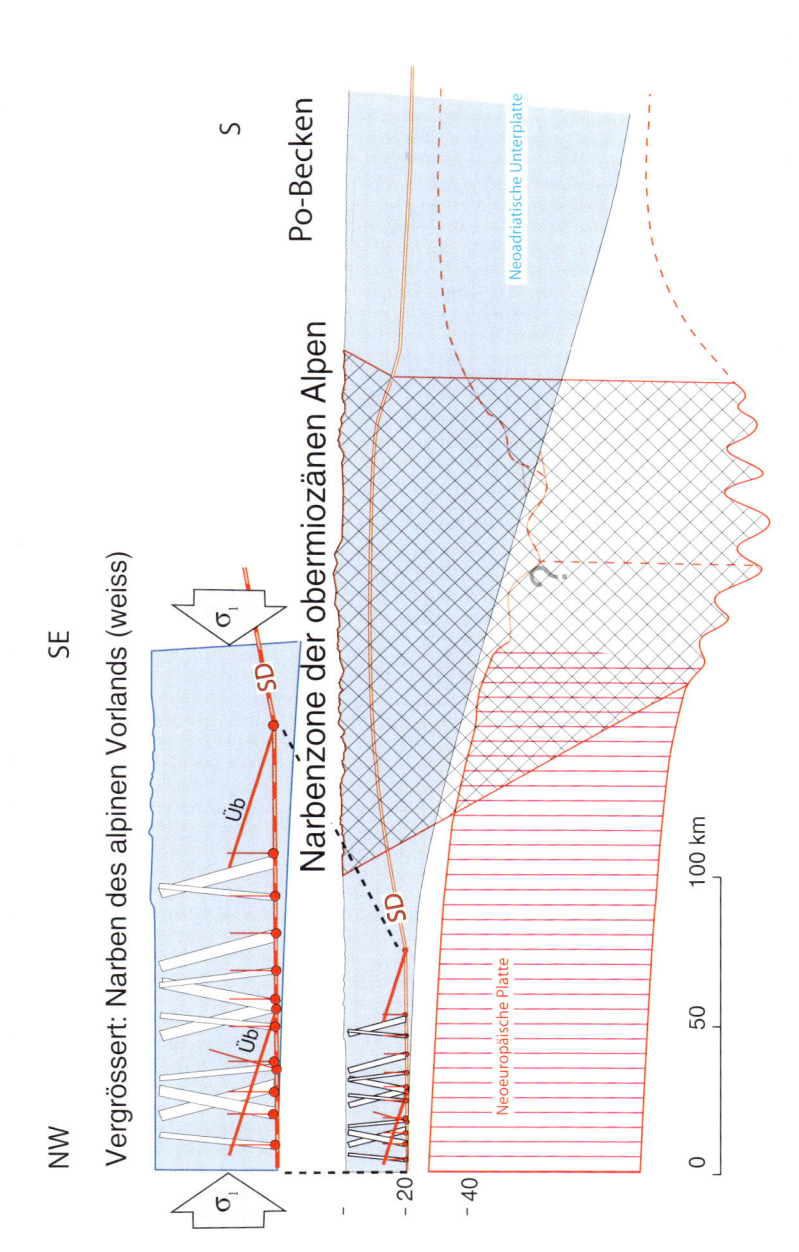

Neoeuropäische Platte

SD

0   50   100 km

-20

-40

Abbildung 4:

Vergrösserungen des Nordendes von Abb. 3: Die lokalen Narben (weiss) im Bereich der regionalen Rheingraben-Narbe. SD = spröd-duktile Grenze. Die alten Störungszonen (Narben) sind steil eingezeichnet, weil sie im Untermiozän (vor 24–18 Mio. Jahren) als Transpressionszonen (vgl. Abb. 11) gedient hatten und vermutlich auch in der Gegenwart wieder vornehmlich als solche reaktiviert werden. Schematisch sind an der spröd-duktilen Grenze die Auslöseorte für Erdbeben (rote Kreise) und die von ihnen ausgehenden Brüche (rote Linien) eingezeichnet, darunter auch zwei seltene blinde Überschiebungen (Üb).

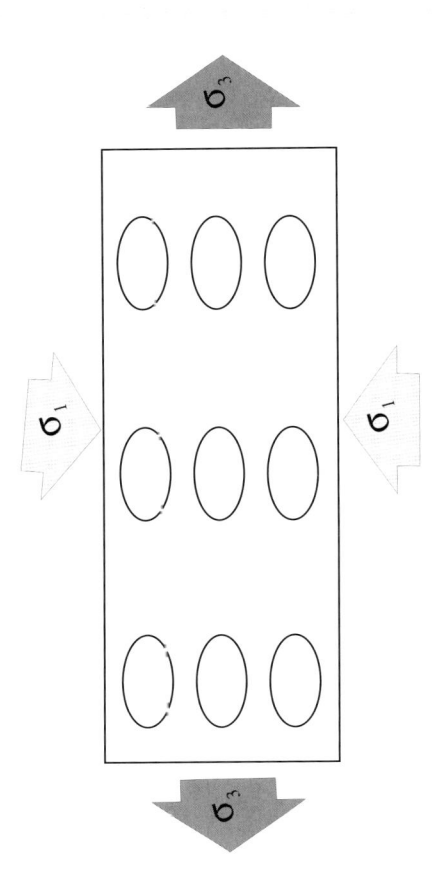

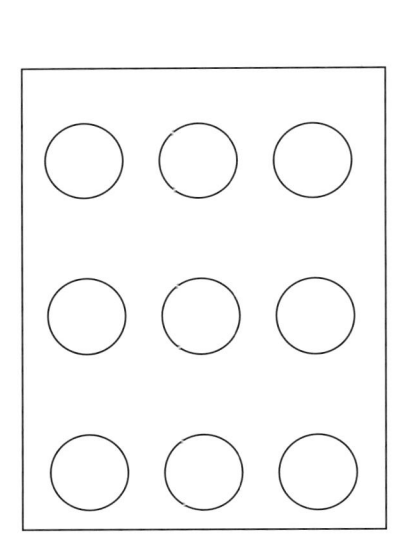

Abbildung 5:
Zum Begriff «Spannungsfelder». Ein Tonkuchen wird zusammengepresst und dabei in flacher Position gehalten. Vorgezeichnete Kreise (links) werden zu Ellipsen (rechts) deformiert. Dieses Deformationsfeld bildet das Feld der im Innern der Platten verteilten Kräfte (Spannungen) ab. Vgl. Abb. 2.

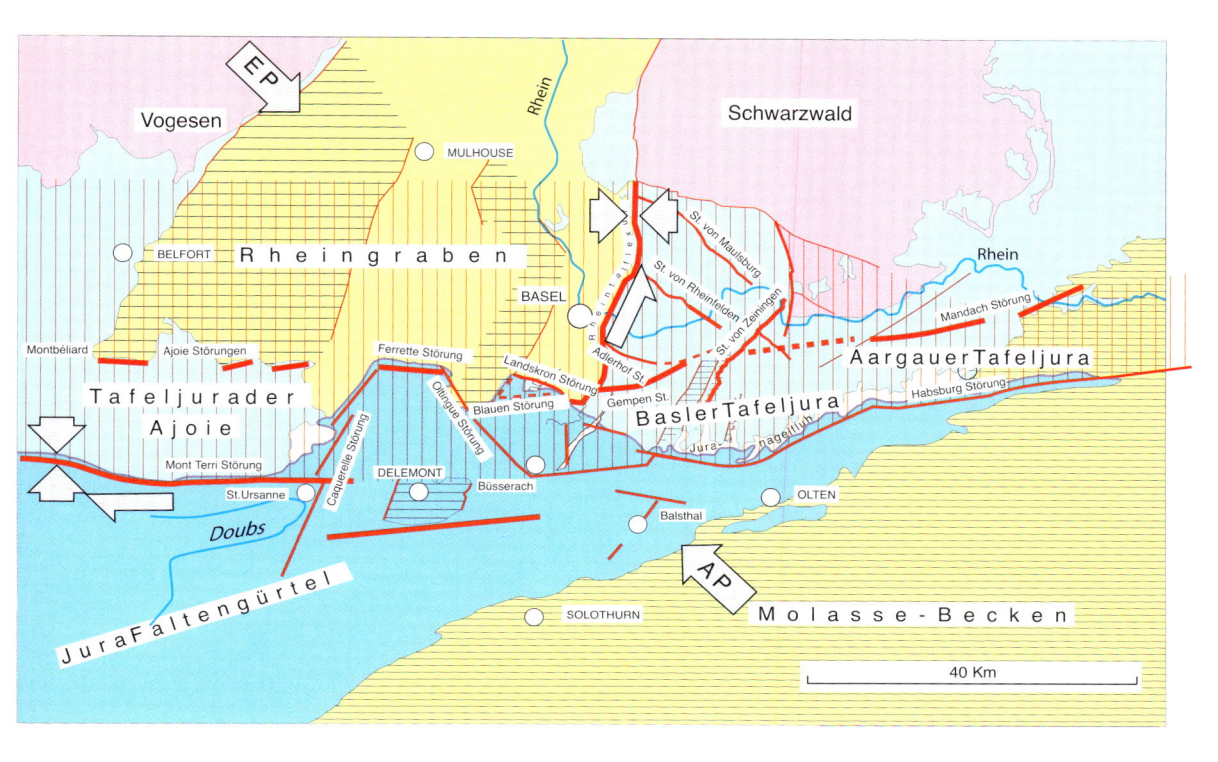

Abbildung 6:
Die hauptsächlichen nach 24 Mio. Jahren vor der Gegenwart reaktivierten Narben (rot) in der weiteren Region von Basel. Besonders hervorgehoben (dicke Striche) sind die in die Richtung des mutmasslichen Schadenfeldes von 1356 weisenden Störungen von Habsburg-Mont-Terri und Mandach-Montbéliard sowie die Rheintalflexur und die Störung von Zeiningen. Die Pfeile «EP» und «AP» deuten die gegenwärtige Konvergenz der europäischen und der afrikanischen (adriatischen) Platte an. Vertikal schraffiert (rot) ist die ungefähre Domäne der Basel-Dijon-Transferzone (Laubscher 1970). Horizontal schraffiert (schwarz) sind die besonders tiefen Einbrüche des Rheingrabens im Eozän-Unteroligozän (vor 40–32 Mio. Jahren). Die grauen Pfeile geben die anzunehmenden Komponenten der Schubrichtung an wichtigen Narben an, wobei die Halbpfeile horizontale Scherkomponenten bedeuten (vgl. Abb. 10c). Stern: Epizentrum des Hauptbebens im Schwarm von Balsthal 2005, daneben (weisser Kreis mit schwarzen Quadranten) dessen Herdmechanismus (weisse Quadranten = Kompression, schwarze Quadranten = Extension). Blassrot: Paläozoikum und Grundgebirge; hellblau: Mesozoikum der Tafelgebiete; dunkelblau: Jura Faltengürtel (hauptsächlich Mesozoikum): gelb: hauptsächliche Tertiärbecken.

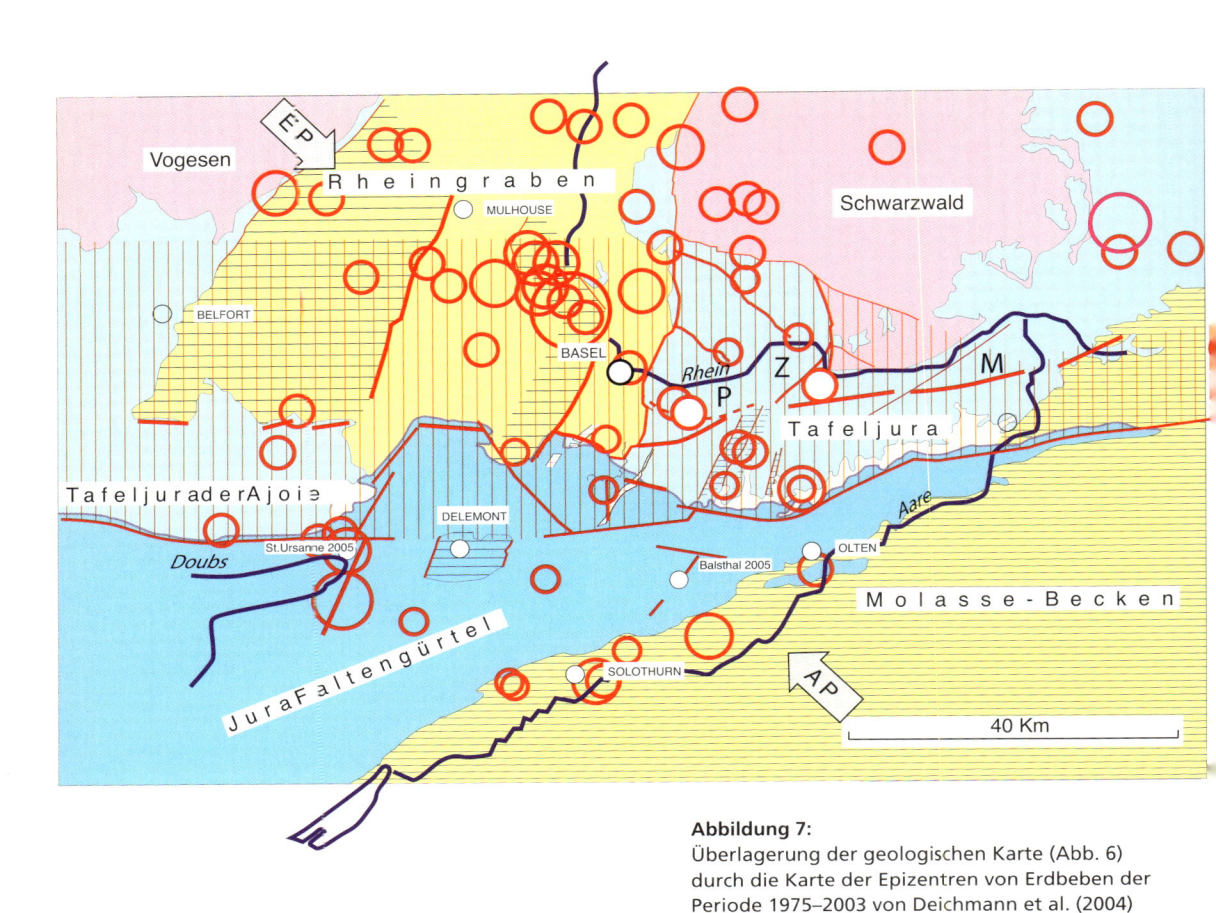

Abbildung 7:
Überlagerung der geologischen Karte (Abb. 6) durch die Karte der Epizentren von Erdbeben der Periode 1975–2003 von Deichmann et al. (2004) (rote Ringe; die Grösse der Ringe gibt die Bebenstärke an). Besonders hervorgehoben (weiss) sind die Beben von Pratteln (P) und Zeiningen (Z). Man beachte auch die Lage der diesjährigen Beben von St. Ursanne und Balsthal. Erklärungen im Text.

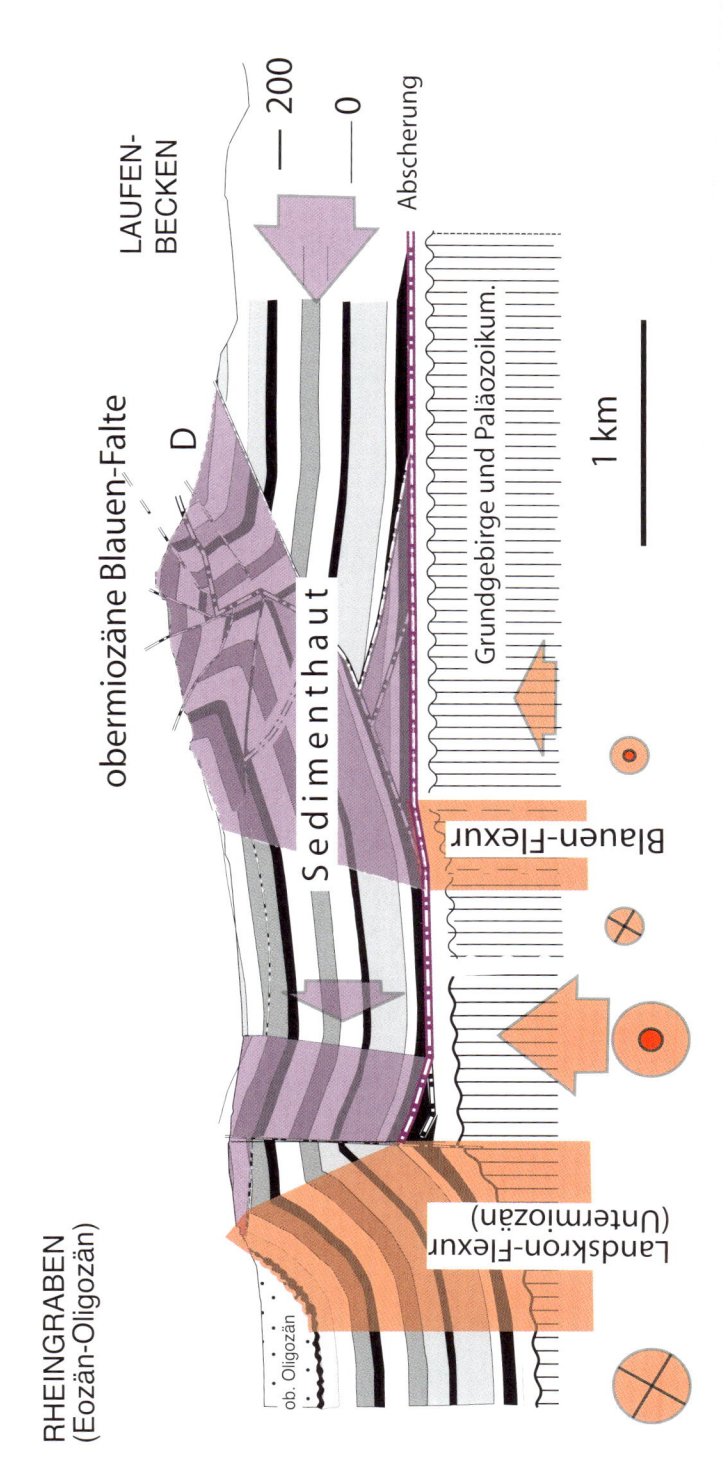

Abbildung 8:
Profil durch die Blauen- und Landskron-Ketten zur Illustration der untermiozänen Tiefenstruktur (rot) im Gegensatz zur obermiozänen Sedimenthaut-Struktur (violett). Typisch für die untermiozänen Strukturen sind im Grundgebirge wurzelnde Flexuren, für die obermiozänen Strukturen auf die Sedimenthaut beschränkte Falten und Überschiebungen. Flexuren scheinen auch die jüngsten Deformationen am Südrand des Rheingrabens zu kennzeichnen (Giamboni et al. 2004, Ustaszewski et al. 2005). Die Pfeile geben qualitativ die Verschiebungen an, die Kreise die senkrecht zur Zeichenebene gerichteten Horizontalverschiebungen (roter Punkt gegen den Betrachter gerichtet, vgl. Abb. 10c).

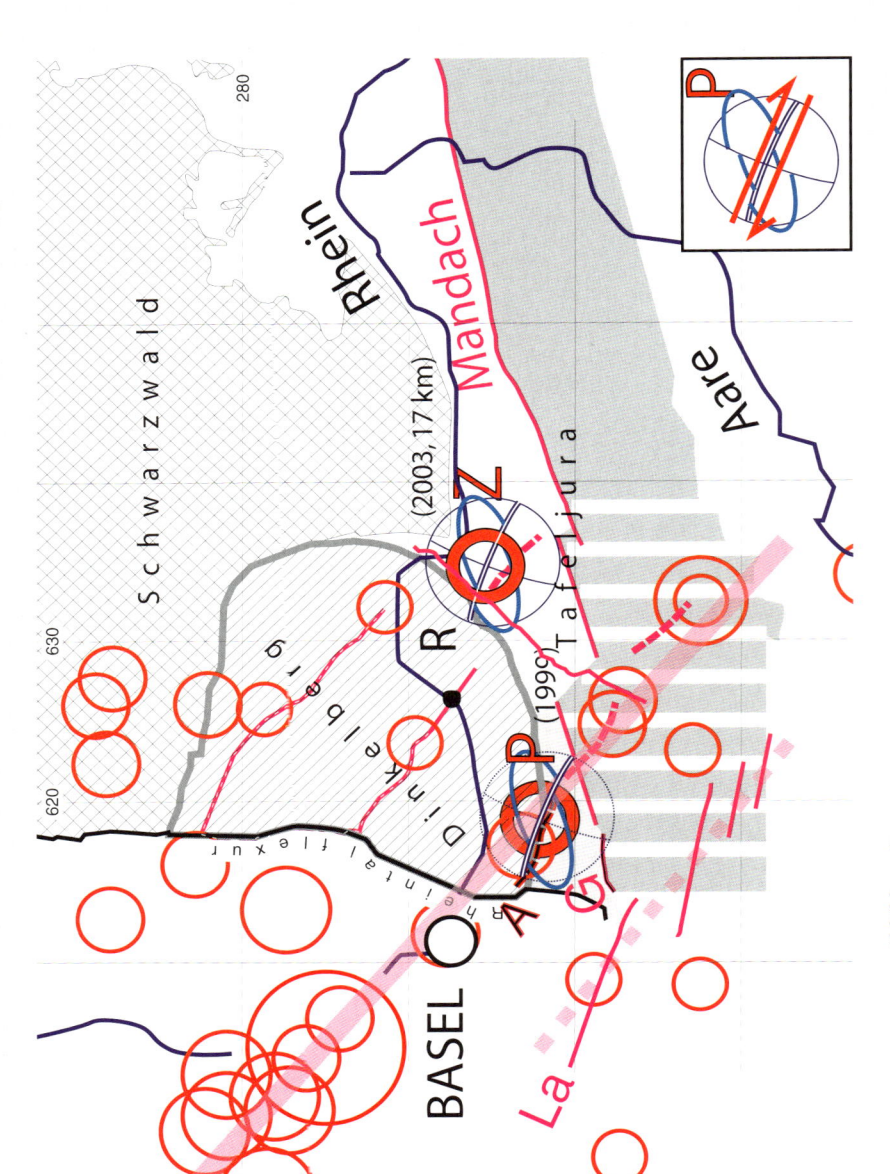

Abbildung 9:

Wie Abb. 7, aber zusätzlich mit dem Herdmechanismus für das Beben von Pratteln (P). Dieser ist in der rechten unteren Ecke noch einmal dargestellt, wobei angedeutet ist, dass man die Wahl hat zwischen zwei möglichen Scherungen. Sie entsprechen entweder der Richtung der Adlerhof-Flexur (A) oder der Richtung der Rheintal-Flexur. Die Adlerhof-Flexur scheint begünstigt zu sein, da sich in ihrer Richtung die Bebenherde häufen (dicker rosaroter Strich); vgl. Abb. 11. Umgekehrt gilt für das Beben von Balsthal: Die sinistrale Scherung an der Zeiningen-Balsthal-Linie ist vorzuziehen, weil die Vor- und Nachbeben auf dieser Linie liegen. R = Rheinfelden, A = Adlerhof-Flexur, La = Landskron-Flexur (der dicke unterbrochene blassrote Strich fasst die vermutlich gestaffelten einzelnen Flexuren zu einer Zone zusammen). G = Gempenbruch, am Rand des oberpalaeozoischen Trogs der Nordschweiz («Trog von Konstanz-Frick»), schattiert mit dicken weissen Schraffen, wo nur vermutet.

Abschiebung

Überschiebung

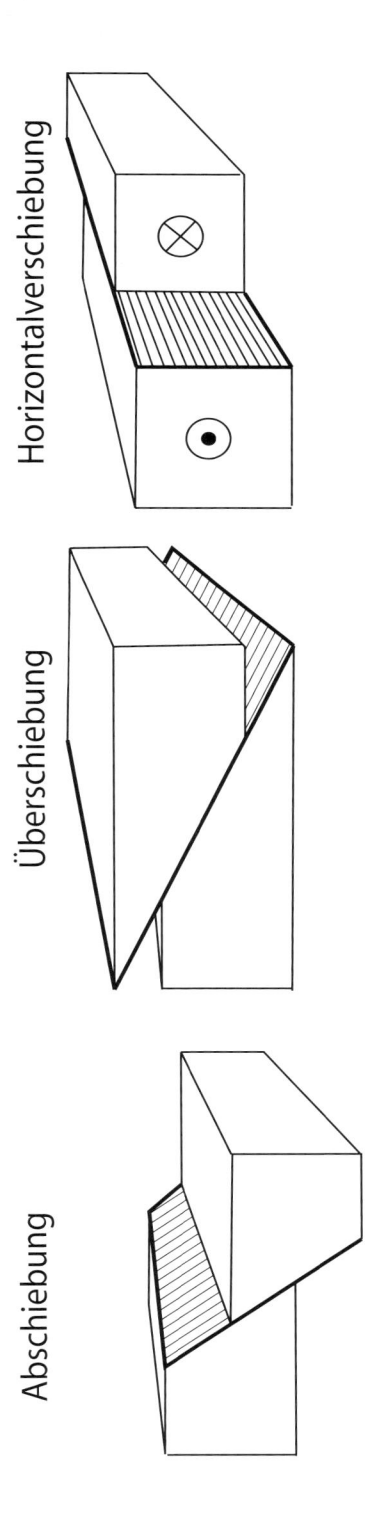

Horizontalverschiebung

Abbildung 10:
Die drei hauptsächlichen Verschiebungsbrüche im Sprödbereich. Der Verschiebungssinn der Horizontalverschiebung ist mit den Pfeilsymbolen gekennzeichnet: Pfeilspitze mit Punkt, Pfeilfiederung mit gekreuzten Linien. Der Verschiebungssinn ist hier sinistral: Man stellt sich auf die eine Seite der Störung und sieht die andere sich nach links bewegen.

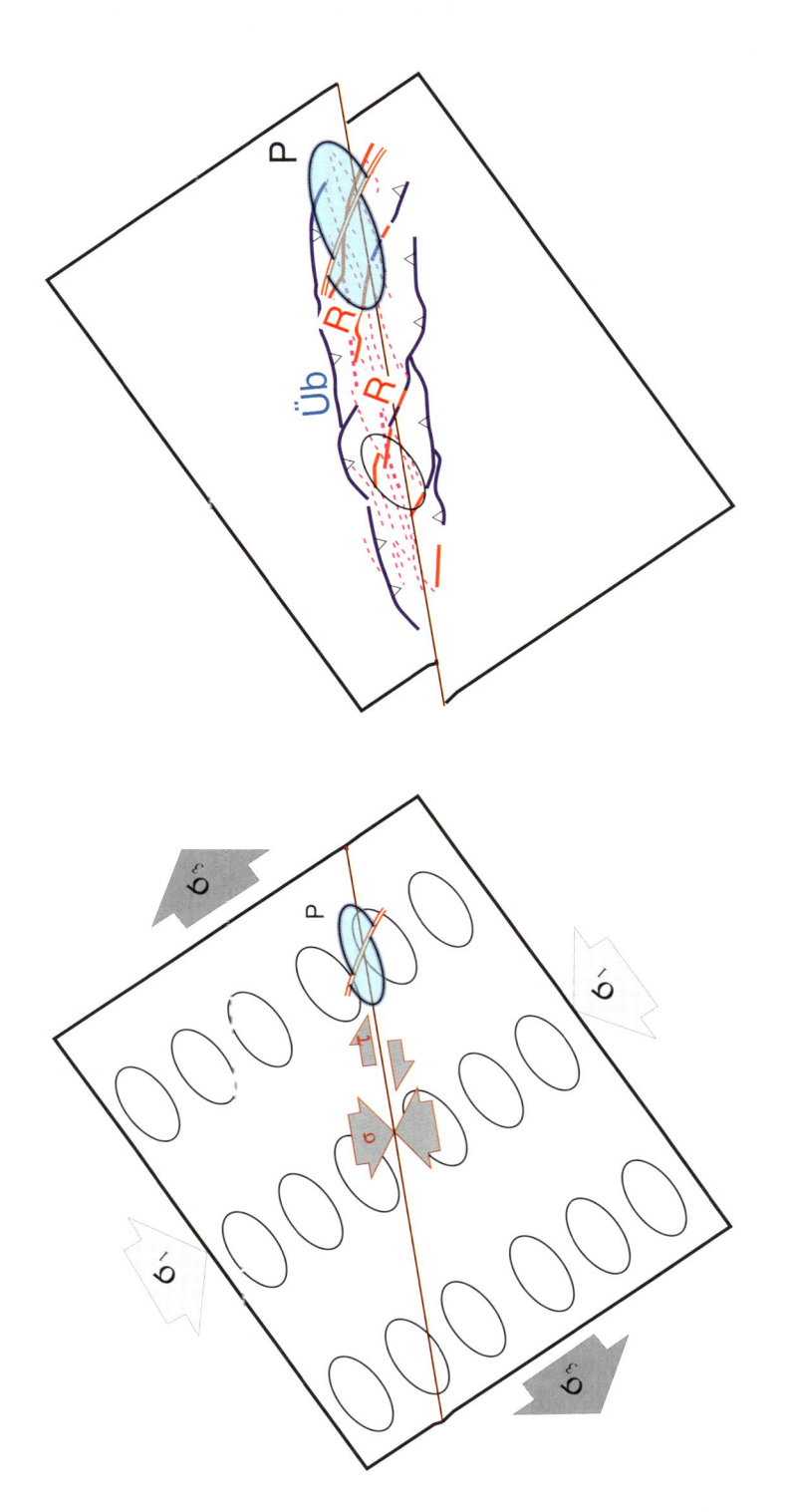

Abbildung 11:

Transpressionen. Sie treten immer dann auf, wenn eine Narbe schief zur Richtung der maximalen horizontalen Kompression σ_1 verläuft. Links ist ein schematisches Spannungsfeld analog zu Abb. 5 dargestellt, rechts die vereinfachte Strichzeichnung eines Modellversuchs von Ustaszewski et al. (2005). Auf beiden Seiten eingezeichnet ist zudem die schematische Deformationsellipse des Bebens von Pratteln 2003 (P, vgl. Abb. 9). Man beachte, dass die gefolgerte Dextralverschiebung dieses Bebens mit den gestaffelten Dextralverschiebungen «R» des Modells zusammenfällt. Dabei ist zu bedenken, dass das Modell nur das Verhalten der Sedimenthaut nachzubilden versucht, nicht das des ganzen Sprödbereichs, dass aber ähnliche Resultate auch bei andern Modellversuchen mit unterschiedlichen Versuchsbedingungen zu beobachten sind (z.B. Richard et al. 1995).

Üb = Überschiebungen. Gestrichelt sind weitere modellspezifische reaktivierte Störungen.

Literatur

Bitterli-Brunner, P. / H. Fischer / P. Herzog (1984): LK-Blatt 1057 Arlesheim, in: Geologischer Atlas der Schweiz, Blatt 80. Hg. von der Geologischen Kommission der Schweizerischen Naturforschenden Gesellschaft, Bern.

Buxtorf, A. (1907): Zur Tektonik des Kettenjura, in: Ber. Versamml. oberrh. geol. Ver., 30./40. Versamml., 1906/7, S. 29–38.

Deichmann, N., et al. (2004): Earthquakes in Switzerland and surrounding regions during 2003, in: Eclogae Geol. Helvetiae 97, 3, S. 447–458.

DeMets, C. / R.G. Gordon / D.F. Argus / S. Stein (1990): Current plate motions, in: Geophys. J. Int. 101, S. 425–478.

Diebold, P. (1990): Die tektonische Entwicklung der Nordschweiz, in: Nagra informiert 2/90, S. 47–54.

Giamboni, M. / K. Ustaszewski / S.M. Schmid / M. Schumacher / A. Wetzel (2004): Plio-Pleistocene transpressional reactivation of Paleozoic and Paleogene structures in the Rhine-Bresse transform zone (northern Switzerland and eastern France), in: Int. J. Earth Sci. (Geol. Rundsch.) 93, S. 207–223.

Giamboni, M. / A. Wetzel / B. Nivière / M. Schumacher (2004): Plio-Pleistocene folding in the southern Rhinegraben recorded by the evolution of the drainage network (Sundgau area, northwestern Switzerland and France), in: Eclogae geol. Helv. 97, S. 17–31.

Gürler, B. / L. Hauber / M. Schwander (1987): Die Geologie der Umgebung von Basel, in: Beitr. Geol. Karte der Schweiz, N.F. 160, Bern.

Laubscher, H. (1970): Grundsätzliches zur Tektonik des Rheingrabens, in: Graben Problems, Inter. Upp. Mantle Proj., Sci. Rep. 27, Stuttgart.

Laubscher, H. (1986): The eastern Jura: Relations between thin-skinned and basement tectonics, local and regional, in: Geol. Rundschau 73, 3, S. 535–553.

Laubscher, H. (2001): Plate interactions at the southern end of the Rhine graben, in: Tectonophysics 343, S. 1–19.

Laubscher, H. (2003): The Miocene dislocations in the northern foreland of the Alps: Oblique subduction and its consequences (Basel area, Switzerland-Germany), in: Jber. Mitt. Oberrhein. Geol. Ver., NF 85, S. 423–439.

Laubscher, H. (2004): The southern Rhine graben: A new view of its initial phase, in: Int. J Earth Sci, 93, S. 341–347.

Laubscher, H. (2005a): Ein neues Konzept für das Verhalten der eozänen Tafeljura Gräben bei der spätmiozänen Jurafaltung: Der Therwil-Witterswil-Dittingen Grabenzug (bei Basel/Schweiz) als Muster der Grabenverfaltung, in: Mitt. der Naturf. Ges. beider Basel 8, S. 167–180.

Laubscher, H. (2005b): Erläuterungen zu Blatt 1087 des Geol. Atlas der Schweiz, Manuskript deponiert bei der geol. Landesaufnahme, Bern.

Mayer-Rosa, D., u. Cadiot, B. (1979): A review of the 1356 Basel earthquake, in: Tectonophysics 53, S. 325–333.

Meghraoui, M. / B. Delouis / M. Ferry / D. Giardini / P. Huggenberger / I. Spottke / M. Granet (2001): Active normal faulting in the Upper Rhine Graben and paleoseismic identification of the 1356 Basel earthquake, in: Science 293, 5537, S. 2070–2073.

Meyer, B. / R. Lacassin / J. Brulhet / B. Mouroux (1994): The Basel 1356 earthquake: which fault produced it?, in: Terra Nova 6, S. 54–63.

Richard, P.D. / M.A. Naylor / A. Koopman (1995): Experimental models of strike-slip tectonics, in: Petroleum Geoscience 1, S. 71–80.

Sprecher, C. / W.H. Müller (1986): Geophysikalisches Untersuchungsprogramm Nordschweiz: Reflexionsseismik 82, in: Nagra Tech Ber 84-15.

Ustaszewski, K. / M.E. Schumacher / S.M. Schmid / D. Nieuwland (2005): Fault reactivation in brittle-viscous wrench systems – dynamically scaled analogue models and applications to the Rhine-Bresse transfer zone, in: Quaternary Science Reviews 24, S. 363–380.

Dank

Ich danke Prof. Dr W. Meyer für faszinierende Gespräche über die historischen und archäologischen Aspekte des Erdbebens von Basel 1356 und Dr. B. Meier für die Überlassung seiner Zusammenstellung der Daten über den Bebenschwarm 2005 von Balsthal. Ausserdem erinnere ich mich gerne an frühere Diskussionen zum Erdbeben von Basel mit Dr. T. Noack und Dr. H. Fischer.

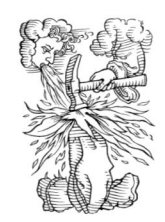

Das Signet des 1488 gegründeten
Druck- und Verlagshauses Schwabe
reicht zurück in die Anfänge der
Buchdruckerkunst und stammt aus
dem Umkreis von Hans Holbein.
Es ist die Druckermarke der Petri;
sie illustriert die Bibelstelle
Jeremia 23,29: «Ist nicht mein Wort
wie Feuer, spricht der Herr,
und wie ein Hammer, der Felsen
zerschmettert?»